普通高等学校
应用型教材
·新闻传播学·

U0852960

常昕 袁雪/著

广播电视新闻业务

BROADCAST NEWS REPORTING

第2版

中国人民大学出版社
·北京·

第2版前言

本教材第一版出版发行至今已过四年。在这几年间，媒介融合的脚步更加快速，“无视频不传播”的时代特色日益彰显，短视频成为收割各年龄段用户时间和流量的超级信息形态，等等。凡此种种媒介环境的变化也给新闻传播学教育带来了新动能。为了反映新变化、跟进新需求，本教材第二版在延续首版整体框架的基础上，着重从更新案例、延伸阅读、增补章节、扫码观摩四个维度进行了内容修订。

更新案例。本教材对案例的选择遵循几个原则，一是要对知识点有解释力，二是要具有代表性或显著性，三是具备可读性，以此达到增强案例的分析效果以及吸引学生阅读的目的。对第二版案例的更新还增加了一个原则，即思政价值，融入了例如神舟十四号载人飞行任务、中国共产党建党百年等重大事件，为新闻传播学课程思政的开展提供案例支撑。

延伸阅读。在每一章均增加“延伸阅读”或“一线者说”板块：前者侧重从广播电视史料和学术研究中挖掘与章节内容相关且有益于学生消化吸收、深入思考的阅读材料；后者侧重引入广播电视一线工作者的经历、体悟、故事等，从个案出发更直观形象地使学生掌握教材知识点、了解行业操作。

增补章节。第一版教材已就网络短视频的基本特点及其与传统视频的关系进行了深入讲解。在此基础上，第二版增加“网络视频新闻采编”一章，重在从业务操作的角度讲授网络视频新闻的选题、策划、采集、编辑等环节。这部分内容有助于学生较系统地掌握网络视频新闻，尤其是短视频新闻采编的要领。

扫码观摩。本版教材为重要案例增设了二维码，方便读者更便捷、更有效地进行学习观摩。

作者

2023年6月

第1版前言

在新兴媒体高度发达的今天，再度写作一本广播电视新闻学相关的教材似乎显得不合时宜。这种选材思维上的“落后”在我的课堂小调查上也能看得出来。在某次课堂上，我问：有哪位同学家里有老式收音机吗？35位学生中唯有一人举起了手。我接着问：有哪位同学有听广播的习惯吗？还是这位同学略带羞涩地举着手。问他听什么频率，他不好意思地说：“我平时在家爱睡懒觉，我妈为了喊我起床，总是打开收音机拎到我床边，给我当闹钟……”学生们的哄堂大笑让我不禁反思，当广播电视媒体只存在于他们的新闻史教科书上时，这些互联网时代的“原住民”是否还需要向陌生的“老古董”再走近一步？

在我看来，广播电视新闻在新闻专业教育中仍是必不可少的。原因有三：

其一，媒体的发展是一个不断迭代和基因延续的过程。从报纸到广播再到电视，它们都曾在一段历史时期内作为珍馐一般的信息通道不同程度地伺服受众的视听。21世纪初，Web2.0市场激战正酣，门户网站跑马圈地，并几乎成为“第四媒体”的代名词，可是，在即将跨入5G时代的当下，又有谁还会视门户网站为新兴媒体呢？当年曾怀着惴惴不安、试试看的心态走入门户网站的新闻系毕业生，如今更有不少人凭借早期收获和经验积累而在自媒体的大浪淘沙中捷足先登。到了以“网红”“大V”“流量”“信息爆炸”为关键词的自媒体时代，社会资本裹挟着创业先锋的智慧，在网络直播、新闻聚合、短视频、短音频等领域量化产出了大批移动应用。然而，当我们回过头来审视媒体之变的内核时，我们发现剥除这些自媒体热闹、华丽的外壳之后，其最朴素的传播介质仍然是文字、声音与画面，其依赖的信息感官仍然是听觉与视觉，在此意义上，传统广播电视近百年来对于声画传播能力高质量的追求和持之以恒的经验探索，似乎在媒体迭代的各个阶段都具有历久弥新的优越感。

其二，在新媒体行业中，传统广播电视的操作规范和传播素养具有普遍适用性。长期以来，我国传媒行业的版图上存在着体制内和市场化两大类项，随着传媒产业规模和整体市场的扩大，市场化媒体公司在数量上激增且集聚涌入。体制内主流媒体的传播优势实则不断被打散和稀释，传媒行业去中心化的特征愈益明显。竞争主体的增加可以创造更为丰富的传播产品，带来更多元的新闻观点和信息流动渠道，满足不同受众多样化的信息需求，但是却也带来了虚假信息、粗制滥造、洗稿成风、诋毁诽谤等严重新闻失范的问题，以及标题党、错字百出、语句不通、逻辑混乱等与新闻编辑相关的低级错误。这些问题的存在不仅反作用于公众媒体素养的提高，也反馈出当前新媒体新闻从业者传播素养的薄弱和业务技能的匮乏。

巧合的是，在传统媒体日益抬高的门槛之下，新闻学专业培养的毕业生，尤其是本科生难于高就，只能选择从新媒体公司干起，去做网站夜班编辑、微信公众号运营、频道内容组稿等与他们观念中的“新闻”甚有差距的工作。面对就业现实的矛盾，人才培养环节并非无计可施。传统新闻尤其是强调动手能力的广播电视新闻可着力强化业务规范的教学和实践，让学生带着扎实的音视频采编播基本功去从事新媒体内容传播，这对新媒体新闻视听环境的优化大有裨益。

其三，“广电＋互联网”已成未来之势，广播电视教学常讲常新。互联网对传统媒体的冲击堪称是一种“精确打击”，因为它轻而易举可以做到信息的海量化、超链接和非线性，而这三点不论对报纸、广播还是电视而言都是无法企及的。Web3.0 时代的网络传播更借力大数据的精算和智能，将大众细分为无限的窄众，这也是“一对众”时代难以想象的。

所幸，对于世界范围内的广播电视业而言，“拥抱互联网”一向不是一句空话，而确实是流露着向融媒体传播转型的积极性和主动性。当然，广电技术、内容、业务、形态、功能等任何一方面的转型升级，都有赖于广播电视从业人员的创造和执行。网络媒体的迭代速率如此之高，不断呼唤着广播电视业务的更新、适应和再流行，在此意义上，广播电视新闻教学的理论框架是边缘柔软的，需要随时将之打开，包容行业领域中的新生事物和业务理念，以与时俱进的课堂体系和内容结构满足人才培养的实际需要。

在明确了上述几点之后，仍然需要回应一个问题，即另行写作一本教材的必要性和创新性何在？粗略检索发现，单是近10年出版的广播电视新闻学相关教材就达数十种之多，那么，如何在现有教材的框架体例和内容涵盖之外找到差异化、发现切入点？这个问题的答案则顺理成章地成为本书的写作动力。

一是专于广播电视新闻业务层面的知识点介绍，并采取个案分析的办法，将业务操作、规范和技巧讲清说透。观察了几所高校新闻专业的课程体系后发现，基于新闻学专业在定位上纷纷向新媒体转型的现实，广播电视新闻学的课程空间难免受到压缩，往往只能将广电史、广电业务乃至广电体制、国外广电等糅合在一起，向学生进行概述性介绍。从行课周期看，广播电视新闻学作为一门课程，在大一、大二开课的情况更多。然而，低年级学生出于对新闻采访报道的原始热情，更渴望在课堂上学习实用本领。概述性讲解的面面俱到实则难于在有限课时内让学生解渴。于是，本教材写作之初就意图定位在广播电视新闻业务的范畴内进行细细开垦，充分调用前人积累、实践经验和案例分析，给广大学生提供一本兼有理论解释力和操作实用性的业务教程，这或许更贴近新闻学本科教育从理论到业务再到思辨的培养逻辑。

二是将广播和电视分解开来，各自成篇。广播和电视在我国新闻事业中从来都不是割裂的，在媒体融合的大背景中，广播和电视共融互通、互相借力已是很显明的行业局面。2018 年 3 月，中央广播电视总台组建后，我们看到中央人民广播电台、中国国际广播电台的广播记者在重大采访活动中出现在央视的出镜报道中，而央视记者的声音也出现在广播的新闻报道和评论中。在广播和电视并力而行的前路上，从业者身上非广播则电视的类属感和烙印感将会日益淡化。

但是，行业实践可以融合，业务教学却不能如此。广播和电视在业务上虽有相近之处，但在传播符号、采访要求、稿件写作等实际操作中却有诸多不同。如果将广播和电视合为一个写作对象，在叙述过程中难免陷于笼统，不能深入业务操作的细节。比如音响的采制是广播新闻业务中的一个重要环节，但由于采集设备和处理平台的不同，其具体规范与电视新闻业务的关系并不大；在电视业务中，画面的拍摄、组接、编辑等内容需要衔接在一起进行讲解和介绍，而依靠听觉单通道的广播媒体则无关这些内容。因此，本教材采取分篇而表的做法，亦是希望在知识组配的过程中去除含混和重复，给出一体两面的业务“干货”，从而帮助学生适应广电平台业务交叉、功能复合的未来趋势。

三是加入新媒体或新技术语境下广播、电视业务操作的新变化与新要求。试想 20 年前的广播记者只需要带上采访机和纸笔就能完成一次采访，现在的广播记者还需要背着照相机、摄像机，除了常规广播稿件外，还需要有能力写就适用于微博、微信公众号、新闻客户端的自媒体报道。以往电视记者的现场连线可能用单边镜头就能完成，现在摆在电视记者面前的不单是多机位配合的问题，更要考虑如何让无人机去把其中一个机位的任务执行好。鉴于这样的变化，本教材在广播篇和电视篇各辟章节，对互联网音频与网络短视频这两类与广播电视关系密切的网络衍生品进行了学理分析。今天的新闻学子对任何一种网络新生事物都富有天生的敏感，但如若能从传统广播电视到互联网音视频的纵向梳理中厘清联系与区别，则会有益于学生对新技术条件下广播电视业务的理解和驾驭。同时，相关章节采取案例分析的方法，介绍了广播电视采写编在新业务环境中的新要求和新做法。这部分的内容是本教材的亮点，也是一个视野向前的由头。

恰如前文所言，广播电视新闻的教学常讲常新，新媒体步履不停的演变和不断开放的边缘，会带来广播电视融合发展的无限可能，实践领域因变幻而未知且富有活力。能够见证媒体变革的时代并为此贡献行动和智慧，对于新闻业务的学习抑或研究而言，都是一种如获至宝的幸福。

作者

初稿于 2018 年 9 月

定稿于 2019 年 1 月

目录
CONTENTS

广播篇

电视篇

广播篇

继印刷时代之后，人类社会进入电子媒介的传播时代。一般认为，通过无线电波或者通过导线向广大地区或一定区域传送声像节目，统称为广播（broadcast）。这里所称的广播强调的是“一对众”广而告之的传播特征，不管是电视，还是以音频为单一符号的电台广播（radio），都符合这一特征。比如英国广播公司（British Broadcasting Company，BBC），这里的“广播”就涵盖了广播、电视乃至网络在内的各类电子传播形态，而非单指电台广播。

尽管电台广播和电视广播在传播理念上有相近之处，但在业务操作上仍有不同，因此，本书将电台广播和电视广播区别开来，分篇表述。本篇侧重讲述电台广播的业务内容。

本篇从常识性概念入手，讲解了传统广播涉及的若干行业术语，让学生首先学会“行话”，从而在日常的广播观察中切入更专业的视角和形成深入的认知。本篇第二章介绍了广播的声音符号系统，结合具体的广播新闻案例，将广播符号在新闻报道中的组合方式进行陈述讲解，较直观地告诉学生在不同类型的报道中，叙事语言和音响的配合关系，易于学生尽快上手操作。第三至五章从采、写、编三个维度，具体讲解广播记者和编辑的采访技巧、写稿要求和编辑规范。第六章在对互联网时代广播传播环境和音频形态进行概述的基础上，重点讲解了传统广播如何与新媒体进行业务融合，在具体的采编播实践中做出适应性改变。

第一章

广播的传播特性与广播常识

【本章学习要点】

1. 了解声音传播的特性，理解广播为何被称为声音媒体。
2. 理解并掌握开路广播、千赫与兆赫、调频与调幅、波段等与广播相关的概念。

本章先带领大家认识广播声音传播的特性，然后介绍与广播相关的常识。

第一节 广播媒介的传播特性

广播媒介的传播特性是由广播的传播方式决定的，广播传播的信息载体是声音，声音的特性决定了广播媒介独特的传播特性。

一 广播的传播方式

广播媒介的传播特性是由广播的传播方式决定的。无线广播利用电波传输声音。首先，使用调制设备将声音信号转换为射频信号；其次，用无线电发射设备将射频信号发送出去；最后，听众用收音机将射频信号还原为声音信号，通过扬声器听到声音。

数字压缩技术的出现，使数字卫星广播成为可能。数字广播传输的声音，比调频立体声广播音质更清晰、更保真，广播的现场感大大增强。多媒体技术和信息高速公路的推广，使听众能够更迅速、方便地选择节目，广播的便捷性进一步彰显。

但是，万变不离其宗。不管发射端以何种方式调制声音信号，不管传输设备和元器件如何发展，有一点是永不改变的：广播传播的信息载体是声音。而正是声音的特性决定了广播媒介独特的传播特性。

二 声音的特性

声音符号是人类传播的基本符号之一，它既包括语言符号（口头语言），又包括非语言符号（音调、音量、音速的变化，以及人与自然发出的各种声音）。在传播史上，声音符号的出现要早于文字符号。由于它比文字符号传播起来更方便、更迅速，所以直到今天，它依然在人类传播中发挥着极为重要的作用。

声音符号也有自身的劣势。比如，因为声波是一种机械波，在空气中的速度只有330～360米/秒，传播距离有限。又如，声音的可保存性比较差，转瞬即逝。在录音技术发明之前，声音根本无法保存。即使有了录音设备，也不可能把所有的声音都录下来，何况音频存储介质的寿命也是有限的。文字则更便于记录，可以携带到远方，也可以长期保存。几千年前的甲骨文，现在还能看得到；但20世纪初的人物的原声带，如今已经是珍贵的历史资料了。就是说，声音传播的范围远远小于文字传播的范围。

三 声音传播的特性

（一）方便迅速，传播范围广

无线电波的传输方式，解决了声音传播范围的问题。无线电波的速度和光速一样，达30万千米/秒。换句话说，电波1秒钟就能绕地球赤道7圈半。插上了电波的翅膀，声音可以快速飞向地球的任何一个角落。只要拥有一台短波收音机，你就能收听世界各地的广播节目。可以说，广播听众的人数几乎是没有限制的。同样是大众传播媒介的报纸和杂志，其覆盖面是远不及声音传播的。

（二）声音符号的线性传播

所谓线性传播是指声音符号以传播者为起点，经过广播传送，以听众为终点的单方向、直线性传播。线性传播的互动和反馈机制较弱。基于这样的特点，传统电台广播的选择性极小，听众在什么时间听什么节目，要听命于广播电台的议程设置和节目安排。

（三）稍纵即逝，不易保存

在平面媒体时代，新闻信息的传播介质是报纸、杂志等纸介文本，读者可以反复阅读并深入领会。但声音传播不具备反复收听的特点，而是稍纵即逝且难以存储的。

这是传统电台广播的一个劣势。声音不会因听众需要而重复一遍或加些解释，听众只能线性跟进，很难细细揣摩广播的内容。

（四）传播符号单一

声音是声音传播的唯一符号，不具备非语言或非声音的辅助手段（如手势、表情、文字等），只能单纯依靠语词、声调、节奏等要素表情达意。听众不直接面对声音传播者，一般难以长时间保持专注收听的状态，可能在一定程度上影响听知效果。

与读报、看电视不同，收听广播不需要全身心投入，听众常常在收听的同时做其他事，即听众的部分注意力是分散的。这个特点可以说是广播的劣势，因为这造成了传播效果的降低，但也可以说这是广播独有的优势，因为这使得广播呈现出强烈的伴随性、陪伴性，在很多情况下可以起到抚慰情绪、陪伴生活、心理纾解等传播效果。

表 1-1 是 20 世纪 60 年代北京人民广播电台的节目时间表。可以看到，当时的广播节目内容设置和播出形态跟如今的广播节目在若干方面都有区别。第一，与如今普遍性的全天 24 小时播音不同，当时北京人民广播电台一个频率全天播音 17 小时 25 分钟。第二，当时的广播资源相对匮乏，所以一套节目里涵盖了新闻、音乐、戏曲、专题、京剧、常识、体育等种种方面的节目内容，而不像现在专业台一样在内容上有所聚焦。第三，当时一套节目的受众也是多元的，包括学龄前儿童、少年儿童、中学生到一般听众，几近涵盖各个年龄层。目的是尽可能在有限的资源内满足多年龄段听众的需要。这一理念与如今广播实践所讲求的受众细分是完全不同的。

表 1-1　　北京人民广播电台 1965 年夏、秋季节目时间表

第一次播音（5：50—12：50）	
时间	节目
5：50	开始曲　预告全天节目
6：00	天气预报　每周一首革命歌曲
6：10	音乐节目
6：30	专题节目
6：45	音乐节目
6：59	天气预报
7：00	转播中央人民广播电台新闻和首都报纸摘要
7：30	天气预报　本市新闻
7：40	小常识
7：45	文学节目
8：00	天气预报　小说连续广播（星期一至六） 学习与讨论节目（星期日至 9：00）

续前表

时间	节目
8：30	音乐节目（星期一） 曲艺节目（星期二、五） 戏曲节目（星期四、六）
9：00	对少年儿童广播
9：30	对学龄前儿童广播
9：50	少年儿童广播体操
10：00	广播体操
10：10	小常识
10：25	戏曲节目（星期一、三、五） 文学节目（星期二、日） 戏曲节目（星期四、六）
11：00	文学节目（星期一、三、五） 戏曲节目（星期二、四、六、日）
11：45	对郊区农村广播（星期日：农村俱乐部）
12：15	新闻
12：30	天气预报和天气形势预报
12：50	预告第二次播音节目内容　休息
第二次播音（16：25—23：15）	
16：25	开始曲　预告节目
16：30	对中学生时事广播（星期一至五） 革命歌曲（星期六、日）
16：45	音乐节目
17：00	天气预报　新闻
17：15	曲艺节目（星期日：相声）
17：45	天气预报和天气形势预报
18：00	文学节目
18：30	戏曲节目（星期一至五） 音乐节目（星期六、日）
19：00	音乐节目（星期一、三、五） 戏曲节目（星期二、四） 文学节目（星期六、日）
19：30	对郊区农村广播（星期日：农村俱乐部至 20：30）
20：00	天气预报　本市新闻
20：15	音乐节目（星期一至六）

续前表

时间	节目
20：30	转播各地电台联播节目
21：00	天气预报　每周一首革命歌曲
21：10	小常识
21：15	专题节目
21：30	听众点播的文艺节目： 京剧节目（星期一） 地方戏曲节目（星期二） 评剧节目（星期三） 文学节目（星期四） 音乐节目（星期五） 曲艺节目（星期六） 综合文艺节目（星期日）
22：15	小说连续（星期一至六）
22：45	音乐节目（星期一、三、五、六） 戏曲节目（星期二、四，星期日自 22：15 开始）
23：00	转播中央人民广播电台国际新闻
23：15	天气预报　预告明天播音节目内容　终止

资料来源：赵多佳，许秀玲．广播专业化概论［M］．北京：中国国际广播出版社，2008.

尽管有上述不同，半个世纪以前的广播与今天的广播有一点是一致的，是没有改变的，即广播的线性播出特点。所有的节目随着时间的流淌依次播出，且转瞬即逝。如果想重新收听，只能等重播的机会，或者用其他录音设备转录。因为时间序列是传统广播听众收听节目的线性依据，所以，掌握一份节目时间表对热衷收听传统广播的听众来说是重要的。这一点对于如今习惯了网上点播和资源下载的“90 后”“00 后”青年一代而言是比较陌生的。

第二节 广播的常识概念

广义上的广播（broadcast）既包括声音广播或电台广播（radio），也包括电视广播（television）。狭义上的广播通常指的是电台广播。本节重点介绍狭义广播，即与电台广播相关的常识性概念。

一 广播的分类

一般按照传输方式对广播进行如下类别划分：

（一）通过无线电微波传送的广播，称为无线广播或开路广播

无线广播不需要像传统有线广播一样架设电线杆线，且具有传播范围更广、无限扩容、维护方便、音质更清晰等特点。这是当前广播电台采用的主流传输方式，以北京电台为例，截至2023年8月，其设有新闻广播、城市广播、交通广播等十套开路广播频率，听众可通过各类收听设备选择收听。

（二）通过电缆或导线传输的广播，称为有线广播或闭路广播

这种传输方式传播距离短、范围小，因此是一种区域性广播。有线广播是传统开路无线广播的有益补充和未来发展趋势之一。有线广播应用有线电视光缆传输广播信号入户，克服了无线信号传输受覆盖区域限制、信号发射和障碍物干扰等困难，在音质上更稳定干净、清晰透彻，更适合音乐、音响性节目的欣赏。另外，有线广播能为听众提供更专业化的服务。有线广播新增加的教育教学、通俗音乐、古典音乐等频道可以为听众提供更细分、更专业化的广播服务。

比如在北京地区，有线调频广播信号通过北京歌华有线电视网络股份有限公司的有线电视网络传送到居民家中的电视终端盒中。听众既可以在歌华有线的页面上点播收听北京电台的古典音乐、教学广播等有线广播节目，也可以将电视终端盒上的“TV”或“FM”端口连接到组合音响上，然后把组合音响的收音部分调整到FM位置，调整频率即可收到有线调频节目。

（三）利用广播卫星向地面转播广播信号，供一般公众直接接收的广播方式，称为卫星广播

由于电波受高山或建筑物阻挡少，所以卫星广播能直接覆盖全部国土，不需要在地面上再建设中继节目传送网。尤其对于卫星电视而言，观众接收的图像不会出现重影，卫星电视具有清晰度高、失真小等特点。

（四）通过网络传送的广播，称为网络广播

随着网络传播技术的发展和应用，传统广播内容开始“上网”，从早期传统广播登陆各地的广播网，到后来出现微电台，再到移动智能时代的音频App等，这些都可以归类为网络广播。网络广播打破了传统广播线性传播的局限，可以在线点播、回听。基于智能手机的高普及率，网络广播呈现出便捷、易得的特点，无须额外准备收听

设备。

二 千赫与兆赫

赫兹（Hz），简称为“赫”，是频率的基本单位。德国物理学家海因里希·鲁道夫·赫兹（Heinrich Rudolf Hertz）于1888年首先证实了电磁波的存在，对电磁学有很大的贡献。因此，在国际单位制中频率的单位以他的名字命名。

具体说，赫兹是电、磁、声波和机械振动周期循环时频率的单位，即1秒重复的次数。1Hz代表每秒周期振动1次，60Hz代表每秒周期振动60次。Hz是个很小的单位，通常在其前面加上k（千）、M（百万）、G（十亿）、T（万亿）等数量级单位。

在传统广播中，人们常听到的是“千赫”和“兆赫”。“千赫”（千赫兹，kHz）意思是声波振动频率为1 000赫兹/秒；“兆赫”（兆赫兹，百万赫兹，MHz）意思是声波振动频率为100万赫兹/秒。

各个电台一般会录制一些具有自身个性的片花，放在整点时段节目的开头，或者与整点报时放在一起。这些整点片花中必不可少的一个内容就是频率。比如北京新闻广播在每天早上7点整点报时，紧跟着一段20秒的片花是这样的：“每天清晨7点，新闻耳边呈现。中波828千赫，调频100.6兆赫，北京新闻。”千赫或兆赫的具体数字是广播频率的“身份证号”，它会告诉听众正在收听的是哪个台的哪套节目。同时这个数字也是电台频率在整个频段中的坐标，听众将收音机上的旋钮转到这个数字，就定位了这套节目。

三 调频与调幅

声音的频率是20Hz～20kHz，转变成电磁波后也是这个频率，属于低频。电磁波的频率越高越容易传送得更远，所以音频需搭载在高频信号上才能传输得更远，我们把音频搭载上高频信号的过程称为调制。调制的目的是把音频传送到更远的地方。目前常用的调制音频的方法有调频和调幅两种，分别用FM（Frequency Modulation）和AM（Amplitude Modulation）表示。调频和调幅的区别就像是手机的GSM和CDMA一样，是不同的信号传输方式，能力上各有优劣。

（一）调频（FM）的优缺点

调频的特点是载波的幅度始终不变，而频率随着音频信号的高低而变化。当音频信号增强时，频率变高、波形变密；当音频信号减弱时，频率变低、波形变疏。

优点：

（1）传送音频的频带宽度为200千赫，是调幅广播的20倍还多，所以适用于高保真音乐广播等，可实现立体声广播。

（2）穿透力和抗干扰性强。干扰主要影响载波的幅度，对载波频率几乎没有影响，在接收机中内设限幅器很容易除去干扰。

（3）应用范围广，用于多种信息传播。

缺点：

（1）传播信号衰减大，覆盖范围小。我国使用的调频广播的频率范围是88～108兆赫，处于超短波频段内。超短波遇到电离层只穿过不反射，只能在地面直接传播，所以调频广播不能用作远距离广播，可以通过天线高度和地貌确定发射台的覆盖范围。

（2）调频收音机要比调幅收音机复杂，成本要高一些。

（二）调幅（AM）的优缺点

调幅就是用调制信号对载波的振幅进行调制。这样得到的已调波的振幅不再是恒定的，而是按照调制信号的规律变化，变化的振幅中包含了要传递的信息。

优点：

（1）传播距离远，覆盖面广。

（2）电路相对简单。

缺点：

（1）传送音频频带窄，高音缺乏，音质相对较差。我国中波调幅广播依国际电信联盟（ITU）的规定，频率范围为535～1 605千赫，频道间隔为9千赫。音频信号中的高频率被限制在4.5千赫以下，在收听中波广播时，听众会感到其高音成分欠缺，尤其在收听音乐时更加明显。

（2）穿透力弱，传播中易受干扰，噪声大。各种工业干扰、天线干扰都会以调幅形式叠加在载波上，成为干扰和杂音，影响收听效果。另外，现代建筑中过多的钢筋也会对波长较长的中波广播形成屏蔽，影响接收。

四 长波、中波、短波

波段（wave band），指的是在电磁波谱中按不同波长范围划分的大大小小的段落。在无线电广播中常说的长波、中波、短波等指的就是波段。

表1-2列举了无线电广播涉及的几种波段的波长范围和频率范围。可以看到，波

长与频率是成反比关系的，电波波长越长，其振动频率就越低。前面提到的调频广播从频率范围看属于超短波，调幅广播的频率则在中波频率范围内。

表 1-2　几种波段的波长、频率、应用范围等情况简介

波段（频段）	无线电符号	广播符号	波长范围	频率范围	应用范围
长波（低频）	LF	LW	1 000～10 000m	30～300kHz	大气层内中等距离通信；地下岩层通信；海上导航
中波（中频）	MF	MW	100～1 000m	300kHz～3MHz	广播；海上导航
短波（高频）	HF	SW	10～100m	3～30MHz	短波广播
超短波（甚高频）	WHF		1～10m	30～300MHz	飞机、卫星的通信；广播电视；雷达；移动通信

长波广播：长波主要靠地波传播，其传播距离可以达到数百千米到数千千米。固定辐射功率下，波长越长，阻抗越小，损耗越小，地波所能传送的距离越远。由于长波频率较低，发射功率就要很强，天线也必须很大。一般频率极低的长波，天线是架设在两座山之间，或者是埋设在地下的。因而，长波通信设备复杂，造价都比较高。另外，长波易受到大气噪声干扰，如打雷、家用电器、汽车和变压器都会使长波通信受到干扰。我国从未开展过长波电台的建设，因此一些收音机上的长波波段，在我国基本收不到信号，北方地区能收听到个别来自俄罗斯的长波电台节目。

中波广播：中波是指频率为 300kHz～3MHz，波长范围为 100 米至 1 000 米的无线电波，在这个频率范围内的广播频率则是中波广播。很多人经常把中波与调幅画上等号，原因在于调幅广播我们平时接触得比较多，而且其信号频率都处在中波的频率范围内，所以久而久之，大家干脆把调幅频率称为中波频率或中波台。而实际上，中波和调幅是两个不同的概念，中波指的是电波波长，调幅指的是电波信号的调制方式。中波广播只是诸多采用调幅方式进行信号调制的广播波段之一。除此之外，国际短波广播所使用的调制方式也是调幅，甚至比调频广播频率更高的航空导航通信也采用调幅的方式。

短波广播：短波是频率范围在 3～30MHz，波长范围为 10 米至 100 米的无线电波，在这个高频波段的广播频率则为短波广播。短波波段的电磁波除了能够利用地波传播外，还可通过电离层的反射进行远距离传输，穿透力强，不易受干扰，因而国际广播通常都位于短波波段。

延伸阅读

这是延安新华广播电台的发射机（见图1-1，图片采自《中国革命博物馆藏品选》），现收藏在中国国家博物馆。这部发射机见证了中国共产党广播电台事业从无到有的发展历程，是战争年代“茫茫黑暗中的灯塔”，其流转过程亦是跌宕起伏、几经波折。在不断发展的历史岁月中，它始终如一地完成了自己的崇高使命，为革命精神的传播与弘扬作出了突出贡献。

历经艰难　运至延安

1937年七七事变后，抗日战争全面爆发，日本侵略者和国民党反动派对延安地区实行了严密封锁，其中便包括“文字封锁”，这给中国共产党的宣传工作带来了极大的困难。延安地区的印刷品，如《解放日报》《新中华报》等只能靠“偷运”才能到达外界，其阅读量和影响力都十分有限。党的理论和主张也很难通过“新华通讯社”传播到沦陷区与国统区。当时，共产党在国统区主办的刊物有《新华日报》《群众》等，但这些刊物时常遭到国民党当局的破坏，正常的出版发行难以得到保证。形势迫在眉睫，尽快建立党的广播电台已是箭在弦上。

一次偶然的机会，成就了一个历史性的开端。1939年，周恩来同志因右臂骨折

图1-1　延安新华广播电台的发射机

到莫斯科疗伤。当年冬天，他与共产国际领导人季米特洛夫会谈，商定在延安建立一座由中国共产党领导的广播电台。共产国际决定援助中国共产党一部发射机，它是苏联第一个五年计划期间的产品，技术上比较落后，电力只有 10 千瓦，用于语言广播的实际输出电力只有 350 瓦，已经相当陈旧，但仍然可以继续使用。1940 年 3 月，周恩来同志从苏联返回国内，这部广播发射机也被拆卸打包，先从莫斯科空运到新疆，再用汽车辗转兰州、西安，最后运抵延安。到达延安后，工作人员像拼插积木一样，又一块一块将发射机焊接起来。

人民广播　肇始开端

在这部广播发射机运到延安的同时，中共中央成立了“广播委员会”，并发出建立延安广播电台的指示。由周恩来同志任广播委员会主任，委员会成员有中央军委三局局长王诤、新华社社长向仲华。

面对敌人严密的军事封锁和不时而来的飞机轰炸，委员会首先要给电台选择一处发射台台址，并将发射机放置其中。经过几番慎重考量，王诤最终将发射台台址选在了延安西北 19 公里处的王皮湾，这里只有三十几户人家，位置隐蔽，不易被发现，能够最大限度地确保安全。

经过半年多努力，1940 年 12 月 30 日，在王皮湾村十几平米的窑洞里，中国共产党创建的第一座广播电台——延安新华广播电台发出了它的第一次呼号 XNCR：“铛……铛……铛……刚才最后一响是上海时间 19 点整，延安新华广播电台 XNCR 现在开始播音，请记住，我们的频率是波长 61 米，周率 4 940 千周……”“X”是当时国际规定的中国无线电台呼号的英文字母，“NCR”是“新中国广播”的英文缩写。1941 年 1 月 16 日，山东省委机关报《大众日报》刊登了在 1940 年 12 月底收听到延安新华广播电台的消息。这部发射机在 1941 年 1 月下旬，第一次将毛泽东同志著名的《为皖南事变发表的命令和谈话》传送到全国各地。1941 年 1 月 26 日，党中央机关报《新中华报》刊登《新华社启事》说：延安新华广播电台定于 2 月 1 日起开始播音，播音时间为上午 10 时至 11 时，晚间 8 时至 10 时，内容有国际、国内和抗战消息，音乐、名人讲演，科学常识，革命故事等。

延安新华广播电台的试播一直进行到 1942 年年底。1943 年春，因为发射机大型电子管损坏又无法补充，广播不得不暂时中断。后来，在各地人民群众的共同努力与帮助下，延安的无线电工程技术人员终于解决了电力和各种维护器材的供应问题。1945 年春，这部发射机又担负起新华社英文文字广播的任务，发射效率很好，连旧金山也可以收听得到。1945 年 8 月日军投降前夕，延安新华广播电台又恢复了试播。当时，解放区军民正在向日本侵略者展开最后的全面大反攻，延安新华广播电台第一天播送的，就是中国人民解放军总部朱德总司令于 8 月 10 日向所有解放区的人民军队发布的反攻进军命令。此后，延安新华广播电台每天都报道八路军、新四军进军和接受敌人投降的消息。1945年9月5日，延安新华广播电台正式开始播音。这一天，也成为我国人民广播事业创建的日子。这台发射机，在当时又担负起口语广播和新华社英文文字广播两种任务。每天口语广播是两小时，广播节目有新闻、评论、解放区介绍等。由于早期电台试播时没有留声机和唱片，每到播音时就呼叫一两分钟电台呼号，来代替开始曲。正式播音后，电台开始用《渔光曲》作为开始曲，后来又有相当长一个时期用《兄妹开荒》作为开始曲。

几番迁徙　终成永存

解放战争时期，延安新华广播电台从空中突破国民党反动派的新闻封锁，继续向外界传播红色声音，并粉碎了敌人各种反动宣传。而这样的红色声音，也在国统区产生了巨大的影响，它对联系国统区民众和瓦解国民党军队方面起到了相当大的作用，被广大听众称为“茫茫黑暗中的灯塔”。广播电台曾多次收到从北平、南京、昆明等地突破重重封锁而带到延安的信。在信里，很多听众热情地讲述着他们冒着生命危险收听延安广播的故事。而北平、天津等地的学生，还有听了广播就跑来解放区的。国民党军队中一些起义和放下武器的军官们也说，他们是从广播中才了解到共产党的政策，然后才下定决心回到人民的队伍中。国统区的一些报馆乃至海外的报刊，还将这些广播内容进行抄录，并刊登出来。

当然，由于始终宣传进步革命思想，延安新华广播电台成了国民党军重点打击的对象，特别是发射机房和播音室，更是成为国民党军重点轰炸的目标之一。为了确保广播不中断，几年间，延安新华广播电台几易其地、几易其名。抗战结束至解放战争初期，电台台址曾迁至延安西北13公里的盐店子村。1947年3月，国民党军飞机不断对延安狂轰滥炸，延安新华广播电台的工作人员坚守岗位直至14日中午播音结束。14日当晚，位于陕北瓦窑堡好坪沟的备台随即启用，3月21日，延安新华广播电台更名为“陕北新华广播电台”。当时的播音室是窑堡前的一座小土地庙，条件相比在延安时更为简陋，但即便如此，播音从未中断。之后，电台又曾迁至河北涉县及平山县。这一时期，电台虽已不在陕北，但仍使用“陕北新华广播电台”之名，以迷惑敌方。1949年3月25日，随着战事的不断深入，电台迁至北平，并更名为“北平新华广播电台”。1949年6月，中共中央决定成立中央广播事业管理处，电台因此脱离新华社。9月27日，电台更名为“北京新华广播电台”。中华人民共和国成立后，1949年12月5日，正式更名为“中央人民广播电台”，该名称沿用至今，现隶属于中央广播电视总台。

而这部历经艰险的“功勋级”发射机，在解放战争时期同样遭受坎坷。1947年3月，我军撤离延安之际，将这台发射机运至涉县。1948年4月，随着延安解放，发射机又被运回延安。1948 年 12 月，中共中央西北局在延安重建广播电台，即“西北新华广播电台”。这部“功勋级”的发射机也重新担负起了工作任务。1949 年 5 月，西安解放，台址遂迁往西安，台名也变更为“西安新华广播电台”，这部发射机也运到了西安。后来，“西安新华广播电台”又陆续更名为“西北人民广播电台”“陕西人民广播电台”，而这座发射机始终继续完成着自己“为人民服务”的崇高使命。1959 年 9 月 9 日，因筹备新的中国革命博物馆（今中国国家博物馆前身之一），发射机被运至北京。据统计，这部发射机前后经历过三次改装，而在运抵北京之前，工作人员又将它恢复成了原始模样。现发射机除外壳铁板曾更换过，其余部件基本都保持机器原状。

资料来源：李琮．新中国广播事业的光辉见证：延安新华广播电台发射机的流转历程［J］．传记文学，2021（10）．

【推荐阅读书目】

1. 赵玉明．中国广播电视通史［M］．2 版．北京：中国传媒大学出版社，2006.

2. 葛德彪，魏兵．电磁波理论［M］．北京：科学出版社，2011.

3. 孙伟，陈卓，王光磊，等．电波传播理论在短波广播中的应用［J］．广播电视信息，2009（6）.

【思考题】

请结合实际分析调频广播与调幅广播各自的优缺点。

【练习题】

请找来一台全波段收音机，观察它的外部结构、波段显示，并转动旋钮、调整天线，接收不同波段的广播信号并将其频率、名称、归属地、声音质量等记录下来，从中观察不同波段在信号传输距离、频率高低、传输质量上的特点。

第二章

广播的声音符号系统

【本章学习要点】

1. 掌握广播声音符号系统的构成要素。
2. 结合案例了解广播语言在新闻报道中有哪些具体的组合模式。
3. 根据广播新闻的传播特点，理解并掌握广播新闻运用声音符号的特殊要求。

广播是依靠声音进行信息传播的单通道媒介系统。在视觉得到解放的情况下，听众可以一边收听广播，一边从事其他工作，这是广播较电视而言独有的优势，这也使广播成为具有伴随性的媒介。但是，单通道传播也给广播带来挑战，广播需要发挥声音优势，创造性地使用声音符号，丰富声音的表现形式，才能给听众带来听觉吸引力、专注力和新鲜感。那么，广播有哪些声音语言或声音元素？本章将重点对此进行介绍。

第一节 广播声音符号系统的构成要素

声音符号系统的主要声音形态可以概括为图 2－1。我们将广播的声音符号系统分为两部分：有声语言和广播音响。

一 有声语言

有声语言是日常生活中的声音语言，多是口头语言，人们往往借助语词表情达意，

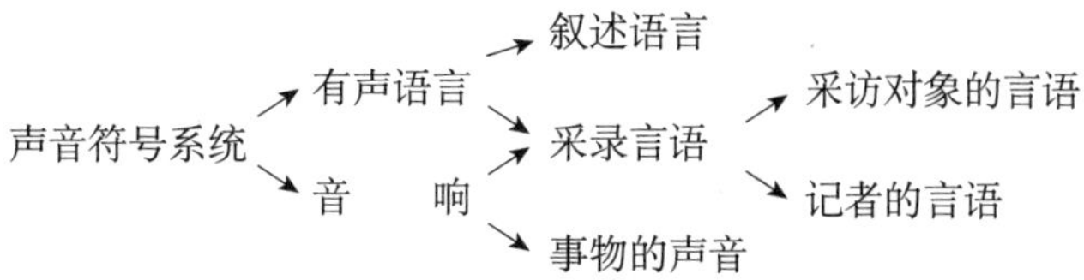

图 2－1　广播声音符号系统的构成要素

同时，声调、节奏、韵律等也是有声语言的要素。具体到广播节目或广播新闻中，有声语言主要指的是由播音员、主持人播报的语言，以及由记者、采访对象等发出的声音语言。有声语言又具体分为叙述语言和采录语言两大类。

（一）叙述语言

叙述语言是播音员、主持人、记者等在播出（直播或录播）节目过程中播送或录制的声音。比如直播节目中主播的脱口秀，新闻节目中主播的新闻播报、与记者的连线，访谈节目中主持人与嘉宾的对话，等等，都属于叙述语言。

（二）采录语言

采录语言指广播记者在采访过程中使用录音设备，将采访对象的言语以及记者自己的言语录制下来，并将其中的部分或者全部在节目或新闻中放送出来。采录语言的特点是增强节目或新闻内容的现场感和交流感，刺激听众的听觉注意力。

二　广播音响

广播音响是广播新闻采访中收录的声音，其特点是与事件发展或采访活动的同步性。前文讲到的采录语言既属于有声语言，也属于音响。此外，音响还包括收录的各类事物的声音。不妨将广播音响按发声体的不同进行以下分类：

（1）人声：指的是采录的声音，包括采访主体和采访对象的声音，如说话、叹息、哭泣、叫喊声等。

（2）自然音响：风、雨、雷、涛等。

（3）动物音响：叫声、行走声、咀嚼声等。

（4）物体音响：机械运转、汽车发动、海浪拍岸的声响等。

（5）音乐：现场同期录到的音乐，或后期加入的其他音乐。

（6）噪声：现场与新闻内容无关的干扰音。

第二节　广播语言在新闻报道中的组合模式

所有广播信息的传播都有赖于有声语言和音响的搭配使用。在广播新闻中，也有一些常见的搭配方式，恰当地利用有声语言和音响对新闻内容进行处理。

一 纯叙述语言的构成模式

这指的是在一条广播新闻中只有叙述语言，不存在采录音响。这种构成模式在两类新闻中常见。一是主播间的口播新闻，由主播将经过编辑部签发的稿件播送出来。时长短、时效强的广播短消息常采用纯叙述语言的方式播出。二是主播口播接记者连线。对于重要性较强的新闻事件，编辑部常在记者发出稿件之前安排一次或多次前方记者连线，以第一时间向听众介绍有关情况。这种后方口播与前方记者的对话连线也属于纯叙述语言的声音模式。

二 叙述语言＋采录语言

这指的是广播新闻在主播或记者的叙述语言之外，加入记者在新闻现场采录的声音，即现场人声音响。由叙述语言和采录语言共同完成新闻报道。人声音响能够增强新闻报道的可信度和现场感，并使采访对象与听众产生交流感。因此，一些新闻价值较高、采访对象较重要的录音新闻或录音报道，常采用这种声音符号构成方式进行稿件处理。

案例 2－1：广播录音报道《习近平考察澳门大学新校区》

（口播，主持人）：在澳门出席庆祝澳门回归祖国15周年活动期间，中共中央总书记、国家主席、中央军委主席习近平20号下午来到澳门大学新校区考察。澳门大学新校区坐落在与澳门氹仔岛一水相隔的横琴岛。习近平在新校区与师生座谈，希望大家通过学习和了解中华民族和国家的历史，增强民族自豪感，增强文化自信，增强作为一个中国人的骨气和底蕴。创造有信念、有梦想、有奋斗、有奉献的人生。接下来，我们来听环球资讯特派记者丁宁的报道。

（口播，记者丁宁）：五年前，习近平在澳门考察期间宣布中央政府决定开发横琴岛，随后，作为“一国两制”框架下粤澳合作的标志性项目，澳门大学横琴校区项目启动。新校区比原校址大20倍，可容纳1万多名学生。横琴校区设有8所住宿制学院，学院里有宿舍、健身房、图书馆、食堂等设施，不同学科、年级的学生在一起学习、生活。习近平来到郑裕彤书院，这里正在举办中华传统文化与当代青年主题沙龙，习近平与来自澳门、内地、台湾等地的学生们围坐在课桌旁，听取他们发言，不时回应学生们的发言，现场不时发出会心的笑声。

（音响，习近平）："近些年来接触到的外国人，特别是一些外国政要，我看他们最时尚的事情就是跟我谈中国文化。（会场笑声）如果他能够跟我在中国文化方面抖抖书包啊（会场笑声），他觉得他很有优越感。"

（口播，记者丁宁）：习近平曾多次讲到学习和弘扬优秀传统文化的重要性，这次到澳门大学横琴新校区考察，他也对学生们谈起自己在青少年时代就非常喜欢阅读中华文化典籍。

（音响，习近平）："小学的时候，《水浒传》《三国演义》这些我在小学的时候就看了。到目前为止，检验我的知识结构，我觉得我读这些传统文化是开卷有益的，包括'四书''五经'的一些东西是正能量。我们现在怎么正确地把握并赋予其新的时代内涵、时代精神，很好地去理解它，让它作为我们人生的引导，最后走出一条人生正确的道路。"

（口播，记者丁宁）：习近平指出，同学们正处在人生的黄金时期，不仅要有求学求知的热情，而且要有心系国家、心系特区的担当，做到知行合一、学以致用。为将来走上社会，投身特区和国家建设做好思想品德、学识修养、能力才干等多方面的储备。

（音响，习近平）："身在澳门，大家应该理解、感受得更深刻一些。《七子之歌》永远能听出它的一种新意来，永远是受到感动。昨天晚上我又听到我们的学生唱《七子之歌》，'你可以拿走我的肉体，但是你拿不走我的精神'，这个精神就是中华精神。所以我们作为澳门的青年一代，弘扬爱国主义精神，这也应该是我们的立身之本。"

（口播，记者丁宁）：环球资讯特派记者丁宁，澳门报道。

这是一篇规整、典型的广播录音报道。在声音符号上主要使用了记者口播的叙述语言和现场采录的音响。在稿件播出时，录音报道的叙述语言可以由主持人口播，也可以由参与采访的记者事先录制好，并与现场音响串接在一起。记者做口播更能体现新闻的在场感，也能活跃听众的听觉气氛。

三 叙述语言＋采录语言＋其他音响

这指的是在叙述语言和现场人声音响之外，加入现场采录的自然音响、物体音响、音乐声等，或在后期制作中加入用于烘托气氛的其他音乐。讲求时效性和客观性的广播新闻，一般不采用这种丰富多元的声音构成模式，播出时长较长、时效较弱的广播专题节目较常使用它。尤其是现场采录的各类音响可以增强听众的听觉丰富性，让节目更有吸引力和可听性。后期音乐的加入也会起到情感铺垫、内容过渡等作用。

案例 2－2：广播专题《气候变化——摄氏 44 度 5》的开篇

（垫乐）

（男主持人）：摄氏 44.5 度下如何生活？

（音响，儿童）：“身体外面全部都是热气，感觉像热锅上的蚂蚁一样。”

（垫乐，男主持人）：50 年不遇的干旱，到处是干裂的土地。为什么气温会如此异常？人类该如何应对？

（音响，居民）：我们每一个人都应该选择那种绿色的生活方式给地球降温。

（垫乐）

（女主持人）：全球气候变暖正越来越影响人们的生活和工作。2006 年 8 月 16 号，中国西南部城市重庆的居民在摄氏 44.5 度下艰难生活的情景为人类应对气候变化又一次敲响了警钟。重庆人在极端气候环境下痛苦生活的经历会不会在更多的人身上重演？请听中国国际广播电台《社会生活》节目的特别报道《气候变化——摄氏 44 度 5》。我是主持人时岱。本次节目由我和弥清为您主持。

（音响，汽车行驶，喇叭声）

（男主持人）：2006 年 8 月 16 号，39 岁的重庆“挑夫”陈果林早上不到 6 点就起了床，像往常一样，他来到离住地不远处的商业街接活。（街道声响，汽车喇叭声）这一天，重庆的气温十分异常，街上的行人也出奇地少。

（音响，陈果林）：“昨天早上起来后太阳特别大，太热了，根本不想出来干事。”

（垫乐起渐强，男主持人）：然而，像陈果林这样从农村来到城市挣钱的农民却又不愿意轻易放弃挣钱的机会。他们的主业就是用扁担帮助别人挑送货物。陈果林当天接到的第一份活儿就有五六十公斤重，在平时能轻而易举挑起的扁担，这一天却显得格外沉重。

这篇广播专题作品的开头部分恰当地将叙述语言、采录语言和其他音响三者融为一体，用采录语言回答“摄氏 44.5 度下如何生活？”的设问，进而引入主持人的叙述语言，引出报道主题。伴随垫乐渐强，听觉上此时已形成一个小高潮，听众的注意力已经被吸引。垫乐落下后，报道节奏和气氛缓了下来，一声汽车喇叭声和“挑夫”陈果林的形象将听众带入重庆的市井生活，也带入了整篇报道的时空情境。

第三节 广播新闻运用声音符号的特殊要求

传统广播线性传播的特性决定了广播新闻在信息容量、传播议程和传受关系上的特殊性。在“一对众”的传播情境下，广播新闻运用声音符号需要充分考虑到大众化传播的要求。

一 广播新闻的传播特点

（一）无限的存在和有限的传播

广播新闻与其他媒介的新闻传播一样，肩负着反映客观实际发展变化的使命，这个“客观实际”是无限广阔、深邃的，但新闻媒介的容量却是有限的。就广播新闻而言，无限的客观存在与有限的传播容量之间的矛盾表现得更为尖锐，体现在：

（1）广播的媒介容量更有限。广播的绝对容量即一个台、一个频道、一天 24 小时的容量，但实际上却不可把累计播出时间与容量相等同。报纸则不然，只要需要，报纸完全可以通过扩版而达到扩容的目的。

（2）听众接收渠道的容量也有一定的限度。正基于此，我们既需要适当控制播出次数，也需要控制每次节目播出的新闻条数，以期达到更好的播出效果。

（3）需要保持较高的冗余度，这是照顾多数听众的接受能力和消除声音传播弱点的必需。

（二）无序的事实和有序的反映

无序的事实，指的是新闻事实的发生是无序的、带有偶然性和难以预料性的。而广播新闻对事实的反映却是有序的，主要体现在以下两方面：

（1）广播新闻的有序反映是多层次的。稿件、栏目（板块）、节目这三个基本表现层次，各有自己的表现功能和要求，它们的有序方式和程度无不对传播效果产生这样那样的影响。

（2）广播新闻的有序反映是以线性传播为基础的。

（三）主动的传播和被动的接收

传播者控制着广播媒介，处于主动地位；听众经由媒介进行收听，只能在传播者设定的范围内进行选择，相对而言处于被动地位。

传播者受媒介容量的制约，对传播内容不得不反复筛选；听众则可以根据自身需要或爱好选择收听，需求日益呈现多样化。

传受双方所处环境、地位不同，选择标准自然不可能完全一致，且相互间的沟通仍受时空限制，因而不时出现信息供求之间的差距、脱节乃至错位现象。

二 广播新闻运用声音符号的特殊要求

（一）在“一对众”的理念下进行新闻报道

传统广播是名副其实的大众传播，新闻节目需要面向广大受众，而不像当今的精准传播一样服务于某一部分小众人群。既然面向大众，传统广播运用的声音符号就应当是大众熟悉的、一听就懂的语言或音响，而不能一味在语言上咬文嚼字、故弄玄虚或在音响上趋新猎奇、弄虚作假。

（二）坚持以有声语言为主

相对于音响而言，有声语言含义更明确、更便于驾驭、信息容量也更大一些，无疑是传播新闻信息更为有效的符号。这绝非否定音响的作用，而是说要把音响放在恰当的位置，用在当用的地方，决不可将音响视为衡量新闻作品有无广播特点的主要的甚至是唯一的标志。所以，坚持以有声语言为主，除了提高驾驭有声语言的能力之外，防止滥用音响、盲目崇拜音响，也是重要一环。

延伸阅读

行至2020年，广播伴随人类社会走过了百年历程。中国传媒大学在当年的硕士研究生招生目录中，将广播学划为新闻学专业的招生方向，广播学的专业地位再次得到了确认。张彩教授等撰文探讨了当下广播学人才培养的路径，提出了广播学专业建设的设想。该文作者提出，不论是广播学人才培养还是融合媒体时代的广播创新，都应根植于声音本位，深耕广播不可替代的听觉优势，遵循并继续探索声音的使用规律，这是广播在未来媒介生态中发展演进的必由之路。现将该文节选如下：

根植声音本位，深耕广播学不可替代的听觉优势

广播是声音的艺术，声音是广播最独特的表现手段。无论媒体格局如何变化，声音永远是广播的核心竞争力。正如麦克卢汉所指出的：“广播的潜意识深处，充满了部落号角和古老鼓手的共鸣回荡……这个媒介有力量把心灵和社会转换成一个共鸣箱。”因此，广播学专业的核心就是要回归声音本位，教授学生掌握声音的听觉规律和广播的本质内涵，即对于听觉符号和感官性质的理解和挖掘。在教学科研中，最终是要落在声音文本上的；在教学实践中，要紧扣广播听觉要素进行探讨。只有回归声音本位、紧扣听觉传播特征，才能让学生切身体会到广播的魅力、认可广播的未来。具体来说，要明确声音符号的独特价值，发挥听觉的独特功能。中央广播电视总台“中国之声”记者历时两个多月采制的广播特写《冷极慢火车——只为你停靠》通过大量生动的现场音响，如踩雪的“吱吱”声、火车“隆隆”的轰鸣声、乘客朴实的交谈声，用声音记录了一条条在极寒深处旅客的平凡追梦路，用听觉带领听众领略了大兴安岭森林深处旖旎的风光和淳朴的民风。

广播要想在当今激烈的媒介竞争中保有一席之地，势必要发挥听觉低注意力损耗和高情感伴随的天然感官优势。中央广播电视总台“中国之声”微信公众号每晚推送“那些年，我们一起读过的课文”系列，用音频带听众穿越回学生时代，有效调动了听众的听觉记忆；“央广新闻”微信公众号推出的《夜听》栏目，每晚用声音讲述一个温暖故事，抚慰听众心灵，陪伴听众入眠。这些广播实践都充分发挥了听觉不可替代的优势和潜能，在互联网时代为听觉开辟出了一片生存空间。从这个维度上说，让人们的听觉能够在美好的声音中实现“诗意的栖居”是未来广播学建设始终应该坚守的责任和使命。

面向媒体融合，全面实现广播学融合创新发展

在当今媒体融合背景下，要想回答广播如何在媒体融合时代实现创新发展，就需要首先回答广播创新的逻辑起点在哪里？在媒体融合时代，单一的媒介传播形式势必不能满足用户多元的感知需求。媒体融合所带来的不仅是传播手段和产品样态的改变，而且是对人进行感官重组和知觉再造。在人的所有感知方式中，听觉是抽象程度最高、无法自主控制的一种感知方式。由于听觉抽象的感知方式使得其艺术表现力与想象空间更加广阔，加之听觉器官时刻开放的特征，使得听觉成为能够与其他感知器官互相合作，产生跨感官协同、联觉和通感的第一道开关。“耳朵和眼睛不同，它无法聚焦，它只能是通感的，而不能是分析的、线性的。”在媒体融合过程中，广播需要重新寻找自己在整个融合系统中的位置，实际上也就是广播通过发挥听觉优势、坚守声音使用规律，让听觉有机地融入整个知觉系统。北京新闻广播春节特别节目《滋味北京》通过选取充满“视觉感”和“味觉感”的声音，用蒙太奇的方式将语言、音乐与音响有机组合，充分调动了听众的视觉和味觉，使听众沉浸在“通感”的氛围中，收获身临其境的多重审美效果。打通人的五感，实现从听觉媒体向五官媒体的自觉进化就是广播创新的逻辑起点也是核心要点。

利用互联网新手段新形式传播是广播在融媒体时代实现创新发展的有力途径。郑州电台新闻广播《一封家书》通过线上节目和微信平台，面向全球征集在外工作、生活、求学的河南人的家书，并由本人录制音频，用中国人最传统、最熟悉的书信体，传递一份对家乡、对亲人的思念和温情。《一封家书》节目依托书信内容，以声音为载体，通过新媒体手段进行二次传播与互动，真正实现了各种媒介间的融合与联动。更为重要的是该节目虽然借助了家书的情感凝聚力以及互联网新媒体的强大传播力，但始终将广播的声音要素放在首位。

资料来源：张彩，曹默．广播百年看广播学：声音本位与听觉传播规律探索［J］．现代传播，2020（4）．

【推荐阅读书目】

1. 曹璐，罗哲宇．广播新闻业务［M］. 2版. 北京：中国传媒大学出版社，2010.
2. 周小普．广播新闻与音响报道［M］. 北京：中国人民大学出版社，2001.

【思考题】

课后收听“中国之声”新闻节目一小时，充分理解什么是“有限的传播”“有序的反映”“主动的传播”以及“被动的接收”。

【练习题】

任意选择一个新闻频率的节目或报道进行收听、记录，分析具体案例中使用了哪些广播语言，采用了哪种组合模式。

第三章

广播新闻的采访准备和实战要求

【本章学习要点】

1. 广播新闻采访准备的一般要求和特殊要求。
2. 广播新闻采录音响的注意事项和操作技巧。

与平面媒体的新闻采访相比，广播（电视）新闻采访的特殊性在于带机采访。所谓带机采访，指的是电子媒介记录与采访活动共生的一种采访形式。在广播（电视）采访中，脱机采访更多地承担外围信息的收集任务，而把关键性信息的采访交由带机采访来完成。带机采访具有强烈的时间同步性，因此，广播采访准备和实战中也有一些特殊要求和技巧。本章重点就此展开讲述。

第一节 广播新闻的采访设备

作为大众媒介，电台广播对播出音质的要求远高于一般录音需求。同时，新闻采访灵活机动和时效强等特点也对录音设备的体积、重量和音频输入输出效率提出更新换代的要求。本节将重点介绍几款近年来活跃在广播采访一线的采录设备。

一 索尼 MD 采访机

MD 是一种音频压缩方法的简称，音质与 CD 相近，但存储设备的体积要小于 CD。

21世纪初，索尼陆续推出了一系列专业数码录音设备，包括MZ-N1、MZ-RH1、MZ-E10、MZ-N10等，深受专业录音人士和广播记者的推崇。MD采访机不仅具有高品质的录音效果，而且可以通过USB接口输出更流行和易读取的MP3音频格式。

其中，MZ-N10和MZ-E10两个系列搭载了Bookmark Track技术，可以对音轨进行标记，一张MD碟片允许标记的最大数量是20个。有了这一功能，广播记者就可以在采访录音过程中，将采访对象说到的重点内容在设备上做好标记，以便于后期在音轨上进行检索，节省了后期音频制作的时间。

MD系列采访机的机身均为方形，如图3-1-1、图3-1-2所示。与MD机配套的存储介质是方形的录音带（见图3-1-3），这种录音带与录音机磁带的录音和播放原理有相似之处，即1∶1的拷贝速度。假如记者需要听取第20分钟的录音内容，则需要在读取设备上播放、快进或倒带到准确的位置，读取速率远没有如今的SD卡、TF卡等快闪记忆介质快。因此，在MD机引入Bookmark Track技术之后，记者们至少可以在磁带上做标记，在输出音频时，机器可以将时间直接跳到标记处，一定程度上提高了音频处理的效率。

随着数码存储技术的更新，尤其是闪存卡的出现，广播音频的处理效率在客观上实现了提升，也催生了新型采录机，MD机和磁带逐渐退出业务一线。

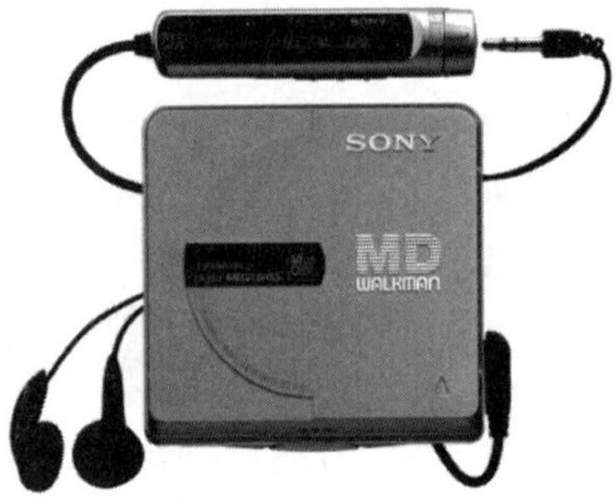

图3-1-1　索尼MZ-E35

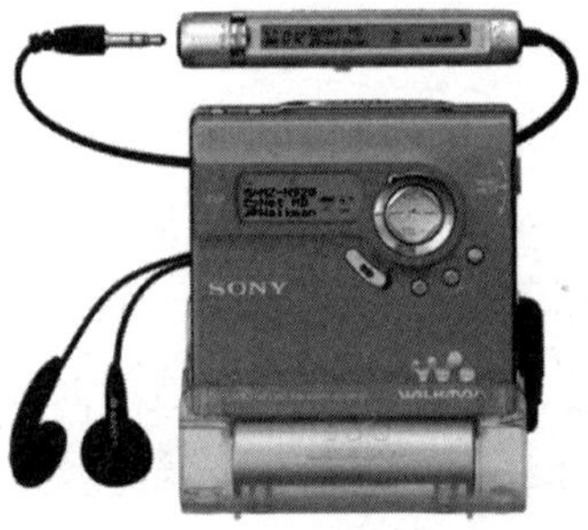

图3-1-2　索尼MZ-N920

图3-1-3　MD采访机与配套录音带

图3-1　索尼MD采访机

二 罗兰采访机

罗兰（Roland）Edirol R-09 数字采访录音机（见图 3－2）使用非压缩数字录音，兼容 USB 接口，输出为 WAV 或 MP3 格式，并可以通过软件转换为 S48 音频文件，也就是音频工作站的通用文件格式。此外，罗兰采访机内置立体声麦克，并且具有专门的输入电平控制，可进行单声道或立体声选择。更重要的是，罗兰机采用 SD 卡进行音频存储，极大地提高了音频拷贝和制作的效率。

图 3－2　罗兰采访机

罗兰机使用 2 节 5 号电池工作，机身上方有一个直观的显示屏，可显示文件序号、录音时长、声道、录音音量等。如有需要，记者还可以接入外置话筒，并用耳机进行录音监听。由于操作方便、快捷，罗兰机至今仍然是不少广播记者最钟爱的录音设备。

三 索尼 PCM-D5 录音机

PCM-D5 录音机（见图 3－3）是更具专业性的数字录音设备。其突出特点是具有可转角度的立体声话筒，可以在 90 度和 120 度之间切换，保证了声源的收录音质。该设备内置 4GB 闪存，且可以插入 MS 记忆棒补充存储，但只能记录为 WAV 格式，而不能直接录制 MP3 格式。

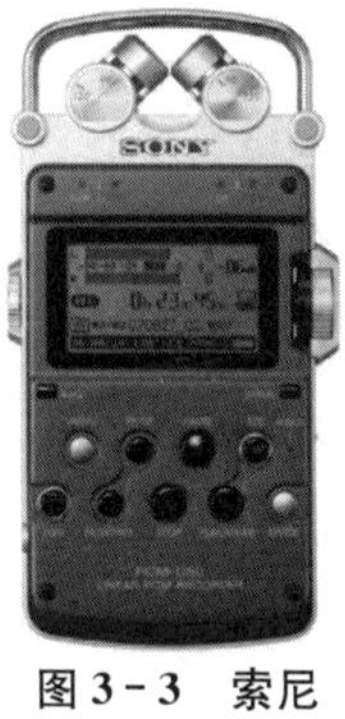

图 3－3　索尼 PCM-D5 录音机

在配件上，PCM-D5 背后有三脚架接口（见图 3－4），可连接三脚架适应采访需求。还可以选择配备防风罩（见图 3－5），适应大风天气的户外采访等。

图 3－4　PCM-D5 的后侧机身有三脚架接口

图 3－5　选用防风罩应对特殊天气的采访

PCM-D5使用4节5号电池工作，续航时间较长，但是其自身体积和重量也因此分别偏大和偏重，在便携性上不及罗兰机。

第二节 广播新闻的采访准备

广播采访具有很强的时间同步性，尤其是在重要的直播活动中，前方记者需要第一时间采集、组织有效信息，通过连线、快讯等形式向听众传达，也需要尽快把重要音响通过广播稿件传递出来。因此，广播新闻的采访准备和实践操作既有与一般采访相通的地方，也有其特殊之处。

一 采访准备的共性要求

（一）搜集背景资料

搜集和研究与选题相关的背景材料，同时筹划采访预案。假如安排你作为全国“两会”记者负责对河北代表团的采访，你就需要在接到任务之后，马上投入采访准备，尤其是背景资料的搜集、整理以及形成采访计划。第一步，你需要把历年来河北团的人大代表议案和政协委员提案进行梳理，从中发现他们的重点议题，有必要的话可以进行量化统计，相关数据可以用作新闻背景。第二步，从资料中发现采访线索和报道空白。放眼各级各类媒体同行的报道，熟悉掌握河北在过去一年中的新动态、新变化，并结合自己的报道需求，从中发现采访切入点和议题设置的可能性。第三步，搜索所在电台或部门的历史资料库，了解本单位在历年“两会”中对河北代表团的报道内容。你既可以从中获取有关议题或采访对象的背景资料，也能通过当时采写这条新闻的同事获得必要的采访资源。

（二）补充相关知识

记者眼前的世界永远是充满新知的，记者要时刻保持对新知的好奇和热情。面对要进行报道的新事物、新问题，记者必须不断积累知识，完善自己的知识结构。基于此，许多媒体划分出采访条块或者设置跑口记者，目的是鼓励记者在某一个具体领域长期积累，使其成为相关行业或问题的专家。当然，即便是跑口记者，也需要跟随行业进展、人事变动等，不断学习和补充跟进。

（三）熟悉采访对象

熟悉采访对象是尽快接近采访对象的重要途径，也是准确提问和深入挖掘素材的前提。采访对象不同，记者要了解熟悉的侧重点也不同。例如，安排你在全国“两会”

期间采访河北代表团，你很难做到熟悉和了解全团 120 多人的背景材料，也没有这个必要。那么，拿到代表和委员的名单之后，你需要如何处置？

首先，要明确采访的核心意图。比如你希望了解河北省在治理大气污染方面的进展、举措和问题，以此为角度进行报道。那就需要你从名单中将与环保工作相关的代表、委员检索出来，比如河北省（市、区）政府的主管领导、环保局局长、制造业中小企业代表等，把关注重心放到他们身上，做到有的放矢。

其次，聚焦才能挖掘细节。比如你得到采访河北省某市市长的机会，你的问题一定要有聚焦意识，不能泛泛而问。这就需要你在采访准备中了解这位市长的经历和背景，找到他最有发言权、最有新闻细节和故事的领域与问题，进而在采访中挖掘有价值的素材。

最后，还应当与采访对象保持恰当的关系。你要通过自己真诚的态度和高超的报道能力赢取采访对象的信任。对方有新闻信息需要向外界释放时，能够首先想到你。但同时，你又要与采访对象保持一定的社交距离，坚持新闻工作者的客观性，不要碍于情面而在报道中偏袒或失衡。

（四）设计采访计划及提纲

当记者拿到采访要求或者策划选题之后，需要首先指定一个行动方案，也就是采访计划，对采访地点、时间、采访周期、采访对象、报道类型、稿件数量等进行预计和规划。其次，要进一步结合具体采访对象列出采访提纲。列提纲是为了记者能够更胸有成竹地与采访对象对话，获取有价值的信息。但采访过程中切不可照本宣科，逐条念提纲，而要将提纲内化于心，在认真倾听采访对象发言的同时快速提炼更有价值的问题。

二 采访准备的特殊要求

（一）做好物质与技术准备

除了一般采访需要用到的纸、笔、照相机、电脑等器材外，广播基于带机采访的特殊性，还应做好如下物质和技术准备：一是专业录音设备，如有必要需要携带话筒；二是电池、存储卡等耗材，如需出差采访，尤其应当准备充足；三是电量情况良好的手机，以备电话连线。如果去灾区、远海、高原等特殊地域采访，还应携带海事卫星电话，以备与后方联系。

（二）与相关人员做好采访协调

这里说的相关人员，包括新闻协调人员、调音师、会场会务、同行等。在政府部门的例会或新闻发布会开始之前，广播记者要尽量与协调人员沟通，争取好的座席和发言机会、专访机会等。

在大会议厅听取领导、发言人、重要嘉宾讲话时，要提前到场与调音师或会务人员沟通，明确音频输出台（见图3-6）的位置，可以将录音设备与之相连，以获取更优质的输出音频。

图3-6 大型会场一般都设有音频输出台供记者使用

此外，在一些大型会议、新闻发布会、集体采访等采访活动中，你会遇到广播同行，要认识这些同行，必要的时候可以互助合作。比如某次大型会议安排了多个论坛同时进行，你的单位只有你一人参加，很难兼顾多方面。在这种情况下，你可以与同行沟通合作，分享录制的音频内容。

第三节 广播现场音响采录的注意事项

广播记者的新闻采访在要求和技巧上与一般采访具有共通性，在此不做赘述。作为广播声音符号系统的重要组成部分，现场音响的采录质量在很大程度上决定着广播新闻的播出效果。本节将重点就广播现场音响的采录要求和技巧进行介绍。

一 做好采录前的物质保障

采访之前，应检查录音设备是否运行良好，并根据采访需求，携带充足的耗材和配件。如需要长时间录音或出差采访，应准备好电池或存储卡；如需要在户外或噪声环境中采访，应携带外置话筒，以求更好的录音质量；如需要在大型会场录音，应携带卡侬插头连接线，以备接入音频输出台。

图3-7为带卡侬插头的音频连接线。卡侬插头分为卡侬公头和卡侬母头，细头为公头，带三个圆孔的为母头。这种一公一母的连接线在音频录制中较为常用，将母头

插入会场的音频输出台，公头插入罗兰采访机等设备，即可在除噪的情况下录制现场音频。

图 3-7　卡侬插头连接线可辅助录到更优质的音响

二　无条件抵达新闻现场是获取音响的重要前提

不论记者做了多少采访功课和采录准备，如果不能按时抵达新闻现场，那所有的事先努力和准备都是徒劳，记者就会在音响的获取和现场采访上处于被动，甚至导致采访的彻底失败。因此，无条件抵达新闻现场是广播记者拿到音响、完成采访任务的前提。

在采访的前一天，记者要查好新闻活动或新闻现场的地址，预计交通出行的方式和时间，尤其是遇到下雨、下雪、大风等不良天气时，更要把出门时间提早。如果恰逢城市里的早晚高峰，有条件的话尽量选择地铁出行，而且时间上要有提前量。如果在出行过程中遇到意外情况，记者要沉着冷静，机智应对，尽可能减少意外带来的影响。

一线者说

2013 年 7 月 5 日晚 11 点半，一辆满载水泥的大货车行驶到 109 国道门头沟落坡岭铁道口时，因刹车失灵撞上了一列火车，没有人员受伤。受事故影响，铁道口封闭 10 小时。笔者接到这条线索时是 7 月 6 日上午 9 点半，肇事大货车已被拖离事故现场，铁道口刚刚开放，恢复通行。被撞的三个火车车厢掉到了草沟里，仍需要清理几个小时。这起突发事件较为敏感，且对交通产生了很大影响，笔者立即出发前往事发地点。当乘车行驶至距离 109 国道落坡岭铁道口约 17 公里时，109 国道的上下行车道均出现了堵车，排队车辆基本一动不动。笔者当即下车步行前往。行至距离事发地点

15公里处，碰到一辆两轮摩托车。和老乡商量后，笔者搭乘摩托车，于中午12点26分抵达事故现场，并发回连线报道。整个行程用时将近3小时，比乘坐机动车提前到了40分钟。

资料来源：张瑞娟．广播记者如何在新媒体环境下做好突发公共事件报道［G］//席伟航．北京广播发展研究文集（2009—2012）．北京：中国广播电视出版社，2013.

这段采访经历中提到的新闻现场，即门头沟落坡岭一带，地处北京西部山区，没有地铁，所以这位记者只能选择路面交通。铁道口的重大事故导致国道上山方向行驶停滞，机动车排队拥堵至少15公里。这个情况，如果记者不到现场是无法真切感受的，也不能把这段经历作为细节在连线中娓娓道来。此外，为了抵达铁道口第一现场，记者果断选择下车步行，遇到摩托车经过时，选择与老乡沟通并搭车前往，这两次机智的选择帮助记者尽可能快速地到达了现场。

三 现场采录的注意事项

（一）注重音响的素质

记者的录音技术要熟练，包括话筒位置的摆放、音量的大小、音响的清晰度、音响的选择和处理等。原始音频过大或过小都会影响后期的播出效果，所以尽量在录音阶段控制好音量。在罗兰采访机和索尼PCM采访机的显示屏上，可以查看录音音量大小，如果音量过大，会有提示灯闪烁变红，你需要把采访机适当远离声源；如果音量条不过半，你需要将采访机适当靠近声源。

（二）保证音响的绝对真实

音响的真实性是广播新闻真实性的重要保证。音响的真实涉及两个方面：一是本体真实，即所采录的音响必须是所报道的事物或人物，以及与报道内容确有关联的事物或人物本身发出的声音，不可捏造声源或张冠李戴；二是采录真实，即坚持采录的同步性，严格按音响本来的面目和实际发生过程采录。假设录音现场稍有杂乱，声源中带有一定的噪声，你可以接入外置话筒，或邀请采访对象到相对安静的地方接受采访，而不能为了声源干净而在事后录制。

（三）认真倾听，恰当引导，捕捉典型音响

广播记者不要因为过于依赖录音机而出现“走神”的情况。录音机能录下什么，在很大程度上取决于记者的采访能力，因此，广播记者应专注倾听、恰当引导，在与采访对象的交流中得到高质量、有价值的音响。

所谓典型音响是指出现在特定时间、特定地点、特定环境中的，能揭示新闻事件

本质或交代新闻人物特点的音响。一是新闻事件特有的音响，比如 2015 年 8 月 22 日，北京国际田联世界田径锦标赛在国家体育场开幕。17 时 28 分，国家主席习近平宣布：2015 年北京国际田联世界田径锦标赛开幕！习近平的这句话是这个新闻事件特有的，在其他场合不存在。因此，这句音响是广播记者务必要采录并使用的典型音响。二是最能呈现新闻价值的典型音响，比如在报道我国研制成功人工喉的录音新闻中，病人用人工喉唱歌的声音。三是能够交代新闻人物个性或代表其观点的音响。在采访过程中，记者要有新闻敏感度，抓取有价值的声音素材；在后期制作中，也重点选用这些素材，表现人物个性或交代其观点。广播记者采录典型音响如同摄影记者抓拍，既要有新闻敏感度，又要有鉴别音响的能力，还要能吃苦耐劳，在新闻现场敏于问、勤于录。

（四）恰当处理记者的现场声音

广播记者在倾听采访对象发言时，可采用点头、微笑等非语言方式表示信息的接收，而应尽量避免发出“嗯”“对”“哦”等互动性语气词。如果原始素材中录下了这些无效信息，在后期音频处理时应剪掉，以避免影响听众收听的连贯性。

当然，有些时候记者和采访对象一问一答的对话可以作为典型音响直接使用，如果使用得当，会增强报道的现场感和真实性。这需要记者有较高的提问能力，以及与采访对象的精彩互动能力。

延伸阅读

由中央广播电视总台央广采制的广播特写《翁丁，一个云雾缭绕的山寨》获得 2018 年亚洲太平洋广播电视发展机构（Asia-Pacific Institute for Broadcasting Development，AIBD）奖最佳广播节目奖。该作品的创作源于介绍云南佤族村寨翁丁的广播纪实节目《最后的秘境》，创作团队把这个文学性广播节目转化成了广播特写，经过了重新采访、编辑、制作。作者撰文分享创作感悟时，着重谈到了广播采录环境的选择，以及如何用音响来表达广播节奏。现将该文节选如下：

在受访者熟悉的环境里采录节目

第一次到翁丁采访，源于不经意；而恰是这不经意之举，让记者采录到了真实生动的声音。

2017 年 7 月，在云南完成了既定采访任务后，闲聊中佤族作家伊蒙红木说“佤族风俗保存得最完整的地方在翁丁”，记者立刻利用在云南采访仅剩的 3 个小时探访翁丁。记者全程开着录音机，采录了跟随导游走访翁丁的全过程，为后来的广播特写创作提供了可能。

3个月之后，记者又一次到翁丁采制介绍伊蒙红木的文学节目《最后的秘境》。伊蒙红木以作家、学者、佤族文化研究者的多重视角，更系统、深入地介绍了翁丁村的历史与发展、生态与文化、生存与思考。而第三次到翁丁，则是为制作“可持续生态旅游”这个选题作品的补充采访。

三次采访，深切的体会有两点：其一，业内常说“用眼睛采访”，其实对于广播记者而言，更要“用耳朵采访”。在翁丁，记者收录了原生态山寨的自然环境声，比如雨滴水流、鸟鸣猪叫、木鼓迎宾、孩童嬉闹，还收录了在山寨行走过程中偶遇的老妇训娃、家族祭祀、劈竹编织等生活场景。除此之外，记者也有意识地采录了典型场景的典型音响。为了充分展现火塘这一独特民俗，记者围绕火塘采录了诸多音响，有柴火燃烧、茶水沸腾、端杯饮茶等常规音响，有老人在火塘边给孩子们讲述佤族史诗《司岗里》的典型音响，有祭司在火塘边吹芦笙的特殊音响。这些音响，为制作广播特写打下了牢固的基础。

其二，在受访者熟悉的环境采访制作节目，更容易获得自然、真实的素材。依嘎怎么会和记者第一次见面不久就透露自己是两个孩子的母亲这样的私人信息？主要原因就是：这里是依嘎的主场，她在这里成长、生活和工作，她在这样的熟悉环境里很放松，在一来一往的日常对话中忘记了话筒，忘记了在接受采访。第二次对伊蒙红木的采访也是请她带领记者去看翁丁，才有了伊蒙红木与村民的亲切互动。这些在采访人物熟悉的环境里采录的人物语言、场景音响，成为广播特写的重要组成内容。

找到适合声音表达的节奏，突出声音的想象力

如果说报纸新闻的写作用的是文字，那么广播特写的写作就是用声音。声音思维的运用贯穿了《翁丁，一个云雾缭绕的山寨》创作的全过程。

用声音写稿，关键是要找到声音表达的节奏，以充分展示声音的美感。《翁丁，一个云雾缭绕的山寨》要先用音响为听众“画出”翁丁山寨。从记者前期采录的素材来看，寨门、牛头桩、茅草房、水塘、祭祀房、木鼓房、寨主家、导游家等，都能体现典型的翁丁村貌和佤族文化形态。如此丰富的内容该如何取舍，诸多地点和方位又该如何布局？为了解决这些难题，首先画出翁丁村貌图，标注两次采访的路线，包括采集音响的所有地点，在每个地点都特别说明了该处的代表性音响，如寨门——村民唱民歌迎宾、“摸你黑”民俗；木鼓房——敲木鼓互动；祭祀房——火塘、祭司吹芦笙、讲《司岗里》、喝茶聊天；寨主家——火塘、喝茶聊天……首先排除声音特征不明显的牛头桩，再将具有相似功能的祭祀房和寨主家“合并同类项”，只选择寨主家，着重展现火塘文化，最后依照采访路线精选优化，形成了寨门——茅草屋——水塘——导游家——木鼓房——村民祭祀点——寨主家这样一条声音路线，其中还考虑到了音响上的动静相间和远近结合，找到声音节奏的美感。

“音响能传递信息，要最大程度地激发听者的想象力。”在《翁丁，一个云雾缭绕的山寨》最初的旁白中，记者总担心听众听不明白，把话说满——音响的来龙去脉都交代清楚，声音的背景解释得详尽万分。其实，一定要避免为了音响而音响，摒弃声音素材的重复堆砌，警惕被声音“绑架”。为了表达对初次翁丁行的怀念，阐述第二次探访翁丁的动机时，记者撰写了大段心理感受。而在最终的成品里，只采用了一首自然哼唱的佤族民歌——《月亮升起来》就把记者再次探访翁丁的动机表达出来了：

“花在山间开放，云在天空飘荡，琴在手中弹响，歌且没人对唱；马铃薯叶纷飞，鱼儿也会流泪，走过千山万水，只为回到你的身边……”

资料来源：李宏，孙峥，周彬．遵循声音的逻辑去采访、编辑、制作：广播特写《翁丁，一个云雾缭绕的山寨》创作谈［J］．中国广播，2018（11）.

【推荐阅读书目】

1. 张征．新闻采访教程［M］．北京：中国人民大学出版社，2008.
2. 曹璐，罗哲宇．广播新闻业务［M］．2 版．北京：中国传媒大学出版社，2010.

【思考题】

1. 假设明天上午 9：00 某部委召开例行新闻发布会，作为广播记者的你第一次参加该例行发布会，你需要就此做哪些采访准备？

2. 所属辖区内某高速公路隧道口发生火灾事故，在电台值班的你被临时派去进行采访，你准备随身携带什么？怎么去？去的路上做什么事情？

第四章

广播新闻报道的主要体裁和要求

【本章学习要点】

1. 录音新闻和录音报道中音响与叙述语言的关系。
2. 广播专题的特点及写作要求和注意事项。
3. 录音述评的基本特点和要求，尤其是“述”与“评”的关系。
4. 广播连线的操作技巧。

广播记者要诉诸新闻稿件，将新闻事实报道给广大听众。根据新闻时效性、新闻价值以及编辑部门的具体要求，广播记者需要采取不同的体裁对新闻进行处理。我们在此前介绍了广播语言在新闻报道中的组合模式，分别是纯叙述语言的模式、叙述语言＋采录语言的模式、叙述语言＋采录语言＋其他音响的模式。本章介绍的各类广播新闻体裁也无外乎采用这几种声音组合模式，但在稿件篇幅、音响时长、音响数量上有若干不同。

第一节 广播消息

广播消息，习惯上又称“广播新闻”。概括地说，广播消息是运用声音符号（包括有声语言和音响）迅速及时、简明扼要地报道新闻事实的广播新闻体裁。根据稿件中是否有采录的音响，又可将广播消息分为无音响消息、录音新闻和录音报道三类。

一 无音响消息

无音响消息是广播新闻中与一般消息写作最相近的一种体裁，常用倒金字塔的写作结构。稿件经播出窗口采用后，由新闻主播采用纯叙述语言的模式进行口播。一般而言，无音响消息的字数要求控制在 400 字以内，而口播新闻的播音速度为每分钟 200～300 字，因此，一条口播消息的播出时长通常为 1～2 分钟。

在写作上，无音响消息除了要符合一般消息的写作要求外，还应注意以下几点：

（一）重视标题的拟定

目前，绝大多数电台使用信息化发稿平台进行稿件的编辑处理，从初稿提交到编辑部编发再到播出窗口组稿，一系列步骤都在发稿平台上操作。编辑部一般要求记者在写作时拟定标题，起到稿件的标识作用，但该标题不会在节目中播出。不像平面媒体需要以标题来吸引读者，广播标题强调的是标识意义。因此，以往广播记者拟定标题的能力较差，没有习惯对新闻标题进行锤炼。但是，在媒体融合的当下，广播稿件在电台播发的基础上，还需要在网上传播，甚至需要适应自媒体传播特点被重新编发。所以，越来越多的电台开始要求其记者重视新闻标题的锤炼，以求在多媒体平台上获得更多的转发和关注。

（二）使用短句，力求简练

声音符号稍纵即逝的特点决定了广播稿件的内容要直接和简练，以符合听觉接收规律。稿件内容最好字字携带信息，除非必要，否则应避免词句的重复，避免描述、修辞成分，减少使用形容词。遣词造句应力求上口，多用短句，避免使用结构复杂、拗口的语句，以及大众不认可、不熟知的缩略语、俚语。

二 录音新闻

录音新闻是在叙述语言之外，加入了现场采录音响的一种广播消息，因而又称录音消息。录音新闻是所有带音响的广播新闻报道中篇幅最短、时效性最强的一种。与无音响消息相比，录音新闻的采制与其有相同之处，也有特殊之处，它特殊在音响符号的运用上。录音新闻多用于报道音响清楚而特点鲜明的新闻事件。

一篇录音新闻的篇幅为 400～500 字，包括叙述语言和音响内容两部分。播出时长长短不一，主要取决于音响来源的语速和持续时长。

三 录音报道

录音报道是带音响的广播新闻体裁，由现场音响和叙述语言两部分组成。录音报道与录音新闻的区别是，前者的篇幅较后者更长，报道更深入，内容更丰富。录音报道一方面强调新闻价值，且当天事当天报；另一方面在报道深度、力度和显示度上也要强于无音响消息以及录音新闻。

案例 4－1：录音报道《今年上半年中国财政收入保持平稳较快增长》

（主持人）：中国财政部13日公布的数据显示，今年上半年中国财政收入保持平稳较快增长，比去年同期增长10.6%。虽然6月份当月的财政收入增幅有所放缓，但中国财政部预计，中国财政收入运行将继续保持平稳，全年收入的预期目标能够实现。来听记者王洹星的报道。	主持人的这段播报是记者稿件中的导语，符合硬新闻导语写作5W的基本要求，高度概括了本篇报道最核心的事实：其一，上半年中国财政收入平稳增长，同比增长10.6%；其二，尽管6月份情况有些特殊，但财政部预计，全年收入预期目标能够实现。
（记者口播）：据中国财政部国库司负责人娄洪介绍，今年上半年，中国财政收入保持了平稳较快增长，特别是税收收入延续了去年以来的较快增长势头，同比增长14.4%。他说，今年上半年，中国与经济运行密切相关的主要税种均保持较快增长，这也反映出今年以来中国经济继续保持稳中向好的发展态势。其中，受工商业、服务业保持较高景气度，部分产品价格上涨等带动，工商业增值税、改征增值税同比分别增长15.5%、18.3%；受企业效益持续改善，居民收入稳步增加等带动，企业所得税、个人所得税同比分别增长12.8%、20.3%；受一般贸易进口保持较快增长等带动，进口环节税收同比增长8.9%。	这是本篇报道主体部分的第一段，呼应导语中的第一条核心事实。叙述采用总分结构，一上来开门见山地陈述了为什么财政收入平稳较快增长——税收的贡献。接着分别介绍了哪些税种受何种原因影响而出现的具体涨幅。
（音响一：娄洪1）： “上半年全国财政收入保持平稳较快增长。	这一段音响是财政部相关负责人

这主要是经济运行稳中向好为财政增收提供了基本面支撑，工业品价格处于较高水平为财政增收发挥了助推作用，新动能、新产业的发展为财政增收拓宽了税源基础。”	对财政收入情况的分析、评价和判断，放在这里可以对上述记者口播形成印证和概括。
（记者口播）：不过，数据也显示，在上半年财政收入总体较快增长的同时，中国 6 月份当月的财政收入增幅有所放缓。娄洪说，这主要是受政策性因素影响。比如，6 月份国内增值税由 1 至 5 月的两位数增长回落至 5.3%，主要是制造业、交通运输等行业及农产品等货物增值税税率下调政策的效应显现；再如，6 月份进口环节税收、车辆购置税、国内消费税由 1 至 5 月的两位数增长转为同比下降，主要是受 7 月 1 日起汽车整车和零部件及部分日用消费品进口关税税率大幅下降政策预期影响，相关产品的进口和消费有所延后。他强调，总的看，中国财政收入运行将继续保持平稳，全年收入的预期目标能够实现。	主体中的这一段实则回应了一个问题：财政收入平稳快速增长的同时，有没有不利因素或矛盾症结？记者通过分析告诉听众，受一些具体因素影响，6 月份的增幅放缓，成为整体向好局面中的一个特殊情况。这一段内容呼应了导语中的第二条核心事实，同时也有助于增强报道的客观和平衡。
（音响二：娄洪 2）： “下半年，随着中国供给侧结构性改革深入推进，‘放管服’等一系列措施持续发力，经济发展质量、效率、动力稳步提升，将继续为财政收入的增长提供有力支撑。”	这段音响是对下半年财政收入环境的判断和预期，而且这段话用负责人的音响说出来，要比记者口播出来更好，更有利于客观性。
娄洪说，目前也存在一些影响中国后期财政收入增长的因素，如国际贸易环境不稳定性、不确定性有所增加。他因此预计中国下半年的财政收入增速将有所放缓。	这篇录音报道在结构上符合倒金字塔的特点，主体部分与导语层层呼应，结尾处交代一下预测性、展望性信息。也就是说，一般新闻的报道结构同样适用于录音报道，但录音报道的特点在于音响，尤其是典型音响给报道带来的说服力和感染力。这源于广播听觉传播的本质属性，音响类报道也因此成为广播的标志性报道体裁。

四 广播新闻中音响与叙述语言的关系

录音新闻和录音报道是由音响和叙述语言两部分共同来表现主题的。因而，除了一般消息写作的基本要求外，还必须注意文字和音响之间的配合。音响和文字的关系不是简单的混合，而是有机的结合。一般来讲，通常是文字引出现场音响，或者音响辅以文字语言叙述。记者在采访过程中采录了大量现场音响，但是并非所有音响都有必要选用在稿件当中。录音新闻和录音报道对音响的选择坚持以下几个原则：

其一，音响必须能体现新闻主题或者烘托主题，选择典型音响。借助人物讲话表达观点，比用叙述语言省力，比文字叙述更有说服力。要选择最能代表人物观点、表达明确的典型音响，既带给听众现场感、真实性，又能揭示和深化主题。

其二，音响不能代替叙述语言，二者应呼应配合。稿件中的音响不是越多越好，而是要恰如其分。音响与前后文的叙述语言互相衔接和衬托，共同反映主题。

其三，选择录音质量好的音响。要选择能听清的音响，使听众一听就知道是什么声音；要选择有节奏韵律的、悦耳的声音，不要刺耳的、嘈杂的声音。

案例 4－2：录音报道《艾力·卡德尔的唢呐又吹起来了》

刊播单位：新疆人民广播电台

首发日期：2015 年 11 月 20 日

时长：3 分 58 秒

主创人员：李隆、何琳、翟涛、阿依祖丽帕尔·买买提明

扫码收听

以下是第二十六届中国新闻奖广播消息一等奖作品《艾力·卡德尔的唢呐又吹起来了》全文：

新疆新闻在线网 11 月 20 日消息（记者李隆、何琳　和田台记者翟涛、阿依祖丽帕尔·买买提明）：和田市民间艺人艾力·卡德尔欢快悠扬的唢呐声，在销声匿迹七八年后，如今又回荡在乡亲们的婚礼上，使维吾尔族婚礼重新恢复了往日的热闹与喜庆。

11 月 19 日，是和田市依里其乡农民阿不都·艾则孜儿子的新婚大喜，他请来了当地家喻户晓的民间艺人艾力·卡德尔和徒弟敲手鼓、吹唢呐，亲朋好友们伴着音乐跳起了欢快的麦西来甫。

阿不都·艾则孜说，能请到艾力·卡德尔为儿子婚礼助兴很幸运。

（音响1 阿不都讲话出）：“婚礼就应该热闹一些，所以我们就把他请来了。三天前就打电话了，因为他在我们这里很出名，很多人都请他。”

今年70岁的艾力·卡德尔是和田市吐沙拉乡喀提其村人，从15岁就开始学习吹唢呐、打手鼓，在民间演奏了50多年。他告诉记者，十年前请他演奏的人非常多，有时一天甚至接到两到三家的邀请，每次都有一二百元的收入。但从2006年开始，他的演奏却受到了村里宗教极端分子的干扰。

（音响2 艾力讲话出）：“我去朗如乡的一个村演出，有一个小伙子过来恶狠狠地对我说，别再吹了，不然我就砸了你们的乐器。”

宗教极端分子还威胁村里百姓，结婚不许唱歌跳舞。因此，谁也不敢再邀请艾力·卡德尔为婚礼助兴。于是，曾经热闹喜庆的婚礼变得冷冷清清。从此，艾力·卡德尔的唢呐开始销声匿迹，他不得不改行磨菜刀，收入和生活都受到很大影响。艾力·卡德尔的老伴吐尼娅孜汗告诉记者：

（音响3 吐尼娅孜汗讲话出）“以前好的时候，一天吹唢呐可以挣200块钱，他制作的手鼓、扬琴还可以卖钱，现在唢呐不让吹了，这些东西都卖不掉了。咋办呢?”

婚礼不许唱歌跳舞，葬礼不许哭泣，这一怪现象引起了驻村工作组的高度重视。驻村工作组组长、和田地区人大工委副主任、地区扶贫办党组书记车玉生告诉记者：

（音响4 车讲话出）：“对宗教极端思想严厉打击。另外，我们入户走访进行宣讲，去极端化，哪些东西是对的，哪些东西是不对的。通过一段时间以后，情况就有所好转，唢呐一吹起来，于是群众都会自发地跳了。我们这个老艺人现在忙得不亦乐乎。”

艾力·卡德尔的唢呐又吹起来了，这让他兴奋不已。

（音响5 艾力讲话出）：“政府的各项工作做好了，我就可以开开心心地去婚礼演奏，今天这个婚礼办得特别热闹。我去年做了肾结石手术，身体不好，但一吹唢呐，我就特别精神、高兴。”

和田地委委员、宣传部部长顾莹苏表示，和田今后将更加关心像艾力·卡德尔这样的民间艺人，让全地区2 000多位民间艺人在传承民族文化和去极端化方面发挥更大作用。

（音响6 顾讲话出）：“在我们‘十三五’的文化产业发展里面，我们专门提到了一项，加大对民间艺人在资金、在他们的生活等各方面给予照顾。它就是我们群众最喜闻乐见的一种形式，再一个它又是一种维吾尔族传统文化的一些承载。这个要把它传承下来。”

案例分析：

多年以来，由于受伊斯兰宗教极端思想的影响和蛊惑，新疆南部农民传统的生活习俗遭到严重的干扰破坏。和田作为南疆的重点地区，形势尤为严峻。在一些乡村，婚礼不许唱歌跳舞，葬礼不许悲伤哭泣。这种怪现象给当地农民生活带来了很大影响。稿件的主人公——民间唢呐艺人艾力·卡德尔，就是被宗教极端思想干扰、拖累的典型代表。庆幸的是，新疆维吾尔自治区近年来采取多项措施，严厉打击宗教极端分子，加大力气铲除宗教极端思想滋生的"土壤"，百姓生活又恢复了往日的喜庆与安宁。作者在南疆农村采访得知这一线索后，对主人公及其周边环境进行了多角度、多侧面的追踪采访。稿件紧紧抓住主人公从以前不敢吹唢呐、生活陷入困境到现在又吹起唢呐这条主线，巧妙运用新闻背景，通过前后对比，折射出南疆大地发生的喜人变化。

宗教极端思想是影响新疆社会稳定的最大威胁之一。这篇稿件切口小，角度巧妙，它通过一个普通的维吾尔族民间唢呐艺人的生活变化，将一个复杂而敏感的社会问题，讲述得深入浅出、清晰明了，可谓以小见大。报道选取事实典型，主题鲜明，寓意深刻，采访全面，音响素材丰富，感染力强，从一个侧面反映了新疆近年来为去极端化工作所做的努力与取得的成效，传播了时代正能量。

第二节 广播专题

在广播媒体的新闻报道中，专题新闻报道成为近年来新闻传播的重要方式，特别是在当前媒介市场化环境下，广播媒体为受众提供了更为深入的新闻报道，在新闻专题报道的基础上关注新闻事实背后的真相，以及新闻事实延伸出来的解释性分析。

一 广播专题的特点

（一）给予广播音响更大的表现空间

从声音符号上说，广播专题同样是将有声语言与现场音响相结合的一种报道体裁。与广播新闻相比，广播专题有着篇幅较长、结构复杂、跳跃度大、内容翔实、音响构成丰富、注重细节刻画、能够有深度地表现主题等特点，是音响类报道体裁中最具表现空间的一种，适宜用来深入刻画新闻人物或深度报道新闻事件，可视之为广播深度报道的重要载体。

广播专题更重视对音响、对内容的后期制作，因而较广播新闻也更精致、更完整、更具有可听性。广播专题的采制要有深入细致的采访（特别是细节，不怕时间周期长）、尽可能多的客观音响内容采集（特别是典型的、特征鲜明的、细节的）、贴切而又独到的结构（直接关系到素材的剪辑和使用）、琢不厌精的制作（手段的精、内容要素挑选的精、制作的精），在制作的过程中提倡反复琢磨，不厌其烦。

（二）时效性较弱，报道深度较强

广播专题一般从一个新闻由头出发，借此探索出明确的主题，并展开深入采访，因此，广播专题并不强调高时效地报道某件事情、某条新闻，而强调报道能否深度展现主题，引发听众的思考和共鸣等。

（三）更依赖于故事和细节

与广播新闻相比，广播专题对故事和细节的依赖性要更强。原因之一是广播专题的篇幅较大，有更多的文字空间和音响空间去讲故事、说细节。原因之二是广播专题对时效性的要求弱，对报道深度和深化主题的能力有更高的要求，而故事和细节恰恰有助于此。

三 广播专题的注意事项

（一）结构要坚实，避免松散杂乱

广播依靠听觉单通道进行传播，所以其信息传递要符合听觉逻辑，保证叙事和收听上的流畅性。基于此，广播专题在写作结构上要紧凑和坚实，让听众跟随你的报道逻辑去吸收信息。

（二）音响与叙述语言密切配合

广播专题一定是带音响的传播，不能只靠叙述语言撑起一篇专题报道。而且，从节目的可听性和吸引力角度而言，广播专题中的音响通常不会只涉及一两个采访对象，相对丰富的对象和多元的采访切入点会增强报道的立体感。音响的丰富性是广播专题的特点，但也是难点所在，即在音响出处多元的情况下，如何做到多而不乱？这就要求记者在行文时将音响和上下文的叙述语言密切衔接起来，互相支撑。我们以《石鼓　广州——千里共家园》为案例，介绍一下在实际写作中如何做到音响和叙述语言的配合。

案例 4－3：广播专题《石鼓　广州——千里共家园》

刊播单位：中央人民广播电台

首发日期：2015 年 4 月 22 日

时长：21 分 30 秒

主创人员：梁卫浩、庞晓露、周伟琪、王冰月

扫码收听

以下是第二十六届中国新闻奖广播专题类二等奖作品《石鼓　广州——千里共家园》全文：

（音响 1：石鼓村民赵志华）：“你们城里用电，为什么要淹掉我们家?”

（音响 2：鸟叫声、鸡叫声、晨练声、脚步声、狗叫声和石鼓话聊天声）

口播：石鼓，长江第一湾，三江并流世界自然保护地，海拔一千九，气温 23 度。

口播：清晨，雨后，石鼓街。

（音响 3：石鼓话聊天声）

口播：石鼓位于中国西南，居住着纳西族、藏族、白族等 8 个民族，是茶马古道上的重镇。

（音响 4：集市声　压混）

口播：天刚亮，60 多岁的村民尹杰汤就和家人一起来赶集。

（音响 5：尹杰汤）：“我们的老祖宗随军到剑川、合庆，再到石鼓，已经有七百多年了。我们家乡种水果，桃子、梨、核桃、板栗，这些都是当地自产的资源，口感比较好，都是运往丽江、运往各地，得到很丰厚的回报。哈哈!”

（音响 6：车流声、粤剧声、晨练声和粤语聊天声）

口播：千里之外的广州，酷暑，气温 38 度，热浪。

万里长江从“世界屋脊”——青藏高原奔腾而下进入云南，与澜沧江、怒江一起在横断山脉的高山深谷中穿行，形成了“三江并流”的壮丽景观。尤其是到了云南省西北部的丽江市石鼓镇与香格里拉南部沙松碧村一带时，江流急转弯，转向东北，形成了罕见的“V”字形大弯，人们称这天下奇观为“长江第一湾”。正因如此，当地十分重视水电资源的开发利用，为满足城市用电需求、服务国家西电东送工程做出了贡献。

本篇稿件的记者之一庞晓露跟随环保团体深入金沙江、长江、怒江采访十几天，对当地水电的发展与自然环境的破坏这一矛盾印象深刻。后来决定以上游石鼓和下游广州的日常生活场景入手，通过对比的手法、思辨性的写法来客观地将这一矛盾呈现出来。

开篇运用音响 1 至音响 5，对石鼓的面貌进行了一次声音白描，用近似于电影中对比蒙太奇的手法去铺陈场景、展示形象，石鼓镇宁静清爽的

（音响7：粤语聊天声、城市车流声　压混） 口播：广州，中国南部沿海城市，约两千万来自世界各地的人们在这里工作、生活。 **（音响8：空调“嘀”一声关掉、微波炉“叮”一声运作完毕、关门声）** 口播：26岁的环保志愿者王晓华把开了一晚的空调关掉，拿出微波炉热好的早餐，匆匆扎进38度的热浪里。 **（音响9：地铁报站声、匆匆脚步声、交谈声　压混）** 口播：地铁里人来人往，脚步匆匆，大屏幕循环播放着广告。 **（音响10：空调广告声音——全能王变频空调，零下30度至54度，极限环境下，强劲制冷热……）** **（音响11：母女对话）** **（母）**：“宝宝，现在我们就要进去地铁里面了，我们穿一件厚点的衣服好吗?” **（女）**：“不好，这么热的天。” **（母）**：“地铁里面会比较凉，因为现在空调开得比较低，所以你进去容易感冒，我们还是穿一件厚点的外套，好吗?” **（女）**：“哼，讨厌!” 口播：空调模糊了广州的四季，夏天可以凉爽如秋，冬天也温暖如春。但在石鼓，四季变更，界限分明。 **（音响12：村民杨学勤）**：“我知道到山上什么季节要收什么，收获了谁来买。找我买的人知道什么时候给我打电话有什么货，我知道什么时候开始要紧张地工作，什么时候我可以休息。我的收入不高，但是我过得很安逸。” **（音响13：纳西古乐《到春来》）** 口播：张子意，纳西古乐传承人。他说，纳西人用音乐表达四季。	夏日气氛与广州炎热沸腾的夏日景象形成鲜明对比。 音响13、音响14起到渲染报道气氛的作用，可听性很强，意境舒缓，与后文明快热闹的城市环境形成

（音响14：张子意）："《到春来》就是春天来了，高兴嘛；《到夏来》是夏天到了；《到秋来》是秋天到了，人们要准备过冬的时候了，修修房子啊，要演奏古乐的；《到冬来》是冬天了。春夏秋冬，天气变化，人随着自然走。"	气氛对比。
（音响15：音乐喷泉音乐声，喷水声，童声"哇！好漂亮！"） 口播：流光溢彩的音乐喷泉总是能引来最多的目光和欢呼。 **（音响16：游人）** **（小女孩）**："它会喷黑雾、白雾，还有火和水都会喷出来！" **（男士）**："这里每天都有啊，很多人来看，只不过时间短了点，大概五分钟吧。" 口播：石鼓的夜晚远没有这般霓虹炫目。 **（音响17：长江第一湾，夜晚，安静、虫鸣、流水　压混）** 口播：相隔数千里，他们生活在两个世界，毫无交集，直到…… **（音响18：电视新闻男播音员）**："持续的高温让广州、武汉、长沙等地出现用电紧张局面，广州全市的用电负荷已超过1 000万千瓦。" "深圳供电局相关人士介绍，今年用电最高负荷比去年增长了8.48%。" **（音响19：工业机器运转声）** 口播：为满足城市用电需求，国家加速推进西电东送工程，澜沧江、雅鲁藏布江、金沙江等西南边陲的大江大河上建立起一座座大坝。石鼓附近的江段因长江第一湾的U形河谷被看中，规划建设龙头水电站——虎跳峡电站。科学家杨勇长期在金沙江进行考察。	音响15、音响16两段现场音响富有动感，调动报道的听觉节奏，并与音响17形成听觉和情绪上的强烈反差。
（音响20：杨勇）："因为它能储存很多水，它的库容接近400亿，具备多年调节功能。虎跳峡以上出现了极端干旱甚至断流，我们把虎	杨勇的这段话进一步介绍了为何选择在石鼓建设虎跳峡水电站，音响20是一段呼应主题的典型音响。

跳峡库容的水坝放下来，水库储存的水都可以保证下游发电。另外下游遇到枯水期、大旱年，虎跳峡的库容放下来，可以应对极端气候、极端干旱。” 口播：但是，如果建设虎跳峡水电站，石鼓和周边地区十几万居民将背井离乡。	
（音响21：鸟叫） **（音响22：尹敬汤）**：“这是映山红的桩子，这是蝴蝶兰，这是……” 口播：尹敬汤的家在村子的最高处，他是尹杰汤的侄子。	音响21、音响22让报道情绪从硬到软，节奏缓下来。
（音响23：尹敬汤与环保志愿者王晓华对话） **（尹）**：“我最喜欢的是这个，是丽江红。春节的时候，花开了，相当地舒服，能闻到清香味。这是竹子，这是樱花，这是蜡梅。” **（王）**：“靠这些庭院的花树、果树有多少收入?” **（尹）**：“我的花，我的桃子，挣两万块钱是随便的事。” **（王）**：“您家门口这条线是什么意思啊?” **（尹）**：“水位。就是淹到我家这里。他们说要搬，心里呢，我们就是反对。我们这里，天生就是环境好，美，什么经济作物、水果、花卉都有，生活满不成问题。过得很舒服的。” **（音响24：爬山喘气声）** **（音响25：王晓华与杨学勤对话）** **（王）**：“我们相当于从海拔1 900米爬到了2 010米，这条线意味着什么?” **（杨）**：“2 010（米）这条线是虎跳峡大坝的高程，淹没区，也是警戒线了，最高控制水位是2 010（米）。” **（王）**：“也就是说如果虎跳峡要是建的话，我们现在看到的农田还有房屋都在水下了。”	王晓华是一位来自广州的环保志愿者。文中几段王晓华与他人的对话都是在记者的跟踪采访中采录的。 王晓华与村民尹敬汤、杨学勤的对话（音响23至音响25）反映出水电项目与当地居民生活的突出矛盾，与广州游客的对话（音响26和音响27）又折射出大城市建设之美与资源耗费之间的突出矛盾。

（杨）：“没啦，都在水底200米啦。” **（王）**：“而这整个长江第一湾的U形河谷将会变成一个水库。” **（杨）**：“水库，在海拔2 000米左右，往上一直延伸200公里左右。你看啊，这个水泥桩，2004年9月立的，它就意味着虎跳峡在前期勘探所定的高程控制点，也就是说，在这个桩以下，在这位置以下，我们就没有生存的地方啦。”	
（音响26：游客的欢呼声及童声） “我们去看‘小蛮腰’吧！” **（音响27：王晓华与游客对话）** **（王）**：“您来了多少次了？” **（男）**：“数不清了。只要有朋友来都会带去，第一次来广州的人基本都会到珠江夜游一下，带他们看看广州的夜景。” **（女）**：“觉得灯光还是太少了。” **（男）**：“没有亚运会的时候多。” **（王）**：“就这样我觉得都挺费电的，你们还觉得少？” **（女）**：“来就是看这些的啊。” **（男）**：“视觉冲击没那么大。” **（女）**：“对对对，大都市嘛，就是灯光。” **（王）**：“挺费电的有没有想过？” **（男）**：“我们考虑不到这些问题，都是当官考虑的事情，我们享受这个资源就好了。”	将王晓华与村民的对话和与广州游客的对话的音响放在一起，前者的不满和焦虑与后者的漠然和无视形成对比，在报道中画出了一个大问号，也呼应了报道的深度思考和报道意图。
口播：2004年，虎跳峡告急。从那时起，由民间环保人士自发组织的“江河十年行”每年都考察金沙江、澜沧江和怒江，记录江河变化，呼吁公众关注，今年到了第9个年头。 **（音响28：“江河十年行”考察路上）** **（音响29：杨勇）**：“水位上升以后浸泡山体，地下滑动带动上面产生滑坡。水库一旦进	叙事时间突然跳回2004年，调动听众兴趣，并与音响29共同呼应报道关注的问题，即建设水电站的必要性和重要性。

入正常的运行状态，一年中起码有两到三次涨落，这种频繁的涨落对库岸的地质影响是很大的。金沙江这种河谷如果发生汶川那样的地震，那是不可想象的。” **（音响30：电视新闻报道女记者与游客对话）** **（记者）**：“2014年广州国际灯光节在今天晚上8点绚丽拉开帷幕，今年灯光节的主题为‘跨·粤’，历史悠久的广府文化在历时4个月的灯光节上将淋漓尽致地展现出来，大家可以看到整个花城广场现在已经是人头攒动了，可以说今年的灯光节人气是非常旺的。” **（男游客）**：“知道有个灯光节，然后过来看一下觉得挺好的。” **（女游客1）**：“这里很壮观啊，可以看到很多很漂亮的灯景。” **（女游客2）**：“很漂亮啊，很好看。” **（音响31：石鼓村民赵志华）**：“你们城里人用电太浪费了！走到跟前门自动开，按一个键电梯就来了。你们这样奢侈地用电，为什么要我们买单？” **（音响32：金沙江流水声）** **（音响33：萧亮中的妈妈）**：“我们原先就教他普普通通做个农民，不要这么费劲，但是他就跟我说过，妈妈，我们出去外地都是不行的，就是在家里还可以，我会支持你们。我们在第二、第三、第四**（补偿方案的条件下）**捡垃圾都无法生活，他一定要把金沙江保下来。他就那么跟我说。**（抽泣声）**” 口播：萧亮中，出生在石鼓镇对面的村子里，父亲是白族，母亲是纳西族，世代务农。他是中国社会科学院边疆史地中心的人类学家，发表了近百篇关于家乡的文章。虎跳峡水电站规划建设的消息传出，他前后几十次带着	音响30再将紧张的节奏缓和下来，但看似平缓，却能从中听出一个关键问题——广州城市发展中迫切的用电需求。接下来的音响31则进一步从石鼓村民的角度提出一个矛盾——城市激增的用电需求是否或为什么得由千里之外的石鼓来买单？

各界专家、学者和媒体人前来考察。层层压力之下，心力交瘁。 **（音响34：村民葛全孝）**：“他走得脚上全是血泡，他已经走不动了，上车脚都抬不上去，他已经支撑不住了。当时在虎跳峡的时候，萧亮中说过一句话，他确实受不了了。虎跳峡那个山啊，那个悬崖啊，挺怕人的，到处都是要掉的石头。萧亮中就这么看着我说，现在掉下一块石头把我砸死，就好了。我也解脱了，我受不了了。” 口播：几天后的凌晨，他在睡梦中再没有醒来。当地老百姓自发在金沙江边为他建了一块碑，上面写着五个字“金沙江之子”。 **（音响35：王晓华）**：“我们一路走在去亮中坟前的路上，很多村民听说我们要去看亮中，都跟着上来了。亮中的坟修在半山上，面对金沙江。” **（音响36：于小刚）**：“亮中啊，我记得当时你带我们到这儿来的时候，我们了解到金沙江要修水（电）站，我们说能不能有两套方案，第二套呢，我们怎么向水电公司寻求更合理的更公平的补偿。你说，不！我们只要一套方案！就是我们不要虎跳峡电站，我们要保护我们的家园！那时候我们真的不能相信，最后这一套方案一直坚持到现在。” 口播：亮中不会再醒来了，但沿岸的百姓被唤醒了。大家沿着亮中的脚步，继续守护这段自然流淌的大江。石鼓村民杨学勤详细记录了这些历程。	从2004年“江河十年行”开始到2014年，大量环保人士、专家、当地村民参与到金沙江保护工作中。几段现场音响从回忆的角度讲述了十年过程中的环保历程和心情故事，展现了一个“面”。而萧亮中的故事则是一个“点”，让听众从这个细节感受报道主题。
（音响37：记者采访杨学勤） **（男记者）**：“本来应该有几本这样的日记本?” **（杨）**：“我现在没详细去翻，因为到处写，但是没丢。”	石鼓村民陆续沿着萧亮中的道路保护当地江河环境。音响37是记者与村民杨学勤的对话，直接取用为报道中的现场音响。杨学勤的日记内容富有细节，体现出石鼓村民对建水电

（男记者）：“真不容易，有心呐！” **（杨）**：“2005 年的 2 月 17 日，一队记者从怒江一路过来，就在我们家。4 月 6 日的时候，我就接待了香港广播电视公司的区家麟。到了 12 月 21 日，中山大学的周燕、葛全孝、阿华和我一行四人就去看截流以后的吉安桥了。6 月 30 日，接清华大学杨而汝的电话，答应他们在 7 月底做社会调查的时候提供帮助……” 口播：2006 年，杨学勤和当地老百姓迎来了一个好消息，政府决定停止建设虎跳峡水电站。	站一事慎重、重视和负责任的主人翁态度。
（音响 38：杨学勤向记者读 2006 年政府通告）：“目前，有关龙盘水库（**注：即虎跳峡水库**）建设项目还处于前期工作阶段，州委州政府至今还没有接到过任何项目开工建设的通知。二、今后不管什么地方修建电站，没有淹没区绝大多数群众的同意，政府就不做建站决定，请群众放心。” 口播：但是，如果作为龙头电站的虎跳峡不开发建设，金沙江中游的总发电量要比规划减少一半，无法满足城市的巨大用电需求。	村民们的工作也赢得了政府的慎重考虑，政府于 2006 年发布通告。音响 38 是政府通告中最关键和核心的两点意见，是典型音响。
（音响 39：南方电网工程师郑先生）：“2013 年，全国电源新增生产能力大概在 9 400 万千瓦，水电比例占到差不多 1/3。这几年城乡用电都是呈上升的趋势，去年 2013 年的增长率大概是 7%，因为现在经济发展比较快，对电的需求量也比较大。” **（音响 40：陈嘉俊单车派对婚礼现场）** **（音响 41：陈嘉俊等对话）** **（陈）**：“阿仪同师妹负责派礼，全部放这边……” **（男骑车者）**：“单车停在哪？” **（男志愿者）**：“这边跟我来。”**（压混）**	音响 39 用具体数据交代出用电需求与供应之间的现实矛盾。如果虎跳峡水电站得不到建设，这个矛盾就会在金沙江中游突出地表现出来。本篇报道的一个突出优点是，平衡客观地铺陈矛盾对立，不做评判、不立观点，让听众从故事和细节中感受矛盾双方面对的现实和所持的立场。

口播：这是环保公益组织“拜客广州”发起人陈嘉俊的婚礼，他把自己的婚礼办成了一个单车派对。 **（音响42：陈嘉俊）**：“因为一大群人骑车很拉风。而且希望通过派对，让那些平时不骑车的人觉得，原来骑车很方便，是有环保的意义在里面的。我希望可以通过大家骑车来参加派对，来对平时的生活进行一个反思，我们是不是出门就要开车，或者5公里就必须打车，其实走路或者骑车就可以很方便快捷地满足出行的需求。” **（音响43：“地球一小时”活动电视新闻报道）** **（电视记者）**：“时间是晚上的8点30分整，地球一小时的活动已经正式开始了，我们可以看到我身后的广州塔（**小蛮腰**）已经完全处于一个熄灯的状态。除了广州塔以外，环绕着花城广场的建筑，譬如说我左手指过来的西塔以及旁边的一系列建筑都熄灯啦……” **（男大学生）**：“平时有些宿舍到了很晚，12点多还在开着灯。我们就会把大灯关掉，开自己的台灯。这样可以节能。” **（男群众1）**：“有空就会骑车，能减少污染，少一些废气。” **（小男孩）**：“台灯不用的时候直接关掉。” **（男群众2）**：“我们家都是人走关灯，尽量开小灯。” **（电视主持人　粤语）**：“据介绍，昨晚广州塔熄灯一小时，能节省大约405度电。北京、上海、纽约、伦敦……2014年，全球一共有7 000多个城市接力熄灯，响应‘地球一小时’活动。悉尼大剧院、东京塔、迪拜塔……”	音响42和音响43以一种展望的视角去呈现化解用电矛盾的积极作为，从儿童到大学生、普通群众，再到世界范围内的意识觉醒，全社会环保意识的提高有望为远隔千里的一城一村架起缓和矛盾的桥梁。

（音响44：鸟叫声，早集声，纳西语对话声） **（音响45：村民李大姐与张子意对话 纳西语）** **（李）**：“张会长那么早去拉琴了？下个月初五我女儿出嫁了，到时请你们古乐会来一下？” **（张）**：“好的，没问题，初五，我记得了。” **（音响46：纳西古乐《寄生草》）**：“为甚忧，为甚愁，寄生此，寄依此……大江啊，土地啊，我汲取大江养分，扎进土地的怀抱，怎么舍得与你分离……” **（音响47：杨学勤）**：“挺累的，真的挺累的，但是也挺自豪的，因为，它还在，生活还很好。” **（音响48：歌曲渐扬 锣响 音乐止）**	音响44至音响46朴素平实，回归石鼓村民平静无忧的生活，节奏舒缓，有情有味，可听性强。音响46的歌词内容寄托着村民对生活乐土的挚爱和深情，也让音响47听起来更悠远、更有绵延深意。

1. 叙述语言要对前后音响有补充和解释的作用

（音响6：车流声、粤剧声、晨练声和粤语聊天声）

口播：千里之外的广州，酷暑，气温38度，热浪。

（音响7：粤语聊天声、城市车流声 压混）

口播：广州，中国南部沿海城市，约两千万来自世界各地的人们在这里工作、生活。

这里的“音响6”在文章中起到的是地域转移的作用，用这段音响承接石鼓和广州两个地域，体现出作者对音响功能的巧妙驾驭。但是，这段音响是没有语言文字的事物音响，听众乍一听可能反应不过来。所以，作者接下来紧跟着加了一句口播（叙述语言），用来告诉听众他接下来要说广州这边的情况了。“音响7”后面的这句口播（叙述语言）同样也达到了解释和补充的作用。第一句口播用天气情况实现了地点转移和城市白描，第二句口播则更具体地落地到广州的基本情况，两句口播之间存在一种细微的递进关系。

2. 音响中首次出现的人物，要在上下文的叙述语言中予以体现

口播：天刚亮，60多岁的村民尹杰汤就和家人一起来赶集。

（音响5：尹杰汤）：“我们的老祖宗随军到剑川、合庆，再到石鼓，已经有七百多年了。我们家乡种水果，桃子、梨、核桃、板栗，这些都是当地自产的资源，口感比

较好，都是运往丽江、运往各地，得到很丰厚的回报。哈哈！”

…………

（音响22：尹敬汤）：“这是映山红的桩子，这是蝴蝶兰，这是……”

口播：尹敬汤的家在村子的最高处，他是尹杰汤的侄子。

“音响5”是尹杰汤这个人物在报道中的第一次发声。如果这段音响的前后没有关于这个人的介绍，那音响会出现得太突兀，影响听众的反应。所以，作者在前面的叙述语言中很轻巧地用一句话介绍了尹杰汤的身份、年龄，并引出他接下来这段音响的说话场合。

“音响22”是广播专题中十分常见的引出采访对象的一种做法，即用采访对象的一句话引出他的身份。这句话可以是典型音响，也可以为了引出人物而选取一句相对有语境、有声音形象的话，“音响22”就属于后一种。

3. 巧用环境音响引出采访对象

（音响8：空调“嘀”一声关掉、微波炉“叮”一声运作完毕、关门声）

口播：26岁的环保志愿者王晓华把开了一晚的空调关掉，拿出微波炉热好的早餐，匆匆扎进38度的热浪里。

有些时候，采访对象在报道中出现既不是通过叙述语言介绍，也不是由他/她的音响引出，而是用体现采访对象动作或心情的环境音响引出。“音响8”里的空调、微波炉、门发出的声音都源于采访对象王晓华手上的动作，如果没有接下来的叙述语言，这段音响就仅是普通的环境音响，但接上这句口播，二者就形成了有机的呼应，音响活了起来，人物也很巧妙地出现在报道中。

4. 引出采访对象时的叙述语言要有变化，要适当软化

在写作录音新闻或录音报道时，不少记者用“××表示”“××在接受记者采访时说”“××介绍说”等比较简洁直接的叙述语言引出采访对象。这种表述能够体现出一定的客观性，适用于新闻类报道。但是在专题类报道中，如果一味用这种表述引出音响的话，难免使文章整体流于枯燥，读起来缺乏美感和流畅感。因此，在写作广播专题时，记者一般会摒弃“××表示”这种过于生硬和新闻报道感浓重的表达，而换用更软的方式引出这个人物。比如，下面这段口播介绍了石鼓被选址建设虎跳峡电站的事实。至于为什么要选在石鼓则交由“音响20”这段典型音响来说明。这里，记者没有用“科学家杨勇介绍说”这种叙述，而是换用“科学家杨勇长期在金沙江进行考察”，这句话既说明了杨勇的身份和话语权，又不破坏行文的流畅感，听众听到这里也自然明白：接下来杨勇该说话了。

口播：为满足城市用电需求，国家加速推进西电东送工程，澜沧江、雅鲁藏布江、金沙江等西南边陲的大江大河上建立起一座座大坝。石鼓附近的江段因长江第一湾的U形河谷被看中，规划建设龙头水电站——虎跳峡电站。科学家杨勇长期在金沙江进行考察。

（音响20：杨勇）："因为它能储存很多水，它的库容接近400亿，具备多年调节功能。虎跳峡以上出现了极端干旱甚至断流，我们把虎跳峡库容的水坝放下来，水库储存的水都可以保证下游发电。另外下游遇到枯水期、大旱年，虎跳峡的库容放下来，可以应对极端气候、极端干旱。"

5. 合理使用音乐元素为报道增色

在录音新闻中很少使用音乐元素，录音报道中偶尔使用。其原因有二。一是录音新闻和录音报道强调新闻的客观性，而非现场音乐的使用会破坏这一点。所谓非现场音乐指的是记者为了配合报道而主观加入或另行录制的音乐。如果录音新闻或录音报道中需要使用音乐，则务必确保音乐的现场性及其新闻价值。二是录音新闻和录音报道的文字体量与音响体量都有限，要把更多的音响空间留给包含更多新闻信息的典型音响。并不是说音乐元素一律不是典型音响，相反，在一些文艺演出或强调气氛交代的报道环境中，现场音乐甚至比人物语言还要有说服力。但是，在占绝大多数的一般题材的录音报道中，要审慎使用音乐。

而在广播专题中，音乐元素的使用则较为普遍。常见的使用音乐元素的方式有：

（1）放在开篇，引出报道人物或报道地点等。

（2）用来达到场景转换或情境转移的目的。比如"音响15"之前是石鼓的情况，之后则将空间转移到千里之外的广州。

（音响15：音乐喷泉音乐声，喷水声，童声"哇！好漂亮！"）

口播：流光溢彩的音乐喷泉总是能引来最多的目光和欢呼。

（3）用来辅助气氛，渲染意境，增强报道感染力。这是音乐元素在广播专题中最直接最擅长的表现功能。比如"音响12"通过杨学勤之口表达了石鼓四季分明的气候特点，非常口语化，表达也很生动，是一段典型音响。但是，作者为了进一步突出这个问题，与广州形成对比，就进一步接了"音响13"，增强报道的可听性，舒缓节奏，并引出采访对象张子意。接下来在"音响14"中张子意把歌词大意介绍了一下，让听众产生关于纳西四季的美好联想。应该说，这三段音响和一句口播一气呵成，充分交代了石鼓四季分明的特征和当地人生活的悠然自得。其中"音响13"这段音乐的使用则达到了点睛和提亮的作用。

（音响 12：村民杨学勤）："我知道到山上什么季节要收什么，收获了谁来买。找我买的人知道什么时候给我打电话有什么货，我知道什么时候开始要紧张地工作，什么时候我可以休息。我的收入不高，但是我过得很安逸。"

（音响 13：纳西古乐《到春来》）

口播：张子意，纳西古乐传承人。他说，纳西人用音乐表达四季。

（音响 14：张子意）："《到春来》就是春天来了，高兴嘛；《到夏来》是夏天到了；《到秋来》是秋天到了，人们要准备过冬的时候了，修修房子啊，要演奏古乐的；《到冬来》是冬天了。春夏秋冬，天气变化，人随着自然走。"

（4）用在文末，升华主题，绵延报道意境。广播专题的结尾处用叙述语言、人物音响、音乐都是可以的。这篇报道的最后连用三段音响来落笔，"音响 46"意境深沉，但是如果停留在此，文章是收不住的，需要一句话来"注释"。"音响 47"有心情小结、有心头展望、有积极的正能量，而且简洁不拖沓，放在这里用作结束是好的选择。最后"音响 48"就好比在句末加了一个省略号，用来绵延情绪，留下思考。

（音响 46：纳西古乐《寄生草》）："为甚忧，为甚愁，寄生此，寄依此……大江啊，土地啊，我汲取大江养分，扎进土地的怀抱，怎么舍得与你分离……"

（音响 47：杨学勤）："挺累的，真的挺累的，但是也挺自豪的，因为，它还在，生活还很好。"

（音响 48：歌曲渐扬　锣响　音乐止）

（三）避免主观创作和合理想象

有的记者在采制广播专题时容易犯一个错误，即脱离采访的主观创作或合理想象。广播专题中确实存在着可创作空间和可加工因素，比如叙述不到位的细节或缺损的故事内容等，这些因素都可能引导记者在广播专题写作和制作时误入想象、联想、推断等文学创作领域。出现这种现象对于记者而言是绝对不允许的，因为这无疑是对新闻真实性的侵害和挑战。

尤其需要提醒的是，广播记者在采制专题报道时绝对不可以凭空炮制音响或张冠李戴使用虚假音响。比如为了达到报道效果，主观写作一段音响内容，找人到录音间录出来，无中生有地将其穿插到报道中；比如把发生在其他时间、空间的历史音响拿到现在的稿件中而不做任何说明；比如断章取义，改变采访对象的原意而创造的音响。上述种种做法在广播专题乃至任何音响类报道中都必须杜绝。

第三节 广播评论

广播评论是指围绕一篇稿件或一个新闻话题进行评论。在新闻竞争日益激烈的情况下，广播新闻已经很难谈独家性和时效优势，因此，以评论彰显新闻深度，成为越来越多的广播媒体立足和竞争的法宝。广播谈话、录音述评和口头评论是广播评论的主要形式。

一 广播谈话

广播谈话，也称广播讲话，指的是讲话人通过广播发表讲话借以传播扩散自己的声音和思想意图的音响报道样式。它是广播新闻中最早使用并且迄今仍然常常使用的报道样式。1921 年 3 月 4 日，刚刚当选美国总统的哈定就在 KDKA 广播电台上向美国人民发表了就职演说。这是世界上最早的广播讲话。

广播讲话的经典之作则是美国时任总统罗斯福于 1933 年通过广播发表的“炉边谈话”。这次谈话被记述为广播史上的一座里程碑。事实上，也正是由于这样一个背景的存在，广播讲话最终发展成了被大题材、大事件、大人物以及在关键时刻使用的一种报道样式，通常带有一定的严肃性和政治色彩。

目前，广播谈话在国内广播电台中并不多见，但年关岁末，国家主席通过中国国际广播电台、中央人民广播电台等央级媒体发表的“新年贺词”，是典型的广播谈话。贺词内容通过专业设备提前录制完成，并在特定的时间在特定频率上全文播发。

二 录音述评

录音述评是录音报道和广播评论的结合形式，围绕一个新闻话题或新闻事件，用现场音响、人物谈话和叙述语言来表达内容，说明论点。录音述评是重要的广播报道体裁，在回应社会热点、报道重大社会成就的同时，起到针砭时弊、引导舆论的传播效果。

录音述评通常由记者采写，在编辑部定稿之后，进行录音和制作。叙述语言的部分可以由记者自己照稿录音，也可请他人代为发声。随后，将录制好的叙述语言与音响部分按稿件结构组合成整体的音频文件，由播音员或主持人在节目中引出、播放。

我们结合具体案例来介绍录音述评的基本特点和要求。

（一）讲究时效，追评热点

录音述评一定是以社会热点、舆情事件、群众关切等为报道起点的，这是评论必要性的来源。听众普遍不关心的话题或已经不再新鲜的话题，都不适宜再进行述评。而那些深受关注的热点新闻，尤其是正在发酵、观点不一的舆情事件，选题策划时则不要错过，当评则评。

“罗尔捐款门”是2016年重要的网络舆情事件。当年11月30日，深圳作家罗尔的微信公众号文章《罗一笑，你给我站住》创造了微信历史上单日打赏的纪录，12月1日舆论逆转，“罗尔在撒谎”的质疑和指责遍布网络。11月30日当天，广东新闻广播的记者敏锐地发现这是一个新闻评论的好题材，并在12月1日早上及时推出了一篇评论，此后，记者仍密切追踪和观察事件进展。12月5日，事件基本平息，记者再次回过头重新审视整个事件，并写作了录音述评《“罗尔捐款门”，到底谁更受伤》。罗尔事件的特点是短时间内极为快速的新闻反转和舆情升级，这意味着需要有媒体站出来帮受众梳理事实，并回应舆情关切。而且，如果只是报道新闻本身已然不能在舆论的浪潮中造成影响，录音述评则能够在厘清事实的基础上提供有深度、有依据的观点，更能满足罗尔事件的报道需求。

（二）用典型音响交代关键事实，阐明主要观点

典型音响在广播报道中的作用近似于报纸消息中的直接引语，它能够最直接地陈述事实和表达观点。因此，要重视典型音响在录音述评中的恰当使用，这会成为录音述评可听性和说服力的重要保证。

2016年9月，一则“江城的哥‘拾金索酬’”的视频在网上热传。吉林市一名出租车司机因在归还女乘客手机时索要一百元的报酬，而被女乘客录像并曝光。吉林市广播电视台吉广新闻的记者据此采写了一篇录音述评《“拾金索酬”的情与理》。报道开头使用了热传视频中司机和女乘客的一段对话，这段对话将双方争执的焦点展示出来，是最为关键的新闻事实。

口播：视频中，一位身穿斑马衫的年轻“的哥”拿着一部苹果手机和一位女乘客以及多位亲属发生争执，双方的矛盾集中在酬金数额上。

（音响：出租车司机）：“100块钱。”

（女乘客）：“100块钱，师傅，我兜里有100块钱我肯定给你拿了，我都录像了。谢谢你啊师傅，66（块），66（块）！”

《“罗尔捐款门”，到底谁更受伤》在梳理罗尔事件各个反转情节的同时，也对互联网慈善现象进行了深层思考，对建立专业的互联网募捐平台进行了呼吁。专家朱巍的这段音响实则回应了口播议论中提出的问题，而且这段音响是带有政策建议性和前瞻性的，借专家之口说出来，其效果和公允性要远胜过作者自己给出意见。

口播：任何深陷困境之人都有向他人和社会求助的权利，法律无法也不该禁止这种求助的权利，尤其是在政府的社会保障体系尚未能够托底的当下，人与人之间的互助共助既是必须，也是常态。然后，当一篇原创报文在互联网上提交，当微信传播达到一个“根本停不下来”的节奏时，谁来为个人求助的道德风险买单，就成为一个问题。事实上，微信的打赏功能本应不是为个人求助而设计，因此在面对此种带有求助性质的打赏行为时，微信平台是否缺乏一个阀门去有效控制打赏的节奏呢？中国政法大学传播法研究中心副主任朱巍：

（音响：朱巍）：在我们国家的互联网广告管理办法中，只要在互联网上做广告，不管是公民个人还是法人，只要做广告，都要打上广告二字。我们反过来看，个人求助是不是也应该打上广告标签？或者个人求助的标签？这个标签打上去，是不是也得经过相关的审核？有保证人或者相关的组织来认定？是不是应该这样处理之后再发到朋友圈里？通过这个事情，我们反思，腾讯是不是可以对照互联网广告这种办法来对待网上的这种求助。

（三）述评结合，共同为说理服务

述是评的基础。任何新闻评论都讲求有根有据，录音述评的依据包括基本的新闻事实、各方观点、背景资料等，它们是为了引起话题、交代背景、提供论据等。

评是对述的参透。叙述部分的内容是浮在事件表面的，是容易获取的。述评的难点在于作者能否参透新闻本身，提炼出带有自身立场且具有足够信服力的鲜明观点。

述评结合，以评为本。述是为了服务于评，叙述不追求全和尽，只要能印证观点、提供论据即可。但是叙述的好坏又直接关系到评的深度和厚度，没有足够或有效的依据，评论就难有画龙点睛的效果。因此，写作时一定要时刻思考述和评的密切性。

《“拾金索酬”的情与理》的以下几段口播（叙述语言）和音响很有特点。其一，口播重在述，音响重在评。观点性、意见性的内容一律通过他人之口表达出来。其二，群众的音响看似是叙述，实则是评论。此处群众的两段音响代表了社会上关于“的哥”索酬的两派观点，是就事论事的评论。其三，述评没有停留在就事论事的层面，而是通过专家评论将讨论延及社会公意和集体道德的层面。这几段内容由表及里，逻辑严谨，边述边评，且评中见得对事实的参透及对这类社会现象的触及。如此，述评才能体现厚度和思考力。

口播：视频一经发布就引起网友的大量围观和讨论，累计阅读量超过600万。不过与以往不同，这次，网友一边倒地支持出租车司机，认为他送回手机付出了时间和运营成本，理应得到补偿。而失主带有威胁性质的拍摄甚至曝光太过分了。采访中，很多市民也表达了相同的观点。

（音响：群众1）：司机人家让你自己来取也是可以的，人家还搭上自己的时间和营运。现在都说好人难做，确实挺难做的。大家最后对你的认可，与你的付出根本不成正比。100块钱，66块钱，人家管你要得多也行，管你要1 000块钱的话，你弄到网上说也行。现在给小孩讲故事，我看大人有一些都不懂，应该怎么处理一些事情，感觉不可理解。

口播：当然，也有声音认为，拾金不昧是传统美德，出租车司机不应该明码标价，索要酬金。

（音响：群众2）：拾到的都是人家的东西，你要什么报酬啊。但是对方要是给的话，你要是收，还算是可以，还可以理解。

…………

口播：事后，记者了解到，师傅当天是中断了营运给李女士送还手机的，否则能有70多元钱的收入。而乘客李女士说，当时自己身上的钱不够100元，所以才凑了个吉利数。对此，北华大学社会学者曾日红教授认为，失主想当然的做法过于轻率，有失公允。

（音响：曾日红）：社会主义的劳动分配原则是按劳分配，付出劳动就要有相应的回报和社会的补偿。如果这样一种心理补偿机制或者道德机制能够逐渐完善的话，很多帮助过别人的人，不用他提出，失主就会从内心把这种付出给人家找齐。

（四）具有引导舆论、化解舆情的作用

录音述评及时回应社会关切，并能够站在相对公正、公平、客观的立场上摆明事实，提供有依据的观点和评说。负责任且强有力的录音述评具有深刻的舆论影响力，能够在重大舆情事件的信息浪潮中起到破除谣言、化解矛盾的重要作用。

《“拾金索酬”的情与理》在评论中呼吁公众跳出江城的哥“拾金索酬”的单一事件，聚焦重建人际关怀和社会信任的更高目标，这既能够起到稀释负面情绪、引导正面思考的作用，又能引发公众对自我的反省和共建温情社会的期许。

口播：显然，只有让好人心暖，才能把这种温暖传递下去。或许在我们关注江城的哥“拾金索酬”被曝光事件的时候，更应该是我们心怀感恩、重拾对他人信任和理解的时候。在新时代，法律的规范、道德的约束和社会价值的引领，必将更有所作为。但公众更应该坚守的是个人反观自身，尊重他人，追求公正。只有这样，我们才有理由期待和拥有一个充满温情的社会。

录音述评是广播媒体社会守望功能的重要言论出口。面对社会矛盾、社会争议，广播评论不能迎合社会情绪，一味博取关注，而应该站在公允的立场上客观分析新闻事件，以理服人，引导受众理性看待社会发展中存在的问题，并共同为社会进步做出努力。

三 口头评论

口头评论是由评论员撰写并亲自播讲的评论形式。口头评论有时与新闻报道同时进行，更有实效性和感染力。随着广播节目和播出样态的求新求变，口头评论也日渐呈现出载体多样性和观点丰富性。

（一）评论员口头评论

目前，评论员参与新闻评论已成为电台新闻报道的一种常态形式。评论员既可以是本台评论员，也可以是外请评论员。2009 年，中国之声聘请了 18 位专家型评论员，开创了中国广播建立评论员队伍的先河。如今，评论员出现在各地新闻广播中已经成为常态。但凡重要新闻发生、重大事件出现，电台都会请评论员出面点评。这类专家型的评论员让听众知道身边的新闻为什么会发生，意味着什么，给生活会带来哪些影响，等等。这种解读和点评，可以让听众在短时间内接收的信息量成倍增加。

案例 4－4：2018 世界杯口头评论

评论：八强谁有冠军相

世界杯的竞争，越往后越残酷，黄沙吹尽，始见黄金。上一届巴西世界杯，欧美平分秋色，各有四队进入八强，但这一届，只有巴西和乌拉圭代表南美还在战斗，剩下的六席被欧洲瓜分。而上一届的八强中，也只有巴西、法国和比利时再次入围。

从对阵形势看，冲出上半区更加艰辛。法国对阵乌拉圭和巴西对阵比利时堪称巅峰对决。法国队已经初露冠军相，在越过阿根廷之后，法国队信心爆棚，前锋姆巴佩俨然本届世界杯最大发现；乌拉圭队如果卡瓦尼伤愈复出，尚能给法国队制造麻烦。巴西对阵比利时可能是八强战最具期待的一场，巴西的火力攻击比上一届改善很多，而比利时的英超明星联队，似乎一直毫无畏惧、勇往直前；到底是巴西的三叉戟厉害，还是比利时年轻没有失败，这场是提前上演的决战。

下半区欣赏性有所降低。瑞典遭遇老对手英格兰，从前几场看，英格兰没有绝对获胜的实力，点球战胜哥伦比亚之后，“小狮子”们虽然自信心极大提高，但他们的得分能力尚待提高；俄罗斯对阵克罗地亚，如果俄罗斯不是东道主，结果也无太大悬念。因此，上半区更像大师经典赛，下半区像欧洲区预选赛。

这八个队伍的所有队员，都没有染指过大力神（杯）的经历。新的战斗又要开始，世界杯不可能场场经典，在荤素搭配中揭开谜底。（记者：李大勇）

资料来源：李大勇．八强谁有冠军相．环球资讯广播，2018－07－04.

火线快评：世界杯冠军是最毒的药，最深的坑

连续三届，世界杯冠军，在下一届小组赛中未能出线。2006年冠军意大利，2010年和2014年连续两届未能小组出线，现在沦落到预选赛都冲不出来；2010年冠军西班牙，2014年未能出线，本届也英雄迟暮，所谓的传控足球，输赢都一个节奏，一群火柴人在踢球；2014年冠军德国队，小组赛再次轰然倒下。夺冠军容易，保冠军难。越过山丘之后，前面再无山丘，队伍老化，战术僵化，被全世界研究透，夺冠就走下坡路。世界杯已经多届未现背靠背冠军，因为冠军冲不出荣誉场，看不透名利关，破不出保守路。这碗毒药，这个深坑，谁来破？（记者：李大勇）

资料来源：李大勇．世界杯冠军是最毒的药，最深的坑．环球资讯广播，2018－06－28.

“环球资讯广播”记者李大勇在2018年俄罗斯世界杯期间的两条口播从报道类型上看是典型的口头评论。记者根据自己在世界杯现场的观察，结合长期以来从事体育报道的经验，写作并录制了这两条短评。节目播出时，将口头评论放在基本赛事报道之后，深化观察，表达观点。可以看到，评论员（专家型记者）口头评论有几个方面的特点：一是评论带有强烈的个人色彩，不同人的评论在文字表达、口播特点、评论风格上不一而足；二是评论员口头评论属于评论的一种类型，需要交代评论观点，但是观点的给出要有依据；三是评论员口头评论在篇幅上不宜过长，一般与一篇广播消息的篇幅相当，播出时长一般控制在3分钟以内。

（二）主持人口头评论

以主持人直播方式出现的评论节目，许多主持人不仅播评论，还是评论的作者或编辑。他们以评论者的身份出现，对新闻、资讯、信息进行淘洗、筛选、解读，与听众交流和分享观点、看法。目前，一些电台重点打造的品牌主持人主持的评论节目，如江苏新闻广播的《大林评论》、河北综合广播的《建楼开讲》等，都属于以主持人为主导的口头述评类节目。与严肃的评论员点评相比，这类节目在文体上更轻松和口语化，带有主持人鲜明的个人风格和新闻观点，并不完全代表电台的官方权威。

比如在2018年7月30日的《建楼开讲》节目中，主持人建楼针对媒体和公众热议的烟台芝罘区某居委会刁难办事群众一事发表了以下观点：

居民委员会主任、副主任和委员是由本居住地区全体有选举权的居民或由每户派代表选举产生的，而且根据居民意见也可以由居民小组选举代表2～3人，居民委员会每届任期三年，它的成员可以连选连任。这么说起来，居委会是居民选出来为居民服务的吧？可你看这个居委会的所作所为，真是忘了自己是干什么吃的了吧！不仅不好好为居民服务，反而听不得居民的批评，听到批评以后利用手里的权力给居民办事设卡。这样的居委会要不你就别干了，要不你就好好地整顿整顿。这正是牢记“两个务必”，端正工作作风，不能端正思想，就要端掉饭碗。

这段主持人的口头评论有根有据，就事论事，语言风格“接地气”，且代表群众的呼声。《建楼开讲》《大林评论》这类节目的取材以民生新闻、社会新闻居多，主持人的评论虽风格各有不同，但评论立场和立意方向是基于主流和正向的，在批判社会乱象、反映公众诉求的同时，也为社会矛盾打开了一条缓冲通道。

（三）主持人与嘉宾的新闻漫谈

鉴于听众对新闻深度的需求，目前越来越多的电台开设以“主持人＋专家或嘉宾”为形式的资讯漫谈节目，在一两个小时的时段内就多个新闻话题展开口头评论。与以娱乐为目的的脱口秀节目不同，新闻漫谈节目的落点是新近发生的相对严肃的新闻，以吐露观点、引导视听、拓宽新闻视野为宗旨。因此，这类节目对音乐或垫乐的播出时长有严格控制，以明确节目的基本性质。中国国际广播电台环球资讯广播的《资讯非常道》节目是这类口头评论节目的代表。表4-1梳理了《资讯非常道》在2018年7月14日播出的节目内容，当天共设置了四个互动话题，主持人的工作重点是引出评论话题，介绍媒体的报道和观点，并及时反馈节目听众的互动信息。两位嘉宾则围绕这些话题给出自己了解到的信息，并提供评论观点和看法。每个话题的讨论时间为15～20分钟，中间以短时音乐、节目片花或新闻播报为穿插。

表4-1　2018年7月14日《资讯非常道》节目内容大致框架

时间	内容
18：03：35—18：04：30	音乐
18：04：31—18：08：45	两位主持人介绍嘉宾，根据社会科学院发布的《休闲绿皮书：2017—2018年中国休闲发展报告》，提出互动话题一，介绍世界各地民众的休闲时间状况。

续前表

时间	内容
18：08：46—18：16：22	两位主持人与两位嘉宾互动，嘉宾表达自己对我国民众休闲时间不足这个话题的观点。主持人号召节目粉丝“道钉”参与互动。
18：16：23—18：18：00	音乐
18：18：01—18：33：00	主持人分享互动平台上“道钉”发来的关于休闲时间的观点和自己的感受，嘉宾介入讨论其观点，延伸讨论。
18：33：37—18：35：40	音乐＋节目片花＋音乐
18：35：41—18：48：18	继续分享“道钉”的观点，主持人介入讨论相关研究观点。抛出话题二：与休闲时间相关的旅游项目——米格 29 自驾游。嘉宾评论给出自己的观点。
18：48：19—18：59：59	音乐＋广告
19：00：00—19：02：40	“环球这一刻”板块，短新闻播报。
19：02：41—19：04：16	节目片花＋音乐
19：04：17—19：09：30	主持人介绍嘉宾，引入长江经济带相关新闻的记者连线。
19：09：31—19：28：31	主持人小结长江经济带新闻，引入话题三：中俄能源天然气合作项目。嘉宾就此评论清洁能源的利用，以及此项目对我国能源结构优化的作用等。
19：28：32—19：48：40	主持人引入话题四：2018 年俄罗斯世界杯之后“华帝”品牌履行退款承诺的风波。嘉宾就该事件中的细节和问题展开口头评论。主持人补充其他媒体报道和评论。
19：48：41—19：59：59	节目结束＋音乐＋频道片花

主持人与嘉宾互动形态的新闻漫谈更像是围绕新闻话题展开的深度聊天或对谈，是一种广播脱口秀。脱口秀好不好听、精不精彩取决于主持人和嘉宾的学识能力、新闻功底和表达能力，也取决于主持人的配合水平、引导能力和现场控制。虽然可以提前准备，但仍有不少口头内容需要主持人和嘉宾的即兴发挥，所以一期新闻脱口秀的质量与嘉宾和主播的个人状态有很大关系。

第四节 广播专访

广播专访，也称录音专访或录音访谈，指的是记者就某一特定话题对特定对象进行采访和报道。录音专访可以在现场进行，也可以在电台的录音间进行。可以是完整的采访过程，也可以根据话题的侧重加以剪辑并配相关的解说或记者叙述。

一 广播专访的对象

广播专访可以以访人物故事为目的，也可以通过访人达到对某事或某话题的了解。比如，2015 年 10 月 25 日“全国大众创业、万众创新活动周”闭幕当天，四川广播电视台新闻频道的记者把创业冠军陈飞宇请到直播间，推出了新闻访谈《放飞“重楼梦”——对话创业冠军陈飞宇》，邀请他跟听众、网友分享创业心得和体会。这属于以访人为目的的访谈。节目以生动的故事、质朴的语言，将创业冠军陈飞宇的形象立体地呈现在了听众面前。同时，访谈节目综合运用了音乐、导听插片、资料短片等元素，对访谈内容和背景进行了必要的补充，也增加了人物访谈的可听性。

上海新闻广播在 2015 年 11 月制作了系列访谈节目《我的区县我的家，我们一起来勾画：对话区县委书记》。节目邀请 50 位不同视角的听众走进电台，在主持人的节奏掌控下，与县委书记面对面进行讨论。这一系列访谈即通过访人达到访事的目的，让听众通过节目了解到上海各区县的施政方针和走向。

二 广播专访的原则与技巧

对于录音专访而言，音响构成不需要复杂，其对录音场所要求不高，对语言和结构也没有更多的需求。尽管如此，广播专访仍然有其独特的魅力。从内容上讲，广播专访的魅力在于信息的权威性、解释的翔实度以及采访对象的公众关注度。从技术上讲，专访的魅力则在于提问的精妙和回答的精彩。

（一）话题要有公众关注度

广播专访的话题要有一定的公众关注度，话题与采访对象具有高度相关性。比如获得第二十七届中国新闻奖广播访谈二等奖的作品《专访“陈满案”平反推动者程世蓉——一棵稻草的力量》，其制作人员具有很强的新闻敏感度，关注到“陈满案”这一当时的热点，及时采访到核心人物，深入挖掘细节，从诸多角度呈现热点事件背后的故事。从冤案到平反，折射出公民法律意识的提高和中国法治建设的进步，引发听众对推进依法治国理念的强烈共鸣。

（二）尽可能地了解采访对象

2009 年 5 月 9 日，《CRI 观察》推出了一期以“志愿者陈岩和他救出的孩子们”为主题的直播访谈。陈岩是四川汶川“5・12”地震之后最先赶到地震灾区的志愿者之一，他救出的孩子包括后来被媒体广为报道的“可乐男孩”薛枭以及“阳光女孩”马小凤。当天来做节目的孩子中，除了薛枭和马小凤外，还有一个叫李春阳的男孩。在访谈过程中，由于对李春阳缺乏了解，主持人对他的提问很少。直到节目结束后的交流中，访谈人员才知道李春阳在地震时经历的细节，而且李春阳有一条腿高位截肢。这些细节和背景的缺失虽然没有给访谈节目带来致命性影响，但如果当时访谈人员的前期准备能够再充分一些，节目的可听性、故事性会更强。

（三）用高质量的提问激发采访对象的表达冲动

在专访过程中，主持人或记者可能遇到个性、经历、气质各不相同的嘉宾，如何让他们尽快进入角色？根本上要依赖于提问者的问题质量。从细微处入手，谈话和问题设计得越细致，就越能激发采访对象的表达意愿。

假设你有机会在某次气候大会上专访中国气候变化事务特别代表，如果以“您认为这次会议关注的重点是什么？”这样泛泛的问题来提问，访谈对象会认为你没有很好地准备这次访谈，他可能以官方发言回复你，或者草草回应。但如果你的问题是“未来怎么能够在技术转让或者资金方面，为发展中国家，或者要节能减排的国家提供助力？”“中美关于气候变化的联合声明中提到了未来的合作方向，包括了汽车、智能电网的合作，在这个联合声明签署之后，有没有在这方面进行一些探讨？”等等，那么访谈嘉宾会知道你做了充分的准备，你能够援引最新的信息，也清楚气候变化谈判的关键环节。这样，他也会重视你的采访，并愿意与你展开进一步的交流。

（四）完整的结构

开始语介绍背景、话题，访谈过程中的解说强调重点内容，结尾对访问主题进行提示性回顾和总结。

案例4-5：《专访“陈满案”平反推动者程世蓉——一棵稻草的力量》

播出频道：北京新闻广播 FM100.6；AM828

播出时间：2016年4月24日20分12秒

节目时长：31分38秒

主创人员：李锐

扫码收听

（片花） 口播：她是推动“陈满案”平反最为关键的人物。 陈满：就是说感谢她（程世蓉）这么多年为我申冤付出的劳动，最大的感慨就是这个世	片花选择了“陈满案”的三位关键人物，即陈满本人、程世蓉和律师团成员之一王万琼三个人的三段典型音响，听众初步了解了程世蓉在该案件中举足轻重的作用。但究竟这个人

界上还有很多善良的人。 口播：从上访到请律师，到与最高检、最高法互动，古稀之年的她亲力亲为。 程世蓉：去过好几家律师事务所，都没有回复，没有理，基本上都是因为没有费用，所以我跟那个李律师商量，我说交一万行不行，我说我可以拿出来。 口播：从60岁到71岁，11年间为蒙冤者申冤，是什么让她坚持到今天？ 程世蓉：把这四本案卷一页一页地看，肯定是没有证据能证明陈满作案，口供不能作为定案的唯一根据。 口播：她不是律师，但却对案件最为清楚。 王万琼律师：确实被她做的那些详细的资料的收集和整理震撼了。我经常说，你成了“陈满案”的活字典。 口播：《新闻天天谈》周末人物访谈，主持人李锐，对话“陈满案”平反推动者程世蓉，为您讲述一棵稻草的力量。	身上有什么故事和经历？她与“陈满案”究竟有何密不可分的联系？这段片花在此有伏笔作用，吸引听众接着去听报道和当事人的故事。
主持人：听众朋友您好，欢迎收听今天的《新闻天天谈》周末人物版，我是主持人李锐。2016年年初，陈满冤案平反成为全国关注的焦点事件。1988年辞去绵竹工商局的铁饭碗，南下海南创业的年轻人陈满被卷入1992年海口的一起杀人焚尸案。仅凭一份所谓的认罪口供，陈满最终被认定为凶手，被判死缓。23年后，在各方关注之下，最高检首次向最高法提请无罪抗诉，此案再审，法院宣判撤销原审裁判，宣告陈满无罪。从29岁的年纪陈满在海南蒙冤入狱，到52岁最终重获自由，陈满回家之路用了23年。陈满也成为了国内已知服刑时间最长的蒙冤者。而为了“陈满案”平反，	专访开头先向听众介绍程世蓉究竟是谁，她与陈满及陈满父母是什么关系，她出于什么原因要帮助陈满一家。后面提到的“最后一棵救命稻草”是主持人提问中的一个比喻，用得恰到好处，贴切地形容了程世蓉与陈满一家的关系，也反映出“陈满案”当时已近山穷水尽、无路可走的境地。

有一个与他毫无血缘关系的人努力了 11 年，她叫程世蓉。在北京电台的录音间，我见到了这位头发花白、戴着一副金丝边近视镜、说起话来总是笑容满面的老者。我们的话题从陈满出狱开始谈起。	
主持人：程老师，我听说陈满走出监狱之后，第一个电话打给了他的父母，第二个电话就打给了您，是这样吗？ 程世蓉：是，因为他电话打过来，我在丽江，他就问好什么的，（他说）陈家得感谢你。我说你不用感谢了，因为我已经看到电视上大家都包围着他。我说你这会儿那么忙你就别说了，赶快回家，这么多年真的不容易，太不容易，我说我们以后有的是机会说话，别说了。	专访程世蓉时，陈满已经重获自由，所以从他出狱之后的举动说起要好于从事发当时说起，能够在一定程度上调动报道的时效。
主持人：陈满出狱之后为什么要急于打电话给程世蓉老师呢？之前我也是电话采访了刚刚出狱的陈满，我们来听听陈满是怎么说的。 （采访录音） 陈满：我在监狱里面经常听我父母讲，我每个月打电话，他们就说程世蓉在外面帮我们申诉，写材料上网，让我们复议。就是说感谢她这么多年为我申冤付出的劳动，如果没有她，我这个案子就不可能（平反）。感谢她这种伟大的精神，最大的感慨就是世界上还有很多善良的人，还是有正义。	主持人做了充分的准备，提前采访了陈满，而陈满的这段话也交代了程世蓉对他人生的重要性，此次广播专访的价值也由此显现。
主持人：听了陈满的这一段录音，可能有很多听众更疑惑了，程老师您跟陈满的父母之间，是什么样一个关系呢？您又是怎么介入“陈满案”平反的过程当中呢？能给我们介绍一下吗？ 程世蓉：这个事确实是时间比较长，跟他父母认识的时间是很长很长了。60 年代，因为那时候我在绵竹工作，（与）陈满他父母在	主持人的这个问题很有受众意识，能够站在听众的角度去提问，同时也交代出程世蓉是因何与“陈满案”产生联系的。

一个单位，彼此都很熟。 主持人：共事过多长时间？ 程世蓉：三年吧，差不多。2004 年的时候确实是很偶然，我们一帮子老朋友，他们一帮子老朋友就在那个农家乐里头见到。一碰上了总会寒暄，问一问，怎么样怎么样，这个时候当然就知道他这个情况了。他一说，然后一聊，（他说）你在北京，你得帮我。因为他那个时候从 1992 年到 2004 年，他已经有差不多 12 年的时间反正在努力了，怎么样想救人，没效果，所以当时他们两人就说现在已经没有人帮我们了。 主持人：那第一次您听说陈满的这个事情之后，您是什么感觉呢？ 程世蓉：我听说以后，第一我觉得我比较相信他父母，开始是口头上介绍，然后给我翻一些资料，根据现有的证据，这个案子是不能判有罪的，证据不足就应该放人。 主持人：那您后来又是怎么介入这个案子当中来的？按理说（您）只是陈满父母的一个同事，只是听说了这么一件事情，而且您也不是搞法律的啊？ 程世蓉：我第一次去问了情况，我又去了几次嘛，在那期间。因为他们再三跟我说，他们放不下，他们不可能放弃，他们就是要坚持到底，哪怕是拼了命都要坚持到底，就是要申冤。后来说希望我能帮他们，现在你也退休了，最好能不能在北京找人，北京那个地方找人好找。他们也知道我对电脑比较熟悉，他们也知道我还是有一些法律基础，我不是考过律师资格（证）嘛，我有律师资格，拿到律师资格证，1988 年参加考试，1999 年的春天发的证书。 主持人：您对法律其实还是很有兴趣。	可能有听众从其他媒体上得知程世蓉是陈满的恩人，是推进“陈满案”的重要人物，但是在此次专访之前，很少有人了解程世蓉个人的职业背景及其与陈满父母的关系。因此，主持人访到的这些内容很具有独家性。

程世蓉：有点基础。所以一个是对他们的同情，都是做父母的，太能理解了。另外我有一个亲戚跟他们也很熟，他也说挺可怜的，你现在退休了，能帮就帮一下，也是这么说。 主持人：等于说陈满的父母把您当成了最后一棵救命稻草？ 程世蓉：对，因为确实我们没有权，没有势，又这么大岁数了，可不就是稻草呗，快朽了的稻草一根。 主持人：20世纪60年代，程世蓉与陈满父母在四川绵竹曾经是同事，但自从1975年调去北京，程世蓉离开家乡和陈家再无交集。在北京，程世蓉是一家研究所的行政人员，因为喜爱法律，她自学通过了全国司法考试，但从来没有办案经验。退休后在家乡再次见到陈满父母，他们衰老而痛苦的神态，打动了程世蓉。翻阅卷宗，程世蓉了解了整个案件的始末。1992年年末，海南省海口市上坡下村109号发生一起杀人放火焚尸案。一开始以为死者就是陈满，后来纠正过来，被害人是一个叫钟作宽的46岁男子，卷宗记录警方在尸体口袋里发现了陈满的工作证，但这件证物却从未出现在法庭之上。警方称这件证物弄丢了，陈满随后被捕。钟作宽原先是陈满的房东，前者被害前，陈满还欠着他三千多元房租，这成了警方认定陈满杀人的动机。在申诉材料中，陈满写下了他被警方抓住头发，向上拎，被电警棍电击，刑讯逼供的过程，受不了折磨最终只好在警方写好的笔录上签字。1994年在没有出示物证和鉴定材料的情况下，凭借着认罪口供，陈满一审被判处死刑缓期两年执行。二审维持原判，后改为无期徒刑。面对这样一起没有证据的宣判，程世蓉决定要为陈满申冤。但申冤	主持人的这一段口播具有承上启下的作用，小结了程世蓉为何答应帮助陈满父母，同时引出“陈满案”，回溯陈满蒙冤的案件本身。该专访播出时，多数听众听说过陈满冤案，但可能并不知晓前因后果，所以主持人在引出专访对象之后，加入对案件经过的介绍是有必要的，故事性内容也能起到调节专访节奏的作用，吸引听众进一步往下收听。广播专访中，主持人口播通常起到串联和过渡的作用。如果是直播节目，主持人需要花更多精力准备好背景资料和串联内容，同时保证访谈结构和逻辑的合理，难度比较大。如果是录播节目，主持人则有机会对口播内容进行调整和再加工，可以根据采访内容和叙述需要，把串联内容写得更严谨、更合乎逻辑、更有目的性，然后将口播串词与专访内容合在一起进行剪接和制作。

之路的艰辛却远超乎程世蓉的想象。 程世蓉：我当时觉得北京那么多律师，那么多律师事务所，那么多法学院、法学家，我觉得应该可以找到（能帮助陈满的人）。 主持人：但是我看到您后来自己在博客里面写，说把这个事想简单了？ 程世蓉：没错，确实是这样，这里头还有一个过程。我为什么一开始特别有信心呢，后来他们不是把案卷给我了嘛，我后来认认真真地把这四本案卷一页一页地看，肯定是没有证据能证明陈满作案，口供不能作为定案的唯一根据，对不对？口供当然可以作为证据，但是你得有其他的证据印证啊，你没有其他证据印证，仅凭口供，本身明显口供是不合法的。因为你看那过程，提审外提本身就有问题，用北方话叫猫腻儿。你为什么要外提？提到外头去审讯，不就是好刑讯吗？好逼供吗？好诱供吗？因为他在看守所，看守所不允许（逼供、诱供）的。 主持人：所以后来我看您是利用跟老伴儿休假去海南的机会，特地去了一趟监狱去看陈满。 程世蓉：我还是相信人跟人接触，交谈会有印象，（了解）这个人怎么样。就是2004年，正好那个时候所里通知说可以疗养，然后有到海南的安排，我就跟老伴儿说，我说咱们三亚别去了，别人去三亚的时间，我去见一下陈满，正好到海口了嘛。 主持人：您去监狱？ 程世蓉：对，所以就去了，去的时候转车，那时候没有直接的公交，从海口市坐中巴到三江镇，再从三江镇，（坐）那叫摩的，可以坐两个人的。	关于程世蓉是如何从海口去陈满所在监狱的，这两段对话很有细节和画面感。

主持人：咱们这儿叫“蹦蹦”。 程世蓉：对，因为开起来的时候响，噪声很大的那种。然后才到的监狱，到监狱谈了40分钟吧，反正总的印象觉得还行，（陈满）脑子还是清楚的。	主持人的一句“咱们这儿叫‘蹦蹦’”体现出强烈的交流意识，既向听众做解释，又引出了程世蓉接下来的形象表述。
主持人：陈满脑子还是清楚的。 程世蓉：脑子还是清楚的，表达还是清楚的。 主持人：您问他案情的情况了吗？ 程世蓉：不让说，我一去当然就说你妈顺便让我来看你怎么样。后来我说你这个案子我还真想帮你，我刚说这两句，人家那边说不能谈案子，因为我第一次探监。 主持人：这是监狱的规定？ 程世蓉：对，我没有探过监，没有经验，我一听还不能说案子。 主持人：那说了些什么啊？ 程世蓉：谈家常啊，你妈怎么样，你哥怎么样，你哥下岗了怎么样。 主持人：经过这一次的交谈之后，您对陈满这个案子又有什么新的看法？ 程世蓉：确实可以帮他。 主持人：当时决定要帮陈满了，接下来怎么去翻这个案子，您当时有计划吗？ 程世蓉：应该说是双管齐下，一方面我帮他们写申诉。 主持人：依靠您的法律知识，重新写了一份申诉书？ 程世蓉：对，然后还帮他们写一封求助信。他们求助什么人？一个是找律师，想要律师来帮忙。因为我知道没有律师是不行的，因为我没有身份，我连会见的身份都没有。还有一个你要去法院也好，去哪儿递交资料，你也得有身份。	这一段内容可以看出主持人做了充分的采访准备，通过程世蓉的博客、媒体报道对她介入“陈满案”的经过和细节提前进行了掌握，所以能很快引导程世蓉说到她对案情的质疑，说到在海南监狱里第一次见到陈满的情况。“您问他案情的情况了吗？”这个问题很关键，如果采访者想当然地认为程世蓉去探监时从陈满那里了解了案情，那么接下来这些对话细节很可能就挖不出来，也不能从探监规定这样的细节来反映程世蓉推进“陈满案”的难度之大。

主持人：您把这些申诉书发到哪儿了呢？

程世蓉：最早寄出去的是最高检察院和海南检察院。

主持人：有回信吗？

程世蓉：应该说没有。但是后来我又通过“两会”，2006年有一次我喜出望外，因为我在新华网“两会”期间访谈的时候，我直接跟最高检的人在网上交流了。

主持人：“两会”期间，新华网做了一个最高检察院的访谈实况，您参与进去了？

程世蓉：对，我知道就先做好准备，但不是要抢嘛，上网去抢这个提问的时间。你的问题提出去了，得排队啊，所以我排上了。陈连福当时是渎职侵权检察厅（副）厅长，后来我直接给他寄材料了。过了几个月，有一天我在公交车上突然接了一个电话，说我是海南检察院的，最高检陈副厅长给我们批转的（材料）到我们这儿了如何如何。

主持人：有回信了？

程世蓉：我说太好了，那个高兴。我觉得有人管了，真起作用了，所以接下来他们一直查了两年，就相当于复查嘛。又过了一年，最高法院苏泽林（副）院长又是“两会”期间，平常没有机会，“两会”期间他去访谈，我又反映陈满这个事。

主持人：您又在网上守候着他？

程世蓉：对，但是我没排上队，苏泽林这次（访谈）我晚了一点，没排上。但是他最后留了一个邮箱，他说今天时间有限，我的电子邮箱是这个，你们可以直接发我。我说这不错，我很快就把资料再整理整理发了邮箱，真起作用，没几天给我回了：你发的邮件收到了，哪一天到最高法院的接待室，你把材料带

<table>
<tr>
<td>
齐全到那儿去。结果就按他指定的那个时间，我到那儿以后直接交材料。
主持人：后来有回信吗？
程世蓉：他没有直接给我回信，他肯定说收到了。过了多长时间我记不清楚，那边告诉我，最高法的人到海口去提审陈满了。
主持人：看来是有作用了。
程世蓉：这就是有作用，如果不是这个的话，他怎么会突然想起去提审陈满。
主持人：当时是不是感觉希望特别大？
程世蓉：对啊，觉得希望特别大，当时觉得特别高兴。其实我在这个之前我都上访过两次了，代陈满他父母上访。因为一直找不到律师接手，这里不都涉及钱嘛，就是说没有律师费。
主持人：当时您发了好多求助信？
程世蓉：没有接手的。
主持人：没有律师接手？
程世蓉：我直接也去过，直接也谈过，但基本上都说最低不拿出 5 万来，都不接手。当时确实陈满他父母已经十多年确实花光了钱，没有人接手怎么办呢？我只好让他给我写个委托书，我说那我就来试试吧。因为这个过程中他们确实那一段时间给我打电话打得很密。
主持人：陈满的父母？
程世蓉：对，他也不是催，就是那种老问个好啊，然后又是问我的身体怎么样，什么时候回来，气候怎么样，这些都是表示“我现在就靠你了”。
主持人：您就是最后一根救命稻草了？
程世蓉：对，这种情况下我觉得他没有什么依靠支撑，我就不停地做点事，不管它效果怎么样，死马当作活马医。
</td>
<td>
这一段内容讲述的是程世蓉一边写求助信帮陈满找律师，一边写申诉书希望得到检察院方面的关注。在“双管齐下”的过程中，她遇到了各种困难，但仍通过“两会”通道得到了向相关机构反映案情的一丝机会。主持人的问题都十分简洁，但能看得出采访技巧。尤其是在程世蓉说到关键点时，主持人采用印证式提问的方法，引导采访对象进一步说下去。比如“没有律师接手？”“陈满的父母？”这两个印证式问句都成功引导程世蓉说出更多细节。
</td>
</tr>
</table>

主持人：可是您当时也已经是60多岁的一个老人了！ 程世蓉：还行吧，反正北京还算比较熟，我去试试，我去上访，我就去过了。我去上访，早晨都五六点钟就起来，完了六点多就出去坐车。 主持人：一大早晨六点钟就去？ 程世蓉：对啊，到那儿还排队啊，好多人，你排队拿号，然后领表，领完表填表，填完表交表，然后等着喊号。 主持人：那上访当天就把这个材料交上去了？ 程世蓉：等到下午才叫到号。 主持人：一个60多岁的老人，跟着大家一起去上访，一直等到下午，厕所都不敢去吧？ 程世蓉：对，就觉得挺紧张的，你要上个厕所，那你得跑步去，赶紧回来。你走了，叫到你了，你不在，叫下一个号了，等你再回来叫过了。叫过了不行了，你下次再来吧，再来排队。 主持人：这一天白排了？ 程世蓉：没错。叫到了交材料，我还是想着你得给我个收据吧，没有。 主持人：这些上访材料交完之后有回信吗？ 程世蓉：没有。 主持人：您经过了写申诉书、求助信，还自己上访，然后又在“两会”期间跟最高检和最高法网上互动，这一回终于是最高法都关注到这个案件了。那当时这个案件推进得应该挺顺利，这个案子其实看起来不难。 程世蓉：不难，要是说（从）这个法律的技术上去分析，一点难度都没有。	上访细节十分具有画面感，听众能够通过这些细节了解程世蓉对“陈满案”的付出，也让声波中的这位访谈对象的形象更丰满了一些。

主持人：当时是2007年的事情。按照这个速度来看的话，应该可能不出多长时间，陈满就能够得以把这个冤案申冤了、昭雪了。那后来又出现了什么样的波折？ 程世蓉：内情我就不知道了。本来是希望满满，2009年的5月份突然就来了一个最高法院不予提审的函。核心是，收到陈满父母的申诉，经过审查，（案件）基本上（是）清楚的什么什么的。说得比较含糊，但是他就是不提审了，我院决定不予提审，实际上等于这个路就死了，法院的这条路堵死了。 主持人：等于说当时其实有些绝望了？ 程世蓉：我觉得很奇怪。我谈不上绝望，我这人从来不绝望，谁（愿意）绝望谁绝望去，我不绝望。 主持人：您还是抱有希望的？ 程世蓉：对，我抱有希望。 主持人：为什么？ 程世蓉：我觉得这个事是这样想，即使我做不了，我不能做，更多的人知道了，我相信还是会有人来做。是觉得特别地受挫折，给陈满他父母也是打击很大，但是他们也没有说就不做了，我也没有认为从此就打住了。 主持人：看您的博客里面，那年中秋写的一句留言，叫“看歌舞升平，心中几分寒”。 程世蓉：对，心寒，是觉得怎么这样，你们怎么这样啊，有气，气愤是很气愤的。但是我当时觉得，你越是这样，我越要弄。 主持人：反而有点像弹簧似的？ 程世蓉：没错，我觉得那么清楚的事，还有那么多人都看过，对吧？我就不相信你们怎么就看不出来，你们怎么能这样呢？就这种心态。	从“希望满满”到遇到死路，“陈满案”一波三折的特点已经显现出来了。“您还是抱有希望的？”程世蓉对这个问题的回答看得出她乐观的性格。如果说程世蓉是陈满冤案得以昭雪的关键人物，那么这种打不倒的个性则是一种内在驱动力。

主持人：法院不予提审，这路子都堵死了，那您接下来又到哪儿去找希望呢？ 程世蓉：2009 年的时候，最高法李肖霖律师承接了，我垫了一万块钱。 主持人：还是找到一个律师？ 程世蓉：李肖霖律师一直还是跟我有联系。 主持人：您当时怎么找到这个李律师？ 程世蓉：还是邮件，网上，打电话，发邮件。 主持人：就找一些知名的律师？ 程世蓉：对。 主持人：给他们发邮件？ 程世蓉：所有知名的（律师）全找过，可以这样说。一直好多事我请教他，我们一直有交流，我发过很多邮件，打过很多电话，也去过好几家律师事务所，都没有回复，没有理，基本上都因为没有费用。所以我之前就跟李律师商量，我说交一万行不行，我说我可以拿出来。 主持人：您自己垫钱，垫这个律师费？ 程世蓉：对，后来人家李律师跟所里商量，所里说先交一万也说得过去，所以李律师同意了。然后就是 2011 年了，我就跟他们（指陈满父母）说只有上网（才有出路），我说要不咱们上网把这个事说清楚。他爸他妈说，网上还是谨慎一点吧，听说很复杂，要是被境外势力利用了……我也知道网上挺复杂，但就以现在这个状况，还有什么办法。我说我的办法就是上网，一本正经地把所有的东西公布出来，让更多的人知道，所以后来我也在网上写。 主持人：您是注册了一个叫“宅老余粿”的新浪博客，然后把这个案卷全都发上去了，	从给知名律师发邮件到垫付律师费，再到注册博客在网上公布案情案卷，程世蓉按时间顺序讲述了她从 2009 年到 2013 年在“陈满案”上所花费的心力，她的每一步付出都具有很强的主动性、积极性。 主持人关于发邮件、律师费、注册博客的三个问题带有明确的引导性，就是要引导采访对象讲故事、说细节，并从中展现采访对象的心路历程和个人品格。

这回的关注度上来了？ 程世蓉：没有，一开始也没有。大V才有关注度呢。到2012年、2013年才慢慢地从几个到几十个到几百个，是这样的，这都是慢慢上去的。当然与此同时我会在微博上发私信，所以我有时候也有点那个坚持不懈，就是想办法解决这个问题吧，也许有效呢。 主持人：但您确实是给好多比如说著名的律师、相关的法律界人士发私信。 程世蓉：发一次或者发两次，如果人家真不理就算了。到了2013年那就关注度越来越高了。徐丹教授帮我转发，后来（又）有几个人帮助转发。有几个知名度比较高的人一转发，关注度就上来了，阅读量、关注度都上去了。2013年的下半年，就是律师团李金星他们正式说的无偿援助。	
主持人：一个律师团要无偿援助，为“陈满案”申冤？ 程世蓉：对，牵头的是李金星律师。 主持人：律师援助团为什么要关注到陈满这个案子？是在网上关注到的吗？ 程世蓉：是，因为我给他发了私信，他肯定是看了。因为他们知名度很高，他们打的官司，办的案子我都看，他们办的案子我还捐了一千块钱呢。	案情得到无偿援助，这是一个重要转折点，主持人就此进行提问，引出接下来的细节。
主持人：什么时候？ 程世蓉：头一年吧，2012年，他们关注是在2013年。2012年的时候他们办了一个“北海案”。我在网上其实我不是说只揪这一个，我会看很多大案，会看很多他们怎么做这个过程，（处理）矛盾、冲突、问题。所以这样我看到他们办案，当时也是援助被冤的几个年轻人。 主持人：您不光关注“陈满案”，还关注	程世蓉给其他案件捐钱，这不是一个寻常的举动，因此，主持人打断并及时提问：“什么时候？”这个打断体现出主持人很强的新闻敏感度。

别的案子，像“北海案”？

程世蓉：关注的多了。

主持人：还给这些案子捐了钱。

程世蓉：对，所以他们也就知道我了。

主持人：您跟这些律师就有了互动了。

程世蓉：另外就是我给他们也发私信：你关注一下陈满这个案子。他也（就）知道这个案子了。他们这些律师说，她给好几个律师说过“你们关注一下这个”。人家一看六七十岁的老太太她造假干什么，而且她为什么呀，对不对？

主持人：也是您的坚持，一方面是推动了律师，也是打动了律师。

程世蓉：对，律师团是这样的。李金星律师给我打电话，那天也是我特别高兴的，他说你的材料我看了，我准备组团认真来帮着办这个案子，做无偿援助。

主持人：就是不需要律师费？

程世蓉：他知道没钱，看我的材料都写了。

主持人：当时您是不是喜出望外？

程世蓉：那当然了，高兴了。因为我觉得迟早有一天会有人来（帮忙）的，我相信！

（片花）

口播：她是推动“陈满案”平反最为关键的人物。

陈满：就是说感谢她（程世蓉）这么多年为我申冤付出的劳动，最大的感慨就是这个世界上还有很多善良的人。

口播：从上访到请律师，到与最高检、最高法互动，古稀之年的她亲力亲为。

程世蓉：去过好几家律师事务所，都没有回复，没有理，基本上都是因为没有费用。所

当主持人问到案情遇到死路之后该怎么办的时候，程世蓉说：“2009年的时候，最高法李肖霖律师承接了，我垫了一万块钱。”后来又说：“2013 年的下半年，就是律师团李金星他们正式说的无偿援助。”或许主持人因做过采访功课而知道这两个时间节点，但对于听众来说，听到这两句话会有很多疑问，比如她是怎么联系到李肖霖律师的？这位律师帮她做了什么？从 2009 年到 2013 年的几年中，程世蓉做了什么努力让律师团愿意提供无偿援助？这些内容都需要通过主持人的提问去找到答案和细节。主持人在这一段落的提问比较密集，目的正是让程世蓉告诉听众她是如何让律师团关注这个案件的，为了实现这个目的，她做了什么。提问的过程实际上是一个按时间顺序去梳理脉络的过程。

以我跟那个李律师商量，我说交一万行不行，我说我可以拿出来。 口播：从60岁到71岁，11年间为蒙冤者申冤，是什么让她坚持到今天？ 程世蓉：把这四本案卷一页一页地看，肯定是没有证据能证明陈满作案，口供不能作为定案的唯一根据。 口播：她不是律师，但却对案件最为清楚。 王万琼律师：确实被她做的那些详细的资料的收集和整理震撼了。我经常说，你成了“陈满案”的活字典。 口播：《新闻天天谈》周末人物访谈，主持人李锐，对话“陈满案”平反推动者程世蓉，为您讲述一棵稻草的力量。 程世蓉：因为我真的知道有一批律师是很仗义的，有良知，或者说是有同情心，当然也是维护法治。 主持人：正义迟早会到来的。 程世蓉：对，2014年这个过程就是等待，2015年一年时间都在复查嘛，到了12月29日开庭再审。 主持人：2015年12月29日。 程世蓉：对。 主持人：再次开庭重审。然后2016年的2月1日，陈满终于出狱了？ 程世蓉：对，就宣布无罪，这就算是结果了，就这件事结果了。 主持人：从2004年开始一直到2016年的2月份陈满出狱，您介入这个案件11年多的时间。 程世蓉：将近12年。 主持人：您已经从一个花甲老人到古稀老人了！	这次专访基本上是按照案情发展的时间逻辑进行的，案情获得了更多专业人士的关注和帮助，听众也感到豁然开朗。片花播放的时机很好，在听众眉头舒展的时候，节目稍做休息。

程世蓉：那可不！ 主持人：从 60 岁到了 71 岁，就在翻这一个案子，这过程当中有没有想过困难的时候会退缩？	
程世蓉：困难当然有了，问题当然有了。眼看着有希望了，一下没希望了，驳回，又是不予提审、不予复查什么的，这种时候当然很郁闷。但是我觉得难是难，办法总是有的，我总是这样的。咱们再想，今天想不出来，明天想，没准还有路。因为我觉得有一个最基本的东西就是这个事情它就是不能够成立的，必须推翻，因为我相信好多事情很多年以后还可以翻呢，我不在了，人家都知道了，还有好多好多人都知道了，即使我不在了，我说没关系，我就是一根稻草，我现在在，我就飘在上头，即使我沉下去了，我不在了，我放在这儿了，很多人看到了，我相信还是会有人关注，会有人来做这个事。 主持人：可以说为陈满打平反官司的这些律师跟程老师您是接触得最为紧密的一些人了。那么之前我也是采访到了为“陈满案”平反的律师团队成员王万琼律师，我们不妨一起来听一听王律师是怎么样评价您的。 （采访录音）	本次广播专访以申诉时间跨度长达 12 年的案件为题材，在报道过程中尤其需要做到有始有终的完整性。将 12 年的发展变化压缩在一档几十分钟的广播节目里，井然有序，逻辑严谨，又能全貌与细节并举，这的确考验主持人的采访能力和叙事能力。
王万琼：我觉得她确实坚持这么多年真是不容易，作为一个普通人。另外她为陈满筹款。我们律师虽然没有收取代理费，但是呢案件的差旅费这些有一部分是她跟陈满在老家的同学他们来一起筹备的，我觉得这个确实很不容易，一个老人来做这样的事情，我觉得非常难的。 说实话我们开研讨会的时候，因为那是第一次见她嘛，当时确实被她做的那些详细的这	如果专访落脚在陈满出狱，程世蓉旷日持久的付出终有回报这个点上，那整期节目难免显得就事论事，体现不出人物专访对新闻人物立体形象的塑造能力。基于这样的考虑，主持人提前采访了“陈满案”律师团成员和陈满的母亲，请他们说一说对程世蓉善良之举的评价。 王万琼律师既是与程世蓉接触紧

些资料的收集和整理给震撼了。因为她做得很细，你比如说每寄一个材料去哪个地方，她都会留有记录，而且写得很清楚：时间，然后跟谁寄的，回复是什么，寄的什么东西。而且她对这个案子非常了解，就是说包括我们了解陈满的案件，有的时候一些很细的东西都要问她。我经常说，我说你成了“陈满案”的活字典，我们不懂的一些细节，或者不太记得清楚的时候就去问她，我真是很敬佩她。因为你看她坚持 12 年，这个过程因为很漫长，特别是这种申诉案件很多年，到底有没有希望，最后是个什么结果，其实大家都没有底的。但是能一直坚持做下来这一点确实非常不容易，不要说一个普通公民，就算律师我相信很多人也不一定能做到。我觉得她是一个古道热肠（的人），真的是非常讲义气的一个老太太，女性的这种义气和坚韧我觉得在她的身上体现得非常充分。 主持人：听完了王万琼律师的讲述，能够感觉到您这 11 年来为冤案平反的坚持打动了很多人，大家也都说程老师这么大年龄了，太累了，其实是应该好好在家休息的。 程世蓉：不不不，我不觉得累，因为我觉得呢这也是一种乐趣，你不要把它看成是一种压力，关键是你愿意啊，北京话说的。所以我就跟他们说，你就当我跳广场舞呗，你跳广场舞你就高兴，那我做这个我也高兴。你比如说陈满这个事，我给他的父母安慰，他觉得对我有所依赖，我觉得也挺好，人家觉得你有点用不是吗？这不也是挺好吗？ 主持人：您也有存在感？ 程世蓉：对，就这意思，你一点用都没有了，人家都烦你，你有劲吗？	密的工作伙伴，也是一位旁观者，从旁观者的角度谈评价则更具客观性和信服力。

主持人：的确，您的坚持其实也支撑着陈满的父母，那么大的年龄，在儿子蒙冤入狱 23 年之后，还在坚持着，等待着儿子平反出狱的那一天。那我之前也是电话采访到了 84 岁高龄的陈满的母亲王众一女士，王阿姨让我转达对您的感谢，我们来听听。 （采访录音）	
王众一（陈满的母亲）：她是一个非常好的人，她不时地帮助我们，也不求名，也不求利，在我们最困难的时候帮助我们喊冤，找律师，我们全家都很感谢她，她有不可磨灭的功劳。这 11 年全靠她，后来我们搞不动了，就靠她。石沉大海，没点回音，但是她不灰心，她一直在努力，最重要的就是她的坚持，坚持到底，我们感谢她，我们全家都感谢她。	陈满母亲的受访录音呼应了专访开始时陈满的表达。同时，程世蓉最初仅仅如一根救命稻草一般与陈满一家建立起联系，但谁都没想到这个联系一结就是十几年，陈满母亲的这番感谢，其由衷之心可见一斑。
主持人：听了王众一阿姨的话，程老师一直是面带笑容，其实现在是不是身边的好多人也都在对您竖起大拇哥，称赞您这种做法？	
程世蓉：我不觉得有什么，因为我帮人家，帮人家（我）高兴，你看她感谢我，她随时来找我、问我，我还有这个时间、能力，如果我没有，你比如说我在上班，我绝对干不了。你看马云现在钱那么多，（钱）对他没有意义了。那你在忙活什么？不就是你还是希望大家知道你的存在吗？你觉得有收获，对别人有好处，不是挺好吗？	
主持人：这个案子将近 12 年，您参与其中其实有得有失，您觉得得到什么、失去什么了？	
程世蓉：我得到的挺多，对于律师的了解，对于公检法的了解程度，我觉得比我十多年前了解的多多了，就是长见识。另外一个我	程世蓉面对众人的赞美并不是一味谦虚，而是发自内心地谈了她的人生态度：多问收获，不问失去。听众

觉得最重要的就是陈满回家了，我在中间起了我能够起的作用，这个整个的合力里边，有我的一分力量，一种存在，一种作用，它也是一种成就。陈满出来了，我觉得挺高兴，我不需要什么感谢不感谢，这就是做一件事啊。失去什么？没有啊，没去跳广场舞，也没关系嘛。困难？干什么没困难，做什么都有困难，别把困难看那么严重行吗？对不对？ 主持人：程世蓉为“陈满案”平反奔走 12 年，一方面受托于陈满父母的深切期待，而更重要的是作为一位公民对正义与公理的追求。乐观、豁达、坚韧的程世蓉推动了一件 23 年的冤案的平反。这位 71 岁的老人用她的行动也推动着中国法治又向前迈进了一步。正如那句名言所说：“正义也许会迟到，但绝不会缺席！”	从朴实无华的语言中感受到这位平凡长者的不凡。这样的落脚使得节目立意更开阔，更深远：法治社会的进步依靠每一位公民对正义和公理的追求。整篇专访从案件和采访个体出发，逻辑性和故事性使得报道可听、好听，最后几段的采访内容则升华主题，在展现采访对象光辉品格的同时启迪公众对善良、正义的追求。

第五节 广播连线

广播连线是指在广播新闻直播节目中，记者在新闻事件的第一现场，借助手机、卫星电话等通信工具，与主持人进行电话交流，报道新闻事实、描述新闻现场或对新闻事件进行即兴评述的一种报道形式。其突出特点是及时性、互动性、真实性和有效性。因为连线报道在制作程序上比录音报道简便，表现形式上比广播消息稿生动，所以成为当下广播新闻报道的重要表现样式。

一 广播连线报道的选题

根据连线报道的特点，我们常常选择三种类型的题材进行连线报道。

（一）突发事件、大型社会活动、民生问题等新闻题材

对突发事件、大型社会活动和民生问题的反应速度，最能体现一家媒体的影响力和舆论导向作用，抢第一时间、第一现场、第一报道最能体现这种效能，而连线报道

恰恰可以满足这一要求。

（二）与当地群众福祉密切相关的生产活动题材

连线报道记者的活动自由度大，可以广泛深入群众中进行，是一种服务功能很强的报道形式。抓住这个特点，就可以做出许多集新闻性与服务性于一体的连线报道，为群众生产生活造福。

（三）有地方特色的生产、生活和文化活动题材

连线报道空间跨度大，传播广，时效快，是开展对外宣传的好方式，而那些有地方特色的生产、生活和文化活动题材正是开展外宣报道的好材料。比如旅游城市的广播电台每逢旅游旺季或节假日，一定会安排记者到重点景区进行连线报道，介绍当年的旅游信息、游客动态等。一些地方政府主办或重视的展会、年会、文化周、艺术节等活动上，也一定会看到广播记者做现场连线的身影。

二 广播连线的技巧

广播连线是线性报道，团队作业，在时间上具有不可逆性，做好连线报道靠的是充分的案前准备和大量的实践积累。在进行连线报道时，着重把握好以下几点：

（一）找准信息点

当新闻事件发生，记者赶赴现场准备连线时，必须考虑一个问题，即“我要说什么”，能不能说出听众最关注的东西。记者在现场不只是一种形式，更重要的在于带着听众一起经历和感受新闻事件，而在新闻现场看到的、听到的、感受到的那么多信息里面，要表达哪些内容或者要着重表现哪些信息并不是记者自己决定的，而应该取决于听众。哪些信息是听众最关注的？听众想知道什么？只有带着这些问题进行信息选择，才能够抓住听众的耳朵，连线报道的质量才会有保证。

获得2009年度福建广播新闻奖二等奖的作品中，有一则关于城区自来水价格调整听证会的现场连线，记者的播报就牢牢地抓住了事件的信息点：

这次共有19人参加了听证会，其中消费者8人，用水企业代表2人，经营者代表1人，人大推荐的参加人1名，专家学者2名，社会组织参加人2名，政府部门参加人3名。根据我的了解，这次居民生活用水价格实行一次听证、两步调整的方法：第一步由1.20元/吨调整为1.50元/吨；第二步，从这次调价方案实施之日起12个月或18个月后，居民生活用水价格由1.50元/吨调整为1.70元/吨。

在这个新闻报道中，听众最关心的是听证会参加者的身份以及调价的情况等，而在记者的连线报道当中首先就对这些问题进行了详细的说明，第一时间把信息点展现给听众，不但使得报道含金量大，而且在无形中体现了新闻工作者强烈的监督意识。

有时一些记者在连线报道时为追求“大而全”的效果，把所有看到的、听到的、想到的都一股脑儿说一通，结果，该突出的没突出，该着重表现的没有着重表现出来，听众听完之后没有得到有效信息，这肯定会影响传播效果。如上述有关自来水价格听证会的连线报道，如果记者把会场环境或是听证背景也加入这个新闻当中，表面上听起来好像更为全面，但实际上冲淡了报道的重点，反而有画蛇添足的感觉。

（二）以巧妙的开头引起收听兴趣

有经验的记者常从交代周围环境开始，引导听众进入连线情境。场景交代既要有宏观说明，也要有细节描述，时间、地点、季节、事件等是宏观因素，天气、记者和报道对象是细节因素。2011年冬天，山东蓬莱台记者姜丽顶风冒雪深入田间地头，做农技人员帮助农民朋友进行抗寒防冻工作的连线。连线的开头如下：

我现在是在蓬莱市北沟镇许家村村民许仁昌的蔬菜大棚前，截至目前，当地降雪已经持续了11个小时，现在仍在继续，室外温度已经降到零下5摄氏度，天空灰蒙蒙的一片，能见度极低。北风夹杂着雪花打在脸上，人们睁眼都异常困难，而眼前压在塑料大棚（上的）积雪至少有二三十厘米厚了，如何帮助老许渡过这次寒潮天气是农业专家迫切要做的事情。

以恶劣天气的“特写”作为连线开头，让听众身临其境，听起来就会让人打战。宏观因素与细节因素并用，一起营造出生动形象的现场环境，进而由此进入连线的核心内容。

（三）挖掘细节

找到关键的信息点并有了好的开头之后，就要考虑如何把核心内容说得饱满且好听。记者在现场要积极调动新闻敏感度去发现有说服力的细节，并在连线过程中用语言叙述带领听众“身临其境”。当然，细节或故事不是孤立存在的，而是紧密围绕连线的核心意旨展开的，以达到说理和印证观点的目的。

2005年，中国国际广播电台记者张晖曾就胡锦涛前往俄罗斯总统普京的郊区别墅做客做过一段直播连线。有一段话，张晖是这样说的：

我看到在胡锦涛主席到来前，俄罗斯总统普京先是走到翻译面前，然后很详细地问：“是这样说吗？你好！”得到了肯定的回答后，普京又反复练了几遍。然后在胡锦涛主席夫妇走进来的时候，普京马上说出了“你好！”。

这样的报道很见记者的功力，在这种重大事件报道中，记者并不是大篇幅地讲述俄罗斯如何精心准备，而是从细处描述了普京的一个小举动，就让连线报道更有可听性。而且，对这个细节的描述也交代出了两国领导人之间密切的私人关系，以及中俄两国的友好程度。同样的一个细节恐怕是电视画面难以表现的。

在广播连线报道当中，记者如果能够充分挖掘细节，进行简洁明快而又真实的细节叙述，就会在听众的耳畔勾勒出形象的新闻画面，这无疑在很大程度上避开了广播的不足，彰显出声音传播的魅力。

（四）选择有利位置，用背景音响渲染报道效果

连线报道中，广播现场的重要性在于背景音响的渲染价值。我们通常会选择靠近有典型现场音的位置进行报道。如火灾报道，就尽量选择消防车、救护车笛声和指挥人员声音效果好的地方做连线；体育比赛，就尽量选择在能听清裁判哨音、发令枪声、观众加油声的地方；果业种植和采摘，就尽量选择在能听到农技人员和农民剪枝的咔嚓声、农民拨动树枝树叶摘果的哗啦声，甚至他们负重劳动时的呼吸声的地方；等等。有些特殊的场景很安静，只能感觉到心跳，听不到一点声音，这种安静也是一种音效，有经验的连线记者会适时向受众报道这些特殊声响的含义，使远离新闻现场的听众也能感受到现场的气氛。当然，现场音响也非越多越好，要去噪取精，在需要的时候使用。可以通过改变通话方向和麦克的距离、有意拾取现场音效等方式调整现场音响和报道声的强弱对比，改善音响效果。

（五）口头表达力求口语化

多说短句，即一句话不能过长，长句拆成短句说。特别要避免句子中的定语过多、过长。

不要说太书面化的词句，避免使用“该××”“据悉”“本××”“其××”“此××”这些词句。“该××”可以用“这个”代替，“据悉”可以用“据我了解”“据我得到的消息”等代替，“本××”可以用“这次”“这个”等代替，等等。

不用简称。在书面语言中，如国名等一些名词在第一次以全称形式出现，后面会使用简称。比如在书面稿件中可以写“中土将加强全方位合作，共同推进丝绸之路经济带建设”，但是在广播连线中，记者就不要生硬地说“中土将加强……”，而应该更口语化地说“中国和土库曼斯坦达成协议，将……”。

尽量多用双音节词，少用单音节词。如说“需要”，不说“需”；说“仍然”，不说“仍”。

有备稿时切忌一口气从头读到尾，要注意重音、停顿，讲究抑扬顿挫，有意识地突出重点，这样才能让听众领会你要表达的主要内容。

（六）形成自我风格，增强听觉吸引力

记者要充分调用现场材料，让报道内容鲜活有物，并且能够在自信自如的状态下有节奏感地进行连线报道。避免念稿式的僵硬报道和不分轻重缓急地把内容堆砌到听众耳边。

这里不得不提到被誉为“现场报道的鼻祖”的美国广播电视记者爱德华·默罗（Edward Roscoe Murrow）。第二次世界大战期间，默罗在伦敦主持《现在请听》《这里是伦敦》等广播节目，以朴实和准确的报道风格而闻名。我们不妨欣赏他在《这里是伦敦》系列广播连线中的一段报道：

我站在屋顶上，俯瞰着伦敦全城。此刻万籁俱寂。为了国家和个人的安全起见，我不能告诉你们我现在说话的确切位置……我想大概不出一分钟，在我们周围附近就会听到炮声了。探照灯此刻正向着这一边移动。你们就会听到两颗炮弹的爆炸声。听，炸弹响了……

这一小段报道里有静、有动、有光、有声，有事件发展进程和记者报道的位置、当时的心情以及不能说明地点这一违反报道常规的原因。这里还有一个重要元素不可忽视，就是默罗报道时的语气和语调，从字里行间可以断定默罗的语气是镇静的，语调是平静的，这种掌控与当时的环境气氛密切吻合。爱德华·默罗曾说：“广播没有别的技巧，唯一的技巧就是你想象自己到了一个酒吧，喝了两杯后，向你的朋友谈论今天发生了什么，用这样的语气来广播，你的听众一定爱听。”可见，默罗把听众当朋友，并把自己的所知所感朴实无华地娓娓道来，这是他信奉的广播风格。

（七）前后方密切协作、默契配合

一次广播连线需要三方的力量共同参与完成：一是前方记者，二是直播间的主播，三是导播间的导播。记者和主播都听导播指挥。导播可能是一个人，也可能是一个团队，负责随时掌握和分析全局，发出导播指令，是连线报道的指挥中枢。主播负责执行导播意图，与前方记者对话并把握报道主题、控制报道节奏。前方记者是新闻事件的主要报道人，通常需要提前与导播进行沟通，了解连线时长、对接连线主题等。记者要注意掌握并遵守预先给定的连线时间，一旦超时，很容易打乱整个时段的报道节奏。

（八）注重长期磨炼，涵养心理素质

记者一般会提前接到连线要求，带着连线任务赶赴采访现场。因此，到达现场后，记者要快速综合信息、发现细节和亮点，形成连线报道的腹稿和框架。接到连线电话后，把要说的内容表达出来。

这个过程看似简单，却需要记者长时间的磨炼和水平的提高。同一个新闻现场，不同记者从中提取的信息量、报道深度和可听性是不同的，这在很大程度上取决于个人的新闻素养、表达能力和知识储备。这种综合能力的提高不是一朝一夕的，需要记者提高学识、增加阅历，并有意识地强化口语即兴表达。对于一些“新手”记者而言，连线时的紧张情绪在所难免，只能多说多练，在一次次对自己的不满意当中发现问题、逐步改进。

（九）不要依赖备稿，训练脱稿能力

广播连线不需要记者出镜，所以不少广播记者在连线前会把准备说的内容写成文字，也即备稿，连线的时候照着备稿念出来。备稿的做法有利也有弊，好处是能够帮助记者更有条理、更充分地把想说的内容说出来，可以防止忘词、卡壳、逻辑混乱等情况，有稿在手也能在一定程度上减少记者的压力和紧张。但是，提前备稿的做法也有一些弊端：口语表达的现场感和灵活性会大大降低，记者“一对众”的交流感和口语表达的节奏感也会缺失，听众在平铺直叙中很难收获共鸣。

那么，我们在日常连线时如何对待备稿和脱稿的问题？

1. 非现场连线

你有充足的时间准备和收集资料等，在这种情况下，你完全可以拟一份备稿，把你想说的内容准备成文字。非现场连线，即记者不在新闻事件现场的连线，又可以分为两种情况：

第一种情况是录播，即编辑联系你，让你就某个事件、某个话题进行连线录制，在随后的节目里播出。比如2018年7月16日，美国总统特朗普和俄罗斯总统普京在芬兰首都赫尔辛基举行会晤，编辑希望驻地记者就此事进行录播连线，放到次日早间的节目中播出。在这种情况下，记者有相对充足的时间去搜集美、俄、芬兰等多方媒体关于“特普会”的报道，综合各方消息和观察形成自己的连线内容。此时，记者完全可以，也有必要和条件进行备稿，在连线时依据备稿进行口播报道。

第二种情况是直播信号给到记者的时候，现场活动已经结束了，记者的采访与直播连线刚好有一个时间差。在这种情况下，记者也可以适当进行备稿，把此前采访活动的要点、亮点和信息点梳理出来，随时准备接听电话进行直播连线。

2. 现场直播连线

即在采访和活动行进过程中，记者接到直播间编辑打来的电话，要求进行连线报道。在这种情况下，记者一般很难有时间充分备稿。现场连线比非现场连线要更加考验记者的综合能力，包括连线水平、应变能力和心理素质等。对此，有三个处理技巧可以帮助记者更好地完成现场连线任务。

一是要预先与编辑沟通连线时间。如果编辑需要你在节目直播期间进行连线，那么你的采访准备工作中就要多列一项连线准备，并且一旦进入采访现场，就要更加敏锐地观察环境、寻找有价值的信息、采访相关当事人等，并从所见、所闻、所感中抽取连线内容。即，要做到对连线的大致时间心中有数，并更有针对性地进行现场采访。

二是要尽快在脑海中形成连线的表达框架，即先说什么再说什么。虽然没有时间深思熟虑地备稿，但记者可以把要说的内容列一个提纲，或者写几个串联关键词，保证叙述内容准确和语言逻辑不出现混乱即可。

三是要把一些相对复杂但重要的新闻点、繁杂但不得不说的数据等写到纸上，或敲到电脑上，方便边说边看。这个小技巧既能保证你在关键信息上不会说错，而且会在一定程度上减轻你的心理负担。因为假使你一心想把这些新闻点或者数据背下来，但又生怕说错，那一定会给你造成压力。一旦说错或者迟疑，则会影响后续的表达信心和语言逻辑。

实际上，从收听效果看，能够脱稿而做的现场连线是更有现场感和灵动性的，也是更能体现记者个人表达魅力的一种连线情境。当然，做好脱稿状态下的现场连线不能只靠良好的口头表达和现场状态，更重要的是记者充分的采访准备，相对丰满且合乎逻辑的腹稿，以及临场不乱、处变不惊的心理状态。这种良好的脱稿连线能力不是朝夕间即可得来的，需要记者在长期的采访工作中抓住连线机会，多说多练——练速度、练逻辑、练表达、练心理。

一线者说

连线报道的特点决定了参与报道的记者要有较强的语言表达能力

因为要直接出现场进行口头播报，连线报道除了对记者有口齿清晰这一最基本的要求外，还要求记者要有较强的语言表达能力，这是决定连线报道成败的关键。

一是要清晰准确、语句流畅。要想让听众正确地了解新闻事件，记者在报道中就得准确清晰地传递出相关信息。只有先让大家听清你说了什么，才能进一步谈听众的理解和认同的问题。尤其是在新闻现场干扰比较多的情况下，语言表达的清晰、准确、流畅就显得尤为重要了。这其中既包括用词的准确，如“死伤人数”就不能说成“死亡人数”，也包括发音的准确，如“蓝绿阵营”不能说成“男女阵营”。如果记者在连线时用词混乱、发音不准、语句磕绊、描述不清，那么听众不仅无法了解事情的真实情况，反而会产生更多困惑。

二是要逻辑性强、语言简练、重点突出。针对一个新闻事件的信息往往繁杂而琐碎，如何在众多信息中找到有用的东西告诉听众是很考验记者功力的。在通过采访和自己的观察了解到相关情况后，记者就要尽快组织和酝酿语言。要想在短短几分钟的连线中讲明一个新闻事件，记者必须对得到的所有信息进行一定的取舍和判断：说什么？怎么说？记者的表述是否逻辑性强？语言是否简练而突出重点？这是记者语言表达能力的重要判断标准。

三是记者在连线中的表述要张弛有度、节奏适宜。我们常常听到有些记者的连线语速很快，说话像机关枪扫射一样，还没等人听明白怎么回事他就说完了。这在广播连线时是非常不利的，因为广播没有画面配合，现场情况完全要靠记者的描述和介绍，记者过快的语速显然不利于信息的有效传播。出现这种情况有时是记者面对直播有些紧张或亢奋，语速便不由自主地快了起来；有时是记者被新闻现场的节奏带快了，以为快语速才能表明现场的快节奏。但我们知道，人们在讲话时是有一定的节奏的，如果一味地追求语速而忽视了语言表达应有的停顿、转承，不仅无益于信息的有效传播，反而会让听众跟不上节奏、遗漏信息，甚至因感到压迫而终止收听。当然，在报道喜庆活动时，如果无视现场欢快的气氛而用沉稳缓慢的语速播报，则会显得无精打采，这也是不适宜的。

此外，广播连线时，记者还要注意表达的口语化，尽量不要照着稿子念。在遣词造句上要避免长句以及“该事件……”“据悉”“200 余人”等书面化表达。

资料来源：隋艳霞．连线报道的运用及其特点［G］//陈敏毅．国际广播论文集：第十一辑．北京：中国国际广播出版社，2010.

【推荐阅读书目】

1. 曹璐，吴缦．新闻专稿教程：修订二版［M］. 北京：中国广播电视出版社，2008.

2. 仲富兰．广播电视评论教程［M］. 上海：复旦大学出版社，2007.

3. 叶子，李艳．电视新闻［M］. 2 版. 北京：中国广播影视出版社，2008.

4. 张延江．现场连线报道“快、稳、准”视域下广播记者的素质培养［J］. 西部广播电视，2017（21）.

【思考题】

1. 你认为一篇好的录音报道需要具备哪些要素？

2. 假设某地发生泥石流灾害，你被派往前方进行跟踪报道。现在是下午 2 点，编辑请你在下午 3 点的直播节目中做连线报道，介绍灾区受灾情况和救援进展。你会在这一个小时的时间里做些什么？

【练习题】

据《中国青年报》的一篇题为《73.8%的大学生习惯上课玩手机》的报道（2017年7月3日09版）介绍，无锡商业职业技术学院以“聚焦手机依赖行为、关爱青年学生成长——‘大学生手机依赖行为与课堂质量影响’”为主题，对江苏全省16所本专科院校的1 000余名大学生展开了为期7个月的走访调研。调查显示，学生在课堂上使用手机的比例达到73.8%。手机依赖行为对高校课堂、校园文化、学生身心等都有较大影响。请你以此新闻报道为由头，在校园内进行实地采访、录音，写作并录制一篇1 500字左右的录音述评。

第五章

广播稿件的编辑与节目的编排

【本章学习要点】

1. 熟悉并掌握广播新闻稿件编辑的基本原则和操作技巧。
2. 如何遵循广播依靠听觉传播的特点，编辑出适合“听”的稿件。
3. 了解广播节目编排的原则和一般规律。

广播记者将文字稿件提交到数字发稿系统之后，一般需要经过四个步骤才能让广播节目到达听众的耳朵：编辑编稿-签稿人定稿-播发窗口选稿排稿-播音。本章重点介绍广播新闻编辑的基本要求以及窗口编辑选稿编排的基本原则。

第一节 广播新闻编辑的操作技巧

广播新闻编辑具有一般意义上新闻编辑的基本职能，是新闻传播活动的总设计，是各项采编业务的集大成和总把关，是对新闻素材的再创作。而且，广播新闻编辑也应当坚持真实性原则、政治性原则、对象性原则等，还应当遵循电台的编辑方针、遵守电台编委会的编辑提示等。除此之外，广播新闻编辑还有一些针对广播声音传播的具体要求。

一 内外有别的原则

对内广播与对外广播在稿件细节的处理上略有不同。其一，对外媒体多采用“中国”进行表述，对内媒体则多用“我国”的指称。其二，对外广播在提及采访对象的身份时，除了对其职务职称身份进行介绍外，通常还会加上“女士”或“先生”的性别提示，对内广播则较少加入性别信息。

二 增强新闻敏感度，重视多方信息的比对

新闻敏感度不是记者的专利。编辑人员虽然不在采访一线，但其工作直接关乎报道的定位和方向，甚至关乎报道的成败。因此，广播编辑要加强对自身新闻敏感度的训练、培养和提高。当广播编辑拿到记者的一篇稿件时，要知道你面对的不只是这一篇稿件，而是与该新闻相关的众多信息内容，包括其他媒体是如何报道的，国外媒体有没有相关反馈，记者的报道有没有抓到重点，这个事件的背景和先前报道是什么，等等。应该说，编辑在工作时占有的信息不能仅是记者从现场带回来的东西，还应当包括现场之外与新闻事件相关的各类信息和素材。新闻敏感度不是一句空话，不是灵感爆发或信手拈来的一种能力，它需要编辑和记者在长期的新闻积累和报道惯性中习得、逐日练就。

案例5-1：《乌兹别克斯坦总统与到访的韩国总统举行会谈》稿件修改

原稿：

乌兹别克斯坦总统卡里莫夫11日在首都塔什干同到访的韩国总统李明博举行了会谈，双方就扩大和深化两国在经贸、投资和人文等各领域的合作关系，以及共同应对金融危机等问题交换了意见。

两国总统表示，此访将使乌韩关系提高到一个崭新的发展阶段。会谈结束后，双方签署了两国总统“联合声明”，以及有关双方在石油天然气开发、通信、基础设施合作、金融等各领域合作的十多个文件。

李明博是10日抵达塔什干开始对乌兹别克斯坦进行为期2天的国事访问的。访问期间，两国企业界还就发展双边合作的具体问题举行了经贸论坛。

韩国是乌在亚太地区的主要贸易伙伴之一，去年双边贸易额增长了123.7%。目前在乌境内，共有350多家韩乌合资企业，另有近60家的韩国独资企业。

从这篇广播消息，尤其是作者在最后一段给出的新闻背景来看，两位领导人此次会谈的重点似乎是经济议题，但除了导语中有所提及，第二段并没有就经济议题展开介绍，不知道两位领导人谈了哪些方面、说了什么。编辑拿到这篇稿件后，根据常识

判断，两国领导人虽然在会谈中可能面面俱到，但其中一定有所侧重。因此，编辑查阅了大量外电报道，并与记者多次交流，最后得知，双方这次主要谈论了能源开发问题。

韩国是一个主要依靠进口能源过日子的国家。韩国和资源富国乌兹别克斯坦扩大能源、资源合作，被评为韩国对中亚地区的资源外交和李明博的新亚洲外交战略取得的具体成果。

因此，修改后的稿子如下：

乌兹别克斯坦总统卡里莫夫和到访的韩国总统李明博11日举行双边首脑会谈并达成协议，在政治、经济、文化等领域加强全面合作，以充实两国战略伙伴关系的内涵。双方在会谈中还表示，两国将扩大在能源领域的合作。

当天，韩国和乌兹别克斯坦发表包括12项合作协议的联合公报，并签署16项谅解备忘录和合同等，决定在能源、资源、产业、金融、物流、基础设施领域展开更广泛的合作。

联合公报称，为充实战略伙伴关系的内涵，两国将在政府、议会以及经济和民间机构层面进一步加强合作；在矿产、油气资源开发以及建设、汽车等领域扩大合作；在加强投资合作、支援商务活动等改善投资环境方面做出努力。

今后，韩国和乌兹别克斯坦将积极推进油气田和钼、钨等能源及资源开发，并在自来水管道、成套设备、信息技术、信息通信、金融等领域加强合作。

尤其值得一提的是，韩国石油公社和乌兹别克斯坦国营石油公司签署纳曼干-丘斯特油气田勘探议定书，韩国得以在中亚地区首次持有100%股权开展油气田开发事业。

修改前的稿件很难让听众抓到重点、看清实质，听上去就只是一篇领导人会面的会议稿件，没有太多实质性内容。稿件编辑依靠新闻敏感度判断认为，双方领导人会面的信息量应该很大，在原稿背后还有不少信息亟待发掘。于是，编辑进一步查阅外电报道，并与记者沟通，进一步丰富了稿件内容，把双方会谈的重点，即经济领域尤其是能源开发方面的会谈事项交代出来。修改后的稿件言之有物，信息明确，更能帮助听众了解会谈的核心和本质。

三 数据信息的处理

非核心信息的数据可进行约数处理。广播声音内容转瞬即逝，听众需要一定的反应时间去理解、消化听到的信息，因此，如果数据信息过于复杂，会影响听众接收信息的效率和质量。对于那些不算核心内容的数据，可以进行四舍五入、形象描述等处理。比如，在作为新闻背景介绍我国网民数量时，“截至 2015 年年底，中国已拥有 6.88 亿网民，网民普及率达到 50.3%”。这句话放到广播中，可以改为：“截至 2015 年年底，中国已拥有 6.88 亿网民，网民普及率超过总人口的一半。”6.88 亿不能约数处理，因为失之毫厘，差之千里。但 50.3%可以用更形象的表述帮助听众快速理解网民的总体体量。

数据即核心信息时，务必精确处理。比如在《国家统计局 9 日发布数据　7 月份 CPI 同比上涨 1.4%》这条消息中，全国居民消费价格指数（CPI）相关数据就是新闻的核心内容，听众需要从这些数据中判断经济信息。而且，对于 CPI、GDP、PMI（采购经理指数）等经济数据的报道而言，一个小数点的差错和忽视就意味着整条报道的失败。再比如《巴黎恐怖袭击遇难人数上升至 197 人》这条报道，“197 人”决不可用“近 200 人”“190 多人”等约数提法，因为在恐怖袭击、地震、车祸等灾难事件或突发公共事件中，数据是严肃的核心信息，务必准确无误，否则既会导致报道的失败，又是媒体不负责任、不具公信力的表现。

四　新概念要使用权威提法

新闻的“新”在于每时每刻都在发生新事件，出现新现象，发现新事物，形成新概念。在新概念、新现象出现之初，新闻表达的提法是相对混乱、没有定法的。各媒体要么沿用最早报道该事的媒体的提法，要么采用“随大流”的做法。比如 2017 年 3 月 23 日《南方都市报》的一篇《刺杀辱母者》引发众多媒体对发生在山东省聊城冠县的一起刑事案件的密集报道。在报道前期，包括部分主流广播电视媒体在内的大多数媒体沿用了《南方都市报》的提法，称此案为“辱母案”。还有媒体称之为“刀刺辱母者案”“辱母杀人案”等。应该说，这些提法对于平面媒体来说是合理的，它们符合其“讲故事”的需求，而且读者的眼睛和脑力并用，完全可以理解“辱母案”等提法的意思。但是，广播媒体必须要考虑到其听众只靠听觉去判断的情况下，很难第一时间明白“辱母案”的意思。随着报道和案情的进一步深入，新华社使用了“于欢案”的提法，用案件最受关注的当事人来定义案件，就相对客观、准确且易于理解。

再如 2017 年 7 月底，因鸡蛋中疑似含有杀虫剂氟虫腈，比利时、荷兰和德国食品安全部门要求下架数百万枚鸡蛋。该事件也引发了国内媒体的关注，包括新华社、人民日报、央广、央视等权威媒体在内，许多媒体使用了“毒鸡蛋”来定义该事件。但细想看来，这个提法虽然形象且有吸引力，但却有悖于新闻的客观性。如果只看或听标题，会有耸人听闻之感。在这种情况下，如果你是广播新闻的编辑，你应该怎么办？你应该去 BBC、CNN、路透社（Reuters）的网站上去看看西方媒体是怎么说的。它们的提法有“受污染鸡蛋”（contaminated eggs）、“欧洲鸡蛋恐慌”（Europe's egg scare）、“鸡蛋污染丑闻”（egg contamination scandal）等。广播编辑应该从这些提法中进行选择。

五 简洁易懂性原则

广播新闻的内容表述尤其要重视简洁易懂性原则。因为传统广播具有单通道传播和线性传播的特点，听众需要在短时间内吸收和理解新闻内容，而不能像报纸一样多看几遍去“玩味”和深解，也不能像电视一样通过画面的辅助作用去理解新闻信息。所以，广播编辑人员在拿到一线记者提交的稿件后，要从多个角度再进行把关和处理。如果不影响核心事实和基本信息，那么可以删掉过于抽象、专业的表述，或者用通俗易懂的表述代替。数据太多的情况下，要分析哪些是必需的，哪些是可以删减的。

作为广播编辑，应当在改稿时“竖起自己的耳朵”，编辑出适合“听”的稿子。要做到这点，有以下几种方法：

多用双音节词和通俗易懂的口语，方便听众收听。除非有特殊的需要，一般的广播稿尽量使用双音节词和口语。双音节词读起来节奏感强，易于听觉辨认。相反，单音词的音波短，音感低，加之与双音节词不易搭配，多数会影响声音的协调和可听性。另外，尽量少使用书面语，用口语代替，更方便观众的收听与理解。如“日益”可改为“越来越”，更符合广播新闻口语化表达的需要。

把文言或半文言的词改成白话。文言或半文言的字词在广播稿中出现会让人听起来不舒服，如“分赴”可改为“分别到”，这样既好念，也易懂。

避免同音字词的出现。在汉语中，同音不同形不同义的字词有很多，为了避免让听众产生误解，应尽量避免在广播新闻中出现这样的字词。

注意文字的简练，少用长句和倒装句。广播新闻首先要让听众听清楚新闻的内容，所以不需要复杂的表达方式，一些长句、倒装句不仅读起来拗口，听起来也不舒服，编辑在改稿时应注意将其改为陈述句或几个短句。

六 注重音响的审听和质量把关

在涉及音响的稿件中，记者通常会把串好的音响作为附件提交到发稿系统待审。编辑人员在文字内容把关的基础上，务必要审听音频文件，确保内容无误、完整、准确，音量大小合适，音频文件格式正确，清晰无噪声，等等。如果编辑对音频部分的内容有修改，比如删减、增加、顺序调整等，需要将稿件返回初稿库，请记者另行修改。

广播稿件中如果音响质量出现问题，不但会影响整篇稿件的播出质量，影响听众的听觉体验，严重时甚至会造成播出事故。

在广播稿件采制过程中常见的音响问题主要是音量过大或过小。出现这个问题的原因是记者在采录音响的过程中，没有将录音设备放置在合适的位置：如果距离声源过远，声音就会偏小，容易听不清音响内容；距离声源太近，录下来的声音则会过大，听起来声音过于尖锐，甚至有些刺耳。当这样的一些音响与叙述语言结构为一体播出时，整个音频文件就会出现音量忽高忽低的情况，既不顺耳，也不悦耳。面对这种情况，就需要广播编辑在制作播出文件时适当调整有音量问题的音响段落，以保证音频文件音量的整体性和协调性。

目前，广播编辑常用的编辑软件是 Cooledit 和 Adobe Audition（AU），二者的操作界面和使用方法十分相近。我们可以从软件显示的波形文件来判断一段音响的音量大小。

图 5－1 和图 5－2 是在 AU 中显示的两段音频。图 5－1 中，后面两段波形“顶天立地”的音响音量是过大的，图 5－2 中整段音频的音量则是偏小的。

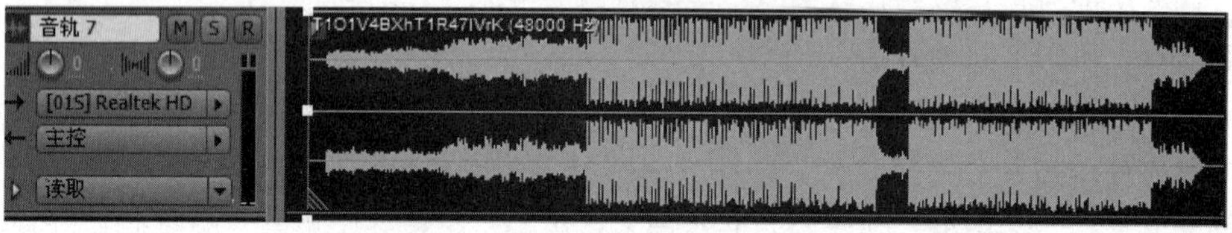

图 5－1　音轨中后两段音响音量过大

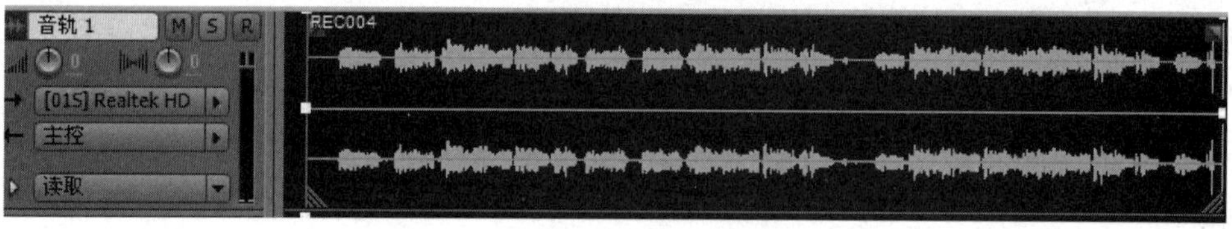

图 5－2　音轨中整段音频音量偏小

处理上述问题，我们一般有两种办法：一是调音轨音量旋钮，往左拖动，减小音量，反之，增大音量；二是上下拉动白色的音量块，往下拉，整段音频的音量减小，反之，音量增大。如果需要针对某段音频中的一小节进行单独调整，则需要用鼠标选中这一小节，然后双击鼠标左键，将这一小节显示在单音轨的波形编辑器中，然后再旋转音轨音量旋钮，以调整音量大小。需要注意的是，在将小波形音响调高音量的时候，要注意会不会出现因音量增大而产生的刺耳噪声。

第二节　广播新闻节目的编排原则和技巧

广播节目编排指的是一档广播节目在有限时长内，按播出先后顺序将内容资源进行合理配置，以备在节目窗口中依次播出。新闻节目的编排，则是由播出窗口的编辑从稿库中选择适合本窗口需求的稿件，并按照一定的原则或规律，把若干新闻稿件

（包括文字稿件、连线）进行序列配置。

一 广播新闻节目的编排流程

第一，在占有充分稿源的基础上，选择符合节目内容与风格需求的稿件，并对稿件进行必要的修改。

第二，对所有选定稿件进行初步排序，并预估播出时长。

第三，为稿件制作合乎规范的标题，撰写提要。提要的撰写目的是方便新闻节目主播在节目开头介绍当期主要内容，以及音响类新闻或连线报道的导入性语言。

第四，根据播出要求、时长情况等做最后调整，形成节目播出单。

二 广播新闻节目编排原则与技巧

在信息来源多元化和新闻资源海量化的今天，广播新闻编辑需要从新闻信息的汪洋大海里找出真正适合节目定位和目标听众的新闻稿件，并加工成为具有鲜明广播特点的新闻组合，抓住受众的关切点，形成对听众注意力的持续吸引。在编排原则与技巧上，广播新闻播出窗口的编辑常有以下做法：

（一）强调本地新闻的挖掘

广播是一种地域性很强的媒介，新闻报道的接近性原则体现得尤为明显。因此，各省、市、区县级广播都需要在设置频率新闻架构和编排日常节目时重视其内容的地域贴近性。

（二）重大性原则与“峰-谷”手法相结合

一般情况下，广播新闻编排遵循重大性原则，即按照新闻价值中“重大性”或“重要性”这一要素的大小来决定新闻播发的先后顺序。这种做法有利于凸显重要新闻的价值，但是随着新闻重要性和信息含量的衰减，节目后半段会缺乏听觉兴奋点，听众的注意力会随之减退。因此，在较长时段的新闻节目中，单纯采用重大性原则进行节目编排会暴露出明显的弊端，造成节目头重脚轻的不均衡感，不利于维持听众的收听兴趣。

为了有力地克服这种弊端，有必要辅以“间隔”手段。也就是在同类相关新闻组合编排的基础上，运用“峰-谷”编排手法，对重要与次要、长与短、口播新闻与音响类报道等不同稿件适当搭配，使节目形成多个小板块，每个板块都有相对重要的新闻，呈现出一定的起伏波澜，以达到持续吸引受众注意力的目的。按照这样的思路，在日常编排中，编辑经常会用一组同类或相关的稿件组成一个个板块，比如一组时政新闻、一组经济新闻、一组文教新闻等。板块之间可以用串联词来承上启下、衔接过渡，也可以用节目间奏乐来间隔上下内容，表示即将转换话题，同时调节节目气氛和节奏，激发收听兴趣。

这种将重大性原则与“峰-谷”手法相结合的板块式编排在广播新闻节目中被广泛应用。不过，在采取这种编排方法时应注意精选同类新闻，避免信息的同质化和填鸭式传播。在同类新闻较多的情况下，需要适当取舍新闻：把社会关注度高的、与本地民众更贴近的新闻留下，而把影响面较小的新闻舍掉。

案例 5－2：中央人民广播电台《新闻纵横》节目编排

中央人民广播电台《新闻纵横》诞生于 1994 年。2009 年 12 月改版为 2 小时综合新闻节目，聚焦昨日热点新闻，提示今日重要事件，节目定位于时事追踪、热点透视、舆论监督、观点引领，时效性强、公信力高、影响力大。周一至周日每天早 7 点至早 9 点黄金高峰时间直播。

2014 年 12 月 26 日播出的节目获得 2015 年中国新闻奖广播编排类一等奖。表 5－1 对该期节目的播出内容和板块结构进行了细化梳理，我们不妨就此进行个案分析，以充分理解《新闻纵横》的新闻理念和编排风格。

表 5－1　《新闻纵横》节目编排串联单

2014 年 12 月 26 日《新闻纵横》				
时间	内容	体裁	作品来源	播出方式
板块名称：节目开始曲				
10 秒	《新闻纵横》开始曲。		本台自采	录音
板块名称：预告片花				
42 秒	三大高铁同日开通。	消息	本台自采	口播
板块名称：第一小时内容导听				
1 分 09 秒	问今晨：中国高铁版图再扩容，三条重要高铁今天开通，六路记者随车体验“行进中国”。 问焦点：12306 网站用户数据遭大规模泄露，人心惶惶谁之过？ 问案情：琼瑶起诉编剧于正抄袭一审获赔 500 万，被告不服要上诉，“宫梅斗”是否会上演续集？ 问进展：念斌向福州中院申请国家赔偿，1 500 万天价赔偿金怎么算出来的？ 特别策划“行进中国·精彩故事”：冷姑娘脚趾上的网店。	消息	本台自采	口播

续前表

时间	内容	体裁	作品来源	播出方式
板块名称：问今晨				
8 分 19 秒	中国高铁版图再扩容，三条重要高铁今天开通，六路记者随车体验“行进中国”。	消息	本台自采	连线
板块名称：昨夜今晨最新资讯				
30 秒	乌克兰当局与东部民间武装达成交换俘虏协议。	消息	新华社	口播
36 秒	利比亚部队遭宗教民间武装突袭，18 名士兵丧生。	消息	新华社	口播
34 秒	俄罗斯外汇储备首次跌破 4 000 亿美元。	消息	新华社	口播
29 秒	日本政府首次在日本海采集可燃冰。	消息	新华社	口播
板块名称：问焦点				
5 分 07 秒	12306 网站用户数据遭大规模泄露，人心惶惶谁之过？	消息	本台自采	口播
板块名称：新闻地图				
1 分 52 秒	西北大学被指平安夜封校强制学生观看宣传片。	消息	本台自采	口播
1 分 24 秒	重庆市联芳村村民土地被政府征用未获补偿，3 亿多资金去向成谜。	消息	澎湃新闻	口播
33 秒	河南南阳“艾滋病拆迁队”嫌疑人被控制，公众疑虑仍旧未解。	消息	本台自采	口播
40 秒	乌克兰中断了对克里米亚的供电，60 多万人生活受影响。	消息	新华社	口播
板块名称：问案情				
6 分 26 秒	琼瑶起诉编剧于正抄袭一审获赔 500 万，被告不服要上诉，“宫梅斗”是否会上演续集？	消息	本台自采	口播
板块名称：问进展				
6 分 21 秒	念斌向福州中院申请国家赔偿，1 500 万天价赔偿金怎么算出来的？	消息	本台自采	口播
板块名称：新闻面孔				
1 分 27 秒	河南信阳交警李勇长年在火车站附近疏导交通，因病不幸离世。	消息	本台自采	口播
1 分 19 秒	湖南郴州汝城水电公司总经理李建国，高消费佩戴 LV 皮带被查。	消息	本台自采	口播
55 秒	毒贩被昆明警方抓获自称“卧底”。	消息	本台自采	口播

续前表

时间	内容	体裁	作品来源	播出方式
板块名称：特别策划“行进中国·精彩故事”				
7分13秒	“行进中国·精彩故事”：冷姑娘脚趾上的网店。	消息	本台自采	口播
板块名称：现在插播				
58秒	贵广高铁首班列车发车，记者现场连线播报。	消息	本台自采	连线
板块名称：第二小时内容导听				
1分11秒	追焦点：三条重要高铁今天开通，六路记者随车体验“行进中国”，本时段直通兰新高铁开通现场。 追案情：今天，杨剑波诉证监会一案一审宣判，“光大乌龙指”事件能否摘掉“内幕交易”的帽子？ 追真相：河南周口三栋楼加盖34层，多条禁令为何挡不住违规高楼的疯长？ 追环球：历经黑客风波，索尼电影《采访》圣诞节上映，是“艺术自由”的胜利还是闹剧一场？ 追现场：今天上午，首都新机场开工建设，2 000亿的投入将给京津冀带来哪些机遇？	消息	本台自采	口播
板块名称：中国之声此时此刻				
3分00秒	此时此刻最新资讯。	消息	本台自采	口播
板块名称：追现场				
8分30秒	三条重要高铁今天开通，六路记者随车体验“行进中国”，本时段直通兰新高铁开通现场之兰新段。	消息	本台自采	连线
板块名称：现在插播				
2分29秒	北京地铁10号线发生故障全线停运。	消息	本台自采	连线
板块名称：今日出行				
2分02秒	全国气象信息。	消息	中央气象台	连线
板块名称：追案情				
6分44秒	今天，杨剑波诉证监会一案一审宣判，“光大乌龙指”事件能否摘掉“内幕交易”的帽子？	消息	本台自采	口播+连线
板块名称：追真相				
6分08秒	河南周口三栋楼加盖34层，多条禁令为何挡不住违规高楼的疯长？	消息	本台自采	口播

续前表

时间	内容	体裁	作品来源	播出方式
板块名称：中国之声此时此刻				
1分56秒	此时此刻最新资讯。	消息	本台自采	口播
板块名称：今日出行				
1分02秒	全国交通路况信息。	消息	交通运输部路网中心	连线
板块名称：追环球				
5分55秒	历经黑客风波，索尼电影《采访》最终上映，是“艺术自由”的胜利还是闹剧一场？	消息	本台自采	口播
板块名称：追现场				
7分21秒	今天上午，首都新机场开工建设，2 000亿的投入将给京津冀带来哪些机遇？	消息	本台自采	连线+口播
板块名称：难忘中国之声				
3分00秒	《城市传奇——邵逸夫与他的影视王国》	消息	本台自采	口播
板块名称：报尾				
39秒	节目结束语	消息	本台自采	口播

该期节目个案分析：

一、信息饱满，内容厚重

节目既有国内重点事件盘点，也有国际热点新闻扫描，选取的新闻时效性强、关注度高、思想性强。特别值得一提的是，9大重点选题（“三大高铁开通”“12306网站用户数据泄露”“琼瑶起诉编剧于正一审获赔”“念斌申请1 500万国家赔偿”“行进中国·精彩故事”“‘光大乌龙指’主角诉证监会案”“河南楼房违规加盖”“《采访》圣诞节上映”“首都新机场开工建设”）涉及热点事件、舆论监督、财经新闻、典型宣传和重点案件，不仅题材丰富，而且全部都是独家选题或者具有独家视角的报道。

二、编排灵活，节奏鲜明

《新闻纵横》总体编排采取了“纵”“横”结合的方法。深度报道与信息扫描穿插进行，节奏感控制得很好。

第一时段（7点—8点）在重点选题之间穿插资讯信息扫描，且每组信息扫描形式各异：第一组“昨夜今晨最新资讯”、第二组“新闻地图”、第三组“新闻面孔”分别从时间、地点、人物三个角度对信息进行加工。

第二时段（8点—9点）将深度报道与个性化板块结合，在每个重点选题后面分别穿插“全国气象信息”“全国交通路况信息”等板块，每个板块以连线形式播出，时长控制在2～3分钟，服务性强，节奏明快。

三、及时插播，突出时效

作为中国之声的龙头节目，《新闻纵横》非常重视时效性，并将此原则贯穿于整个节目中，“昨夜今晨最新资讯”选取的多是前夜或者当天凌晨发生的国际新闻事件，凸显广播首发的优势。

本期节目的时效性原则还体现在两次插播新闻上。当日，贵广高铁第一班列车计划在8点从广州火车站开出，但由于记者不能确定具体的上车时间，所以连线的时间无法确定。编辑与记者沟通后商定，等到记者上车后第一时间将电话打到导播间，用插播的形式随时连线播出。

节目与新闻事件同步是时效性原则体现的最高追求，第二次插播实现了新闻事件与节目的同步。在本期节目播出过程中，北京地铁发生停运事故。记者打电话到导播间汇报了信息后，节目监制立刻做出插播决定，在高铁开通节目播出完毕后，以记者连线形式将此信息播出。从接到记者汇报到播出，总共用时不到4分钟，广播节目编排的灵活性和时效性得以充分体现。

四、主线清晰，重点突出

该期节目以三大高铁开通为主线，连线六路记者，以开车时间为点，用记者连线报道的方式，记录了开通的现场场景，并介绍了票价、开通的意义、施工难点等背景信息。信息量大，服务性强。

两个小时各有侧重分工：第一小时以南广、贵广为关注重点，着重介绍高铁将大山深处的贵州与“海上丝绸之路”相连接的现实意义；第二小时重点介绍兰新高铁的开通，甘、青、新三点成面，全方位呈现了高铁横越高原戈壁的壮丽景象，凸显了高铁助力“古丝绸之路”经济腾飞的历史作用。

为更好地展现三大高铁开通这条主线，值班编辑连夜为节目量身定做了节目预告片花“三大高铁同日开通”，加深了听众对特别节目的印象。该期高铁特别节目的报道犹如火车头，启动了中国之声全天的高铁直播报道。

五、手法多样，可听性强

该期节目在广播表现手法的运用上也达到了炉火纯青的地步，主持人口播、录音报道、记者连线、背景片花等各种形式恰当地运用在不同的报道中，既使报道内容得到了很好的体现，又通过各种形式的灵活转换，避免了收听疲劳。

一线者说

阳江广播电视台资深编辑林良琼以广东台、阳江台、珠江台为例，撰文分析了如何通过节目编排改进早高峰新闻节目的播出节奏、灵活性和贴近性。我们不妨结合这些具体做法，揣摩一下广播新闻节目的编排技巧。现将该文节选如下：

一、早高峰广播新闻节目编排要适应移动听众的碎片化接收方式

（一）早高峰受众收听节目的伴随性

按平时的生活习惯估计，车辆出行的早高峰一般指早上7：00—9：00，所以早间新闻板块必须适应早高峰主要服务对象即移动人群收听广播的习惯。广播是驾车人士获取信息的首选渠道，车上收听，用智能手机随时随地收听广播，或边走边听，这个时间收听广播何时开始何时终止，取决于车上的路程和时间，不完全以整点半点为节点。其中，有人加进来，有人退出，不一定跟随节目始终。一般来说，早上主要的听众是私家车车主及其搭载人群，此类受众群体的移动性使收听具有了伴随性特点，时间短、时段相对集中，对广播节目的黏合性和专注性不高，因而收听广播的随意性也使其在收听形式上更加碎片化。

（二）早高峰新闻板块编排的碎片化

清晨是新一天的开始，人们会希望在这个时候对自己新一天的环境有一个了解。因此，对新闻编排的要求是单篇报道不宜过长，每个新闻板块设置在30分钟内为宜，单篇稿件不超过3分钟，报道简练明了。要用最简明的文字、最短的时间传播最新鲜、最丰富、最可听、最有用、最有益的信息，在最短时间内满足最多移动人群的最大信息需求。阳江电台FM91.6综合广播7：30—9：00《916早新闻》节目分为几个小板块：7：30—8：00《阳江新闻》，主要播报阳江人、阳江事，本地发生的时政要闻及民生新闻；8：00—8：20《耳听八方》，定位国内的新闻热点新鲜事；8：30—8：50《放眼全球》，主持人介绍寰宇短新闻，以民生资讯、国外生活类话题为主。这个涵盖地方新闻、全球资讯的节目为听众提供一天的消息话题，内容量大，篇幅短小，满足了早高峰听众的碎片化收听需求。

二、早高峰广播新闻节目编排在关注内容的同时须注重节奏美

（一）新闻内容要强

概览世界，早间感知全球，早间新闻要尽量拓宽新闻来源，最大限度展示新闻报道的不同层面，多编排各种类型的新闻。

一是突显新闻时效性。广播的优势之一在于时效性，网络时代，广播人要善于借船出海，借梯登高，占领高地。广播作为唯一不依赖视觉又能随时伴随的媒体，是最容易和互联网融合的媒体，除了播报本地新闻，大可以借力互联网时代的海量官方资讯，拿出最新鲜的新闻套餐来适应现代听众的需求。严格按照内容为王、质量第一的法则赢取广泛的收听人群，力求新闻信息密集化。听众收听新闻节目的共同愿望，就是用最短的时间了解最多的新闻信息。广东新闻广播的《早间新闻》节目，体现了“信息密集，视野广阔”的特色，同时增加各大通讯社、报社、国际电台的最新专稿，力图让听众了解全国和世界各地最新发生的有价值的新闻。广播新闻信息容量大，极大地满足了听众及时了解天下事的心理欲望，通常一组新闻要排15条左右消息类新闻。编辑部要以全新的理念，关注对受众有用的新闻，多用对受众有用的资讯，新闻需把握足量不过量。新闻的显著性、趣味性、接近性、话题性彼此联系又相互交叉，这些因素都要被充分考虑。同时，天气预报、报时、交通信息、股市行情，都是对受众普遍有用的信息。

二是彰显新闻权威性。增强信息的权威发布，是广播新闻赖以生存的法宝。个别网络媒体为吸引网民眼球，迎合网络舆论或所谓的社会热点，不管真假便轻率刊发或转载一些文章、图片、视频等，使得网络成为滋生虚假新闻的温床。广播作为专业的大众传播媒体，要通过更专业的方式采集、发布及传播信息，落实把关核实责任；用事实说话，充分运用广播媒体专业的判断鉴别能力和同行的协同整合能力，迅速及时地加以求证，确保新闻的真实性，向听众提供真相，传播权威的声音。

2015年9月，有报道称江门鹤山某村有劣质豆豉流入阳江。豆豉是阳江三宝之一，当地媒体有责任、有义务跟进新闻事件。当时，我们第一时间联合本地电视台、报社等，跟随相关职能执法部门深入乡镇，明察暗访，搜集证据，求证真相。最后，在新闻中播出专题稿件《阳江豆豉仍为原创　假劣产品没有在阳江市场流通》，迅速消除了阳江百姓的恐慌心理，形成了一定的宣传声势，还阳江豆豉一个清白。媒体做到守土有责，落地有声，较好地增强了受众的收听忠诚度。

（二）编排节奏要巧

广播早高峰新闻节目编排要讲究鲜明的主线、清晰的层次、顺畅的串联。一是早高峰新闻编排一定要适合早晨的氛围。早上汽车一族受众居多，新闻编排上要以短小精悍、制作精良为基本特征，适当地划分出若干个小单元或环节，以使受众可以在较短的时间内完成对内容的完整收听，一般以20分钟或30分钟为一单元编排。二是重要新闻要错落安排。要精选头条，把意义重大、最能引起听众收听欲望的新闻安排为首条播出，以期一下子吸引住听众。其他重要新闻要穿插在整档节目之中，使节目形成系列的“山峰”和“峡谷”，让听众的兴趣情绪随之周期性起伏。三是长短新闻交替，软硬新闻相间，形成整体和谐、重点突出、节奏分明的鲜明特色。四是综合运用多种编排要素。在节目中穿插版头呼号、内容提要、串联词、宣传标语和间奏乐曲等，营造节目美感，使听众产生心理愉悦。例如，我台在播报一组关于“南海1号”

开馆迎客消息的同时，在过渡期间插入南海1号组歌，使早间节目更显亲切、悦耳。

（三）播出形式要活

广播节目是以“听”为识别标志，然后进行广纳精编，再个性化播出。广播新闻节目的播出一定要具有广播特点，主持人要言之有物、长话短说、深入浅出，彰显主持人说新闻的个性，能说出听众想说的话，得让听众知道，你们的感受我也有，拉近受众心理距离，引起共鸣。早间新闻节目主持人既能说新闻，又能成为让听众在清晨时分感到心情愉快的朋友。其中的广播元素如“口头评论”，就具有易接收、易理解、感染力强等优势，同时有些主持人还适度“勾兑”带有地方特色的元素。例如，珠江台《朝朝早，饮早茶》节目主持人郑达、李嘉、鲁力就是绝配，他们不但做到说新闻，而且在说到一些角色对白明显的新闻时，还不失时机演绎一把，这样更能调动听众的收听兴趣。

同时，新闻节目也须根据内容选择衬乐，要保持听众收听不乏味、有新鲜感，就需要不断变换节奏，设置刺激听众的兴奋点，使受众的收听兴趣得到持续激发。另外，新闻节目中可增强互动，利用微信、微博、QQ，让听众参与到新闻事件中进行评论互动。这样可以增强听众与广播新闻的黏合度，增强广播新闻的受众参与感、现场感与亲切感，让听众从节目中获得信息，更收获快乐。

三、早高峰广播新闻节目编排要注重对本土区域新闻的优选

广播是地域性很强的媒体，地域传播就是对某一特定地区进行高效的传播。这种传播能满足本地听众的收听心理需求和实际需要，也就是我们所说的本土化。早高峰时段私家车群体属于城市白领阶层，他们对广播内容的质量要求较高，同时作为在城市生活的一员，对周围环境的变化也极为关注。受众在收听广播新闻时，首先关注的是发生在这个城市的事情，关心这些事情对他们的工作和生活的影响，然后才关心本省乃至世界各地发生的政治、经济、军事等事件及其可能产生的影响。

本土新闻不仅具有自然地理、社会心理的贴近性，还具有社会影响力和广告吸附力，这是新闻竞争优势之一。地市广播台要利用自己独特的地域文化优势，打造不可复制的特色节目内容。地方台与其受众共处一域，文化同根同源，有共同的文化维系力。“快在当地”就是对发生在当地的新闻事件快速报道，对于受众关注的焦点、热点事件，通过连线报道、记者现场报道等形式，第一时间播出新闻，做到“新闻正在发生，我们就在现场”。在当下互联网普及的年代，信息应有尽有，地方媒体在采编实力上无法与大媒体相提并论，所以我们要勤当“集成商”，就是充分利用互联网等信息平台提供的巨量新闻资源，顺势而为，做好信息的筛选、剪裁、组装，进行“二次传播”。既然做不到“独家”和“独特”，就不妨在“集成”上多动脑筋，多下功夫。

资料来源：林良琼．谈早高峰广播新闻节目编排［J］．新闻研究导刊，2016（2）.

【推荐阅读书目】

1. 陆锡初．广播新闻编辑教程：修订本［M］. 2版. 北京：中国广播电视出版社，2008.

2. 蔡雯，许向东，方洁．新闻编辑学［M］. 4版. 北京：中国人民大学出版社，2019.

【思考题】

任意选择一个频率的一档新闻节目，连续收听一周并做收听笔记，分析其节目编排的优点和不足。

【练习题】

将你采写好的关于“大学生上课玩手机”一事的录音述评交给其他同学，同学之间进行互评和稿件编辑练习。

第六章

互联网环境下的音频传播

【本章学习要点】

1. 熟悉互联网时代广播传播环境的变化和特点。

2. 掌握如何利用新兴媒介搜集采访线索、联系采访对象、进行音频采集。

3. 了解广播采编与新媒体业务进行深度融合的表现，掌握传统广播在进行新媒体内容生产时所遵循的原则和技巧。

互联网带来的传播环境不仅迫使传统广播在业务形态上做出改变，更刺激着人们跳出广播大众传播的视域，转向对声音符号的无限细分和广播信息服务的分众化、针对性。尤其是在移动应用技术业已成熟的今天，移动终端上与声音传播密切关联的应用层出不穷，“App 传播”使得每个人都有机会成为广播源，移动终端用户也用互动筛选的方式满足着他们挑剔的耳朵。

第一节 互联网时代广播传播环境的特点

本节对互联网时代广播传播环境发生的变化和特点做简要介绍。

一 线性单通道传播模式被颠覆

传统广播的核心标签是一对众的线性、声音符号单通道传播。在移动互联网平台上，广播的传统标签被一一打破。其一，互动性和可选择性改变了广播一对众的单向度信息传输，即时的受众互动越来越多地反馈到广播节目中。其二，音频内容在网络平台上的可下载、反复收听和选择收听等特性，淡化了传统广播线性传输、转瞬即逝的不足。其三，传统广播传播者的权威身份被消解，自媒体播客大量涌现，“人人都是麦克风”变成现实。在互联网条件下，声音传播可以不受无线电频率资源的限制，每个人都可以成为“播客”“主播”，比如荔枝FM给用户提供了优质的录音通道和剪辑工具，用户可以录制、发布、分享自己的声音作品。其四，互联网时代的音频收听需要借助人体对电脑、手机等电子设备的操作，因此，传统广播“上网”或以App形态存在的各类声音产品，也改变了单通道传播对双眼的“解放”。

二 音频应用“超市”逐渐形成

在智能手机、平板电脑等移动终端上，受众的信息获取完全基于一系列应用程序。不论是苹果、安卓等用户群体庞大的智能系统，还是塞班、Linux等相对小众的系统，以传递音频内容为主的App程序都业已成为一个重要的应用门类。可以说，音频应用的专门性“超市”正在各系统的应用商店（App store）中开列门户。

三 互联网音频传播的社群化和社交化

喜马拉雅、荔枝FM、蜻蜓FM等互联网音频平台，都复合了移动传播社交化和兴趣社群化的特点。这些平台上的音频传播不仅完成了网络直播、点播、下载等基础工作，更成为具有社交属性、具备共享功能的移动社交空间。

首先，互联网音频平台对声音产品进行了极度细分，从而实现了收听兴趣和受众的细分。比如喜马拉雅的内容分类包括有声小说、儿童故事、相声评书、英语学习、情感夜话、搞笑段子、音乐电台等等，在每一个分类下面又做了进一步的垂直细分。假设你点击了有声小说，进入之后你还可以进一步选择言情、悬疑、都市、幻想等细分门类。这些具有交互性和细分化的操作在传统广播时代是无法实现的。也正是基于这些操作，互联网音频平台将不同需求的用户聚揽在同一个App上，但又将其拆分到不同的兴趣门类中，实现了传播的社群化和窄众化。

其次，互联网音频平台体现出明显的社交化特点。用户可以将喜马拉雅、荔枝FM等平台上的音频内容在微博、微信当中转发和分享，还可以就音频内容进行互动评论，优质主播还可以凭借自己的声音魅力和能力有效“圈粉”，甚至成长为声音“网红”。这些均体现出互联网音频传播强有力的社交平台特点。

四　从听众到用户的转变

在移动智能传播的时代，传统收听终端的使用比例逐步下滑，手机收听终端的使用比例持续大幅增加。手机已经跃升为听众收听广播的主要收听终端。这意味着，收听广播成为手机用户获取的加载服务之一，广播需要尽可能改善或提高其在移动端的使用体验，才能在更大程度上扩大用户群。

此外，网络空间制造的大量数据也逐渐成为传统广电行业重要的生产要素之一。广播电视网、听众论坛、微电台、数字广播、移动 App 等，都是可供分析和利用的数据源。对用户评论、基础信息、兴趣点等进行数据挖掘和语言处理，准确掌握受众需求和评价，进而有针对性地改进和创新节目。比如微电台用户在互动评论里留下了大量关于节目的意见反馈，可以借助技术力量对这些反馈进行数据挖掘，从而分析出收听该广播节目的人群特征、收听习惯、健康兴趣点等。这些信息都将成为节目改版、创新的依据。

第二节　互联网音频产品的类型

移动互联网带给用户最直观的感受之一是媒介终端的智能化和随时随地的上网体验。与 WAP 技术不同，智能终端用户更多地借助应用程序满足消费、资讯、社交、生活服务等需求。同时，用户的激增也吸引了越来越多的技术力量、资本力量介入应用程序的开发和推广，可以说，目前移动终端的应用服务已遍及人们日常生活的各个角落，已经将用户进行了无限维度的细分。因此，从信息传播平台的角度而言，我们正在经历着一个被应用渗透和影响的“App 传播”时代。本节将以移动应用为视角，对互联网平台上的音频内容大致做类型划分，帮助读者了解当前互联网音频产品的整体面貌。

一　网络电台应用

以移动应用形态存在的网络电台主要包括两种类型。一是传统广播电台推出的 App 应用，比如中国国际广播电台 FM91.5 推出的“English Plus”，集合了该频率所有的线性节目，同时融入了英语学习、互动点播、新闻搜索等功能。二是以“喜马拉雅”为代表的综合性、集成化网络电台，用户下载该应用后，不仅可以在线收听国内大多数传统广播电台的节目，还可以按音乐、评书等类型收听节目。“蜻蜓 FM”“荔枝 FM”“话匣子 FM”等音频服务平台都带有类似的功能。

值得一提的是国内知名收听率调查公司赛立信于2014年8月推出的“金唛广播汇”。“金唛广播汇”本身是一款App应用，它搭载了国内外2 000多个广播电台/频率，可在用户使用过程中采集与处理相关收听数据。它可以通过任何移动终端，包括智能手机、平板电脑及未来连接车联网的汽车音响系统等收听广播，并自动记录用户的收听行为（如收听时间、收听时长、收听频率或节目以及互动等信息），这些数据将同步传输到系统的后台服务器。可以说，“金唛广播汇”是一个以数据收集为主功能、以提供广播服务为辅助功能的网络电台。

二 类型化音频集成应用

这类应用以提供类型化的音频在线收听或下载服务为主要导向。比如“听果”的节目类型涵盖了广播剧、电视谈话节目声音版、相声集锦、电视脱口秀声音版、电视故事会声音版、人文讲坛、有声小说、鬼故事、养生、经济等，应该说是一应俱全。再如“口袋随身听”，集成了评书、相声、有声小说、综艺娱乐等，提供在线收听、下载、搜索和社交分享等服务。这类音频集成软件的特点是，从用户需求的角度对现有音频服务和产品进行细分，用户可能因为偏好某一类节目而下载和使用该软件。因此，细分服务越多样，潜在的用户便可能越多元。

三 细分服务类应用

（一）外语学习服务类

这类音频应用侧重为用户提供英语学习服务。有的应用带有很强的针对性，比如“扇贝单词”“沪江小D词典”侧重于英语词汇的服务，“英语口语8 000句”“英语流利说”等应用侧重于口语听说学习等。也有一部分应用是对外语学习资源的整合集锦，比如“英语酷跑听”集合了美剧、英文名著、美国电影原声、雅思、托福、少儿英语等近40个细分选项，供不同用户选择收听。一般而言，这些外语学习服务类音频应用并不仅仅诉诸听觉通道，往往还复合了文字和图片。比如“听新闻学英语”，受众在听新闻的同时还可以浏览文字新闻，再如“当幸福来敲门”应用不仅可以提供英文电影原声，还集合了视频和文字信息。

（二）音乐服务类

不论在传统广播抑或移动终端上，音乐始终是用户需求最广泛的音频服务之一。例如“QQ音乐”“酷狗音乐”“网易云音乐”等App应用，为用户提供了各类型音乐的在线收听、下载收听、音乐搜索和社交分享等服务。也有“ILoveJazz”“摇滚马叔叔”“古典音乐大师”等类型化音乐的App应用。

（三）语音智能服务类

这类App声音产品以云计算技术、知识库技术、问答推荐技术等为后台技术，以语音为介质实现了人机交互，突出的是移动终端的语音智能服务功能。在智能终端上较早提供语音智能服务的是苹果系统的Siri服务。近年来，国内也推出了较成熟的语音服务应用，如“讯飞”的一系列产品。百度也推出了一款手机语音服务软件“百度语音助手”，支持语音拨打电话、发短信、播放音乐、查询天气、搜索美食等，另外，它还集合了相声、笑话、催眠音乐等伴随性音频内容。

（四）有声小说和移动评书

这类应用以提供小说、评书、故事等语言类娱乐服务为核心。比如“有声小说大全”（听书宝）把提供小说、评书服务和传统广播节目结合起来，一方面集合了海量语言类节目，并按类型划分和提供搜索，另一方面还向用户提供国内各省市电台的在线收听服务。同时，听书宝还内嵌了移动终端与PC端的互动上传、下载服务。

（五）音乐游戏应用

这类应用主要以音乐或歌曲为趣味点向用户提供游戏服务，以“疯狂猜歌”“超级猜歌”为代表。比如“疯狂猜歌”通过听歌曲旋律来猜歌名、歌手，歌曲分为流行、网络歌曲、摇滚等8类，共计148关。游戏采用闯关模式和赠送金币的方式来吸引玩家，集听歌、益智、游戏于一体。同时，玩家还可以选择将题目分享到社交媒体上，无法解答的题目也可微博求助。

第三节 广播采编播业务的变化与操作

新媒体时代广播传播环境的变化和技术的进步给广播采编播业务带来了更新的契机。本节着重从新闻线索、采访对象、采访手段、传播渠道、传受互动等几个层面介绍广播业务的新变化与新操作。

一 新闻线索的来源更加丰富多元

在传统媒体时代，新闻线索多来自会议、活动、跑口信息、通讯员、媒体报道、受众报料、文献资料等。在移动互联网时代，海量信息中所蕴含的新闻线索正在成为媒体从业人员获取线索的主要渠道。互联网空间中的新闻线索具有来源广泛、信息丰富、操作性强、效率高等特点。具体看，网络新闻线索的渠道来源主要有两大类：

第一类是各大门户网站的新闻频道，如新华网、人民网、央视网、光明网、中国网、新浪、网易、腾讯、搜狐等。这些网络新闻门户的信息来源相对权威与可靠，即便不是自采稿件，也一定会标明来源和出处，所以通过这些网站浏览和搜寻新闻线索是比较稳妥的。

第二类是社交媒体渠道，如微博、微信、新闻客户端、头条号、各种论坛社区等。一方面，行政机构、传统媒体、企事业单位等都借助“两微一端”开通账号，及时发布信息。尤其是遇到重大事件、突发事件时，这些机构会优先选择通过社交媒体渠道将信息发布出来，满足公众的知情权。另一方面，在自媒体空间中，人人都是媒体，公众把身边发生的新鲜事随手拍下来发布到微博、朋友圈、头条号、短视频上，这些渠道的线索信息往往时间最快、最靠近现场、最接近核心。

自媒体上海量的新闻线索在空间上大大拓展了媒体从业者的信息半径，但由于网络具有匿名性、虚拟性的特点，其信息也是鱼龙混杂、真假难辨的，需要新闻从业者花费时间精力去查验信息真伪，更加审慎地鉴别和处理互联网新闻线索。记者可以通过电话核实、现场观察等其他传统的采访手段，验证网络新闻线索的真实性。

新闻从业人员如今只要用一台电脑甚至一部手机就可以开展工作，网络上一个热点话题就可以成为线索，做出一组稿件，效率极高。但快餐式生产方式生产的新闻产品内容单薄，缺乏内涵和营养。互联网可以是新闻线索的来源，但内容不能简单地复制，一定要实现网络新闻的“再生产”，采制出有思想的独家内容作品。

二 在虚拟空间里准确定位并找到采访对象

新闻线索明确了之后，要想完成一条新闻报道，首要任务是找到合适的采访对象。对于广播新闻来说，不论你选择的报道题材是录音报道、录音专题还是录音述评，都需要采访对象的音响，否则一篇报道是缺乏有说服力的依据和信息支撑的。

然而，新闻事件五花八门，可能发生在各行各业。记者面对一个崭新的新闻线索往往无从下手，现有的人脉资源中根本无法找到相关的采访对象。这种情况下，记者应考虑利用网络渠道找到突破口。

其一，从官网上寻找采访对象。目前，政府部门、社会组织、企事业单位等一般都有官方网站，用作信息公开和新闻发布的渠道。比如你需要就某地区的新政措施进行采访，你首先想到的是现有通讯录里有没有该地区宣传部门的联系方式，可以通过他们帮忙推荐采访对象，如果这个办法行不通，你不妨登录相关部门的官网查找公开的联络人和联系电话。

与官方网站具有相近功能的联系渠道还包括官方微博、官方微信公众号、官方头条号等，你可以通过这些官方渠道查找具体联系方式，也可以尝试通过私信留言提出采访需求等。

其二，从社交网络中寻找采访对象。在一些社会热点新闻的采访中，采访对象可能是当地百姓、企业员工、在校学生、沿街商户等等，他们的共同特点是不具有唯一性和排他性，不是非要指定谁接受采访才行，只要求采访对象所说的内容是他亲历的、真实可靠的、有代表性的即可。如果需要寻找这种类型的采访对象，社交网络是最好的搜索途径。比如，青海某地突发地震，电台派出记者赶赴灾区，但由于路途遥远，到达现场需要一定的时间。那么编辑部如何在记者抵达之前获得现场信息呢？此时，编辑部可以在内部微信群里广发消息，让全体编辑记者在自己的微信、QQ 联络人中搜索是否有当地联系人可以介绍情况；还可以在微博上输入关键词搜索，看看是否有人已经在现场发出了相关信息或视频；此外，还可以通过电商平台搜索青海当地的网店，通过平台聊天工具来了解当地的情况，及时获取现场信息。

因此，在互联网时代，各类社交媒体工具把不同空间环境中的个体串联在了庞大的自媒体空间中，之所以说庞大，是因为自媒体的形态层出不穷，从社区论坛、贴吧到 QQ、微信、微博、直播、短视频，每个平台都聚集了大量潜在的、直通现场的采访对象。这要求广播记者要充分熟悉新媒体平台的发展，在平时的工作中多研究、多涉猎新媒体工具的使用，一旦遇到急需情况，可以快速切换思路，利用自媒体社交平台找到千里之外的采访对象，顺利高效地完成任务。当然，从网络空间中找到的采访对象并不一定是完全真实可靠的，在必要情况下，还需要用网络信息查询和传统的见面方式进行核实。

一线者说

中央人民广播电台驻浙江站记者张国亮曾经在 2011 年追踪报道过“反淘宝联盟聚集杭州抗议”的热点事件。这次采访的重要采访对象正是张国亮在网络空间中找到的。

当年，淘宝商城改变商品搜索排序规则、大幅提高入驻费用等新措施触动了大量中小卖家的既得利益，许多中小卖家的网店生意从门庭若市突然到了门可罗雀的境地。对于规则的改变，小卖家没有参与和发言的权力。于是，来自全国各地的 200 多名中小卖家赶到当时位于杭州文二西路的淘宝总部进行抗议。记者赶往现场进行采访，但由于现场混乱，很难获得有效的核心信息，但记者了解到，这群中小卖家通过 QQ 群进行联络。随后，记者通过其中一个卖家加入了他们协调行动的 QQ 群，不仅及时掌握了他们的行踪和计划，还找到了反淘宝联盟的核心人物，顺利地进行了采访。

资料来源：张国亮．试论互联网通信工具对广播采访流程的革新［J］．中国广播，2017（3）．

三 借助即时通信工具实现远程采访录音

最理想的广播采访是面对面的交流，因为当面交流不仅有人际交流的情感优势，而且也能够使专业录音设备的收音效果得到充分发挥，从而保证音响的播出品质。但是有些时候，囿于采访对象距离遥远和时效性的原因，广播记者通常会采取电话采访的方式，将录音导入音频工作站，用作采访音响。不过，面对面录音的效果和电话录音的收听效果相差悬殊。那么，在无法面对面采访的情况下，能否有一个比电话录音更好的采访方式？实践发现，微信、钉钉、陌陌、QQ 等一些常用的即时通信工具、社交工具、办公软件等都拥有很强大的语音交流功能，而且声音效果要远胜过电话录音。因此，在必要的情况下可以征得采访对象的同意，采用具有语音功能的通信工具进行远程采访录音。

而且，与面对面采访和电话采访相比，用即时通信工具的语音功能采集音响的做法还有两个优点。一是语音工具有时长限制，比如微信语音的 60 秒时长上限，这会让采访对象下意识地在说话时尽量言简意赅，或者提前想好逻辑顺序。因此，记者拿到的语音段落通常满是“干货”，十分有利于记者在有限的采访时间内拿到重要信息。二是通信工具上的语音文件可以快速从手机导入电脑，方便进行后期编辑，能够有效提高录音报道的制作效率。

一线者说

中央人民广播电台驻浙江站记者张国亮列举了两个采访案例。在这两次采访任务中，他分别使用微信和钉钉进行远程采访，并获得了高品质的声音文件。恰当利用网络工具不仅帮助记者高效率地完成了工作，且收到了远超过电话录音的放音效果。

其一，利用微信语音进行采访。2016 年 4 月 7 日，中央电台新闻节目中心的《新闻和报纸摘要》栏目播出了录音报道《来自杭州的经济观察之三——生态与富民的双赢之路》。这篇稿件需要采访杭州淳安县千岛湖边的一户农庄经营户方朝玺。作为一名“80 后”，他放弃了阿里巴巴二三十万的年薪，回到家乡千岛湖经营农庄，良好的山水环境让他不仅收入比原来多了一倍，而且个人生活品质还更好。这是说明生态带来富民效益的典型例子。由于路途较远、时间紧迫，对此人的采访也不需要长篇专访，笔者决定尝试进行微信语音采访。作为一个经常用微信聊天的年轻人，方朝玺也很乐意采取这种方式。利用语音聊天功能一问一答，笔者非常顺利地完成了采访。

微信语音导入电脑后进行一定的技术处理，其音质大大高于电话采访的音质，甚至可以说在节目播放时能够达到“以假乱真”的效果，具有电话录音所没有的“现场感”。

其二，利用钉钉进行语音采访。2016年2月14日，中央电台新闻节目中心的《新闻和报纸摘要》栏目播出了录音报道《中国城市的经济涅槃——杭州：创新活力之城》。这篇报道其中的一个案例是阿里巴巴集团推出的“中国质造”计划带给国产制鞋业的转型提升。笔者通过淘宝“中国质造”网页找到了远在福建莆田的玩觅鞋业，董事长郭景曾经在耐克公司做了八年工程师，自己创业建立玩觅鞋业，质量很好，但无奈没有品牌号召力。加入阿里巴巴的“中国质造”计划让玩觅鞋业销量大增。笔者发现郭景经常使用阿里巴巴的企业社交软件“钉钉”，于是立即下载钉钉并安装，通过钉钉顺利联系到了郭景并完成了采访，采访音质同样大大高于电话采访。

资料来源：张国亮．试论互联网通信工具对广播采访流程的革新［J］．中国广播，2017（3）.

四 互联网延展了广播新闻的传播渠道

自互联网进入Web2.0时代到如今以移动互联为标志的Web3.0时代，传统广播实际上一直在不断地尝试与互联网进行融合，每一次融合都带来了广播传播疆界的延展。梳理看来，“广播上网”的发展历程主要有以下几个阶段：

（一）广播报道搬上网，点播回听打破线性

在门户网站占互联网主导地位的时期，广播电台纷纷开始自办网站，从央级台到地市台，甚至到区县台，都建起了门户网站。工作人员把当天新闻报道的文字版搬到网上，受众可以在网站上阅读相关报道，合作媒体也可以通过新闻抓取的方式对报道进行转载，扩大传播范围。随着网络带宽的加强，电台网站开始将广播节目的音频文件放上网，或在网上进行同步直播。互联网技术的进步打破了传统广播线性传播的局限，听众既可以同步听，也可以回过头去点播收听、反复收听，这在很大程度上增强了广播内容的传播效果。

但是这个时期，电台门户网站普遍缺乏网站运营的意识和能力，很多时候只是音频内容的照搬照抄，忽视了广播与网络在信息传播特点上的不同。

（二）记者开通微博，提高信息传播效率

新浪微博于2009年8月14日开始内测，早期的微博客以140字的文字更新信息，并实现即时分享。微型化、移动化、碎片化、开放式的传播特点，将信息传播与社交

有机结合，传播者个人可以很快在微博社区中形成言论号召力。微博客的这些传播特质和传播能力给传统媒体带来了强烈的刺激。2010年开始，越来越多的广播电台开始为自己的记者开通“加V”账号，并鼓励记者在采访时既要发送常规报道，也要及时更新微博，通过社交渠道扩大新闻的到达范围、增强媒体本身的影响力。

一线者说

新媒体与传统媒体并不是对立的，它们的作用完全可以互补。广播媒体对一些新闻的报道可能在新媒体上引起关注，使其迅速成为公众议题的一部分，同时巩固广播媒体的公信力。

2011年“醉驾入刑”实施后的第9天，音乐人高晓松因醉酒驾车被刑事拘留。笔者得到线索后迅速赶到北京东城交通支队，发现已有一名电视台记者和一名报社记者率先赶到。基于广播媒介时效强、低成本的传播优势，笔者第一时间与北京交通广播做连线报道。之后，迅速用手机拍了一张高晓松亲笔写下的悔过书，图文并茂地发了一条新浪微博。不到半小时，这条微博被转发5 000多次。全天先后有上海电视台、黑龙江电台、贵州电台等6家各地媒体联系我，通过电话连线报道高晓松醉驾的新闻。

这个案例当中，北京交通广播作为一个地方媒体采访到了新闻的第一落点，借助网络成了其他媒体第二落点的新闻来源，扩大了本媒体的影响力，提高了传播效果。

资料来源：张瑞娟．广播记者如何在新媒体环境下做好突发公共事件报道［G］//席伟航．北京广播发展研究文集（2009—2012）．北京：中国广播电视出版社，2013.

（三）嫁接自媒体平台，利用内容优势扩大影响力

一方面，传统电台频率以传播个体的身份借助“两微一端”开辟传播阵地。比如中央人民广播电台中国之声（FM106.1）在新浪微博平台上开通“加V”账号“@中国之声”，拥有2 000多万粉丝；在微信平台开辟微信公众号“中国之声”，用户既可以通过这个微信公众号收听中国之声的直播或进行点播，还可以阅读编辑部发出的评论文章、综述报道等；中国之声的新闻客户端则集成了听直播、看现场、刷新闻[①]三种功能，是一个全媒体、多感官的移动新闻门户。

另一方面，传统电台积极与网络音频平台合作，在电台的优质内容与网络音频平

① 用户在刷新闻的过程中，还可以点击“听新闻”按钮，收听人工智能语音播报的新闻内容，这充分考虑到用户潜在的阅读需求。

台的流量资源之间寻找结合点。目前，手机用户在“蜻蜓 FM”“荔枝 FM”“喜马拉雅 FM”“考拉 FM”等音频聚合平台上，都可以收听到传统电台的直播或点播收听某档节目。

传统广播具有采编人员灵活、内容资源丰富和内容品质高等显著优势，但是随着新兴互联网媒体的快速发展，传统广播的上述优势很难在缺少传播通道的情况下发挥出来。所以，近些年来，传统广播不断在媒体融合上做文章，试图借力新兴媒体延伸广播的传播触角，在报道内容和形式上进行创新，进而在无限广阔的信息海洋中稳住主流媒体的声音。

五 广播采编与新媒体业务深度复合

新媒体的快速发展带来人们信息接触环境和习惯的变化，广播电台也积极适应这种变化，在与新兴媒体融合的过程中衍生出各类自媒体产品，在社交化、碎片化、智能化的传播平台上塑造传统广播的新形象，扩大主流媒体的传播公信力和影响力。不少广播电台的新闻采编中心在部门设置或岗位职能上做出调整，细分出新媒体团队，专门负责“两微一端”和其他新媒体平台的信息发布。在这种情况下，广播记者除了采写广播稿件、进行广播连线，还要有意识地向微博、微信、短视频等领域进行业务延伸。转型到新媒体业务的广播编辑也不能只会广播稿件编辑和广播节目编排，还要熟悉自媒体语言和传播规律，拿到一条新闻或一个选题后，要清楚如何通过拟定标题、图文配合、观点提炼等，发布一条短小精悍的微博或编辑一篇微信公众号文章。

（一）微博

1. 文本碎片化

碎片化是微博传播最为显著的特点，在以快速阅读为主要特征的新媒体时代，这一特点符合大众的口味。虽然微博目前放开了 140 字的字数限制，但超出的内容会被折叠，传播效果大打折扣。传播者应尽量在 140 字以内表达新闻事实，向受众展示作者提炼的信息传播要点和闪光点。

需要特别注意的是，广播编辑、记者不能将广播稿件直接发布到新媒体上，而务必要改写成符合新媒体语境、语言风格、阅读习惯的短微博发出，时政类内容除外。

2. 表达立体化

微博字数有限，但表达方式多样，可以上传图片、视频、网页链接等。这些不仅丰富了微博的信息量，而且实现了网络传播内容的立体化、可视化表达。从某种意义上说，在微博上发一张好图片给受众带来的冲击力，远比文字本身要大得多。目前，短视频正成为自媒体的传播增长点。因此，广播记者在发微博时，亦可配发一条短小精悍的视频来补充新闻信息。

3. 文风个性化

为避免同质化，微博的文字表达必须体现出自己的传播个性与风格。在此原则下，应准确把握受众的心理，选择具有爆点的话题，运用“简短评论＋个性编辑的新闻事实”这一表现方式，在表达了媒体和传播者的独特观点、给受众看新闻提供另一种视角和思维的同时，使受众在碎片化、浅阅读方式下不用深入思考就能理解被传播信息的本质。同时，微博的语言运用应规避政治性、专业性很强的词语，而应更多地采用流行的网络文体等。

案例 6－1：环球资讯广播关于克隆猴的微博报道

2018 年 1 月 24 日，中国科学院在北京宣布了世界上首个体细胞克隆猴诞生的消息。这条新闻具有很高的新闻价值，且记者在现场拍摄了两只克隆猴的可爱画面，图文俱佳。将之放在微博上，集中体现出第一时间、第一现场的理念，紧扣最新热点，用带有揭秘性的内容满足粉丝的猎奇心理(见图 6－1)。

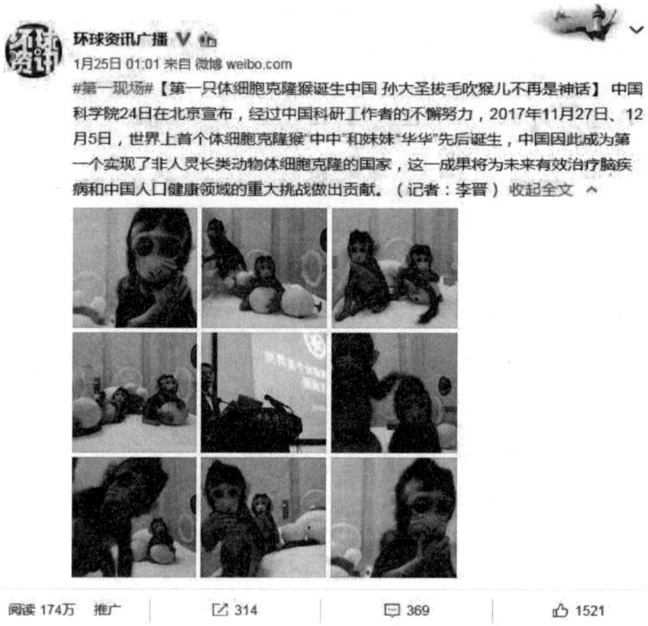

图 6－1　环球资讯广播微博报道体细胞克隆猴的诞生

案例 6－2：环球资讯广播关于美国控枪游行的报道

面对美国控枪这样的大议题，选取什么样的视角进行微博报道更有吸引力？环球资讯广播的记者选择了中学生控枪游行的现场视频，更有议题针对性和画面冲击力。选取重大事件中的小视角、小切口，揭秘重大事件中不一样的现场情景，让粉丝清晰了解到他在一般报道中看不到的镜头和故事(见图 6－2)。

图 6－2　环球资讯广播微博报道美国中学生进行控枪游行的消息

案例 6－3：环球资讯广播在平昌冬奥会的独家报道

2018 年 2 月 20 日，在平昌冬奥会短道速滑女子 3 000 米接力决赛中，中国队被判罚犯规，无缘奖牌。对此，受众最想知道犯规是如何发生的，判罚是否合理。记者第一时间进行了采访报道，编辑编签后通过微博发布报道，体现出很好的时效性和权威性，十分吸引粉丝眼球(见图 6－3)。

图 6-3 环球资讯广播微博第一时间刊发记者专访

（二）微信公众号/客户端

1. 多角度报道新闻

传统报道通常具备完备的新闻要素，强调全面性和权威性。但在新媒体时代，人们可以从不同角度、不同线索去采写报道新闻并通过滚动发布方式及时推送给受众，为受众提供包含最新进展消息、后果影响、各方态度、专家观点等在内的全方位、多角度的报道。

为第一时间报道新闻，当新闻事件发生时，往往不用等待事件的所有要素完备，而以要素缺省的快讯、标题新闻等形式在第一时间发布，后续随着采访推进不断利用客户端信息推送功能，将事件最新消息推送给用户，同时不断对新闻要素和相关信息进行补充、整合。

2. 稿件结构更灵活多样

传统广播报道写作一般是“倒金字塔”体，依照信息的重要程度排列行文。这种结构模式让广播受众形成了“前要后次”的信息接收心理。

而新媒体受众更关注新闻中突出的信息要点和信息总量。为迎合受众这种阅读习惯和心理，客户端新闻应更多尝试横向并列结构：分线索并列地呈现新闻事实，在段前添加小标题或关键词以便受众快速抓住重点信息，或对自己感兴趣的信息进行阅读。

3. 融合手段写稿件

传统广播报道语言简洁明了，只讲事实，没有或少有观点态度的呈现。在新媒体时代，新闻传播除了力争时效，还需要提供有观点、有趣味、可读性强的内容。

此外，要运作多媒体手段，应尝试使用“图片/图表＋文字”“动画＋表情包＋精要文字”“文字＋图片＋音视频＋动画”等形式。

案例 6－4：客户端报道具有权威性和辟谣功能

对海外不实报道的辟谣稿，内容题材独家、标题醒目、文字简练、逻辑清晰，篇幅适合手机阅读(见图 6－4)。

图 6－4　环球资讯客户端发布辟谣报道

案例 6－5：客户端报道的趣味选题与优质标题

开颅手术发生医疗事故，这本身就是一个好的报道选题，能够引起受众的关注。记者或编辑拟的这个标题也很符合网络阅读的特点：简单直接、冲击力强、口语化。

在碎片化的阅读环境中，新媒体报道有一个生动又吸睛的标题，几乎等于成功了一半。有了好标题，但不要忽视好内容，要在真实、客观、严谨、准确、平衡等传统写作标准的基础上，运用融合手段进行网文写作，要避免为了吸睛而成为标题党（见图6-5）。

中国移动 上午10:43 42%

拍案惊奇！肯尼亚医生做开颅手术竟然搞错病人！

2018-03-02 21:03:23 来源:环球资讯

核心事实 据肯尼亚媒体3月2日报道，该国最大医院肯雅塔国家医院最近发生一起重大医疗事故，神经外科大夫为一位被搞错的病人做了开颅手术，相关医护人员已被停职。

肯尼亚最大医院肯雅塔国家医院外景

据肯尼亚最大报纸《民族日报》(Daily Nation)和收视率最高的公民电视台(Citizen Tv)等多家媒体报道，这起重大医疗事故发生在2月25日(星期天)。当天，在肯尼亚最大医院——位于首都内罗毕的肯雅塔国家医院，有两位全身麻醉、没有知觉

图6-5 客户端报道的标题达到了“吸睛”的好效果

案例6-6：客户端报道符合手机阅读习惯

这是一篇兼具猎奇性和揭秘性的稿件。文章篇幅虽长，但描写生动、配有大量图片，并分成数个有小标题的章节，非常适合手机轻阅读。报道的角度和内容的独特性具有热点新闻的特质（见图6-6）。

探秘金三角旅游--昔日毒品基地迈进木棉时代

2016-12-15 11:28:49 来源:环球资讯广播

核心事实 提到金三角，大部分人就会想到毒品、枪战、黑帮等恐怖的字眼，为了摆脱人们心中这种负面的印象，在创立之初金三角经济特区就确立了"旅游立区"的发展战略。

【昔日金三角恶名昭彰】

图说：湄公河水域老、缅、泰三国交界处

"金三角"地处东南亚，是位于泰国、缅甸和老挝三国边境地区的一个三角形地带，当地由于长期种植罂粟，盛产鸦片，曾是臭名昭著的毒品生产基地，也是大宗毒品交易的中转之地。

图 6-6 客户端上趣味性强的好选题更能提升点击率

六 网络手段增强了广播新闻的互动能力

在传统广播时代，广播与听众的互动方式主要依靠听众来信和广播热线电话。时至今日，我们仍然能在一些广播广告节目、互动音乐类节目中听到主持人与听众的热线互动。但整体上看，随着互联网交流平台的应用和普及，广播节目中的互动方式也逐步转由微博、微信等即时通信工具来完成。尤其是在热点资讯类新闻节目中，听众通过节目的微信公众号发表评论和观点，主持人将这些观点拿到节目中进行反馈，这个过程已成为新闻节目必不可少的构成要素。这种变化对于广播主持人、编辑、导播也提出了更高的要求，他们需要在直播过程中灵活处理互动内容，而广播新闻节目也因为传受互动的即时性而变得更灵动、更有收听趣味。

延伸阅读

2020年9月，中共中央办公厅、国务院办公厅印发了《关于加快推进媒体深度融合发展的意见》，强调要深刻认识全媒体时代推进媒体融合工作的重要性紧迫性。安徽广播电视台广播频率强化互联网思维和融合发展理念，在全国率先整体推进广播节目视频化工作。安徽广播电视台副台长张阿林撰文，从安徽广播节目视频化的构想和实践出发，指出广播借助政策、技术迭代、行业变革和市场需要等多重机遇，通过节目的视频化，促进广播传播理念、生产流程、工作模式的转变，进而推动商业运营模式、机制体制的创新和全媒体人才队伍建设。现将该文节选如下：

二、广播节目视频化的革命性意义

节目视频化（主要是面向移动端的视频化）意味着广播必须打破传统媒介壁垒，要对广播的服务性、交互性进行颠覆性改变，对传播理念、生产流程、工作模式、机制体制等进行深度变革，带给广播发展无限的想象空间。

1. 深拓广播传统传播理念

首先是节目视频化改变了广播工作者的专业思路，打破了广播工作的局限，使广播人办台思路更加开阔、表达手段更加多元化；其次是广播的节目视频化改变了听众对广播的认知和接受方式，不仅极大地丰富了平台信息和表达方式、增加了互动的可能性，也解渴了听众用户想知道"谁在说""怎么说"的好奇心，更是优化了接受体验和习惯。

2. 改变广播传统工作模式

节目视频化使广播发展进入崭新阶段，它改变了广播从出生以来就是音频信息传播的"经典"传统形象，广播的概念再也不是仅仅局限于听觉的层面，而是由传统单一的音频思维工作模式转化为"音频＋视频"的"双语言"工作模式（这里我们称之为"新广播"即是具有互联网基因的广播）。它不仅使广播的前后期概念发生了质变，也对广播工作者提出新的技能技术要求。视频化的"装备"成为标配，技术对广播发展的引领体现得更加明显，"新广播"模式脱颖而出！

3. 构建新广播新生态

（1）丰富直播内容。节目视频化可以实现音频播报＋及时新闻＋音频外现场画面镜头（或相关资料镜头、慢直播镜头），表达方式更自由；同时还可以充分利用其他新闻信息、穿插突发新闻、接入听友互动内容等视频，通过屏幕展播更多的信息，增加直播单位时间内的信息量。

（2）提升用户体验。节目视频化通过互联网实现广播播音现场的可视化、内容的可视化、场景的多元化、交互的及时化，不仅增加用户的新体验，尤其能有效吸引年轻人对广播的注意和兴趣，特别是5G技术的应用将会给广播节目的视频化带来意想不到的新境界。

(3) 拓展全域传播。节目视频化通过互联网改变了传统广播的单向、单一的传播局限，达到全域化的广泛传播，使广播从地域性传统媒体成为全域化传播的融合媒体。

(4) 助推广播转型。节目视频化把传统广播从“只能听”的原生态转化为不仅“能听”而且同时“能看”的声画共用的“音频+视频”的“双语言”生态模式，加上广播天生具备的低成本、可移动、伴随便捷化等新媒体特质，从而使传统广播“进化”为一种全新媒体形式，构建广播的新生态系统成为可能。

4. 推进广播机制体制变革

节目视频化将倒逼广播工作机制、管理模式、绩效考核、市场运营等诸多方面的改革。一是推动形成一体化工作机制。广播节目视频化的实施需要以移动互联网为主阵地、以全媒体产品和服务为核心优化传统广播节目的生产传播各环节，重塑传统广播的组织架构，构建集约高效的新型采编制作播发流程，形成集约高效的内容生产体系和传播链条，实现移动端和广电端“两个平台、一支队伍”一体化模式。二是推动构建全媒体绩效考核体系。节目视频化全媒体传播要求改变传统广播的绩效考核方式，构建以移动端首发、优发相关指标为主体的全媒体绩效考核体系，建立与全媒体市场竞争相适应的薪酬体系。三是推动形成市场化运营格局。广播节目视频化通过+产业、+政务、+服务、+商务等来聚合公共资源，将催生广播业务运营的多元化，需要用好项目制、工作室、MCN等各种市场化的内容生产组织和运营方式，在事业体制内实行灵活的市场机制，实现事业产业有机统一、良性互动。

5. 培育新广播专业队伍

广播节目视频化可以面向全平台打造一批“网红化”的明星广播主持人、KOL达人，通过打造优质网生IP，面向新媒体端开展直播+、短视频+等运营业务，推进粉丝经济转化，形成个性化品牌集群，扩大广播影响力。可以打造具有互联网思维、胜任全媒体流程与平台发展要求的内容、运营和技术“三位一体”采编播管复合型人才，培养“一专多能”的全媒体人才队伍，为新广播贡献更多创新成果。

三、广播节目视频化的实践与思考

1. 广播节目视频化实践优势

2020年7月以来，安徽广播电视台各频率按照“统一规划、分步实施、特色推进”的思路，有计划分批次启动广播节目“视频化”工作。安徽新闻综合广播、安徽交通广播、安徽音乐戏曲广播、安徽城市之声作为节目视频化排头兵，率先开始布局。四大频率依据自身特色，分别以“新闻”“民生”“陪伴”“时尚”为宗旨打造各自个性化平台，并互相有机融合，呈现安徽广播多元统一的整体形态。2021年2月，安徽小说评书广播、安徽经济广播、安徽农村广播等将加入节目视频化项目。至此，安徽广播电视台八大广播频率节目视频化项目全线开启。经过半年多的探索，我们认为，广播节目视频化有以下突出的实践优势。

（1）利用“移动＋直播”先天优势，建设有广播基因的视频化直播演播室。广播天生就是移动传播媒体，随着移动互联网和短视频平台的崛起，全民直播时代正悄然来临，无论是在技术上还是受众需求上，广播直播间视频化正成为新时期广播形态的一部分。在现有的广播直播播音间基础上，因地制宜打造具有显著广播基因的视频化直播演播室，是推进广播节目视频化的第一步。

（2）立足各频率细分定位，打造全媒体垂直传播矩阵。广播定位相对垂直，各频率可立足各自定位，细分不同年龄、阶层、地域、行业用户需求，针对用户兴趣点，着力打造细分垂直的视频化节目品牌，与用户产生共鸣。依托自有移动传播平台以及商业新媒体平台，灵活运用“新闻＋资讯＋商业＋视频＋互动”＋“慢直播”等新形式，打造广播序列多元统一的全媒体垂直传播矩阵。

（3）依托广电媒资“金矿”，丰富广播节目视频化内容支撑。广播电视台作为主流媒体多年来积累了海量且拥有版权的历史视音频媒资，如历年重大时政新闻、纪录片、专题片、综艺节目、体育节目、生活服务类节目、电视剧、晚会等等，每天还源源不断生产出新生视音频媒资，这些巨量资源数字化、规范编目、入库后，将是广电媒体赖以生存发展的巨大财富。依托自建媒资管理系统，可有效解决节目视频化所需的大量视频内容及素材来源，为广播节目视频化提供坚实支撑。

（4）发挥电视制播专业优势，培养广播节目视频化人才队伍。广播电视台天然拥有视频内容生产前后期专业装备和技术优势，如电视现场直播、演播室录制、电视节目策采编播等，拥有大批经验丰富的导演、编导、摄像师、主持人、灯光师、化妆师等专业视频节目人才，通过台内设备及人才资源的流动共享与业务融合，可快速打造广播节目视频化所需的专业队伍。

2. 广播节目视频化实践需解决的关键问题

除了上述优势外，在实践中广播节目视频化还面临以下突出难题需要破解：

（1）入驻商业平台发展受掣肘，建设强大自主平台难度大。广播节目视频化首要回答的是自建平台还是入驻商业互联网平台？入驻互联网平台，成本低、见效快，是大多数广电媒体在媒体融合初期采取的办法，但只能遵从互联网平台的游戏规则，无法掌控用户行为数据，变现流量的商业价值，长期来看，必然发展受限。自建平台可以突破互联网平台的制约，掌握核心用户数据和信息传播的自主权，尤其是在即将到来的5G时代，在车联网应用场景下，传统广播通过微波及专用设备移动的收听方式将完全被手机端、车端等各端口的App取代，打造自主可控App平台将具有重大战略意义。自建平台投入巨大、开发成本高、运营维护成本高、对技术运营人才的要求也更高，在商业互联网平台已形成市场垄断的前提下，自建平台要后来居上谈何容易。由于体制机制问题与投入不足，绝大多数广电媒体自建新媒体平台“烧钱”但不挣钱。打造自主强大的视音频移动传播平台是广播节目视频化转型的最大难点。

（2）有限的人力财力要优先力保传统广播存量，开拓节目视频化增量缺口大。近年来受新媒体短视频和音频平台崛起的冲击，广播创收持续下行，疫情的影响更是雪上加霜，收缩业务、降低成本成为广播媒体求生存的必然选择。一方面，频率的影响力尚在，也是创收的主体，要在人财物上确保传统端新闻宣传、内容制作、播出安全、经营创收。建设新媒体平台、开拓新媒体业务、引进版权内容、开展内容审核等需要大量的人力和财力持续投入，依靠自有资金和人员解决十分困难。广播节目视频化转型面临着人才队伍年龄与能力结构性短缺，技术研发、大数据分析、新媒体运营等各类专业人才尤其缺乏。

（3）节目视频化竞争需要灵活的市场机制，传统广播体制机制改革亟须破题。广播作为党媒，首先具有政治属性和公益属性，同时也有产业属性，受各方掣肘较多，尤其在分配激励和选人用人方面的市场化改革需要进一步深化。广播节目视频化转型进入的是开放竞争的新媒体领域，构建合理体现节目视频化指标权重的绩效考核体系，匹配市场化的激励政策和人才引进使用政策，对调动人才的积极性、创造性至关重要，否则，难以适应新媒体快节奏市场竞争。

（4）传统端价值增量难计算，新媒体端商业模式不清晰。提升主流媒体的传播影响力、开拓更多营收渠道是推进广播节目视频化的重要动力。一方面，节目视频化直接带来传统频率在网端的用户增量和广告投放效果的增值，节目的广告价值将大幅提升，需要解决客观公认的网端增量价值衡量问题；还需做好传播平台的合作选择与拓展，解决当下合作平台对特定内容（广告）的制约。另一方面，在网端探索开展的短视频内容定制、账号运营、直播带货、活动直播等各种新增业务，被平台算法左右，对平台流量扶持政策依赖度高，消耗精力大但收益少，且以传统广播公信力为背书，一旦出现纰漏，对媒体自身的伤害会更大，迫切需要寻找到适合节目视频化的理想商业模式。

资料来源：张阿林．视频化：广播打造新型主流媒体的重要方向［J］．中国广播影视，2021（10）．该文获第三十二届中国新闻奖新闻业务研究项目二等奖。

【推荐阅读书目】

1. 邓建国．媒体融合：基础理论与前沿实践［M］. 上海：复旦大学出版社，2017.

2. 吉摩尔．草根媒体［M］. 陈建勋，译. 南京：南京大学出版社，2010.

3. 岳淼，叶铁桥．转合：移动互联网时代媒体访谈录［M］. 北京：人民邮电出版社，2017.

【练习题】

1. 请将《每天训练游 20 公里　无敌大白杨背后的付出不可想象》这条报道，压缩、改写成一条 140 字以内的微博报道。

2. 请以这条报道为由头，并搜集、引用、编辑其他媒体关于游泳运动员孙杨的文字报道、图片、视频等，写作一篇适合刊发于微信公众号上的文章。

每天训练游 20 公里　无敌大白杨背后的付出不可想象

新华社雅加达 8 月 21 日电（记者夏亮、周欣、杨汀）在 21 日晚的亚运会游泳比赛中，孙杨以今年世界第一的好成绩宣告他是男子 400 米自由泳的王者。至此，他已经在本届赛事收获三枚金牌，距离成为自由泳“四金王”只有一步之遥！

本届亚运会，孙杨参加 200 米、400 米、800 米和 1 500 米自由泳四个单项比赛，在前三天中，他先后拿下了 800 米、200 米和 400 米自由泳金牌。尤其在获得期待八年之久的 200 米自由泳金牌后，孙杨已经完成了在亚运会、世锦赛和奥运会自由泳的“金满贯”。

对于孙杨来说，还有另外一项纪录等待他去超越。如果能够称雄 1 500 米自由泳，他将创造在一届亚运会中从 200 米到 1 500 米自由泳的金牌全包揽纪录。

孙杨的 400 米自由泳成绩 3 分 42 秒 92，是今年世界第一好成绩，放在去年世锦赛也足以收获冠军，只是比他当时夺冠的成绩稍微慢了一点。

获胜后的孙杨异常兴奋，双手握拳拍打着水面，并向看台上为他加油打气的粉丝挥手致意。“我对自己的成绩很满意。3 天比了 6 场高强度比赛，身体很疲惫，我还能游出这样的成绩，我要告诉世界，我是最强最好的选手！这是对我和教练的最好回报！赛前，教练希望我能游出世界第一好成绩。我要不断强化自己，用好成绩回报他们。”

孙杨同时为此前打破女子 50 米仰泳世界纪录的刘湘以及在男子 50 米自由泳中获胜的余贺新表示祝贺。作为队长，他说：“我们整个游泳队都拼得非常厉害，周边国家的进步也很快。”

对于孙杨来说，好消息是在 24 日进行男子 1 500 米自由泳决赛之前，他可以睡个好觉，休息一下了。

“魔鬼赛程结束了，我终于可以喘口气休息一下了。”至于是否会参加 4×100 米自由泳接力，孙杨表示服从队里安排。

为了能够在中长距离项目上重回世界之巅，从年初开始，孙杨就在恩师朱志根和外教丹尼斯的指导下，把训练和比赛重点转移到了中长距离上。“1 500 米自由泳，教练告诉我每 500 米要游到 4 分 50 到 55 秒左右。”孙杨表示，自己在训练中状态很好。

距离成为亚运会自由泳“四金王”只差最后一项比赛，光环的背后，孙杨付出了常人难以忍受的艰辛和伤痛。“为了备战东京奥运会，我每天大概游 20 公里，训练对我来说很苦，但我要实现梦想、勇往直前，回报支持我的人。”孙杨说。

电视篇

本篇前五章（即全书第七章至第十一章）将电视传播的镜头性内容进行了拆解，分别从电视语言、镜头运动、声画关系、轴线规律、镜头组接几个角度，告诉学生一个镜头是如何拍出来的，需要掌握什么规律和技巧，镜头与镜头之间又应当本着何种逻辑和节奏进行接续。这五章内容具有电视传播的广义适用性，例如声画关系、轴线规律、镜头组接等内容所讲述的基础操作和业务规范也适用于电视新闻之外的其他电视门类。

本篇第六至八章（即全书第十二章至第十四章）则具体到电视新闻的采、写、编各环节，介绍了电视新闻采制的类型范畴、电视新闻采访和记者出镜的业务技巧以及新闻节目编排的手段和规律。本篇第九章、第十章（即全书第十五章、第十六章）讲述了网络环境中衍生出的网络视频、网络短视频与传统电视传播之间的互动关系，介绍了当今电视媒体借助新技术从事新闻报道的实践范例和业务趋势。

第七章

电视语言的听觉元素

【本章学习要点】

1. 电视新闻中采录同期声的注意事项。
2. 画外音的主要表现形式。
3. 解说词的特点和作用。

电视是诉诸视觉和听觉双通道进行信息传播的媒介。电视语言包括听觉元素和视觉元素两大类，电视新闻信息就是在视听元素的密切配合下进行传播的。本章重点介绍电视语言中的听觉元素。

第一节 同期声

同期声指的是从现实生活中摄录，并随着电视画面同步发出的声音与音响。同期声包括人物的有声语言（记者、事件当事人的有声语言）、人与环境碰撞发出的声响、自然环境发出的声响、现场的有源音乐与音响（比如现场的电视机、收音机等传达出的音乐、音响）等。与新闻节目后期所配的主观音乐、音响相比，同期声是在前期采访现场所拾取的客观声音。电视新闻中的同期声与广播新闻中的现场音响在性质上有相似性。

一 同期声的特点

（一）客观性

客观性是事物不受主观思想影响而独立存在的性质。同期声是新闻事件现场固有的声音，它呈现出事件本身的信息，有助于新闻最大限度地还原现场事件和认知的状态。同期声的这种客观性质有助于电视新闻在内容和形式上保持相对独立的面貌，也能把创作者的思想隐含于同期声的呈现与表现当中。如果能够用好同期声，它不仅能有效传达信息，也能表达创作者的意图。

（二）现场性

同期声是传达现场信息的载体之一，同样是一种形象性的元素，其本身就承载了现场的一部分事实信息。因此，可以说，同期声是现场氛围的重要来源。一个缺乏同期声的现场不是完整意义上的现场。人物述说的同期声能带出很多语言之外的丰富的信息，其语调、语言运用及语速配合人物的表情、手势等，能够充分发挥电视用形象语言叙事的优势，带给观众具体、真实的现场氛围。

（三）写实性

同期声是纪实的要素，由于源于现场本身，同期声能够比较完整地展现现场信息状态或直接呈现现场人物的述说，有助于观众直观、深刻地理解事件性质与特点。

二 同期声的作用

（一）增强真实性和可信度

与新闻播音语言或解说词相比，同期声（现场语言）是新闻现场的主要构成要素之一，是未经过任何加工处理的有声语言，使新闻更加真实可信。

（二）加强参与感和互动性

同期声可以传达新闻人物的气质、性格以及情绪等特点。同时，赋予大众传播双向交流、直接互动的亲切感，减小了大众传媒与受众之间的心理距离，从而使新闻容易被接受。

（三）突出节奏感和层次感

单一的播音语言或解说词使得电视新闻变得枯燥，也容易使观众疲劳。穿插使用同期声，可以改变电视新闻语言的节奏，使新闻更立体、有层次。

我们不妨以获得2016年中国新闻奖电视消息类一等奖的报道《“双11”快递分拣

乱象纷呈》中的几段同期声的使用来理解其特点和作用。

解说词：流水线上的包裹一拨一拨源源不断，一个分拣员一般负责三个区域，只要快件上了流水线，贴不贴易碎标志，是否注明“数码产品”“小心轻放”等提示字样，已经变得不再重要了。这里，一切要的就是效率。

扫描收看

同期声：（分拣员）这些东西都不值钱的，很便宜。

（快递包裹箱被甩到地上）砰！

…………

解说词：记者注意到，有的车间悬挂着标语“丢货等于丢工作，摔货等于摔饭碗”，车间内还布置了许多摄像头。然而，这些并没有任何震慑力。

同期声：（记者）标语不是写着不能扔？

（分拣员）没用，都扔了，谁没在扔，全部都在扔。

…………

解说词：面对这些破损的包裹，一些分拣员总是无法克制自己内心的好奇。这位分拣员很有耐心地将这个包裹一层一层地打开。

同期声：（分拣员 1）哇，开了。我拿一个啊。

（分拣员 2）那个山东大枣那才好。我一路走一路吃，本来写着五斤，我吃了再称一下还有六斤多，那再拿一点吃，哈哈。

这里的三段解说词能够很好地解释画面，与画面内容形成互衬，但是如果没有同期声的存在，报道的表述会流于自说自话。因此，三段同期声在此所达到的目的就是增强报道的真实性和现场感，同时在报道情绪上带给观众一定的触动。整篇报道的说服力也来源于画面、解说词、同期声三位一体的配合。此外，可以看到，这几段同期声的使用十分简练，这一方面有益于电视消息明快的报道节奏，另一方面也突出了作者的报道意图：揭露快递分拣中的种种“乱象”。将分拣员的对话直接呈上，更能突出“乱象”主题，不拖泥带水，给观众以写实感和冲击力。

三 使用同期声的注意事项

（一）现场采录：恰当选择录制同期声的对象和地点

首先，电视新闻选择什么对象来说同期声直接关系到报道的真实程度，记者必须要考虑找谁接受采访才能更权威、更真实、更可信。通常情况下，谁距离新闻事实越近，谁讲话的新闻价值就越高。采录同期声的人物选择应该把握以下要点：介绍事件发生或经过，适宜选择当事人、亲历者、目击者、知情者；对事件发生原因进行分析评价，适宜请参与调查的专业人士介绍；解答专业问题或深度评论，适宜选择专家、学者、管理者等进行表态。

其次，要尽可能让采访对象在现场或接近现场的地方接受采访，录制同期声。一般来说，事件性新闻采访的同期声地点应该选择在事发地点，比如案发现场、灾难现场、发布会现场等；专门问题的访谈要尽可能选择具有标志性的场景或地点，比如介绍重要统计数据可以选在统计部门大门前、数据机房或显示数据图的电脑前；专家访谈的地点，可以选择其所在大学、研究机构的办公室书架前、办公桌前等；成就报道应尽可能选在与成就内容相关的现场，比如颁奖现场、工人正在做工的车间、新产品新发明的展会上等。

最后，采录同期声时要合理控制背景音。在事件性新闻、成就新闻等报道中，同期声里介入一定的背景音会有效增强新闻的现场感和真实性。比如在采访煤炭企业的负责人时，地点选在铲车铲煤、装卸车运装的现场，要好于选在负责人办公室或静止的煤堆前，因为繁忙工作的场面和背景音会使同期声“活”起来、“动”起来。但是，如果车辆工作的声音过于巨大，会降低采访对象同期声的录音质量，也会给观众带来听觉接收的难度和障碍，实则在很大程度上变成一种噪声。所以，记者既要在现场，又要与现场保持合适的距离，或等待合适的时机。

（二）现场提问：记者的提问不能太过笼统

在新闻现场，记者需要陈述事实，并对事件进行一定的问题设置。通过记者提问，引导采访对象说出关键信息，同时，记者的提问不能太过笼统，要简洁明确，这样才能从采访对象那里得到言之有物的同期声。

（三）后期运用：同期声的运用要简洁明了

虽然运用同期声能够有效增强节目的报道效果，但这并不意味着整个节目都要大篇幅运用同期声，并且毫无重点，这样反而会使得报道没有深意，观众也不知所云。因此，在进行新闻报道之前，记者一定要对所要报道的新闻事件进行思考和研读，制订出合理的采访计划，预判需要采用同期声的地方。要紧紧围绕采访主题，对同期声的运用做好取舍，同时要保证简练。

第二节 画外音

如果新闻或影片中发出的声音，其声源不在画面内，即不是由画面中的人或物直接发出的，那么，我们将这些声音统称为“画外音”。解说词、旁白、独白是画外音的主要形式。

一 解说词

解说词是电视语言的主要构成因素之一，是电视节目制作中一种重要的创作手段和表现因素。作为一种听觉元素，解说词与画面、字幕等视觉元素共同配合，形成完整的电视叙事和内容表达。解说词在各种电视类型中都有应用，我们常见的包括：新闻节目解说词、电视专题节目解说词、电视直播节目解说词等。

（一）解说词的特性

1. 非独立性

电视解说并不独立地完成对事件的全面报道，也不独立地塑造电视艺术形象，它必须和电视的其他手段（尤其是画面）配合起来，才能最终完成对事件的报道、对人物形象的整体塑造。

准确地说，电视解说词写作并不是一种写作，而应当是一种处理和安排。电视语言的构成因素很多，包括画面、字幕、解说词、同期声、音乐等，以及各种特效、录音等技术手段。不同的手段分别承担着不同的表述任务，共同构成电视语言的表述系统。所以，解说词与其他创作手段是一种配合协调的关系。

2. 画面依附性

电视解说词的接收对象不是读者，也不是听众，而是观众。观众的视觉注意力主要集中在画面上，所以解说词写作一定要围绕画面进行，必须为“看”而写。以往，不少电视记者的新闻采编模式是先写好解说词，再由播音员按图索骥地配好音，而后记者或编辑根据配音稿编辑画面。有的电视记者甚至先写好解说词，然后根据解说词去拍摄画面。这是一种本末倒置的做法。现在，很多电视台已经转变了理念，一般先拍好画面，再根据新闻内在逻辑和传播规律编辑画面，然后根据画面写解说词并配解说词。这种做法符合电视传播规律，也有助于增强电视新闻的可信度和真实性。

（二）解说词的作用

1. 补充画面背景

新闻节目画面受时空局限，难以交代过去或未来时空，因此，对事件的发生时间、地点、来龙去脉、前因后果的交代，对人物背景信息的介绍，就有待于解说词来完成。

例：《舌尖上的中国》

解说词：王小整今年 58 岁，像他这个年龄的人在当地被称为糯娃，这意味着他们是吃糯稻饭长大的。20 世纪 60 年代，为提高稻谷产量，政府曾经推广过一种高产的籼稻，后来的年青一代就是吃这种籼稻长大的。

2. 介绍信息，完善形象

尤其是在历史文献类、科普类等电视专题或纪录片中，一些史料信息、典故背景、人物形象等是没有影像画面可供展示的。仅有的文献、文本材料很难拍出足够时长的电视画面，很多时候需要依靠动画去补充画面，丰富想象。此时，解说词的配合作用是十分重要的，它可以充实画面所未能展示的信息，解释画面背后的故事，辅助观众对画面的理解。

例：《如果国宝会说话》第2季第2集

画面：依据战国铜壶上嵌错的各类形象而制作的动画影像，切入铜壶的实物镜头。

解说词：春秋战国，一个风起云涌的时代，中国历史上思想飞扬的年代。几百年间，群雄并起，战乱频繁。而这之前的西周，一直处在礼乐高度发达的社会中。壶身静默，却非无声……

3. 整合画面

电视新闻或电视片中的画面具有不连贯性或跳跃性，所以，如果没有解说词的整合或解释，一系列画面组合在一起会呈现散乱、无序的状态。

例：《舌尖上的中国》第2季第7集

画面：深圳繁忙的交通、密集高耸的楼宇、工厂出勤点名、匆忙行走的人群、列队上岗的保安、工人排队打卡、年轻人在拥挤的步行道上行走、厂区上班前的航拍镜头。

解说词：每天早晨七点半，16万人开始聚集，人潮汹涌的一幕在不到3平方公里的厂区，每周5天重复上演。工厂的生产主力是像杨圆圆这样的“90后”，他们刚从学校毕业，长时间重复简单劳动，对每个人都是挑战。

4. 表现细节

解说词可以对画面信息中的逻辑重点给予强调突出，将画面中未曾强调、观众未曾留心的细节放大。

例：纪录片《人生一串》第六集

画面：一条老巷（广角，固定镜头），烧烤店门口招牌（近景，固定镜头）。

解说词：再过一个小时，这条仿佛时空穿越的老巷会比外面更早进入夜晚，谁能想到一家名震哈尔滨的烧烤店就发迹于这条厕所都没有的巷子里。

画面：烧烤架上食材的左侧特写、全景、中景、右侧特写四组镜头。

解说词：食材在炉火上铺开，陆海空俱全，堪称烧烤界的满汉全席。

5. 抒发感情，升华画面

即通过解说词进行专题节目主题的深化、画面内涵的挖掘升华，这在电视专题节目中较为常用。画面以形象、生动见长，可以充分给观众展示具体、逼真的事件过程。解说词凭借文字语言高度的抽象、概括、归纳能力，能够深入事物背后，揭示事物本质和规律。

例：《舌尖上的中国》第 2 季第 7 集

解说词：对美味的渴望源自人类的本能，然而关于美食，每个人又有着不同甚至相反的选择，嗜荤茹素、快食慢餐都有各自的理由。今天，空前丰盛的食物和前所未有的资源困境并存，如果到先辈的智慧中寻找答案，他们或许会这样告诫我们短暂的一生：广厦千间，夜眠仅需六尺；家财万贯，日食不过三餐。

6. 声音转场

画面和内容的衔接、转场的方法较多，解说词是其中的一种。如果前期拍摄中没有考虑到或者漏掉了画面的自然过渡，解说词更是不可或缺的连接手段。

纪录片《舌尖上的中国》每期一个主题，围绕同一主题的拍摄是在全国不同地方展开的。后期剪辑时需要将不同时空下的拍摄素材按逻辑整合起来，共同完成主题的表达。此时，解说词的声音转场功能就有很大的空间。

例：《舌尖上的中国》第 1 季第 7 集

画面：贵州山区农田拉镜头至大远景，切入一片海岸的近景、海上的渔民、静泊的渔船的三组固定镜头。

解说词：大山里的民族在贫瘠的土地创造了美味的食物，这得益于他们面对高山的智慧。但要想在汪洋大海里有所耕耘和收获，却需要具备另外一些超乎寻常的技能。

画面从贵州山区转到 2 000 多公里之外的辽宁獐子岛，依靠的正是这两句解说词的转场功能，及其与画面的配合使用。

二 // 旁白与独白

旁白与独白是电影、电视语言中画外音的表现形式，在以艺术表现为诉求的电影、电视剧中常用，其作用与电视新闻、专题节目、纪录片中的解说词相近。但是旁白与独白更强调艺术氛围的烘托，带有强烈的文学色彩，解说词强调一定的客观性以及与画面的关联性，在电视新闻节目中尤其如此。

（一）旁白

旁白指的是在舞台或者电影、电视画面之外的念白。念白声源一般是剧外的人物或特邀人员。比如2015年电视剧《平凡的世界》由配音演员杨大林进行旁白。该剧开篇是慢速摇镜头下皑皑白雪覆盖的黄土高原，配合杨大林有故事讲述气质的旁白铺陈，烘托出剧情起始的背景和意境。

例：电视剧《平凡的世界》

开篇旁白：那是一九七五年二、三月间，一个平平常常的日子，细蒙蒙的雨丝夹着一星半点的雪花，正纷纷淋淋地向大地飘洒着。时令已快到惊蛰，雪当然再不会存留，往往还没等落地，就已经消失得无踪无影了。黄土高原严寒而漫长的冬天看来就要过去，但那真正温暖的春天还远远地没有到来。

电影、电视剧中的旁白尤其多用于交代背景、揭示人物内心情感，从而帮助观众理解剧情和角色内心。

（二）独白

独白分为语言独白和内心独白。在话剧、电影中常见到某个角色在舞台上进行独白表演，这种是语言独白。比如2015年电影《剩者为王》片末，演员金士杰在镜头前的一段语言独白，表达了其对女儿婚恋的态度和想法。这种独白是在画框内的，不算画外音。作为画外音的独白特指内心独白，声源是剧中人物。画面是剧中人物或周围环境，内心独白用作画外铺陈，共同完成内心情绪的表达。比如韩国电视剧《请回答1988》开篇，德善的一段画外独白：

首尔特别市道峰区双门洞凤凰堂胡同，我在这个胡同出生、长大，没有网络，也没有智能手机的年代。现在想想，那么多的时间我们究竟是如何度过的呢？

第三节 音乐与音效

音乐与音效指的是在电视新闻、纪录片、电影等影视作品中加入的音乐或声音效果，是电视听觉语言中主观声音的一类。本节主要以电视新闻中的音乐与音效为讲述重点。鉴于其主观性，音乐与音效较少使用在严肃的硬消息当中，而更多地为了强化传播效果而用于趣味性短消息或某些专题节目中。

一 音乐在电视新闻节目中的作用

（一）软化声画语言，增强新闻趣味

在趣味短消息或报道节奏较慢的新闻中，如果单纯依靠画面与解说的配合，观众难免会觉得乏味。因此，为了增强报道效果或吸引观众注意力，后期编辑可适当垫入与新闻内容或报道基调相符的音乐、音效，让听众专注观看且充分理解新闻内容。比如中央电视台晚间 22：00 的《国际时讯》栏目有一个小板块“时讯惊奇”，它以报道世界各地的趣味新闻为主，这些新闻大都在后期配上节奏相当的垫乐，使新闻报道软化，让观众更有效地吸收画面和解说中传递的信息。适合垫入音乐音效的新闻题材有很多，比如新奇动物介绍、稀有物种关注、富有情趣的事件、新歌或电影推介、生活窍门资讯、新闻中穿插特色节目预告等。

（二）渲染报道气氛，衬托新闻故事

尤其是在时效性较弱、时长较长，但强调情感传达的新闻报道中，音乐或音效的使用十分重要。比如在震后灾区受灾情况的特写报道中，悲恸低沉的配乐可以烘托新闻情绪、深化报道主题。再如在一个讲述父子亲情的新闻故事中，结尾画面是老人脸部的大特写，老人脸上的皱纹和汗水交代出他的憨厚和朴实。此时，音乐响起，主题得到升华，观众深刻感受到老人的欣慰和幸福。因此，音乐或音效的恰当使用可以帮助创作者更好地讲述新闻故事。

二 电视新闻中使用音乐与音效的注意事项

（一）明确配乐目的，慎重选择音乐

选择的音乐要与新闻表达的主旨和画面内容相符合，使音乐能够准确、明了地表达情感，与新闻的基调与节奏相匹配。比如，2015 年年初，电视媒体在报道青年歌手姚贝娜病逝的新闻时，大都配上了她唱过的歌曲，如《红颜劫》《生命的河》等。这些音乐与新闻人物的身份和新闻故事相吻合，烘托了报道气氛，表达了对逝者的哀思。

（二）音乐的铺陈频率要适度

电视新闻以表现客观事实为主体，音乐只是起到辅助作用，因此在电视新闻中运用音乐音效时要把握好使用的尺度和时机，否则会出现相反的效果。如果为了达到渲染情感的目的而过度铺排音乐，或者选择情绪过于夸张的音乐，可能会分散观众对新

闻的关注度，甚至会让人产生厌烦心理，从而影响新闻内容的有效传达。编辑在选择插入音乐的位置时，应采取合理、适度、分散的原则，不宜长时段集中播放音乐。此外，所选音乐的风格应具有一致性，片段应该是完整的小节，如果一个完整的旋律没结束就戛然而止会让观众感到突兀。

（三）音乐风格宜朴素，切忌喧宾夺主

新闻报道讲求客观真实。音乐与音效应服务于新闻报道的内容，包括不能破坏新闻的真实与客观。音乐的品质要有保证，不能选择那些音质不高或者内容低俗的音乐，最好也不要选择流行音乐，以避免弱化观众对新闻本身的关注，导致喧宾夺主。一般应选择音质清晰、风格朴素的音乐，达到点睛或衬托作用即可，不应超越新闻内容本身的价值。

延伸阅读

B站平台独家播出的《人生一串》是一档以烧烤文化为主题的纪录片。此片颠覆了以往美食纪录片的制作模式和话语表达，用烧烤摊的烟火气不断挑战着观众的味蕾，用乐天派的解说词描述年轻人的“宵夜生活”，带给观众全新的观看体验。有研究者以这部纪录片为例，撰文分析了新媒体纪录片更直接、更大胆、更具情感接近性的解说词写作风格，为从事新派纪录片听觉创作提供借鉴。现将该文节选如下：

充满“烟火气”的解说词

在《人生一串》里，“烟火气”指生活气息、市井气息，是我们每个人经历过的生活的碎片，是自家楼下、巷子入口、大马路边的路边摊，非常熟悉，每夜都烟熏火燎，充盈着人间的气息。要在一部纪录片里营造出这种生活气息，需要策划、拍摄、剪辑等各个环节的共同配合，缺一不可，尤其是《人生一串》的解说词，更让网民直呼“鬼才”“烟火气”十足，有媒体称：“解说词文案就值一个亿！”

1. 直白通俗，不煽情，精准传达讯息

首先，单集片名设定按“点菜”顺序编排。……《人生一串》第一季分成了六集，片名分别是《无肉不欢》《比夜更黑》《来点解药》《牙的抗议》《骨头骨头》《朝圣之地》，是按照肉类、特殊食材、素菜、骨头等进行分集，按照与食客一起“点菜”的顺序编排，打破了传统美食纪录片分集的常规“套路”，更为直接，单从片名就能知道“今天吃什么菜”。对此，总导演陈英杰说：“我们实际上是按照人的不同心理，烧烤给人带来的不同感受来安排的。通常要吃得过瘾会点肉，接着点几样有嚼劲的东西比如脆骨，有的人克制一点喜欢吃素，有的人要表现与众不同，那就再来点脑花、大腰子。”如此，看完六集，相当于吃掉荤素搭配的一整桌烧烤。

其次，文字简练，用词大胆。《人生一串》对食物本身以及味觉的描述非常平实、直接且信息量大，主要表现在：一是将个人的体验直接运用白描展露出来。二是使用长句，给予最丰富的信息量，如同长镜头一般。如描述啃羊蹄：“皮的滋味儿，筋的弹性，烤得焦香，卤得回甜，会让你忘记整个世界，眼里只有一条连骨的大筋，旋转，跳跃，逼着你一口撕扯下来，狠狠咀嚼，再灌下整杯冰啤，‘嗝，舒服’。”

最后，不煽情，不抢食物的戏。解说词不煽情、不累赘，所有的内容都直奔主题，不在人文介绍、地理背景上浪费时间，食材是当之无愧的主角。“给每个人一个交代，撒一点人情味的料，一点就行，不能多，多了就煽情了。”因此，无论是烧烤摊老板的故事还是食客的故事，影片节奏感都掌握得刚刚好，一两句话就够。如吃着凉山小猪肉的小伙子，吃着吃着就想起了家：“我在外面，想家的时候除了想我妈，就是想这个，想吃肉。”陈英杰说：“过去有太多节目卖弄情怀和故事，有点矫枉过正，但美食纪录片首先要让人有食欲，能让人咽口水。”

2. 主观性强，有代入感，多用拟人化手法

《人生一串》的解说词中，频繁使用“你”作主语，将屏幕前的观众置于对话模式，使之跟随行动，促成意动性，具有很强的主观性。也正如此，影片的整体呈现才能营造屏幕前的观众与当事人有感同身受的感觉，并使其产生尝试的念头以及传播的意愿。再者，《人生一串》还常常将“你”具体化，增强某一群体观众的代入感，同时引发其他群体观众的羡慕，如：“如果你是个长春小伙儿，带女孩来吃一次烤土豆，你的成功率会大大提升。”

此外，《人生一串》多用拟人化手法进行叙事，使观众对所表达事物产生强烈的感情、鲜明的印象。

一是深化主题。如第四集《牙的抗议》，片名就是一个拟人化的表达，将“抗议”这个动作赋予了无生物“牙”，随后在正片解说词中，描述吃猪鼻筋：“真正的讲究，就在几秒之间，只有火候刚刚好，烤出一层薄薄的胶质，才能形成‘咯吱咯吱’的牙齿欢呼。”再次将“咯吱咯吱”的语言赋予了“牙”，深化了主题。

二是丰富叙事。有些人物心理的表达、幻想的情节或者较为难处理的情节是不好用常规的表现手法表现的，而拟人化手法的出现可以让这些情景用动画或者夸张的手法表现出来，顺理成章地解释了某些人物或者事情。如描述“啃羊排”：“如果你啃的是羊排，那最好带着些许仇恨，把它想象成生活中的敌人，心无旁骛地撕咬，目不转睛地咀嚼，全力以赴，彻底征服，才不枉对抗中的口水淋漓。”这里将“羊排”比作了“生活中的敌人”，恰到好处地既呈现了人们吃羊排的“快准狠”，也调侃地解释了人们吃相不雅的原因。

三是迎合年轻受众的品味。《人生一串》的受众是以B站用户为首的年轻网民，因此解说词多处出现年轻一代关注的信息点，如描述优质羊肉来源：“吹着小风，畅游天地，吃中草药，喝矿泉水，还跑步健身，这便是宁夏滩羊的幸福生活”，其中“吃中草药”“跑步健身”分别对应了“养生”“健身”这些年轻一代关注的热门话题，对“幸福生活”的描述也符合现代城市人对田园牧歌“诗与远方”的生活的想象。

3. 调侃式解说词搭配说书般的配音

“尽管最好吃的烧烤就在你家楼下，但我们还是走得远了一点，为了寻找更为别致的味道。”对于这句充满调侃意味的解说词，从音色上说，陈英杰慵懒沙哑的嗓音比清澈通透的播音腔更加合适。《人生一串》开初也曾请了一位专业的播音员，但听完觉得“味道”不对。“一是他的声音太干净，二是我们的解说词有很多有味的地方，他读的时候未必能捕捉到那个点。”陈英杰说。这种不合会形成一种疏离感，无法将解说词通过声音更好地传达给观众。“合适”才能让观众感觉到“舒服”，因此陈英杰用他的“小烟嗓”负责了全片的配音。《人生一串》播出后，不少网民在评论中感叹：就像烧烤店老板自己在讲述，听到他的声音就有食欲了。

资料来源：张绮薇，邹蔚苓．从《人生一串》看新媒体纪录片解说词的撰写［J］．声屏世界，2020（12）．

【推荐阅读书目】

1. 姚喜双．新媒体时代广播电视语言研究［M］．北京：语文出版社，2013.
2. 崔文华．电视解说词写作［M］．北京：中国传媒大学出版社，2017.

【思考题】

1. 请举例说明，旁白和独白有什么区别？
2. 任意选择一期央视《新闻调查》节目进行观摩，分析同期声和解说词在报道和叙事中发挥的作用。

第八章

电视的文字语言和镜头运动

【本章学习要点】

1. 了解电视新闻中屏幕文字的类型，使用标版字幕的注意事项。
2. 熟悉固定镜头的优缺点，掌握固定镜头的拍摄要领和注意事项。
3. 熟练掌握推、拉、摇、移、升、降、甩、跟这 8 种运动镜头的拍摄要领，明确移动镜头与摇镜头、推拉镜头之间的区别。

前一章我们介绍了电视的听觉语言，作为视听双通道的媒介，听觉语言必须配合电视画面，才能实现完整叙事。广义而言，电视的视觉语言即电视画面，而电视画面又是由一个个镜头以及画面文字共同构成的。那么，电视镜头是如何拍摄得来的？电视屏幕上的文字又有何作用？本章将重点围绕电视的文字语言和镜头运动进行介绍。

第一节 文字语言

文字语言是指出现在电视屏幕上的文字，包括后期制作的文字，即屏幕文字，以及前期拍摄到的镜头中的文字，即画内文字。

一 屏幕文字

屏幕文字，即字幕，指的是根据新闻内容表达的需要，视频后期制作时叠加在画面上的内容。电视新闻可以在不影响正常播出的同时，借用屏幕文字对正在播出的新闻进行视觉信息的补充，或对其他新闻信息进行简明介绍，以达到拓展电视画面信息容量、辅助观众理解和接受新闻内容等目的。一般说来，电视新闻字幕可分为标题字幕、同期声字幕、标版字幕、滚动字幕，以及为了增强传受互动而设置的综艺字幕等。

（一）标题字幕

即在电视新闻开头几秒钟出现在画面上的新闻标题，让观众一眼便知这条新闻在说什么方面的内容。为了不破坏主画面的完整性，标题字幕通常放置在画面下方，将标题放在字幕条上，且二者应有鲜明的色彩对比性。比如深圳卫视《直播港澳台》的新闻多使用黄色字幕条和黑色标题文字（见图 8-1)，东方卫视《看东方》采用暗红色字幕条和白色标题文字（见图 8-2)，《东方夜新闻》采用灰白色字幕条配暗红色标题文字。在字幕条左侧通常还有一些提示性字幕信息，如新闻节目的日期、此刻时间、新闻发生地点、新闻板块名称等。

图 8-1 深圳卫视《直播港澳台》标题字幕

图 8-2 东方卫视《看东方》标题字幕

（二）同期声字幕

同期声字幕是指将采访对象的同期声附以文字，同步配置在画面下方，目的是辅助观众听清和理解同期声内容。尤其是在采访对象的普通话不够标准流利、存在方言俚语的情况下，标注同期声字幕是非常有必要的。另外，如果采访对象讲的是外语，那么，后期制作时，编辑既要将翻译后录制的声音与原声进行压混，又要添加同期声字幕。

同期声字幕的使用需要注意几点。一是同期声字幕字体最好采用黑体、宋体、楷体等传统字体，字号不宜过大。二是如果采访对象话语不通顺，可以通过同期声字幕进行梳理，使表述变得完整通顺，即便观众没听懂，也可以通过字幕看懂。三是在拍摄采访对象时，电视摄像要考虑到后期播出的画面构图，预先留出配置同期声字幕的空间，而不要将人物特写拍得过于偏画面下方，否则同期声字幕会打在人物脖颈上，甚至脸上，十分难看。

（三）标版字幕

标版字幕，指的是电视新闻画面中以运动画面或静帧画面为底，在画面上衬以底板（透明、半透明、不透明），加上与新闻内容相同、相近或相关的半幅或大半幅字幕。现在越来越多的新闻节目在画面基础上增加标版字幕，常用的有以下两种：

1. 纯文字标版字幕

这种字幕通常全幅覆盖电视画面，与播音语言同步，以眼耳并举的方式强调播音内容。通常用于重要政策、文件、决议等内容的新闻报道。有的电视片需要强调某些语言、语录、作品要点等，也常用文字标版予以突出，加深观众的印象和认知。比如《新闻联播》中常用标版字幕提示重要纲领要求或文件内容（见图 8－3）。在报道《求是》杂志发表习近平总书记重要文章时，电视编辑巧用电子书概念，将文章内容放于其上，制作成更有立体感和实物感的一组文字标版字幕（见图 8－4）。

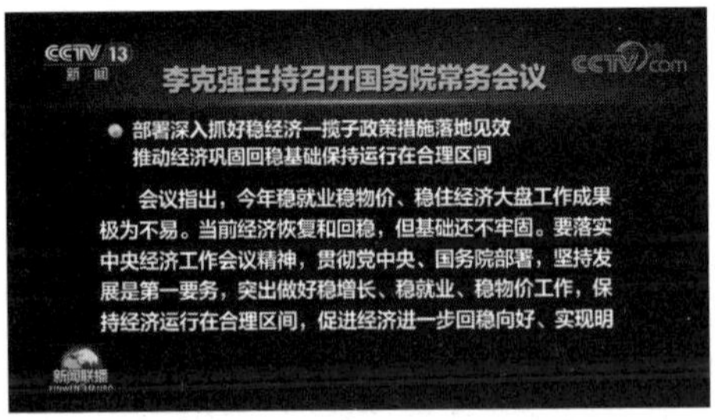

图 8－3 纯文字标版字幕

图 8－4 借用电子书形态制作的标版字幕

2. 简明图示类标版字幕

即在后期制作时用更有直观性的图表、图示等制作字幕，从而对抽象的信息进行形象表达、对繁复的信息进行简明表达。楼市变化、统计数据、民意调查、经济运行等方面的新闻报道常用此类字幕。由图 8－5 可见，在报道展现新时代党和国家事业取得历史性成就时，单用文字配电视画面解说，效果不够明显，改用图示、图表、动画进行展示，增强了直观性和说服力。再如图 8－6 所示，凤凰卫视在报道国家统计局最新发布的数据时，使用了图示标版配合简明文字，让观众配合解说词更直观地了解到 2023 年 1—2 月社会消费企稳回升的态势。台湾一家电视台在报道 2016 年地区领导人选举新闻时，大量使用图示、蓝绿色彩条、选票数字等信息进行标版提示，把这些核心、最新新闻资讯更直观、更有比较性地推送给观众（见图 8－7）。

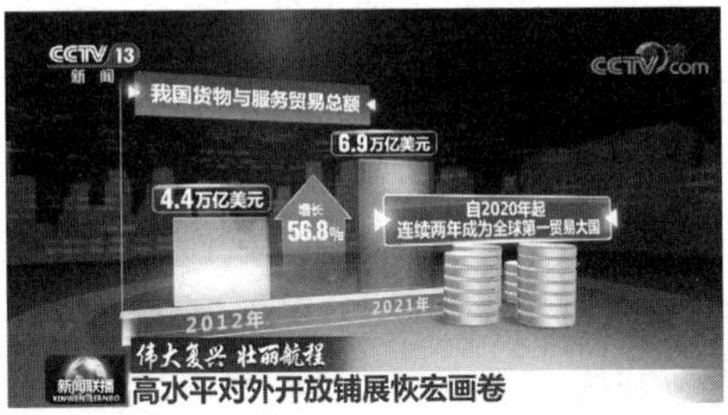

图 8－5 图示、图表、图形常用来做标版字幕

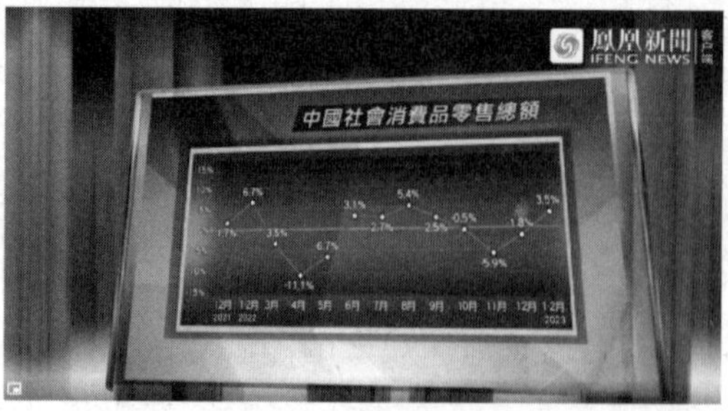

图 8-6 图示标版配合简明文字

图 8-7 台湾某电视台的图示标版（图中条块为彩色）

在标版字幕的使用上要注意以下几点：

其一，处理好图示、图表、文字字幕与底衬画面的空间关系和色调关系。标版为主，底衬为辅，不论底衬画面是动态还是静态，都不能在空间和色调上妨碍标版内容的传达。

其二，底衬画面内容不宜过杂或运动速度较快，必要时可以做半透明处理。图表、图示与文字占荧屏的大小比例及在画面上的排列布局，应注意比例恰当，位置合适，疏密得当，图字醒目，大小相宜。

其三，力求图示、图表、文字字幕与电视报道的画面、人物同期声巧妙搭配，防止滥用图表、字幕，造成电视元素的使用错位。图示、图表、字幕只是辅助的表现手段，不能拿到一份统计数据或会议材料就绘图摘数、通篇滥用。应在充分理解新闻内容、报道主旨的基础上，选择对解说词、同期声有补充配合作用的内容，做成标版字幕，丰富视听体验，增强传播效果。

（四）滚动字幕

滚动字幕指的是屏幕下方滚动的文字字幕，通常只有一两句话。新闻台的滚动字幕内容是新近发生的新闻或最新消息，综合台、生活台等的滚动字幕主要涉及生活资讯、服务信息、节目相关消息等。

滚动字幕新闻讲求短小、快捷，其视觉流动性和即时性可以增强新闻节目的动感和节奏。而且，滚动字幕带有一定的新闻预报性，观众看到简明字幕后，如果对该新闻有兴趣，可静待后续播出。适合进行滚动字幕播报的新闻有以下几类：一是新闻价值趋减但仍有重要性和关注度的信息；二是未派驻记者采访，而选用的新华社或其他媒体消息等；三是本台刚刚获得的最新消息，尚来不及进行详细报道，先在第一时间通过滚动字幕进行预报性报道。

滚动字幕新闻可以有效利用画面空间，扩充新闻容量。但是滚动字幕新闻要与主画面新闻交错播出，以避免造成信息重复、冗余。

(五) 综艺字幕

综艺字幕是指在新闻报道中借用综艺节目的字幕手段，对一些容易让观众产生共鸣的地方添加有幽默感和互动性的字幕，在字体上常用综艺感强的艺术字体，网络流行语也常常被后期编辑用来做综艺字幕。比如 2016 年中国新闻奖电视消息一等奖作品《“双 11” 快递分拣乱象纷呈》中，解说词在介绍不少快递公司暴力扔摔快件的现象时，在新闻画面上插入“全都在扔”“都扔了”“谁没扔?!”等综艺字幕（见图 8－8），用一种幽默的方式达到了反讽效果，也流露着报道的新闻批评意义。

图 8－8　使用醒目的综艺字幕突出报道所反映的问题

但是，并不是所有的新闻类型或新闻节目都适宜采用综艺字幕，比如时政新闻就不宜用综艺字幕，各个电视台的严肃新闻节目都不适合使用综艺字幕。一般而言，综艺字幕多用在社会新闻、民生新闻当中，且所在的新闻节目大都有轻松气质，比如读报类节目、新闻评说类节目等。

二　画内文字

画内文字指的是在拍摄时捕捉在视频中的文字，它可以辅助表达新闻要素，有时甚至是新闻报道的重要对象。比如法制新闻中，将判决书摄入镜头，并通过其上文字交代具体案情；再如国家新闻出版广电总局发布通知要求监管查处违规广告，电视记者从官网找到这份文件，并将之摄入镜头，以此作为由头展开报道。

画内文字与屏幕文字（字幕）最核心的不同在于，前者是客观存在于现实生活，并被如实摄入镜头的，后者是在后期制作过程中用电视制作软件创作和加入的。

以下是日本一家电视台的早间新闻评论节目的几张截图。从图 8－9 中可以看到，主播在介绍新闻时，大量地配合使用新闻提示板，这些提示板上的文字即画内文字。编辑人员将新闻的关键词和核心信息列出来、制作好，并按播出顺序粘贴到背板上（见图 8－10），主播说完一条揭下一张（见图 8－11）。这些画内文字成为帮助观众理解信息的重要辅助手段。需要注意的是，当镜头推到任何一张提示板时，上面的字体字号是比较大的，很好地考虑到中老年观众的视力情况。而且，画内文字、标版字幕等色彩鲜亮、多样，体现早间新闻节目应具备的活力，也具有视觉刺激效果。

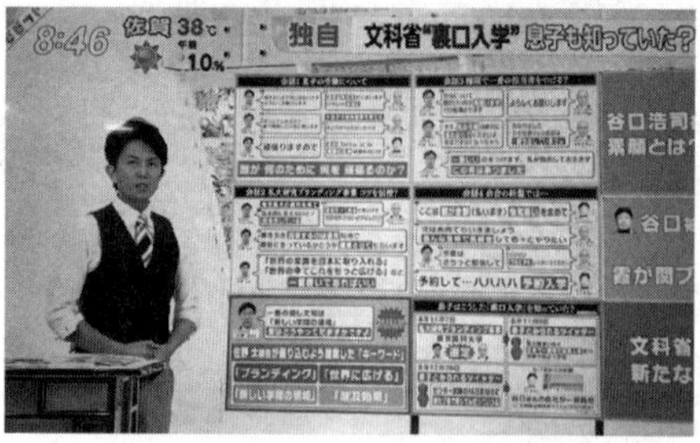

图 8－9　主播在贴纸板一侧介绍新闻

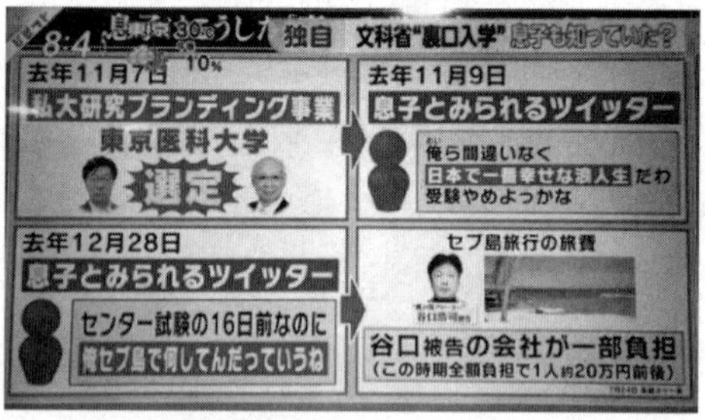

图 8－10　新闻贴纸作为画内文字出现在屏幕上

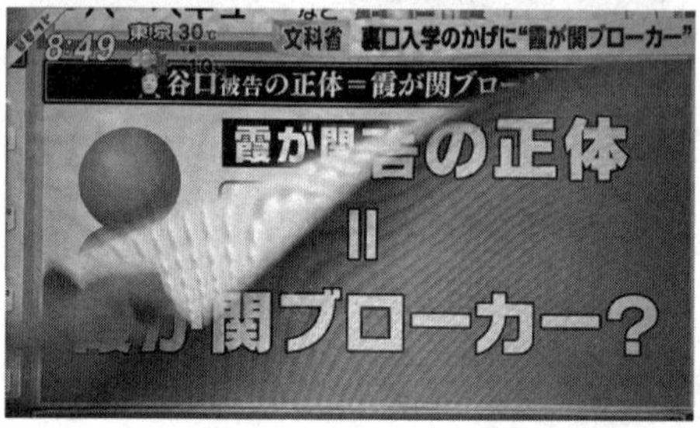

图 8－11　贴纸充分利用了有限的画内空间，主播说完一条揭下一张

第二节 镜头与固定镜头

呈现在电视屏幕上的影像是由一连串镜头语言组合而成的。每个镜头的拍摄要讲求目的，并且有一定的方法，这样才能得到有价值和观赏性的好镜头、好画面。那么，当你拿到一部摄像机之后，你可以如何运动它并得到有效画面呢？接下来两节我们将围绕帧、镜头、固定镜头、运动镜头等几个概念，介绍电视摄像镜头运动的基本形式和拍摄要求。

一 帧

帧（frame）：影像中最小单位的单幅影像画面。一帧就是一幅静止的画面，快速连续地显示帧便形成了运动的假象，连续的帧就形成了动态画面，如电视、电影的图像等。

帧数：在一秒钟时间里传输的静态图片的数量。帧数通常用 fps（frames per second）表示，每秒多少帧，指的就是技术上能达到的对连续时间的分割精度。帧数越高可以得到越流畅、越逼真的动态画面。

比如李安导演2016年的作品《比利·林恩的中场战事》，被定义为世界上第一部用4K、3D、120帧三种技术拍摄、制作和放映的商业电影。其中，4K是一个图像分辨率的概念，指影片每一帧画面的像素为4 096×2 160；120帧是指拍摄和放映都达到每秒120帧。实验表明，只要画面切换的速度大于12帧/秒，人眼就会将上一帧的暂留影像和下一帧画面连起来，形成连续的视觉感受。目前多数电影采用24帧/秒的帧速率。可以理解，120帧技术环境下拍摄的影片，其画面精度和视觉效果都是上佳的。不过，一般来说，鉴于成本和必要性的原因，超高帧数的拍摄技术目前大都应用在电影艺术领域，在电视新闻中较少采用。

镜头：也叫一个镜头，是指从开始录制（start）到停止录制（stop）所拍摄下来的一段连续的画面，或两个剪接点之间的片段。镜头有两个核心特点：一是它是在一段连续时间内生成的；二是它由若干帧构成，持续时间越长，总帧数越高。

二 固定镜头

固定镜头（still shot）指的是在摄像机机位、镜头光轴和焦距都固定不变的情况下拍摄出来的镜头。拍摄对象可以是静态的，也可以是动态的。它的核心是画面所依附的外部画框的相对稳定性。

（一）固定镜头的特点

固定镜头可以带来稳定的视觉感受，观众可在画面上随意浏览，从单一画框中充分获取信息。

固定镜头可以为观众提供客观的视觉参照物。比如在夜晚的天桥上用固定镜头拍摄新闻人物，那么，天桥下飞驰的汽车、闪烁的霓虹灯、天桥上的行人等都是视觉参照物。观众可以依次判断新闻对象的活动范围、与周围事物的距离、运动速度等。

固定镜头可塑性强，容易带来视觉节奏。固定镜头可容纳较丰富的环境信息，新闻对象也可以在静止画框中充分运动，所以，固定镜头可以压缩叙事时间，带给观众较简洁明快的视觉感受。

（二）固定画面的功能

固定画面能够展现细节，对静态的人物有突出的表现作用。它有利于展现拍摄对象的面部特征、情绪变化、动作特点等具体细节，并以此展示人物内心和情感变化等。

固定画面有利于表现静态环境。尤其是广角端的固定镜头能够清晰地展现环境特征，比如秋收时节辽阔金黄的麦田上，收割机繁忙工作的场景。固定镜头还可以交代人物与环境的关系，比如在固定镜头下，拍摄对象低头沉闷地走在霓虹闪烁的热闹街头，二者形成鲜明的情绪对比。

固定画面较为客观地记录和反映拍摄对象的运动速度与节奏变化。比如画框内环境是狂风大作之下疾飞的树叶、杂物等，拍摄对象则推着自行车费力缓慢地行进，二者的速度在固定镜头中形成鲜明对比。

固定画面能够简洁明快地交代位置。在新闻报道或其他电视片的片头，以及转场过程中，固定画面交代位置的功能是十分强大的。比如将大熊猫吃竹子、剧场变脸表演、夜幕下吃火锅的食客三组固定镜头连在一起，你马上会想到四川。

表 8－1 展示的是央视《新闻调查》2018 年 7 月 28 日节目片头 13 秒的画面，总共由 4 组固定镜头构成，分别是大周村村头小路、村头路牌、发生命案的院子全景、院子中的房门。4 组固定镜头组接在一起，白描一般很简洁地交代出事件发生的地点，并与解说词形成呼应：20 年前的那场命案就发生在这里，受害者的家在外观上保持了原来的样子。固定镜头的衔接可以在新闻叙事中实现快速交代位置、场景的目的。

表 8－1　固定镜头交代环境和地理位置

序号	1	2
画面		
说明	固定镜头 4 秒，风吹树摇的环境音。	固定镜头 3 秒，最后一秒出解说词。
序号	3	4
画面		
说明	固定镜头 4 秒。	固定镜头 2 秒。
解说词	20 年前的那场命案就发生在这里……一切保持了原来的样子。	

（三）固定镜头在表现上的局限

其一，难以产生较大的构图变化，视点单一，长时间注目会带来一定的乏味感。尤其是在电视新闻中，如果只有采访对象在固定镜头中讲话，而没有过渡画面，观众会感到视觉枯燥。

其二，对运动轨迹和运动范围较大的拍摄对象难以很好地表现。如果是广角端的固定镜头，虽然它能记录拍摄对象的运动，但却很难呈现细节；如果是长焦端的固定镜头，画框视域又过于窄小，难以交代对象的运动过程。

其三，难以表现复杂、曲折的环境和空间。如果想完整地展现现场空间、环境，单靠固定镜头是不足够的，往往需要配合运动镜头来叙述。

表 8-2 展示的是记者在就火灾事故进行连线的过程中，拍摄并由导播给出的一个固定镜头，持续时长为 3 秒。

表 8-2　固定镜头的表现局限

序号	1	2
画面		
说明	画面 1：焦点落在消防水管接口处，但固定画面容量有限，观众一时间难以判断这个前景是什么内容。这个画面的拍摄意图不明确。 画面 2：在同一个固定镜头内手动调焦，焦点落到远端。	
记者画外音	这个降温作业主要是为了保证厂区的安全，防止死灰复燃，防止进一步的消防隐患。	

可以看出这是在长焦端拍取的一个画面，画框容量比较小，拍摄对象也就是画面前景的物体没有得到完整的展示，所以观众十分费解这是什么、这个镜头要拍的是什么，只有在听到记者说此处正在进行降温作业后，观众才能大概猜到这是消防车上的喷水管。可能摄像记者此时也发现了问题，但他没有选择将镜头拉回广角扩大视域范围，而是手动调焦将焦点落在远处设备上，固定镜头又持续 3 秒。可能摄像记者希望表达的是，消防作业正在给这些化工设备降温。但是他没有周全地考虑到固定镜头在长焦情况下视域范围小的弱点，导致这个喷水管在画面中的存在十分尴尬，且并没有达到让观众理解他的拍摄意图的目的。

（四）拍摄固定镜头的注意事项

选择恰当的拍摄环境。包括机位的架设、拍摄角度、拍摄高度、拍摄方向，以及焦距（景别）的确定。因为固定镜头明确以后，所有上述元素都不再随意更改，所以要根据拍摄需要提前做好构想和安排。

注意捕捉动态因素，增强画面内部活力。如果缺少画面内部的运动，那么单一的固定镜头就与平面摄影相近了，很容易让观众产生看照片的感觉。因此在拍摄固定画面时，应尽可能利用画面中的动态因素使静态画面活跃起来。

要注意纵深空间的调度和表现。固定画面如果不注意前景、后景及立体、陪体等的选择和安排，不注意纵轴方向上的人物或物体的高度，那么就容易出现画面缺乏主体感、空间感的问题，有一种拍摄对象被“贴”在背景上的感觉。

这要求我们有目的、有意识地提炼纵深方向上的线、形、色等造型元素，并注意利用光、影的变化形成带有纵深感的光效。比如当采访对象不得不紧贴墙壁接受采访时，如果条件许可，可以加用一盏新闻灯，将光从斜侧方打向采访对象，使其投在墙壁上的身影和墙壁上的光影变化形成画面的纵深感和空间感，避免出现被采访者仿佛被“贴”在白色墙壁上的难看画面。

图 8－12 和图 8－13 是一件学生作业作品的截图。两位同学聊火锅美食、与饭店厨师聊天，这两组画面都是用固定镜头拍摄的。但是我们完全看不清这两位同学和大厨的长相，而且他们的肤色都“很黑”，问题出在哪儿？问题在于负责摄像或编导的同学给两位出镜的同学安排错了位置，他们坐在窗边，摄像不得已只能逆光拍摄，所以镜头里的每个人都“变黑”了。正确做法是，两位出镜同学坐到对面去，让窗外的自然光从 45 度方向打到他们的脸上，既补了光，又有面部立体感。

图 8－12　拍摄对象靠窗而坐

图 8－13　所有人都处在逆光拍摄环境中

在进行新闻人物专访时，需要摄像团队的其中一个机位对准采访对象进行长时间的固定镜头拍摄。拍摄背景的选择直接关系到采访环境的交代以及观众的视觉感受，因此，恰当选择拍摄背景，尽可能在画面中创造纵深层次，是电视摄像师进入采访现场后需要立即思考的问题。《面对面》节目的以下四组采访在拍摄背景的选择上是有优劣之分的，你认为哪个背景好，哪个不好？为什么？

采访国旗护卫队战士的拍摄背景（见图 8－14）是四组当中最好的，它选在了天安门城楼与故宫午门相接的那块小广场上，直接呼应了采访对象的工作地点。故宫墙体的朱红色、草坪的嫩绿、战士军装的深绿色由远而近过渡到观众眼里，视觉层次感很好。

采访全国政协委员、香港立法会议员霍震霆的拍摄背景（见图 8－15）也比较好。这次采访的时间点是香港回归祖国 20 周年前夕，节目组请霍震霆谈谈他对香港体育事业发展的见证和感受。因此，将拍摄背景选在书房或者办公室的一个深咖色书架前，更平实客观，也深沉稳重，采访对象作为中国香港体育协会暨奥林匹克委员会会长娓娓道来他所熟悉的工作领域。书架上放着其父亲——为我国体育事业做出重要贡献的霍英东先生的相片，一种责任传承关系也因此从画面的前景和背景之间交代出来。

图 8－14　拍摄背景有视觉层次感，与采访对象工作环境契合

图 8－15　拍摄背景的选择符合人物特点，前景与背景有呼应关系

采访姚明的拍摄背景（见图 8－16）则不是一个上佳选择，也可能是在迫不得已的情况下做出的选择。因为姚明的背后就只有一排棕色挡板，姚明和挡板之间没有任何层次过渡，画面因此流于平面和呆板。如果可能的话，可以搬一盆绿植、盆景等放到姚明的背后靠近挡板处，制造一些过渡色彩或垂直线条，打破画面的平面感。

采访江梦南父母的拍摄背景（见图 8－17）就更不好了，这位母亲视线前方的新闻灯一亮，她的额头、鼻尖、下巴都显得油亮且不美观，其背后的落地窗本来就很亮，因为补光的作用就显得煞白，甚至亮得有点刺眼。这时，采访对象的轮廓就像一张经过 PS 的抠图“贴”在了背景上，很不自然。

图 8－16　拍摄背景过于朴素，没有立体感

图 8－17　背景反光严重，视觉体验差

第三节 运动镜头

运动镜头（movie shot）指的是摄像机机位、镜头光轴和焦距三者当中，有任意

一者发生变化时所拍摄的片段。通过三者的变化，形成镜头视点、场景空间、画面构图、表现对象的变化，进而增强画面动感，扩大镜头视野，赋予画面相应的感情色彩。

一 运动镜头的常见形式

（一）推镜头（推、推摄）

推镜头是指镜头与被摄主体逐渐靠近，画面容量逐渐缩小，画面内的景别渐大，使观众的视线从宏观或整体变为细节或局部。推镜头可以引导观众感受对象的内心活动，加强情绪气氛的烘托。推镜头一般有两种拍摄方法：

第一种，在对象位置不变、焦距不变的情况下，摄像师沿直线走向前，使画面景别变大。这是通过改变物距而实现的推镜头。

第二种，在对象位置不变、摄像师位置不变的情况下，将摄像机的焦距从广角端推向长焦端，从而使景别变大。这是通过改变焦距而实现的推镜头。

电视新闻采访中常用推镜头，用来突出拍摄主体，或通过特写采访对象的面部表情、面部特征来表达某种情绪、交代新闻主题等。

在一部讲述江西工人运动先驱陈赞贤的新闻短片中，陈赞贤的纪念雕像是重要的拍摄素材。此处摄像师将景别从雕像的小全景推到中景再推到中近景（见表8-3），配合解说词的叙述，突出陈赞贤的人物形象，让观众由远而近感受先驱者的光辉品格。

表8-3　　推镜头的画面特点

序号	1	2	3
画面			
说明	推镜头之下景别越来越大，人物形象越来越突出。		

（二）拉镜头（拉、拉摄）

拉镜头，指的是镜头与被摄主体逐渐远离，画面外框逐渐放大，画面内的景别渐小。在电视新闻中，拉镜头常用来将拍摄对象的细节拉向外围，用来交代周围环境或形成空镜头。有两种方法实现拉镜头：

第一种，摄像机机位移动，沿直线远离主体。

第二种，机位不动，将焦距从长焦端拉回广角端。

表 8－4 是全国“两会”会场的一组镜头，是用摇臂摄像机拍摄的。镜头起始的视觉重心落在一位少数民族代表的特色礼帽上，然后逐渐将镜头向画面偏左方向拉出来，少数民族代表在画面中占据的景别越来越小，周围参会者以及会场环境的画面越来越大。即，镜头从特色礼帽的细节拉到会场局部的小全景，画面容量越来越大，观众的视觉丰富性渐强。

表 8－4　　拉镜头的表现效果

序号	1	2	3
画面			
说明	拉镜头之下画面摄取范围越来越大，局部对象的景别越来越小。		
序号	4	5	
画面			
说明			

（三）摇镜头（摇、摇摄）

摇镜头指的是在拍摄一个镜头的过程中，摄像机机位不变，机身在上、下、左、右等方向进行均匀摇动。摇镜头通过改变镜头的视轴方向，在 0～360 度范围内拍摄一个完整镜头，可在短时间内交代更大空间中的环境和拍摄对象。摇镜头在各类运动摄影中应用最广泛，出现次数最频繁，与其他运动形式交融最为密切。

1. 使用摇镜头的目的

使用摇镜头，主要是为了实现以下效果：巡视环境，展示规模；逐渐扩展事物，使观众获得更广阔的视野；制造悬念，加强期待效果，烘托情绪与气氛。

表 8－5 所展示的这个摇镜头从记者会记者区域的中后场摇到中前场，继续从前场摇向主席台，摇出主席台全貌并停止，将画面落幅于此。整个过程持续 10 秒左右，清晰展示了记者会的整体环境和大致规模。摇镜头的目的不在于展示细节，而强调对全局、全貌、全体的交代。

表 8－5　　摇镜头具有巡视环境、展示规模的作用

序号	1	2
画面		
说明	起幅并开始右摇。	右摇，展示记者会记者区域面貌。
序号	3	4
画面		
说明	右摇，从记者区域摇到主席台区域。	继续摇出主席台全貌，落幅。

2. 摇镜头的分类

按摇的方向可以将摇镜头分为水平摇（横摇）、垂直摇（纵摇）、斜摇。横摇一般又可分为左摇（机身向左摇）和右摇（机身向右摇），纵摇又可分为仰摇（机身从下往上摇）和俯摇（机身从上往下摇）。

按摇的角度可以将摇镜头分为扇形摇（在小于 180 度的范围内摇）、半圆形摇（摇的范围约为 180 度）、圆形摇（摇的范围约为 360 度）。

按摇的速度可以将摇镜头分为慢摇（常速摇）、中速摇、快摇、间歇摇。

表 8－6 展示的是一组仰摇拍出的画面，它很好地展示了纵向的视觉环境。

表 8－6　　仰摇展示纵向环境

序号	1	2
画面		
说明	起幅，俯拍天安门广场大花篮并向上仰摇镜头。	摇到广场上列队整齐的群众全景。

续前表

序号	3	4
画面		
说明	继续仰摇到人民英雄纪念碑，纪念碑、群众、花篮同在一个画面。	进一步仰摇并落幅，交代仪式的全景，画面干净、要素齐全。

3. 拍摄摇镜头的注意事项

（1）一定要有明确的目的，知道为什么需要摇、要摇出哪些对象或物体、要实现什么意图。

（2）摇的速度要有情绪依据。电视新闻摄像中一般采用常速摇，这种速度比较中性，无特殊情绪，符合观众的视觉规律。慢摇和快摇通常用在影视剧、电影中，慢摇用来铺垫情绪和氛围，快摇用以表达急切、慌张等心理情绪。

（3）选择恰当的焦距。在一个完整的摇镜头中，焦距和景别是固定的，不能边摇边变换焦距。因此，要根据拍摄需求，设计好拍摄焦距，确保拍摄对象的景别大小合适。

（4）在技术质量上做到平、匀、稳、准。

表 8-7 所展示的这一组摇镜头是想展示一下桌上一盘盘的火锅食材。可以看出，摄像同学是站在画面下方桌子一侧进行拍摄的，且并没有变换焦距，所以远端的食材景别较小，桌子中间的红油锅底一直在镜头里，很不美观。而且，因为摄像机举得不够稳，所以摇镜头一直有晃动痕迹。

表 8-7　　摇镜头使用不当举例

序号	1	2	3
画面			
说明	学生作业中使用摇镜头展示桌上的菜品。		

实际上，此处完全不需要使用摇镜头来展示桌上食材。摇镜头使得画面显得杂乱不简洁，且减缓了片子的节奏。使用固定镜头对每盘菜品单独拍摄，在后期剪辑时将固定画面连续剪辑是更好的选择，画面会因此显得简洁明快。而且，拍摄高度也要适当放低，从斜上45度甚至更低的位置拍摄，如果摄像设备有条件，可以调大光圈拍出小景深，以此显现食材的新鲜、美观、诱人等特点，达到拍摄目的。

（四）甩镜头（甩、甩摇、急摇）

甩镜头是一种特殊的摇镜头，指的是摄像机机位不变的情况下，机身做出的快速摇转，用来表示视点的迅速转换和内容的突然过渡。当镜头前的一个画面需要快速换到另一个画面时，需要用到甩。尤其在转瞬即逝的新闻镜头中，甩镜头可以记录真实发生的瞬间。比如镜头正在记录示威人群的呼喊声，突然摄像机后方传来一声枪响，此时，电视摄像师需要将镜头从人群甩向枪声处，记录最鲜活的新闻现场。甩镜头前后相接的两个镜头是发生在同一空间中的，且后一个镜头一般具有突发性、不可预测性，需要摄像师快速做出反应，快速甩动机身去捕捉。正因如此，甩镜头的落幅画面很难停稳，略有晃动是正常的。

（五）移镜头（移动镜头、移动摄像）

移镜头指的是将摄像机架在活动物体上并随之运动，用这种方法拍出的镜头称为移动镜头。移镜头最突出的特点是摄像机机位发生了变化。

1. *移动摄像常用的活动物体*

（1）移动轨道：铺设在地面上供移动车滑行的轨道。摄像师站在移动车上操作摄像机，可以在较大范围内平稳地完成移动拍摄（见图8-18）。

图8-18　使用移动轨道进行移动摄影

（2）摇臂：在电视摄像，尤其是拍摄影视剧、电影、广告作品时常用的一种大型器材，在场地环境较大的会议、演出中也常用，在常规新闻采访中很少使用。摇臂可以辅助摄像机驾驭宏大场面，使镜头到达更多位置。图 8 - 19 中架在三脚架上的摄像机机位无法实现移动拍摄，而架在摇臂上的摄像机不仅能够完成摇镜头拍摄，还可以在镜头方向不变的情况下，在一定范围内进行移镜头拍摄。

图 8 - 19　大摇臂可以帮助摄像师在一定空间内完成移动拍摄

（3）斯坦尼康（摄像机稳定器）：是一种轻便的摄像机机座，可以穿戴、手持。摄像师将摄像机或单反相机放置其上，并在行进中进行移动拍摄（见图 8 - 20）。斯坦尼康可以通过伸缩钢丝来保持运动平衡，并控制摄像机机身的升降、转动，更像是一个随身操作的小型摇臂。较之肩扛摄像机在运动中进行的拍摄，斯坦尼康可以带来更好的减震效果，得到更稳定的画面。但是，电视新闻摄像对于真实性和现场感的要求要胜过艺术美感，所以，现场新闻摄像较少使用斯坦尼康。斯坦尼康在时效性较弱的人物专访、体育赛事、纪录片中多有使用。

图 8 - 20　摄像机稳定器

（4）手持稳定器：是一种更为轻便、更适用于单反相机摄像功能的机座，既有单手手持型，也有双手手持型；既有适用于专业单反相机的，也有可放置手机等小型设备的。而且，随着技术环境的发展和成熟，不少厂家开始选用航空级铝材、碳纤维、不锈钢等高品质材料，使稳定器变得更轻、更耐用。

湖南卫视的综艺节目《奇妙的朋友》使用了单手稳定器（飞宇 FY-G4）作为补充机位进行拍摄（见图 8 - 21），它可以为后期剪辑提供更多细节、更多角度的补充镜头。

BeSteady One 是一款更专业的针对单反相机设计的稳定器（见图 8 - 22），其专用软件可以帮助使用者更灵活地操控相机。不管是哪种稳定器，其核心作用都是延伸操作者的接触空间，在尽量少影响拍摄对象的情况下，得到更平稳、更贴近、更高质量的画面。

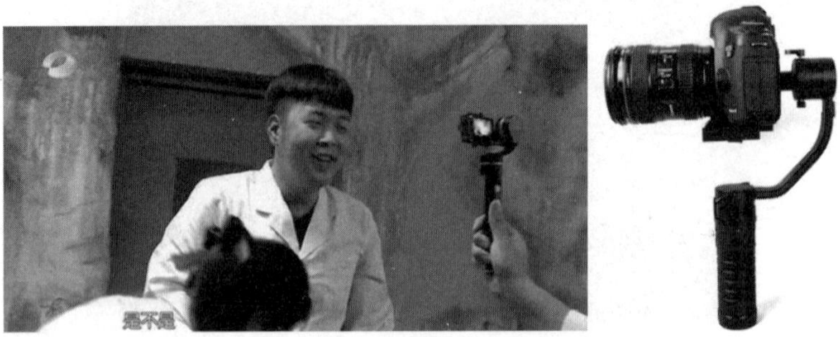

图 8 - 21　综艺节目中使用单手稳定器进行移动拍摄

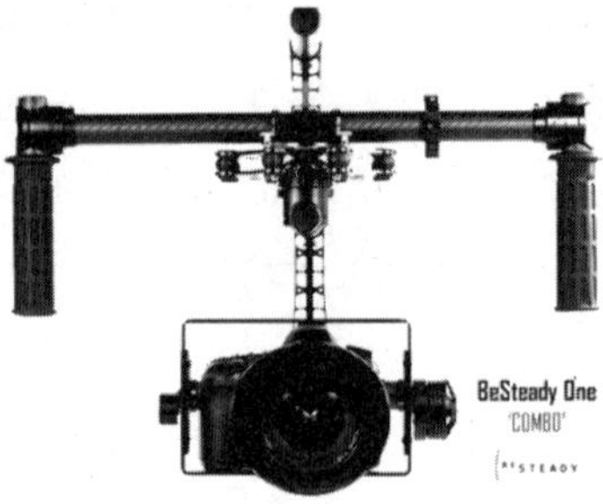

图 8 - 22　BeSteady One 手持陀螺仪稳定器

2. 移镜头的特征

画面框架始终处于运动之中，画面内物体呈现位置不断移动的状态，画面背景不断变化使镜头表现出一种流动感。

摄像机的运动带动视点的连续变化，移动镜头表现的画面空间是完整而连贯的。

3. 移镜头的拍摄要求

力求画面平稳，注意摄像机的水平。

尽量利用广角镜头拍摄。

随时注意调整焦点，以保证被摄主体始终在景深范围之中。

4. 移镜头与推镜头、摇镜头的区别

有人容易将移镜头与推镜头、摇镜头在性质上混淆，尤其是难以分清前移镜头与推镜头、横移镜头与横摇镜头之间的区别。我们不妨列出下表（见表 8 - 8、表 8 - 9），来理解几类镜头有何分别。

（1）前移镜头与推镜头的区别。

表 8-8　　前移镜头与推镜头的区别

区分点	前移镜头	推镜头
机身是否变化	是	否
摄像机与被摄主体的距离	变化	不变
焦点	变化	不变
前景变化感	明显	不明显
远近感	明显	不明显
立体空间感	明显	不明显
是否有新的被摄主体	是	否

（2）横移镜头与横摇镜头的区别。

表 8-9　　横移镜头与横摇镜头的区别

区分点	横移镜头	横摇镜头
视点	移动	固定
摄像机动作	水平方向移动	水平旋转
跟随被摄主体移动	灵活	有限度
被摄主体的焦点	如同时移动则不变	容易变动，需要修正
前景的变化	极大	有一点
移动载体	需要	不需要

表 8-10 是全国“两会”报道中一个从左向右的横移镜头。其最大的特点是，镜头横移产生视点的变化，观众跟随变化的视点，一列接一列地巡看参会人员及其与会状态。画框内主体的变化很大，且有近大远小的纵深感。摄像机机位（视点）是随着被摄主体逐渐向右移动的，但镜头本身并不向右旋转。

表 8-10　　会议环境中拍摄的横移镜头

序号	1	2	3
画面			
序号	4	5	
画面			

如果改用横摇镜头拍摄，摄像师站位（视点）固定，只是镜头本身向右旋转。横摇可以交代一定范围内的全景，但是做不到横移带来的逐列巡看效果，缺少一些纵深的表现力。

概而言之，移动镜头指的是将摄像机放置在移动载体上进行运动中拍摄，前文也列举了若干种移动载体的形式。但是，值得注意的是，作为摄像机的使用者，摄像师的身体本身就是一个移动载体。因此，摄像师肩扛摄像机或手持摄像机，在身体行进中进行的拍摄也是移动镜头，通常我们将这类移动镜头单独区分出来，称之为跟镜头。

（六）跟镜头（跟、跟摄、跟拍）

跟镜头指的是摄像机镜头始终跟随被摄主体进行拍摄，使运动的被摄主体始终被保留在画面之内，且主体在画面中的位置基本保持不变。跟镜头可被理解为移动拍摄的一种，可综合运用推、拉、摇、移、升降、旋转、变焦等多种手段。跟镜头的特点表现为：

第一，摄像机跟随被摄主体一起运动，画面富有动感和节奏，视野范围较广。

第二，摄影机的运动速度与被摄主体的运动速度保持一致。

第三，被摄主体在画框中的景别基本不变。

在表 8－11 所展示的画面中，摄像师随着两位拍摄对象的走动进行跟镜头拍摄。可以看到，景别上是具有一致性的：摄像师走在他们身后时是腰部以上的中近景，隔着一张桌子跟拍他们的正面活动时则都是膝盖以上的中景。行进中的跟拍经常会拍出长镜头，在一段连续时间内记录拍摄对象的行动、对话，并在较大的空间范围内展示拍摄对象所处的环境。

表 8－11　《鲁豫有约》节目中的一组跟镜头

序号	1	2
画面	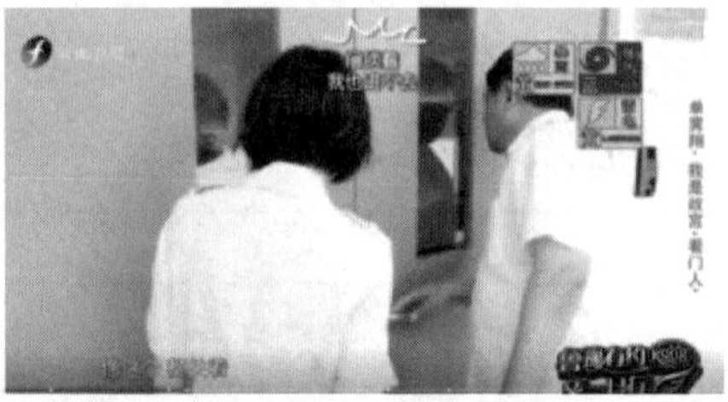	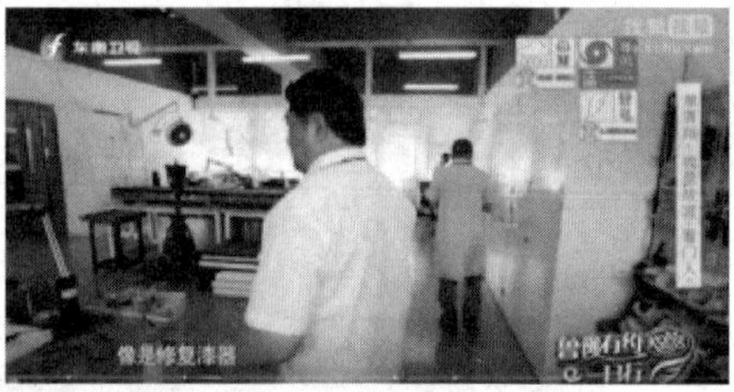
说明	两位拍摄对象在门外。	镜头随着单霁翔走进室内。
序号	3	4
画面	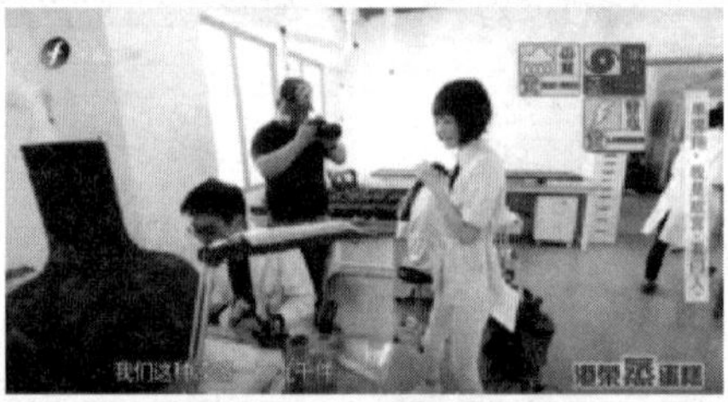	
说明	镜头跟拍鲁豫观摩文物修复。	单霁翔向鲁豫讲解修复细节。

（七）升降镜头

升降镜头指的是摄像机向上、向下运动拍摄出的画面，大多用于大场面的拍摄，它能够改变镜头视角和画面的空间，并有助于加强戏剧效果，渲染气氛。

升镜头：摄像机从平摄慢慢升起，形成高俯拍摄，显示广阔的空间，它可以从局部展示整体。

降镜头：与升镜头相反，摄像机从高处逐渐降下，从高俯拍摄回到平摄，空间交代从整体回到局部。

升降镜头的特点：由视点的升降而产生视野的伸展与收缩，由视点高度的升降而产生镜头感情状态的变化。

升降镜头的功能：垂直展现高大物体的各个局部，表现纵深空间中点与面的关系，表现镜头感情状态的变化。

学习了各类运动镜头的基本知识后，我们不难看出，在拍摄功能上，运动镜头可以介绍环境、介绍事件发生的地点，可使固定景物“动”起来，从而形成电视片的视觉节奏。同时，它可以补救画面用固定比例表现景物的局限性，有利于表现事物细节和人物情绪。但是，使用运动镜头有一个共通的注意事项，即所有镜头运动都要有运动的目的。运动方式、运动速度应根据画面内容需要而定，发挥其独特作用。而且，如果电视片中通篇都是运动镜头，那么片子的节奏会因此变慢，也会给观众造成眼花缭乱的感觉。因此，只有将运动镜头与固定镜头搭配起来使用，才有可能制作出叙事明确、可视性强、节奏恰当的电视片。

二 起幅与落幅

一个标准的运动镜头的拍摄包括起幅、运动过程、落幅三个部分。如果摄像师端起摄像机就开始进行推拉摇移等运动，那么画面会缺少一个相对稳定的开头，观众在视觉上会觉得仓促。同理，如果运动拍摄完成后马上关机或转下一个镜头，那么整个镜头会缺少一个视觉落点。因此，运动镜头的拍摄过程中要保留相应的起幅与落幅。

所谓起幅指的是运动镜头开始的固定画面，通常有1～2秒的时长。起幅画面讲究构图，有叙事开始的意味，从固定画面转到运动过程时要自然流畅。

落幅指的是运动镜头终结的固定画面。它同样讲究构图的精确，由运动转为固定画面时，要能落得平稳、自然。因为落幅代表一个运动镜头的结束，所以拍摄时可事先设计或选择好一个画面落点，即将画面停稳在多大的景物范围内或落在哪个拍摄对象上。

延伸阅读

一般而言，在突发事件报道或现场报道中，需要记者和摄像师根据现场情况灵活能动地完成拍摄工作。但在一些新闻专题节目或电影、电视剧乃至我们实操机会更多的 Vlog、短视频创作中，都需要提前对每一个镜头的拍摄、镜头组接、转场等进行设计和编排。这就需要用到“分镜头脚本”的概念，即将自己对每个镜头的拍摄想法进行梳理，并落实到表格中。这份脚本将有效指挥拍摄参与人员有目的、有秩序、有逻辑地开展工作。因此，“分镜头脚本”的写作是电影导演、电视编导、摄像记者、广告策划、动画制作等工种都应掌握的一项业务技能。《电视节目摄制与编导》一书为我们提供了分镜头脚本的细致介绍，现摘录如下以供参考：

分镜头脚本的写作方法是从电影分镜头剧本的创作中借鉴来的。一般按镜号、镜头运动、景别、时间长度、画面内容、解说词/广告词、音乐、音响的顺序，画成表格，分项填写。有经验的导演在写作时格式也可灵活掌握，不必拘泥于此。

镜号	机号	景别	技巧	时间	画面	解说	音响	音乐	备注

①镜号：即镜头顺序号，按组成电视画面的镜头先后顺序，用数字标出。它可作为某一镜头的代号。拍摄时不一定按此顺序号拍摄，但编辑时必须按顺序号进行编辑。

②机号：现场拍摄时，往往是用 2～3 台摄像机同时进行工作，机号代表这一镜头是由哪一号摄像机拍摄。前后两个镜头分别用两台以上的摄像机拍摄时，镜头的组接，就在现场通过特技机将两镜头进行编辑。单机拍摄就无须标明。

③景别：根据内容需要、情节要求，反映对象的整体或突出局部。一般有远景、全景、中景、近景、特写等。

④技巧：电视技巧包括：有摄像机拍摄时镜头的运动技巧，如推、拉、摇、移、跟等；镜头画面的组合技巧，如分割画面和键控画面等；以及镜头间的组接技巧，如切换、淡入淡出、叠化等。一般在分镜头脚本中，技巧栏只是标明镜头之间的组接技巧。

⑤时间：指镜头画面的时间，表示该镜头的长短，一般时间是以秒标明。

⑥画面：用文字阐述所拍摄的具体画面。为了阐述方便，推、拉、摇、移、跟等拍摄技巧也在这一栏中与具体画面结合在一起加以说明。

⑦解说：对应某一组镜头的解说词，它必须与画面密切配合，协调一致。

⑧音响：在相应的镜头上标明使用的效果声。

⑨音乐：注明音乐的内容（曲子的名称）及起止位置，用来做情绪上的补充和深化，增强表现力。

⑩备注：方便导演作记事用，导演有时把拍摄外景地点和一些特别要求、注意事项等写在此栏。

资料来源：王蕊，李燕临．电视节目摄制与编导［M］．2版．北京：国防工业出版社，2016.

【推荐阅读书目】

1. 刘大宇．分镜头画面原理与分析［M］. 北京：中国传媒大学出版社，2016.
2. 任金州，高波，主娜．电视摄像［M］. 3版．北京：中国传媒大学出版社，2012.

【思考题】

1. 课下结合电视画面，深入理解移镜头与推镜头、摇镜头的区别。
2. 观看纪录片《舌尖上的中国》，结合画面理解固定镜头的拍摄优势。

【练习题】

以小组为单位进行镜头拍摄练习，并将拍摄素材简单剪辑成一个2分钟以内的叙事短片。要求合理使用固定镜头和运动镜头，镜头的运动要有依据，不能通篇都是运动镜头。

第九章

电视新闻中的声画关系

【本章学习要点】

1. 理解并区分画内声画合一与画外声画合一。
2. 声画分立在电视新闻中常见的表现形式。

电视传播中的视觉符号与听觉符号只有按照一定的结构原则被组织起来，才能形成系统的电视语言。电视传播实际上是声、画语言结构关系的一种展示。在电视新闻中，解说词、同期声等听觉符号与新闻画面有效配合，是讲好新闻故事、传播新闻信息的保证。电视新闻中常见的声画结构形式有声画合一与声画对位。本章将重点对此予以介绍。

第一节 声画合一

声画合一指的是声音和画面所反映的事实内容完全一致，声画同步发生、发展，视听高度统一。电视新闻中的记者出镜或现场采访的镜头、采访对象画面＋同期声、现场直播等都是声画合一的组合方式。

声画合一的结构关系是电视传播中最基本的组合方式，具有真实可信、通俗易懂的特点，符合一般受众的接受习惯。具体看，声画合一又可分为画内声画合一与画外声画合一两种情况。

一　画内声画合一

它指的是声音源与视觉对象高度集中于同一个新闻画面中。比如新闻人物接受采访和拍摄时的画面，既有其视觉形象，又同时播出同期声，就如同新闻人物透过镜头直接面对观众说话，这种情况我们称之为画内声画合一（见图 9－1）。

电视新闻中，记者出镜（见图 9－2）或现场采访、采访对象画面＋同期声等，都可被视为画内声画合一，观众在听到声音的同时也能看到人物的画面。电视新闻《旅客遗失 18 万现金一小时失而复得》中的以下两组镜头（见图 9－3 和图 9－4）正是“声源画面＋同期声”的画内声画合一。

图 9－1　陈伟霆回答记者的问题

图 9－2　白岩松在镜头前做连线报道

图 9－3　工作人员帮旅客清点钱款

图 9－4　高铁司机讲述事情经过

另外，画面内发声体的声画合一在电视新闻中也常见，比如画面内机器在高速运转，同时巨大的轰鸣声从画内传出。

二　画外声画合一

它指的是画面本身和画外声音语言的高度统一，画外声音的目的是具体说明画面中的事物和情景。

形式一：解说词＋画面。

解说词对画面起到补充和解释的作用，声源虽不在画内，但声音内容与画面内容具有高度一致性。比如在纪录片中，解说员对画面形象、人物动作、制作过程等进行口头解释，可以辅助观众充分理解画面信息。以《舌尖上的中国》中卓玛和妈妈寻找松茸的画面为例（见表9-1），画面中二人在深山跋涉寻找，画外解说词对此进行解释，声、画主体虽不在一个画面中，但声画内容达成了高度一致。

表9-1　　画外声画合一：解说词+画面

序号	1	2
画面		
解说词	卓玛和妈妈正在寻找一种精灵般的食物。	
说明	卓玛与妈妈在深山里跋涉、四处寻找。	
序号	3	4
画面		
解说词	卓玛在松针下找到的是松茸。	
说明	卓玛拨开松针找到松茸。	大景别的松茸。

形式二：画外音+画面。

电视新闻中画外音与画面的配合使用也是画外声画合一的一种体现。比如在“神舟十四号载人飞行任务”现场直播报道中，三名航天员到达发射塔架9层准备进舱，画面给出了三组镜头（见表9-2），分别是：航天员蔡旭哲起身挥手致意并准备进舱；多视窗画面呈现进舱通道、进舱口、舱内情况；蔡旭哲进舱。此时，主播劳春燕与嘉宾在后方直播间对现场情况进行实时采访介绍。这段画面时长约20秒，画外解说与画面内容高度统一，互相配合，帮助观众理解新闻信息。

表 9-2　　画外声画合一：画外音＋画面

序号	1	2	3
画面	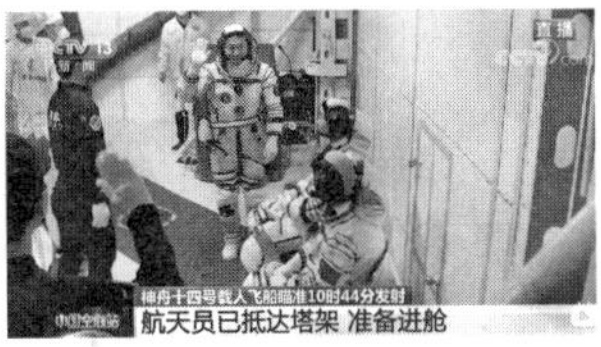	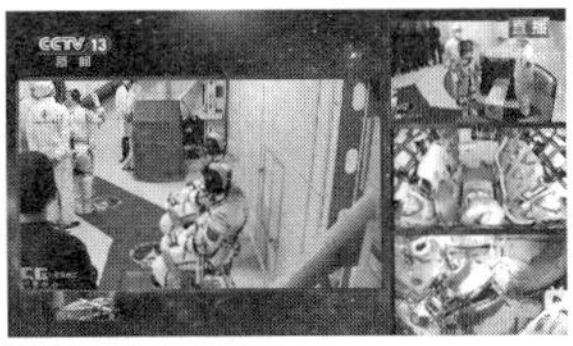	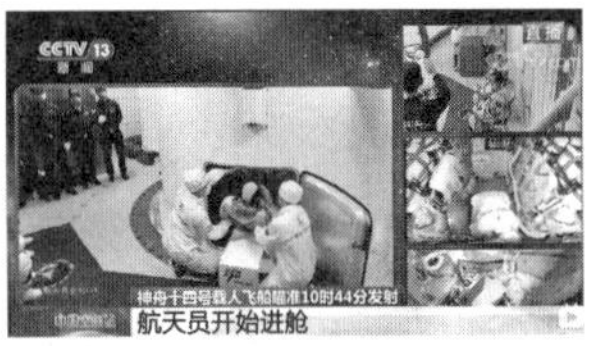
画外音	现在神舟十四号载人飞船的三名航天员已经抵达了塔架的 9 层，准备进舱。刚才他们已经完成了进舱之前绝大部分的准备工作，包括脱掉脚上穿着的靴子、放置好手套等。站起来的这位是 03 号航天员蔡旭哲，他们的进舱方式有点像是滑进去的。这个进舱有什么注意事项呢？		

记者连线中经常用到“画外音＋画面”这种画外声画合一的形式。因为观众不需要长时间盯着记者，看记者说话，而是更希望透过镜头去看看记者周遭的实际情况，并辅以记者的口头解说、分析、评论等。因此，我们在连线中常看到，摄像师随着记者的讲话内容，将镜头运动到相应的地方，观众一边听画外报道，一边看现场情况。比如央视记者蒋林关于四川九寨沟旅游的一段连线中就大量使用了这种形式，蒋林将自己放在画面外，向观众介绍镜头中看到的场景和情况，使声音和画面做到同步、对应（见表 9-3）。

表 9-3　　记者连线时使用“画外音＋画面”的声画合一

序号	1	2
画面		
说明	游客排队上车。	景区平面图。
画外音	在我身后正在排队的……这些游客正是准备乘车出沟的。	这个红点就是我刚才说的……

第二节　声画对位

声画对位指的是声音和画面围绕同一主题、同一内容，运用各自独立的表现形式，进行主题叙述。声画对位中声音和画面不是一一对应、互为解释的关系，但却在叙述过程中实现声画两种元素的有机结合。具体可分为声画对立、声画分立两种形式。

一 声画对立

声画对立的意思是声音和画面在形式上是对立关系，比如声音或音响是欢歌笑语，画面却是悲痛万分的人物。单独看，这二者没有关联性和互为解释的关系，但是一旦将其放在相互反衬的特殊故事情境下，二者便可以有效结合起来，在反衬中突出和表现主题。

声画对立在电视新闻中较少使用，而常用于电影，以增强其艺术表现力。张艺谋的两部电影《幸福时光》和《有话好好说》中都曾使用声画对立的方式来表现电影主题，增强艺术感染力。比如《幸福时光》中，盲女回到家发现自己的房间已被继母的儿子占有，并被改造得面目全非，她心中感到十分不安和慌张。此时，电视机里传出足球比赛中进球之后沸腾的欢呼声。这个片段里，声音和画面之间具有非常对立的冲突性，但配置在一起却达到了用声音来反衬盲女心情和画面情绪的效果。

二 声画分立

声画分立指的是声音和画面不同步、不对应，在形式上互不相关，但内容上统一于同一主题。声画分立中，声音和画面不像声画对立那样强烈对峙，也不像声画合一那样同步和互为解释。声画分立在电视新闻中较常使用，最常见的是以下几种情形：

（一）资料镜头与解说词的配合

有些新闻发生之后，现场能拍到的画面有限，不足以配合解说词完成新闻叙述，此时往往会使用与新闻人物或新闻事件相关的资料镜头来支撑，以达到追溯背景、新闻分析等作用。

比如，2015年3月23日央视《新闻直播间》报道了新加坡开国元首李光耀先生去世的消息。这是一个新闻价值很大的事件，是当天央视新闻频道报道议程的重中之重，节目从新加坡总理李显龙（李光耀之子）宣布消息到记者连线再到李光耀的生平背景介绍等进行了专题报道。但是，因为新闻事件刚刚发生，记者也不被允许进入医院采访，只能在医院外围拍摄一些群众自发悼念的画面，显然，这些画面是不足以支撑解说性语言的。因此，在介绍李光耀的生平背景时，电视编辑调取了大量李光耀生前参与各种活动的资料画面进行配合。在这种情况下，声音（解说词）虽然不直接解释画面内容，但却能够辅助观众了解新闻背景，与画面形成配合和实现主题统一。

表9-4中，画面1、2这两个空镜头跟解说词不同步、不对应，在形式上不相

关，但是滨海湾金沙酒店以及摩天大楼都是新加坡经济社会高速发展的象征，这与李光耀的雄韬伟略和建国贡献不无关系。因此，声画虽然各表一枝，但又统一于一个主题。

画面 3、4 这两组资料镜头与解说词显然不是同步的或直接相关的，但是解说词介绍了李光耀“亚洲价值观”的政治思想，使用他与外国政要、外宾会见时的镜头是恰当的，传递出他在开放发展的同时恪守亚洲价值观的政治主张。

表 9-4　　画外声画合一：资料镜头十解说词（一）

序号	1	2
画面		
解说词	李光耀在新加坡有着很高的威望，被称为“新加坡国父”。	
说明	新加坡标志性建筑滨海湾金沙酒店。	新加坡林立的摩天大楼。
序号	3	4
画面		
解说词	在任期间，他始终提倡亚洲价值观，认为亚洲国家不需要完全依照西方的价值观行事，认为西方民主不能强加给亚洲人民。	
说明	李光耀与美国前总统里根。	李光耀接待外宾。

表 9-5 中的六个画面来自电视新闻《两年 718 家污染企业退出北京》。这些镜头都是资料镜头，并不一定是为本条新闻专门拍摄的，解说词与画面各表一枝但又融为一体，配合得比较恰当：挖掘机的画面与“清退、改造和疏解”的解说词在表达上是统一的，门诊、导医台和医院大厅的画面则用来指代解说词中的“医疗资源”。声画分立，画面不一定与解说词严丝合缝地对应，但要确保其在拍摄内容、指代意义上与解说词相吻合，让观众在声画的配合下“秒懂”报道内容，而不会觉得声画不统一、有分歧。

表 9-5　　画外声画合一：资料镜头+解说词（二）

序号	1	2	3
画面			
解说词	清退、改造和疏解商品交易市场220家，涉及营业面积近300万平方米。		
序号	4	5	6
画面			
解说词	同时，把北京的优质教育和医疗资源在京津冀地区进行合理布局，也是疏解非首都功能的重要举措。		

（二）资料画面与新闻评论的配合

在演播室录制或直播的新闻评论节目中，如果只有主持人和评论嘉宾的画面切换，则会让观众感到视觉乏味。因此，为了丰富画面，也为了增强评论的传播效果，电视新闻编辑通常会事先准备大量资料画面，用来配合评论性口播内容。以CCTV-4《海峡两岸》2017年9月18日的节目为例，这期节目的评论话题是“美台军演升级，妄图遏制大陆潜艇”，在两位评论嘉宾表达观点的过程中，节目穿插了一系列与话题相关的资料画面，比如海军人员操作潜艇、美国军机空中航行、特朗普到访美军基地等。这些镜头的内容与嘉宾的表述不直接相关，嘉宾讲话的目的也不是对画面进行解释和评论。此时，声音和画面分处于两条线，但在主题上形成了呼应关系，而不是声画合一那种内容上的一对一匹配关系。

案例 9-1：凤凰卫视报道中资料画面与评论语言的配合使用

凤凰卫视关于李光耀去世的新闻评论中，一开始给了专家一个声画合一的镜头，然后切入各种资料镜头，配合他的评论观点。如果观众看到的画面长时间停留在专家身上，视觉上难免感到枯燥。所以，与声音分立但又不脱离声音内容的画面可以很好地丰富观众的视觉，增强报道的动感（见表 9－6）。

表 9－6　　画外声画合一：资料画面＋新闻评论

序号	1	2
画面		
评论	……并且和其他发展中国家进行比较，例如非洲、菲律宾等。	
说明	美国政治学者艾利森。	某发展中国家街景。
序号	3	4
画面		
评论	你会发现李光耀还是对症下药的。	
说明	某发展中国家街景。	李光耀演讲镜头。

（三）资料画面与记者连线的配合

记者连线中也常采用声画分立的做法，在导播过程中或编辑镜头时插入与连线内容相关的资料画面，用来辅助观众了解现场环境、补充视觉信息、理解记者表述等。比如凤凰卫视关于李光耀去世的记者连线（见表 9－7），导播在右侧视窗中切入的画面是民众在医院门前摆放的哀思物品，是先前拍摄的资料画面。记者则在左侧视窗做连线，介绍她在当地了解到的更多信息。记者的声音与主视窗的画面是各表一枝、不同步的，但又因报道主题而融为一体。

表 9-7　　画外声画合一：资料画面十记者连线

序号	1	2
画面		
说明	小视窗是记者出镜，大视窗是医院外的悼念现场。	
记者连线	新加坡前总理吴作栋表示，当他接到这个难过的消息时，他忍不住落泪。他形容李光耀是一位非常无私的领袖，他留给新加坡人的是一个安全、稳定的国家。	

延伸阅读

电视最为显著的媒介特性就是以声画同步呈现事件现场及其发展过程，形象直观地再现客观事实。对于受众而言，电视新闻的各类节目形态就是他们在电视屏幕上收看到的声音与影像的不同组合文本。有学者撰文从电视新闻不同表现形态出发，分析了声画关系的诸种表现。现将该文节选如下：

声画形态

在声画两张皮的新闻形态中，出现收音机与电影两种媒介彼此割裂的取向：要么承袭收音机；要么效法电影，形成声画两分电视新闻节目形态。

深度形态与娱乐化形态

深度形态与娱乐化形态的电视新闻节目是通过提升有声语言表达的重要性来实现的。深度形态的电视节目产生的契机是因电视批评的肤浅而实施的自救策略。在收集和遴选事件素材、调查和访谈新闻人物时，深度电视新闻很大程度上效法纸质媒介的深度报道理念。但是，视听化的电视与平面媒体的特性有别，电视声画合一的媒介特质在深度形态中难以发挥。因为思想的深度和很多纵深现场是很难用电视画面直观呈现和复原再现的，评论类节目和深度访谈节目尤其如此。娱乐化形态的电视新闻节目即在新闻文本中糅入娱乐元素软化处理。在电视媒体中，“娱乐元素”主要是通过有声语言来实现的，包括播音语言生动活泼、富有人情味、忍俊不禁的配音等。新闻表述方式在娱乐化形态中经历了一次媒介“软着陆”运动：由“播”新闻，到“讲”新闻，直至“说”新闻。电视新闻经过软化后，易读性、可读性大为提升。但是，电视新闻节目在对信息进行深度挖掘或注入娱乐元素后，电视的画面优势有被搁置之虞，影像的重要性降低。

民生形态

民生形态的电视新闻节目一方面继承了娱乐化形态的生动表述，以普通受众喜闻乐见的有声语言演绎新闻故事；另一方面，电视在“民生”这片天地里，发现了展示媒介个性与优势的原生态生活现场。因此，电视民生新闻在一个更广阔的受众层面实现了声音与画面结合，“民生”为源源不断的节目周期生产发现了取之不竭的新闻源。电视新闻在民生的沃土上找到了一片丰富生动、符合电视特性的视听传播天地。

直播形态

直播形态的电视新闻是与电视历史同样悠久的节目形态。从某种意义上说，直播即电视为这个世界所奉献的有别于收音机和电影的新鲜传播方式——远程即时声画传播。但是，由于现场采访表达的“时间制约”与现场画外音声源的不可控性，直播形态的电视新闻节目的同期声一般只在直播画面中作为片段使用。直播中的有声语言大多数情况下是通过记者现场出镜，或者连线演播厅主持人进行的解说，也就是在直播对象之外植入的声音。可见，直播形态对于电视本质要素——同步、现场、过程和悬念的实现，是以画面为主的呈现方式，声音在很大程度上发挥着起承转合的作用。

杂志形态

杂志形态节目是一种综合形态的电视新闻，从理论上讲它是多种节目形态的组合。因此，在电视新闻杂志节目形态中，不同新闻节目板块表现出不同的声画关系。

资料来源：尹美林．论电视新闻节目的声画组合关系［J］．新闻爱好者，2009（16）．

【推荐阅读书目】

王晓红．电视画面编辑［M］．北京：中国传媒大学出版社，2002．

【思考题】

1. 画外声画合一与声画分立的区别是什么？
2. 画内声画合一在电视新闻表达中的作用是什么？

第十章

三角机位与轴线规律

【本章学习要点】

1. 三角机位系统及其典型机位。
2. 电视摄像中常见的三种轴线以及轴线规律。
3. 越轴及实现合理越轴的方法。

我们在此前章节中介绍了固定镜头和运动镜头的拍摄技法。值得注意的是，不论固定镜头还是运动镜头，都指的是单一镜头的拍摄。如果现在需要你进行分镜头拍摄，或使用多台摄像机同时对被摄主体进行拍摄，则会涉及以下问题：应当如何摆放摄像机，摄像师应站在什么位置进行电视摄像。本章将围绕电视摄像中的三角机位系统以及轴线问题展开讲解。

第一节 三角机位系统

机位，即摄像师与摄像机在拍摄时所处的位置。三角机位系统，指的是用三台摄像机拍摄两人或多人对话场景时采用的机位布局。在这个布局中，有五类机位是最常使用的，又称典型机位，分别是总角机位、内反拍机位、外反拍机位、骑轴机位、侧拍机位。

一 总角机位（总拍机位）

这个机位设在两人或多人的中间位置，用来交代参与对话的所有人员的位置关系，给观众整体上的空间感受。不论是演播室访谈节目，还是新闻采访的拍摄，都一定会使用总角机位去交代对话双方或多方的位置，给观众一目了然的视觉感受和方位感。比如《锵锵三人行》每期节目的开篇镜头都是总角机位给出的。观众从总角画面（见图 10－1）中看到，主持人窦文涛坐在中间，画面一左一右分别是经济学者马光远和叶檀。那么，观众会从这一个画面中判断出这期节目的话题可能与社会经济相关，且在脑海中形成三人对话的方位关系。

图 10－1　总角机位拍摄的画面

日本这档新闻评论节目的组织形式在我国的电视屏幕上比较少见，由两位主持人连同多位嘉宾共同评说昨日今晨的新闻。图 10－2 是一个总角机位给出的画面，交代参加当天节目的所有人员。当然，总角机位并非只负责给定广角镜头，也可以推上去给出大景别的镜头，供导播进行切换。比如当节目的女主播说话时，总角机位推到男女主播的中近景，导播给出这个画面，观众可以将注意力集中到说话者身上（见图 10－3）。

图 10－2　总角机位拍摄的画面

图 10－3　总角机位推上去给主播镜头

二 内反拍机位

内反拍机位也叫内反打镜头、单人镜头，指的是摄像机架设在单个对象的视线前方，面对拍摄对象进行近景画面拍摄。内反拍机位拍摄的画面中只有一个对象，可以充分交代其面部形象、说话时的神情等。图 10 - 4 共设有三个机位，其中 B 机位是总角机位，A、C 两个机位即内反拍机位，分别对准右侧的女性对象和左侧的男性对象进行单人镜头的拍摄。

可以看到，A、B、C 三个机位处于三角形布局当中，既可以由 B 机位交代整体画面，又可以由 A、C 两个机位给出谈话双方的单人镜头。这套三角机位的布局方法在拍摄演播室访谈时最为常用。比如《杨澜访谈录》节目的机位设置通常采用总角机位＋两个内反拍机位的布局，让主持人杨澜与访谈嘉宾以单人近景画面出现，充分表现形象、表达观点（见表 10 - 1）。

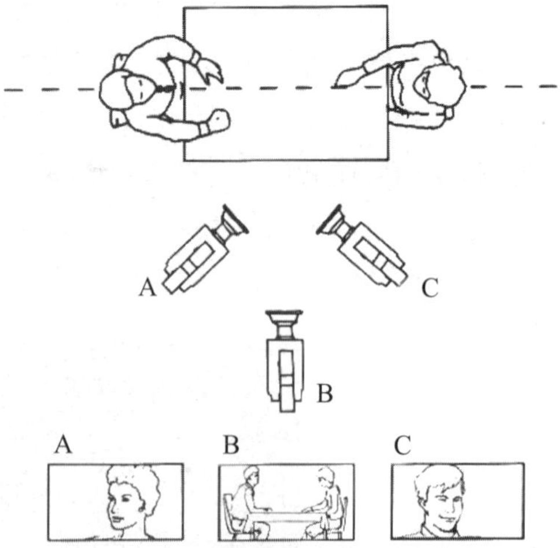

图 10 - 4　内反拍机位示意图

资料来源：任金州，高波．电视摄像 [M]. 北京：中国广播电视出版社，1997.

表 10 - 1　内反拍机位实例

序号	1	2
画面		
说明	画面 1 和 2 是同景别的单人镜头，由一左一右的两个内反拍机位给出。	

三　外反拍机位

外反拍机位也称外反打镜头、过肩镜头，即越过一方的肩头去拍摄对方的近景画面。图 10 - 5 展示的是左右两个外反拍机位，这两个过肩镜头既突出了拍摄对象，又能通过另一人肩头的存在和四目相对的状态呈现二者的对话关系。

在新闻访谈或现场采访中拍摄二人对话时，如果画面上长时间是一个人在讲话，观众难免会觉得枯燥，注意力会转移，因此，需要电视导播选择恰当的时机进行画面切换，通过变化视角来吸引观众的视觉注意。反拍机位的交叉剪辑则是实现这种视角

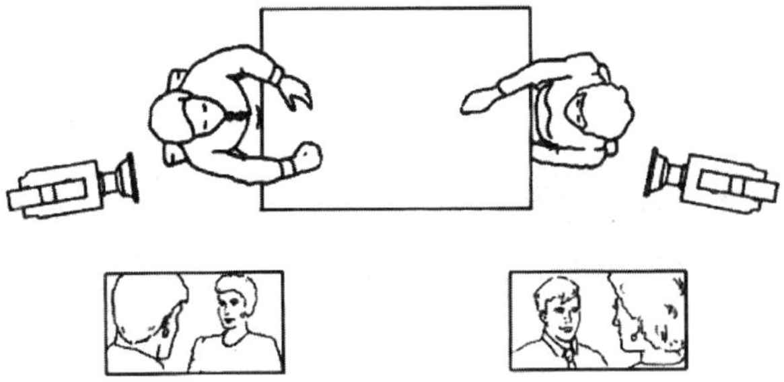

图 10－5 外反拍机位示意图

资料来源：任金州，高波．电视摄像［M］．北京：中国广播电视出版社，1997.

变化的重要手段，即在后期剪辑或直播中，将体现双方对话的内反拍和外反拍镜头成对组接、交叉给出。

反拍机位的交叉剪辑一般有三种镜头组接形式：外反拍＋外反拍、内反拍＋内反拍、内反拍＋外反拍。

1．外反拍＋外反拍

即两个机位都是外反拍的情况下，在左右两个机位之间进行画面切换。两对外反拍的交叉剪辑可以交代二人的对话关系和位置关系，不着重突出某一方，所以画面有均衡感（见表 10－2 中画面 1、2）。但是也正因如此，持续在两个外反拍之间交叉，会使得整体画面略显生硬，减弱画面的节奏感。外反拍＋外反拍的做法在演播室访谈节目中偶有使用，在强调叙事节奏的电视新闻采访中较少使用。

2．内反拍＋内反拍

它指的是在对话双方的视线前方分别架设机位，拍双方的单人镜头，在直播或后期剪辑中交叉给出单人镜头。内反拍＋内反拍的镜头组接在《杨澜访谈录》《鲁豫有约》等演播室访谈中最为常用（见表 10－2 中画面 3、4）。这类节目一般新闻时效偏弱，强调主播与嘉宾之间的平等对话，采用两个内反拍机位则可以较好地呈现这种平等对话的特点，让主客双方都能在画面中充分表达。

3．内反拍＋外反拍

它指的是在对话的一方处架设内反拍机位，另一方处架设外反拍机位，在后期制作时，将两个机位拍摄到的素材进行交叉剪辑，切换双方画面。这是双机位拍摄新闻采访时最常使用的机位摆放方法。而且，我们通常会给采访对象内反拍镜头，给记者外反拍镜头。因为现场采访的时效性很强，且以倾听新闻对象的表达和讲述为主，所以，给采访对象单人镜头，可以让他（她）充分占有画面并表达观点和情绪。而记者的外反拍画面此时更多承担过渡性镜头的角色。在内反拍＋外反拍的交叉组接中，剪辑给采访对象的单人镜头的时间一般是远远多于给记者的过肩镜头时长的（见表 10－2 中画面 5、6）。

表 10 - 2　　反拍机位交叉剪辑的镜头组接形式

外反拍＋外反拍		
序号	1	2
画面		
说明	外反拍机位交叉剪辑有时会显得生硬，在目前的新闻节目中较少使用。	
内反拍＋内反拍		
序号	3	4
画面		
说明	演播室访谈中常用内反拍机位交叉剪辑，突显双方平等的对话交流感。	
内反拍＋外反拍		
序号	5	6
画面		
说明	一般的新闻采访中最常使用内反拍（采访对象）接外反拍（记者）的交叉剪辑，前者叙述和表达的主体性更强。	

四 骑轴机位（正面镜头）

骑轴机位是内反拍机位的一种极端形式，指的是将摄像机放在轴线上且正对着人物拍摄出的镜头，目的是强调和突出拍摄对象的面部特征、表情变化等。骑轴机位拍出来的画面一般在人物肩部以上，是特写景别，所以又被称为特写镜头。图 10－6 中的 A、C 两个机位就是骑轴拍摄出来的特写镜头。

在新闻采访节目中，工作人员一般不会同时在记者和采访对象面前架设骑轴机位，也不会在两个特写镜头之间进行交叉剪辑。如果需要给出采访对象的特写镜头，摄像师可以考虑在内反拍的情况下，用推镜头放大景别，同样可以达到突出面部的效果。

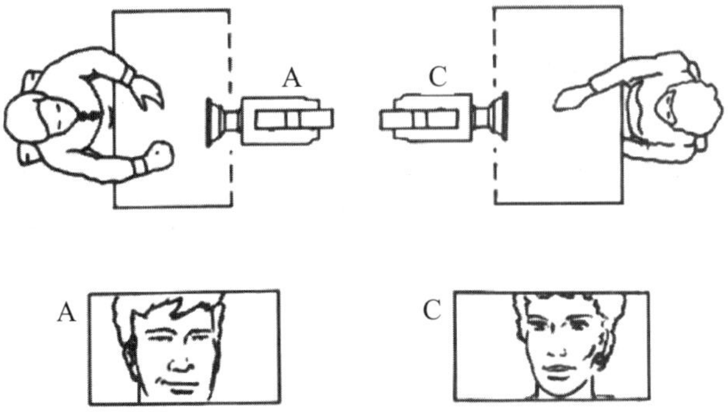

图 10-6 骑轴机位示意图

资料来源：任金州，高波．电视摄像［M］．北京：中国广播电视出版社，1997.

五 侧拍机位（侧拍镜头）

它指的是在拍摄对象的侧方 90 度位置架设机位拍出来的镜头。如果选择在对话双方之间同时架设，则会发现两台摄像机的视轴是平行的、无夹角的。因此，我们将两个侧拍机位同时拍摄的情况称为平行机位。图 10-7 就是由 A、C 两个侧拍机位构成的平行机位。

在新闻摄像中，侧拍机位通常不用作主机位，而是作为补充性或过渡性镜头，穿插在反拍机位和总角机位之间，达到活跃和丰富画面的目的。

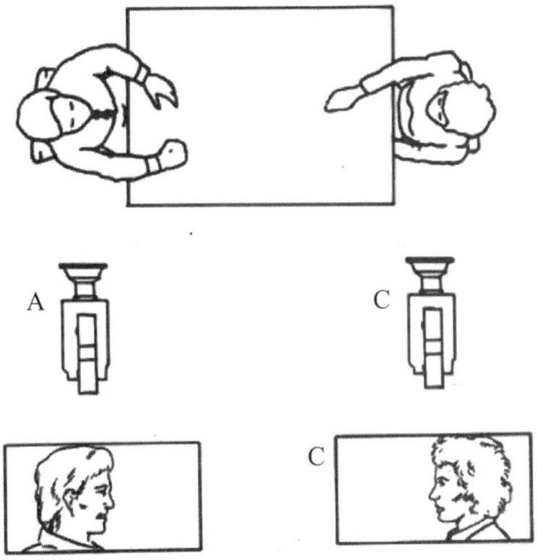

图 10-7 侧拍机位示意图

资料来源：任金州，高波．电视摄像［M］．北京：中国广播电视出版社，1997.

六 三角机位系统

在拍摄双人或多人对话时，摄制组通常会采用由三台摄像机组成的“三角机位”进行现场拍摄。其中，一台摄像机负责总角机位，另外两台则根据拍摄需要选择恰当的机位分别拍摄对话双方或多方。不论这两台机器选择何种机位，它们一定会与总角机位共同形成一个三角形拍摄关系。比如，内反拍＋内反拍、外反拍＋外反拍、平行机位与总角机位形成等边三角形，内反拍＋外反拍、侧拍＋内反拍与总角机位形成不等边三角形，等等。我们称这套电视摄像机位设置方法为三角机位系统。

三角机位系统是拍摄双人和多人对话场面的基本摄像方法，基于不同的拍摄需求，摄像机可选择不同的机位。演播室访谈多采用三台（或以上）机位；《面对面》《新闻调查》等专访性、对话性新闻采访多采用双机位，其中一个机位可兼拍摄总角机位。在条件不允许或没必要的情况下，也可采用单机位，重点拍摄采访对象的镜头，补充拍摄记者镜头和总角镜头即可。

第二节 轴线与轴线规律

一 电视摄像中常见的三种轴线

电视摄像中的轴线指的是基于拍摄对象的交流和位置关系、视线方向、运动方向所形成的一条虚拟的直线。轴线是虚拟的，不是实际存在于画面当中的，其意义在于框定拍摄对象的位置关系、运动方向、视线方向等，让观众视觉上感到顺畅。电视摄像中常见的三种轴线是人物关系轴线、人物方向轴线、主体运动轴线。

（一）人物关系轴线

它指基于两个（或更多）人的交流关系而形成的一条假定的、虚拟的直线。在电视摄像中，这条轴线用来交代两个（或更多）人的空间位置。

（二）人物方向轴线

它是指处于静态的人物视线与观看的物体之间所构成的一条虚拟直线。

（三）主体运动轴线

它是指沿着拍摄对象的运动方向所构成的一条虚拟直线。

二 轴线规律

轴线规律也称 180 度规律，指的是为了保证拍摄对象相互位置关系、人物视线方向、主体运动方向的一致性，避免观众视觉上的突兀和错乱，摄像机只能在轴线同一侧的 0～180 度范围内架设和拍摄，不能将拍摄于轴线两侧的画面前后衔接。

以图 10－8 为例，两个人物四目相对建立起一条人物关系轴线，这条轴线是虚拟的，但是带给摄像师和电视观众明确的位置信号。按照轴线规律，摄像师在拍摄环节不论想架设几个机位，都需要使它们位于轴线的同一侧，即在 0～180 度范围内进行机位安排，而不能跳到轴线的另一侧去放置机位。

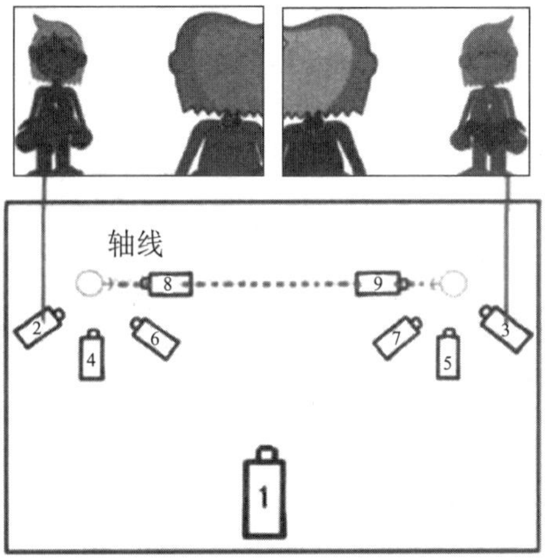

图 10－8　轴线规律示意图

资料来源：任金州，高波．电视摄像［M］. 北京：中国广播电视出版社，1997.

第三节 越轴与合理越轴

一 越轴

越轴是指在电视摄像过程中，机位的安排违背了 180 度规律，机位出现在了轴线双侧的现象。越轴是一种错误的业务操作，因为在越轴情况下拍出的画面会让观众难以理顺人物之间的位置关系或主体的运动方向等，会给观众造成视觉上的突兀感。

图 10－9 中，人们在人物视线方向建立了一条人物方向轴线，1 号、2 号、3 号三台摄像机的机位在虚拟轴线的同一侧进行拍摄，得到的画面中人物的视线是向着画面

右侧的。但如果在轴线的另一侧架设4号机位，得出的画面中人物的视线是向着画面左侧的。试想一下，如果将1、2、3号机位拍摄的画面与4号机位得到的画面剪辑在一起，观众会看到拍摄对象在画面上时左时右，仿佛一会儿站在左边，一会儿在右边。其实拍摄对象的位置和视线并没有变，只是因为4号机位是越轴的，所以出现了视觉上的突兀。

同样的道理，图10-10中，人们在汽车的运动方向建立了一条虚拟的主体运动轴线。按照轴线规律，拍摄汽车运动的所有机位都应该处在轴线同一侧的180度范围内。图中1号、2号、3号机位就是在这条原则下设置的，而4号机位则到了另一侧的范围内，相较前三个机位而言，4号机位是一个越轴机位。前三个机位拍到的画面中，汽车从画面左侧向右侧行驶，而4号机位拍到的画面中，汽车则是从右侧向左侧行驶。如果将两个越轴镜头剪辑在一起，就会带给观众汽车对向行驶、即将撞车的错觉。

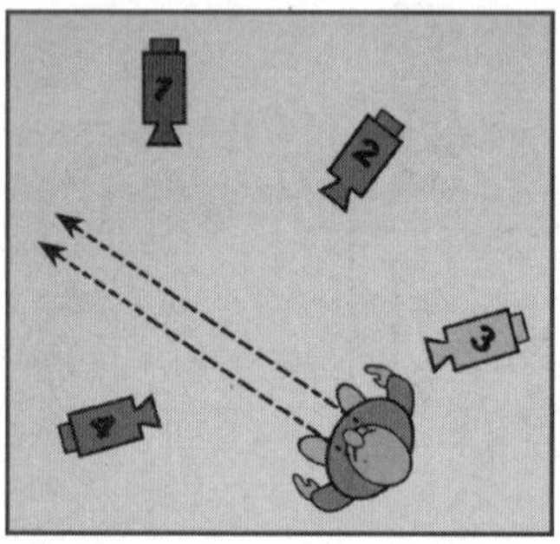

图10-9　人物方向轴线越轴示意图

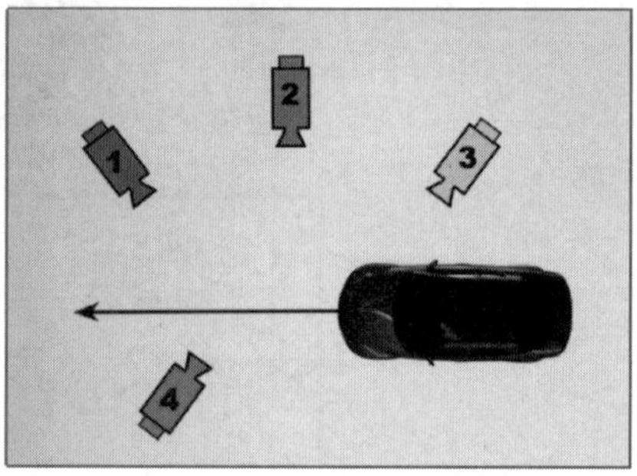

图10-10　主体运动轴线越轴示意图

2017年2月6日，美国太空探索技术公司（SpaceX）发射猎鹰重型火箭升空。图10-11是发射当天SpaceX创始人埃隆·马斯克在现场接受采访的画面。可以看到，埃隆·马斯克与记者构成人物关系轴线，现场两个机位架设在轴线同一侧拍摄，严格遵循轴线规律。

图10-11　埃隆·马斯克受访现场

在实际拍摄中，如果机位架设不当，或者导播在现场的机位切换缺少轴线意识，就会犯越轴的错误。表10-3中的画面是某电视剧的两组相连镜头，都是外反拍机位给出的，但这两组镜头明显存在越轴关系。两方面原因可能导致这一问题：一是拍摄双人对话的机位架设在了轴线两侧，用两个“穿帮”机位进行了拍摄；二是前期在轴线两侧都进行了拍摄，但后期剪辑时忽视了轴线问题，错把分属于轴线两侧的镜头组接到了一起。因此，“眼尖”的观众看到这里会有视觉跳跃的别扭感，问题就是这个越轴造成的。

表 10－3　　拍摄双人对话时镜头越轴实例

序号	1	2
画面		
说明	画面 1 的机位在身穿淡色装（右一）演员的左后方，与之相接的镜头应属于同侧 180 度的范围，但画面 2 的机位却来到了身穿淡色装（居中）演员的右前方，属于另一侧 180 度的范围。因此，将这两个镜头前后相接，导致了越轴的问题。	

因此，为了避免带给观众视觉上的突兀感，或扰乱观众的信息判断，电视摄像师在进行机位布置时，要严格遵守轴线规律，力求避免越轴问题的发生。

二 合理越轴及其常用方法

如果电视画面中存在越轴的镜头，我们可以借助一定的手段来补救、过渡，实现合理越轴。所谓合理越轴，就是通过一定的补救措施减少越轴带来的画面跳跃感和视觉上的突兀感，使画面衔接显得顺畅。

（一）利用中性（骑轴）镜头实现合理越轴

中性（骑轴）镜头是摄像机面对拍摄对象拍下来的正面镜头，摄像机架设在轴线上，所以其归于任何一侧都可以。

如果后期剪辑时发现前后两个镜头存在越轴问题，可以插入一个中性（骑轴）镜头，用作间隔或过渡，缓和越轴造成的画面跳跃感。比如在图 10－12 中，1 号机位拍出的画面中，人物骑车从画面左侧向右侧运动；2 号机位则是在轴线的另一侧拍摄画面，人物从右向左运动。显然，这两个画面是在两个机位互相越轴的情况下拍到的，衔接在一起会造成视觉冲撞感。为了避免这个问题，我们可以在中间插入一个骑轴机位，即用 3 号机位拍到的正面镜头来过渡，减少越轴带来的视觉冲突。

再如表 10－4 所示，在拍摄和剪辑自行车比赛时，镜头中有一条主体运动轴线，但如果把画面 1 和画面 3 接在一起，两条轴线头对头，给观众的感觉是两队选手马上就要撞到一起了。为解决这个问题，后期剪辑或直播导播时可以插入画面 2 这个骑轴机位拍到的中性镜头，可以平衡画面的轴线关系，避免给观众造成视觉冲撞感。

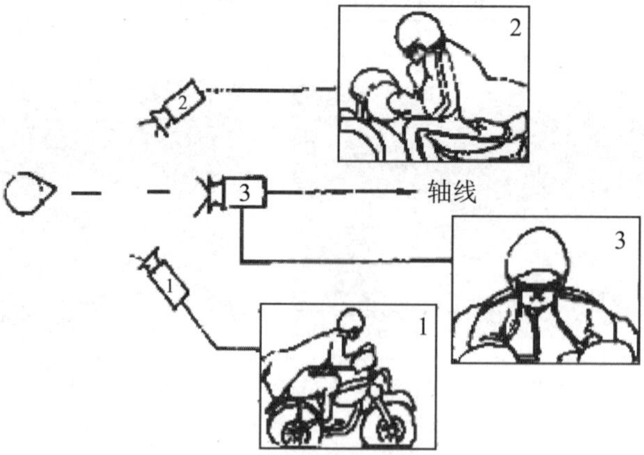

图 10-12　利用中性镜头实现合理越轴示意图

资料来源：任金州，高波．电视摄像［M］．北京：中国广播电视出版社，1997.

表 10-4　　利用中性镜头缓和越轴矛盾

序号	1	2	3
画面			
说明	轴线从画面左下向右上。	骑轴机位不归属于轴线两侧，可以在画面1和3之间起到衔接、过渡的作用。	轴线从右上往左下，如果与画面1相接，两组镜头有冲撞感。

（二）利用同一空间中的过渡镜头实现合理越轴

它指的是如果前后两个镜头存在越轴问题，可以插入一个同一拍摄空间中的过渡镜头，用来间隔前后画面。比如图10-13中，一男一女划船的画面中有一条主体运动轴线，同时也是人物方向轴线。1号机位与2号机位处在互相越轴的状态下，如果前后相接，显然是有视觉冲突的。为了解决这个问题，可以插入一个由3号机位拍到的海鸟的镜头，起到过渡和缓冲的作用。需要注意的是，这个过渡镜头一般是与主要镜头存在于同一拍摄环境的，而不能任意找一个风马牛不相及的画面来用，这样更不利于叙事的顺畅。

再比如同样是拍摄公路自行车赛的镜头，表10-5中画面1、画面3存在越轴的问题，如果将这两个镜头接在一起，观众在视觉上就会有左右跳跃感。为了避免这个问题，可以在中间插入一个选手视线前方路段的镜头，以缓解前后两个画面越轴造成的视觉冲突。

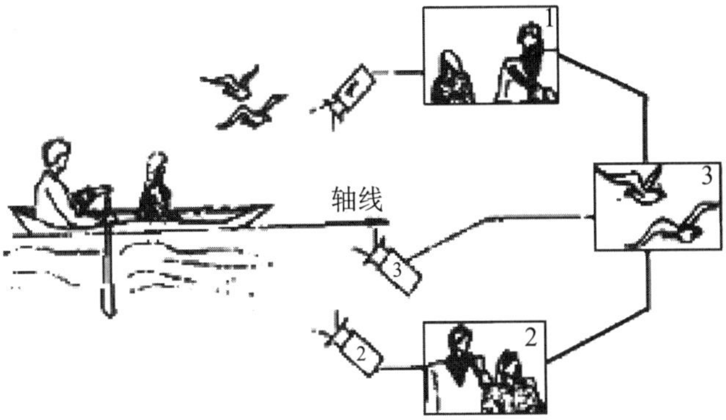

图 10－13　利用过渡镜头实现合理越轴示意图

资料来源：任金州，高波．电视摄像［M］．北京：中国广播电视出版社，1997.

表 10－5　　利用过渡镜头实现合理越轴

序号	1	2	3
画面			
说明	机位在运动轴线的右侧。	选手视线前方的道路，存在于比赛整体环境中，可以用作过渡镜头，衔接前后画面。	机位在运动轴线的左侧。

（三）利用空镜头实现合理越轴

空镜头又称“景物镜头”，指的是电视片或影片中只有自然景物或场面描写，而不出现主要人物的镜头。当然，空镜头不是完全没有意义的废镜头，它通常能起到借物喻情、情景交融、渲染意境、烘托气氛、引起联想等艺术效果。

前文提到的“同一空间中的过渡镜头”实际上也是空镜头的一种。除了同一空间的过渡镜头外，利用空镜头实现合理越轴还有两种常见做法。第一种是利用摇镜头、升降镜头等拍摄空镜头，如镜头摇向天空、降到麦田、推向海浪等，将这些镜头插入两个越轴镜头之间，可以实现画面的过渡。第二种是利用拍摄对象出画、入画的时间间隔，来改变视觉方向。拍摄对象出画会自然留出一个空镜头，给这个空镜头留出几秒的时间，再接入越轴的镜头，那么原本是互相越轴的两个画面会因为空镜头的过渡作用，实现相对的和谐和统一。

（四）利用双轴线实现合理越轴

在拍摄人物骑车、跑步、行走等运动画面时，一般存在两条虚拟轴线，一条是基于运动前进方向形成的主体运动轴线，另一条是基于人物的视线方向形成的方向轴线。所以，在出现越轴问题时，可以利用另一条轴线上的合理镜头实现过渡，完成画面空间的统一。

比如在拍摄和剪辑以下双人骑车的画面时（见图 10－14），源于骑车行进的运动轴线，1 号机位与 3 号机位处在越轴位置，如果将两边镜头接在一起，画面有冲撞感，感觉车辆就要撞到一起了。为了避免这种视觉错乱，可以利用 2 号机位来补充，实现画面过渡。因为 1 号机位和 2 号机位处于第二条轴线的同一侧，而 2 号机位与 3 号机位又共处于第一条轴线的同一侧，因此，2 号机位拍出来的是带有兼容性的画面，归于哪条轴线都可以。利用这个机位的画面则可以把 1 号和 3 号拍到的内容整合起来，实现画面的统一和叙事的完整。

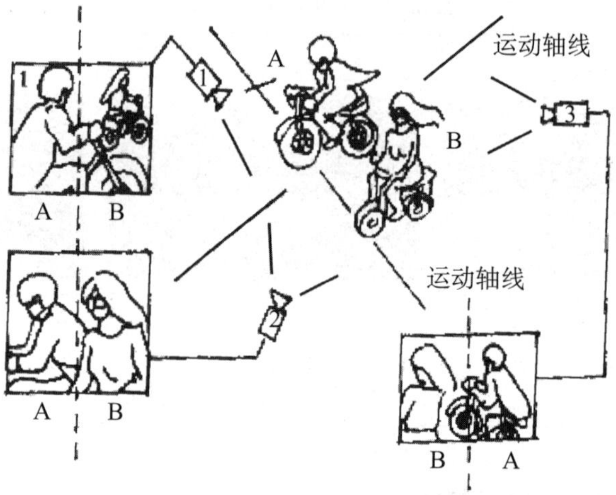

图 10－14　利用双轴线实现合理越轴示意图

资料来源：任金州，高波．电视摄像［M］．北京：中国广播电视出版社，1997.

（五）利用摄像机的运动实现合理越轴

也就是说摄像机在轴线的一侧拍摄前一个镜头，然后摄像机在持续拍摄的情况下，运动到轴线的另一侧，继续对主体进行拍摄。以图 10－15 为例，两个人物四目相对建立起一条人物关系轴线，如果没有机器移动，1 号和 2 号机位是互相越轴的状态。但假使摄像师肩扛摄像机从 1 号机位出发，越过轴线，走到 2 号机位继续拍摄，这样一来，前后两个镜头随着摄像机的运动实现了顺利过渡和轴线跨越。需要注意的是，机器运动的过程要保留在播出画面中，让观众完整地看到摄像机跨越轴线的过程。

表 10－6 所示是自行车比赛中的画面，镜头先是在运动轴线的左侧，然后摄像机随着赛车手的骑行而向右运动到骑轴的位置，继而运动到轴线的右侧。这是一个很典型的利用摄像机运动实现合理越轴的案例。

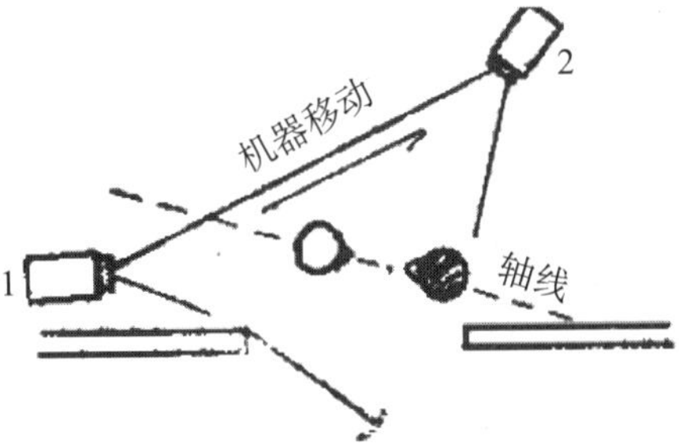

图 10-15 利用摄像机运动实现合理越轴示意图

资料来源：任金州，高波．电视摄像［M］. 北京：中国广播电视出版社，1997.

表 10-6 利用摄像机运动实现合理越轴实例

序号	1	2	3
画面			
说明	机位在轴线左侧。	机器从运动员左侧逐渐向右侧运动。	机器继续向右运动，机位来到轴线的右侧。

(六) 利用景别的变化实现合理越轴

假如 A、B 两个镜头是越轴关系，要想把二者衔接起来，可以在 A 镜头的轴线一侧拍一个不同景别的画面，再接入 B 镜头，这样就可以实现从 A 到 B 的过渡。同理，如果想从 B 到 A，则需要在 B 镜头的轴线一侧变换景别拍摄过渡镜头。以图 10-16 为例，在拍摄二人对话关系时，外反拍镜头 B 和 A' 是越轴的关系，如果二者之间接入一个大景别的单人镜头 A，则可以实现合理越轴。

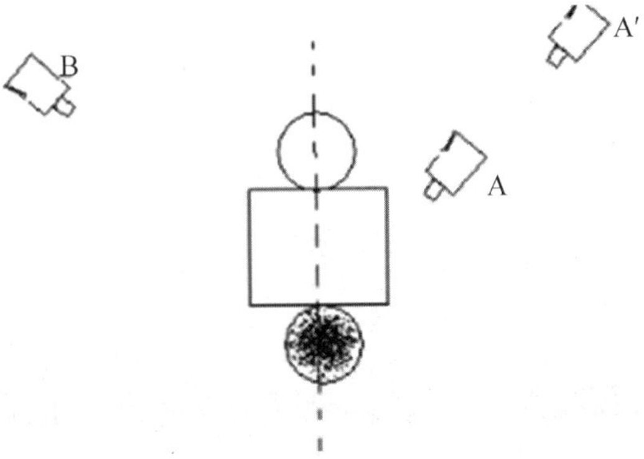

图 10-16 利用景别变化实现合理越轴示意图

资料来源：任金州，高波．电视摄像［M］. 北京：中国广播电视出版社，1997.

需要注意的是，这个过渡性镜头在景别上要明显区别于两个越轴镜头，所以，要尽可能使用景别上的两极，即广角或特写去处理和拍摄。

1. 广角镜头处理越轴

我们不妨用电影《山河故人》(2015) 片尾的两个镜头来说明。第一个中景镜头是女主人公在漫天飘雪的一片荒地上跳起了曾经的迪斯科，接下来镜头拉远到广角，交代更广阔的环境（见表10-7）。请注意，前一个镜头的机位架设在人物视线前方偏左的位置，后一个镜头机位处在轴线的同一侧。如果后一个镜头是在人物右侧拍摄的，则会出现越轴问题。摄像师在此处的处理是精当的。影片落脚到后一个镜头就结束了。假设影片还需要回到人物正面，在人物视线右侧（越轴）拍摄中景画面，那么，这个广角镜头就可以作为过渡，衔接越轴镜头。

表10-7　　利用广角镜头实现合理越轴实例

序号	1	2
画面		
说明	正面中景机位在人物视线前方左侧。	背面广角机位在轴线同一侧，可以用作衔接越轴镜头的过渡镜头。

2. 特写镜头处理越轴

以电视剧《黑暗荣耀2》(2023) 中的一个片段来说明（见表10-8）。

可以看到，画面1与画面3是越轴关系，正是画面2这一微笑特写镜头的插入，帮助实现了合理越轴，避免了观众视觉的突兀。同时，这三组画面剪接在一起，仅有4秒左右时长，却简洁而完整地完成了影视叙事。画面2这个特写镜头的使用起到了轴线变化和叙事情绪转化的双重作用。

表10-8　　利用特写镜头实现合理越轴实例

序号	1	2	3
画面		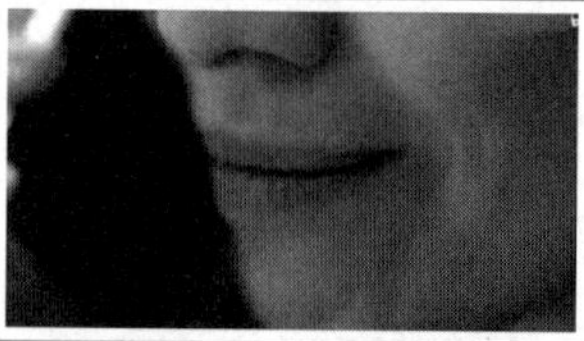	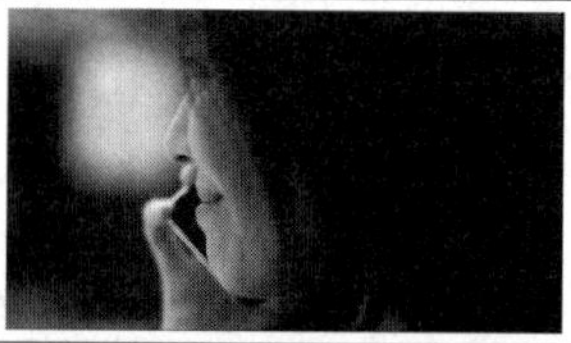
说明	主人公接到一通电话，稍有不安。	电话中的内容让主人公放松下来，露出胜券在握的微笑。	主人公继续微笑着接听电话。

（七）利用主体运动方向的变化或视线变化实现合理越轴

以电影《百花深处》(2004) 中的一个片段来说明（见表 10－9）。

表 10－9　　利用主体运动方向的变化实现合理越轴实例

序号	1	2
画面		
说明	汽车从画面右侧向左侧快速行驶，摄像机在车身左侧拍摄。	汽车突然向左转向，摄像机此时处在骑轴机位上。此时，轴线已是灵活的，摄像机可以选择越轴。
序号	3	4
画面		
说明	汽车从左向右入画，摄像机来到车身右侧进行拍摄。	固定镜头拍摄汽车远去。

这组画面既是利用骑轴机位（中性镜头）合理越轴的案例，也能说明利用主体运动方向的变化进行越轴的做法。如果没有画面 2 中汽车突然左转的镜头，而将画面 1 和 3 接在一起，那么观众会感觉汽车即将发生冲撞。有了转向镜头，建立起来新的运动轴线，则摄像机可以选择在新轴线的任意一侧进行拍摄，画面的连贯性和主体运动方向的改变降低了越轴的跳跃感，从而顺畅实现轴线跨越。

又如在拍摄静态人物时，源于其视线方向有一条虚拟轴线，A 机位选择在轴线左侧拍摄。如果人物的视线突然发生变化，如扭头看向后方、侧头看向远方等，那么，一条新的人物方向轴线就建立起来了。此时，B 机位可以选择到新轴线的右侧进行拍摄，即 B 机位借由人物视线的突然转换实现了轴线的合理跳跃。在上述《麻雀》片段中，画面 2 有女主人公明显的视线转移，画面 3 则借着这个视线的变化，来到二人轴线的另一侧。

需要注意的是，这种合理越轴的方式有一个前提条件，即存在明显的新轴线。如果没有主体突然的转向或者视线的明显变化，在难有新轴线的情况下，还是应当遵循180度规律。

一线者说

近年来，真人秀节目成为电视和网络综艺中颇受欢迎的类型。这类节目的实际拍摄中存在着大量变数，需要摄像团队提前进行机位部署，不漏掉有价值、有趣味的角度和画面，增强节目的视听效果。摄像师陈俊楠以浙江卫视真人秀节目《奔跑吧》的拍摄实践为例，撰文介绍了拍摄对象多、突发情况多、空间范围大等较复杂拍摄条件下涉及的摄像工种和机位安排。现将该文节选如下：

（一）各司其职的摄像工种

任何一档电视节目的拍摄制作，都不是简单地用一台摄像机就能完成的。电视节目需要用大量不同角度的画面来叙事，对真人秀节目而言，被拍摄的人数比较多，节目内容时时刻刻都在进行，还伴随着各种不可控的突发情况。这就要求布置不同的摄像工种在不同的位置捕捉随时可能发生的情况。

《奔跑吧》这档节目，从2014年第一季开始至今已经拍摄了八季，本人有幸从第一季开始就作为摄像一直参与拍摄。众所周知，《奔跑吧》每一期的节目中都有大量的游戏以及标志性的“撕名牌”环节，为了能拍好这些“动静大”的环节，我们首先要确定需要多少摄像工种。经过八季的拍摄，大致可以分成以下工种：跟拍摄像、ENG摄像、运动摄像、高速摄像、摇臂摄像、航拍摄像、空镜摄像、水下摄像以及固定支架摄像。

跟拍摄像使用PXW-X280对艺人进行一对一的跟随拍摄，ENG摄像使用PXW-850负责在固定的游戏场地进行定点拍摄，运动摄像使用如影这类的稳定器在游戏中对一些移动画面进行拍摄，高速摄像拍摄一些满足后期对游戏中特定动作进行升格处理的画面，比如气球爆炸、弹射飞椅等高速运动的镜头。摇臂摄像在游戏场地中拍摄交代人物与场地环境的高角度运动镜头，航拍摄像相对于摇臂摄像要负责更大场面的环境交代，比如高空的城市环境。空镜摄像要负责拍摄节目内容中出现的道具、物品、器械以及广告产品的画面，用于节目中画面的补充过渡。水下摄像使用GOPRO和带防水套装的5D，一般出现在泳池游戏中，艺人有概率落水或者在水中进行游戏，需要拍摄在水下发生的内容。固定支架摄像则需要将GOPRO和NX30安装在支架上，放置在上述摄像工种无法拍摄的位置进行补充拍摄。

（二）机位调度设计

《奔跑吧》每一期拍摄之前摄像师都会去现场踩点勘景，了解具体的游戏内容和方式，通过与导演的交流我们会清楚地知道导演对这个游戏有哪些设计，会出现什么情况，哪些画面是必须要捕捉到的。清楚了导演的需求，我们再根据现场的游戏装置和道具对每个机位进行具体设置。

1. 固定机位的设置

每个游戏以及聊天环节，艺人会呈现一排站立、八字站立或者根据游戏装置出现在相应的位置，这时候跟拍摄像会找到自己拍摄艺人的正面位置拍摄，ENG 摄像则会将场地划分为几块区域，例如聊天的时候就按照几个人的关系划为一片区域，游戏的时候会划分成起点位、中间位、终点位。通常，机位的设置都是先以跟拍摄像和 ENG 摄像的位置设置为主。在“撕名牌”环节，跟拍摄像一直跟随着自己拍摄的艺人，ENG 摄像会分布在整个场地内各个路线的交叉口，尽可能同时照顾到多方向来的艺人。

2. 反打机位的设置

真人秀节目不像演播室节目那样艺人始终是面对着镜头的，尤其玩游戏的时候艺人会面向各个角度，经常会出现拍摄的艺人向后转头进行观察的情形。由于正面主机位的跟拍摄像和 ENG 摄像无法在艺人向后转头的时候第一时间将机位移动过去，这时候我们就会根据每个现场不同的场景，在艺人有可能会转身回头的角度布置一些机位。这些机位由于和主机位处于一个越轴的位置，很容易就穿帮，但是为了一些重要的回头画面，我们也使用了很多不同的办法来尽可能避免穿帮。比如借助场地里的道具，摄像师躲在道具里面或者在户外就利用树木来遮蔽。甚至有群众演员时我们就穿着群演的衣服混在里面，减少视觉上的穿帮。

3. 特殊角度及场景的机位设置

跟拍摄像和 ENG 摄像使用的摄像机由于需要三脚架和摄像师的操作，会使得在一些特殊的高角度、狭小的空间以及不利于隐蔽的场地拍摄时出现困难。我们会使用体积小巧、方便安装的 GOPRO 和 NX30 摄像机来弥补这些不足。《奔跑吧》中经常出现的水炸弹装置，拍摄时我们会在水柱顶部安装 GOPRO，能拍摄出水从装置中向下冲击到艺人头上的画面，这类画面视觉冲击感强，而且是观众平时不太能看到的角度。还有在节目中出现过的“恐怖箱”这个道具，艺人要把手伸进箱子内，箱子是不透明的，摄像机无法从外面拍摄箱子内部艺人的手的动作，只有把 GOPRO 装在箱子内才能完整拍摄到。在遇到拍摄狭小空间的场景时，我们也会在场景四周的墙面上安装 NX30 摄像机，补充更多的拍摄角度。

4. 运动机位的设置

如影这一类稳定器的出现，使得很多手持运动镜头变得非常稳定，《奔跑吧》又是一个移动性很强的节目，大量稳定移动跟随的镜头会让节目的画面在视觉上更加舒服。众所周知，“撕名牌”环节跟拍摄像跟着艺人一直走一直跑，而手持摄像机必定会产生晃动，而且移动的速度越快，晃动幅度就越大，虽然能给观众带来一部分视觉上的紧张感，但是如果整个环节都是大量晃动的镜头势必让人产生眩晕感。如影在“撕名牌”环节中非常重要，在遇到艺人长距离的走路和奔跑时，如影能拍摄到一整条完整、稳定、流畅的运动镜头。

（三）各机位的配合拍摄

真人秀节目和演播室节目不同，没有导播实时指挥摄像调整画面，真人秀节目的拍摄需要所有工种的摄像师自行沟通拍摄的画面，及时作出调整。

1. 固定机位交流分配拍摄区域

在拍摄过程中，摄像师会通过对讲机分配好自己负责拍摄的人物或者区域。跟拍摄像会根据自己艺人的位置调整机位，如果遇到空间小无法移动的时候，跟拍摄像会相互之间交换拍摄。配合时间久了之后，摄像师之间往往只需要一个眼神就能了解要跟谁交换拍摄。ENG摄像在自己负责的区域内拍摄时，也会一直保持沟通，交代自己拍摄的内容，避免其他摄像重复拍摄。在“撕名牌”的时候ENG摄像还能与跟拍摄像及时交流，遇到有ENG摄像在的通道、楼梯时，跟拍摄像会接到ENG摄像的指令停止跟随，找角度躲避ENG摄像，然后把整段画面交给ENG摄像来拍摄，这样保证了画面的干净有效。

2. 运动机位找准时机一镜到底

稳定器拍摄的画面流畅，适合在大范围快速移动时拍摄，但是搭配的广角镜头使得稳定器拍摄时需要更靠近主体，容易出现穿帮。因此，稳定器上前拍摄的时机是极为重要的。对于一些要重复进行好几遍的游戏项目，摄像师要根据每一遍艺人肢体的幅度大小，遇到出现激烈的、大幅度的动作的时候果断上前，拍摄出一条有冲击感、流畅的画面，然后及时退出，把穿帮的时间缩短。“撕名牌”的时候，运动摄像要使用如影在通道较宽、艺人汇集较多的地方待命，一旦艺人快速奔跑起来，选择就近的艺人拍摄，把他们的移动过程拍完之后，及时把跟拍位让给跟拍摄像，自己可以选择其他需要补位的角度拍摄。

资料来源：陈俊楠．电视摄像机位设计与跟拍镜头语言表达：以电视真人秀节目《奔跑吧》为例［J］．文化产业，2020（14）．

【推荐阅读书目】

谢红焰．电视画面编辑［M］. 2 版. 北京：中国传媒大学出版社，2019.

【思考题】

观摩《朗读者》《圆桌派》《新闻调查》三档节目，分析其架设机位的异同。

【练习题】

以小组为单位，选择任意三种合理越轴的方式进行拍摄和剪辑练习，理解并实践如何处理画面中可能存在的越轴问题。

第十一章

蒙太奇及镜头组接

【本章学习要点】

1. 平行蒙太奇与交叉蒙太奇的叙事功能与差异。
2. 镜头组接的一般规律。
3. 无技巧转场的实现方式。

第九章和第十章的叙述围绕着一个核心问题展开，即如何拍出合格且合乎规范的电视镜头。那么，接下来的问题是，如何将这些有效的镜头按照一定的逻辑或规律组接在一起，并形成合理的叙事。为了回答这一问题，本章将依次介绍蒙太奇理论、镜头组接和转场三个概念，从宏观、中观和微观三个层面对电视（电影）画面的叙事结构和组接原则进行介绍。

第一节 蒙太奇

蒙太奇是法语 Montage 的音译，原是法语建筑学上的一个术语，意为构成和装配。这个词被借用到影视艺术领域，尤其是电影中，引申为画面剪辑和组合，用来表达不同的镜头组接方式。

在一定的创作目的和合理的创作技巧基础上，影视创作者在前期创作、拍摄了许多镜头。镜头与镜头之间不同的剪辑或组合逻辑决定了不同的呈现效果和快慢节奏，而这些具体的镜头组接手段和逻辑方式则被称为蒙太奇。如果把镜头看作是“词语”，那么，蒙太奇就是把这些词语（镜头）组成句子（完整意思）的“语法”。对于影视工作者来说，掌握了这些基本“语法”，才可以清晰流畅地进行画面陈述。

严格来说，蒙太奇是一个电影学领域的概念，因为电影需要借助蒙太奇表达多种多样的艺术效果。新闻则贵在客观与真实，所以电视新闻中我们不提蒙太奇的概念，一般新闻中也极少使用蒙太奇效果去报道和叙事。本节更多是将其作为电视摄像和镜头剪辑的概念向读者进行补充性介绍，在一定程度上帮助读者了解电视镜头组接的可能性和可行性。本节使用的案例多来自电影作品。

一 蒙太奇的两大功能

第一，叙事功能。影视作品的基本传播意图就是在一定的时长内，向观众讲述一个相对完整的故事。蒙太奇的叙事功能则体现为使用一定的剪辑构思与镜头组接手段，把故事讲得明白、紧凑又富有艺术欣赏性。

第二，表意功能。指的是通过镜头剪辑和组接，使影片不仅能够产生联想、悬念、冲突等叙事效果，还可以令观众从影片中感受或揣摩到各种情绪效果和创作意图。

基于蒙太奇叙事和表意的两大功能，我们重点介绍两种蒙太奇类型，一是叙事蒙太奇，二是表现蒙太奇。

二 叙事蒙太奇

叙事蒙太奇的作用是交代情节、展示事件，按照情节发展的时间流程、因果关系来组接镜头、场面和段落，从而引导观众理解剧情。这种蒙太奇组接脉络清楚、逻辑连贯、明白易懂。叙事蒙太奇又包含下述几种具体技巧：平行蒙太奇（分叙）、交叉蒙太奇、颠倒蒙太奇（倒叙）、连续蒙太奇（顺叙）。

（一）平行蒙太奇

平行蒙太奇指的是将不同时空（或同时异地）发生的两条或两条以上的情节线并列表现、分头叙述，并将其统一在一个完整的结构之中。比如影片《全城热恋》（2010）中，电台主持人在广播中宣布了情人节有奖竞赛的消息后，男女主角以及听到电台节目的若干普通听众，都积极行动起来将自己装扮成丘比特的形象，一起奔向电台方向。这是一个典型的叙事片段，如果要把情节线一条一条地叙述出来，显然是拖沓也无必要的，因而，电影选择使用平行蒙太奇，把同时异地的线索并列交代出来，平行讲述情人节竞赛的叙事情节，当所有人陆续到达电台时，平行叙述结束。

故而，平行蒙太奇又被称为平行剪辑，即把所有预先拍摄的画面按平行并列叙事的逻辑，剪辑、组接到一个叙事段落中。

（二）交叉蒙太奇

将同一时间、不同地点发生的两条或数条情节线迅速而频繁地交替剪接，各条线索相互影响、相互依存，最后汇合在一起。我们将这种后期剪辑制作手段称为交叉蒙太奇。这种剪辑技巧容易引起悬念，制造紧张气氛，加强矛盾冲突。比如《无间道》(2002)深夜抓捕行动的片段中，刘德华饰演的刘建明、梁朝伟饰演的陈永仁以及曾志伟饰演的黑帮老大韩琛在同一时间、不同地点分别行动，代表三条情节线索。后期制作时使用交叉蒙太奇，用频繁的场景切换交代三者斗智斗勇的过程，制造了紧张且富有冲突和悬念的电影气氛。整个段落的落脚是韩琛在内应刘建明的帮助下，成功逃过了警方的搜捕，情节的交叉也到此结束，影片节奏随之慢下来。交叉蒙太奇通常配合急促和带有悬念感的音效一起使用，且在情节交叉时不考虑转场因素，而直接进行场景切换。

平行蒙太奇和交叉蒙太奇在影片段落的讲述中都涉及两条或多条情节线，但它们在叙事功能和效果上有显著的不同，具体体现在：

其一，平行蒙太奇的多条情节线索可以是同时发生的，也可以不强调情节的同时性。交叉蒙太奇则强调两个或多个情节的共时性，否则在段落落脚时达不到故事情节的统一。

其二，交叉蒙太奇由平行蒙太奇发展而来，更强调场景的快速交替出现，并制造紧张气氛。

其三，平行蒙太奇强调多个情节围绕一个主题并列展开，情节线索之间的关联性和关系感不强。交叉蒙太奇则强调场景之间密切的关联性和因果关系，前一个场景的结果可能是后一个场景的起因，二者互为关联，密不可分。

（三）颠倒蒙太奇

颠倒蒙太奇指的是在后期剪辑时先展现人物或事件现在的状态，再引入此前的状态和经历，然后又回到现在。即将人物或事件的过去与现在进行重新组合，共同完成叙事，并起到调节影片节奏的剪辑效果。人们在影视作品中经常看到主人公在某个瞬间开始回忆从前的画面，这用到的就是颠倒蒙太奇的剪辑手段。颠倒蒙太奇常借助叠画、画外音、旁白等辅助手段从正叙转入倒叙。

（四）连续蒙太奇

连续蒙太奇指的是画面和场景沿着一条情节线索连续展开，按照事件的逻辑顺序，有节奏地连续叙事。这种叙事条理清楚，朴实平顺，但由于缺乏时空与场面的变换，无法直接展示同时发生的情节，不利于概括，易产生平铺直叙之感。因此，连续蒙太奇在一部影片中绝少被单独使用，多与平行、交叉、颠倒蒙太奇共同使用，以达到更紧凑的叙事节奏和效果。一些人物传记类影片通常需要以人物的人生经历或生命轨迹为线索进行故事讲述，所以需要大量使用连续蒙太奇，但为了降低连续叙事带来的拖沓、沉闷感，影片往往会借助其他蒙太奇手法来制造高低起伏的节奏感。比如《波西米亚狂想曲》（2018）是一部讲述皇后乐队主唱弗雷迪·默丘里传奇故事的传记电影，影片开头的一组镜头是弗雷迪在 1985 年 Live Aid 演唱会上即将登场的画面，随后颠倒蒙太奇将观众带回弗雷迪成为歌手之前在机场当搬运工的画面，影片就此展开连续叙事，按时间顺序讲述了弗雷迪以及皇后乐队的主要经历和转折事件。影片最后 20 分钟是一整段的连续蒙太奇，复刻了 1985 年皇后乐队在 Live Aid 演唱会上的表演，呼应了影片开头。

三 表现蒙太奇

表现蒙太奇指通过相连镜头在形式或内容上相互对照、冲击，从而产生单个镜头本身所不具有的丰富含义，以表达某种情绪或思想。

（一）抒情蒙太奇

抒情蒙太奇在保证叙事连贯性的同时，表现超越剧情的思想和情感。最易被观众感受到的抒情蒙太奇，往往是在一段叙事场面之后，恰当地切入象征情绪、情感的空镜头。

（二）心理蒙太奇

心理蒙太奇是人物心理描写的重要手段，它通过画面镜头组接或声画结合，展示人物的内心世界，常用于表现人物的梦境、回忆、闪念、幻觉、遐想等精神活动。比如安吉丽娜·朱莉执导的电影《他们先杀了我父亲》（2017）开头段落讲述了主人公一家被驱逐流亡的经历，其中多次用到心理蒙太奇来交代小女孩深深的心理恐惧。在她睡觉和醒来的现实镜头之间插入她的可怕梦境，观众可以从中感受到小女孩内心的极度不安。再如电影《记忆大师》（2017）中，男主角江丰在记忆医疗中心接受手术，却不料因手术失误记忆被错误重载，他脑海中不断闪现一些杀人的记忆碎片。这些镜头配合剪辑技巧和音效的使用，插入现实镜头，用来交代主人公的错乱记忆。随着剧情的逐渐展开，这些心理蒙太奇越来越完整地将案件和事实真相揭露出来。

（三）隐喻蒙太奇

通过镜头或场面进行类比、比喻，含蓄而形象地表达创作者的某种寓意。这种手法往往将不同事物之间某种相似的特征突显出来，以引起观众的联想。BBC 出品的纪录片《印度的女儿》（2015）讲述的是 2012 年 12 月发生的震惊世界的德里公交车轮奸案。当影片叙述到乔蒂·辛格当晚遇害之前与朋友在电影院看的是《少年Pi的奇幻漂流》（2012）时，一只老虎的形象出现在画面中并张开血盆大口怒吼一声。看过李安这部电影的人都知道，《少年Pi的奇幻漂流》中有一个主要形象就是与少年Pi一起在船上漂流的孟加拉虎，而此时画面中的老虎更多地被创作者赋予一种比喻意义，用老虎比作向乔蒂施暴的凶手，预示着凶险和厄运正在向乔蒂涌来。

需要注意的是，使用隐喻蒙太奇手法应当谨慎，避免给观众带来生硬牵强的感受。被用来类比的物体或形象要与故事情境和情绪相吻合，要顺应观众的理解力和心理接受度。

（四）对比蒙太奇

对比蒙太奇类似于文学作品中的对比描写，即通过镜头或场面之间在内容（如贫与富、苦与乐、生与死、高尚与卑下、胜利与失败等）或形式（如景别大小、色彩冷暖、声音强弱、动静等）上的强烈对比，产生相互冲突的效果，以表达创作者的意图。电影《无问西东》（2018）中有一个使用对比蒙太奇的典型情节段落：中药房大夫王敏佳被拉到小广场上遭受批判、辱骂和殴打，而在一墙之隔的另一处广场上，王敏佳的老同学李想正作为进步青年向群众做思想报告。委屈绝望的王敏佳与光荣崇高的李想在人物形象上形成鲜明反差，同时，镜头从众声唾骂、满脸愤恨的群众切到掌声如雷、欢欣鼓舞的群众，也在场面和情绪上形成强烈对比。

第二节 镜头组接的一般规律

此前我们讲到的蒙太奇是镜头段落之间的组接。镜头段落可以由一个长镜头组成，也可以由若干个镜头组成，将这些段落按照叙事或表意的目的组接起来，即蒙太奇。本节要讲的镜头组接，则指的是单一镜头画面之间的组接，意思是在电影电视中将一个个单独镜头有逻辑、有构思、有意识、有规律地连贯在一起。相对蒙太奇而言，镜头组接是一个更微观的概念。镜头组接不是随意的，是遵循一定规律和叙事目的的，本节将重点对镜头组接的一般规律进行介绍。

一 同景别且同一主体的画面不能进行组接

原因如下：

其一，镜头景别变化小，接在一起好像同一镜头产生了重复。尤其是在画面中拍摄对象没有说话的情况下，将同景别同一主体的画面接在一起，会造成画面的重复感、累赘感。

其二，机位、景别变化不大的两个镜头接在一起，只要拍摄对象稍有变化，就会在人的视觉中产生跳动，破坏了画面的连续性。比如我们用近景拍摄了一位采访对象，那么，在后期选用同期声画面时，一定要选择有连贯性的一段话，而尽量不要用截取的办法去拼凑画面。这既有碍于新闻的真实性原则，也会因为画面截取而给观众带来视觉上的不稳定感。

解决办法：

为了避免产生上述镜头组接的不良反应，我们可以进行如下操作。

其一，使用过渡镜头。比如我们在采访对象的办公室里使用近景进行了拍摄，在后期剪辑时需要将该拍摄对象的两个近景镜头接在一起。为了防止产生视觉跳跃，后期剪辑时可以在两个镜头之间插入办公室里的一个静物，比如书架上的书、墙上的标语、衣服上的徽章等，用过渡镜头来衔接前后镜头。

其二，使用后期叠化处理。如果一定要截取采访对象的表述并进行镜头组接，则应在后期处理时使用简单的叠化效果，缓和观众的视觉跳跃，而不要生硬拼接。

二 切忌越轴

前面章节已经讲过越轴的问题，以及合理越轴的基本做法。避免将相互越轴的镜头组接在一起，也是镜头组接的重要原则和规律。如果前后镜头之间出现了越轴，应采用合理越轴的方法进行补救和过渡。

三 镜头组接的动静结合规律

电视镜头组接遵循“动接动”“静接静”“静接动”“动接静”的方法，“动”指的是运动镜头，“静”则指固定镜头。每一种动静组接的方法又依循具体的操作规律将运动镜头或固定镜头组接起来。

（一）动接动，即运动镜头之间的组接

根据主体和运动形式，“动接动”可以分为两种：

1. 主体不同、运动形式不同的镜头组接

将主体不同、运动形式不同的运动镜头进行组接时，只需要保留第一个镜头的起幅和最后一个镜头的落幅，其他镜头相接处的起幅和落幅都应去掉，以保证画面的流畅和节奏感。

例如以下四个镜头：

摇镜头，天安门城楼。

推镜头，升旗仪式。

摇镜头，国旗护卫队敬礼。

拉镜头，从几位儿童的镜头拉出天安门广场大全景。

上述四个运动镜头在拍摄时都完整保留了起幅和落幅，如果要将它们组接在一起，则没有必要保留所有的起幅和落幅。需要留下第一个摇镜头的起幅和第四个拉镜头的落幅，镜头相接处的起幅和落幅则应在后期处理时删除，以保证四个镜头在统一的节奏下共同完成画面叙事。如果所有的起幅和落幅都保留下来，意味着画面节奏从慢到快多次起伏，容易让整体画面显得拖沓，不利于观众视觉上的整体感和节奏感。

案例 11-1：主体不同、运动形式不同的镜头组接示例

如表11-1所示：

第一组镜头（画面1和2）是摇镜头，从新华门左侧墙上标语向右摇到石狮子。

第二组镜头（画面3和4）是推镜头，从“为人民服务”字样的影壁推到“为人民服务”几个大字。

这两组镜头的运动方式不同、主体不同，但是要表达的内容具有连贯性和一致性，所以在镜头相接处没必要保留前一组镜头的落幅和第二组镜头的起幅，而仅在最后保留了第二组镜头的落幅。

表 11-1　　主体不同、运动形式不同的镜头组接

序号	1	2	3	4
画面				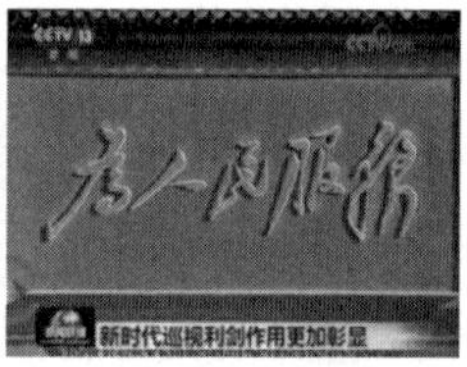

2. 主体不同、运动形式相同的镜头组接

将主体不同、运动形式相同的运动镜头组接在一起，要根据运动方向是否相同来决定是否保留镜头连接处的起幅和落幅。

（1）主体不同、运动形式相同、运动方向一致的镜头相连，应除去镜头相接处的

起幅和落幅。

例如以下三个镜头：

摇镜头：由左到右摇教学楼。

摇镜头：由左到右摇图书馆。

摇镜头：由左到右摇操场。

假设要用上述三个镜头的组接来交代学校的校园环境，则只需要保留第一个镜头的起幅和第三个镜头的落幅，其他镜头相接处的起幅和落幅需要去掉。

（2）主体不同、运动形式相同但运动方向不同的镜头相连，一般应保留相接处的起幅和落幅。

例如以下两个镜头：

摇镜头：右摇游行方队。

摇镜头：左摇观看群众。

这两个镜头组接在一起时，要适当保留第一个镜头的落幅和后一个镜头的起幅，给观众视觉上留出适当停顿，否则观众的目光在屏幕上来回扫，会感到视觉不适。

（二）静接静，即固定镜头之间的组接

静止物体的固定镜头相接时，要保证镜头长度一致。长度一致的固定镜头连续组接，会赋予固定画面以动感和节奏感。如果镜头长度不一致，观众会感到杂乱。

画面内主体运动的固定镜头相接时，要从画面中选择精彩的动作瞬间，并保证叙事过程的完整性。比如有一系列体育运动的固定镜头画面，包括百米赛跑、游泳、足球、滑雪、跳高等，你应当如何从中选择画面制作一个更有动感和叙事感的片花呢？首先，要从这些固定镜头中选择最精彩的动作瞬间，比如百米的起跑、游泳的入水、足球的射门、滑雪的腾空、跳高的跃过横杆等；其次，还要在画面叙述上做到有始有终，可以用起跑做片花开头，以足球射门作为结束。在这两个原则下做出的镜头组接既保证了画面的有效性和感染力，也达到了画面叙述上的秩序感。

在电视新闻中，多用固定镜头可以加强报道的节奏感，而主体运动的固定镜头则可以更好地体现动感。因此，在拍摄时要多拍一些有主体动作和情绪的镜头，以便在后期剪辑时提供更多镜头衔接的素材。表 11-2 展示的是电视新闻中连续播出的一段画面，共由四组固定镜头剪辑而成，其中画面 1 和画面 3 镜头主体的动作小、位置固定，画面 2 和画面 4 镜头主体在画面中行走，动作幅度大。所以将四组镜头按主体动作幅度小-大-小-大的顺序组接起来，画面的平衡感较好。试想如果四组镜头中的主体都在大幅度运动，那整段画面会显得忙乱不定。

表11-2　　电视新闻中固定镜头相接实例

序号	1	2	3	4
画面				
说明	工人摆放锂电池。	工程师在画面中走向电脑控制台。	工程师操作电脑。	工人推车在画面中行走。

在多机位拍摄的演播室节目中，摄像师要注意观察、抓取现场观众、舞台嘉宾等的动作和表情，用来活跃和丰富画面。同时，导播也要通过切换机位，将台上台下的互动交代出来。比如《快乐大本营》中主持人何炅与台下观众互动："一起唱，好不好?"导播马上把镜头切到一边鼓掌一边回应的观众。两组固定画面衔接实现了镜头段落的完整性（见表11-3）。

表11-3　　固定镜头相接时的呼应性

序号	1	2	3
画面			
说明	何炅与观众互动说："一起唱，好不好?"		画面切到观众席，观众鼓掌回应。

（三）静接动、动接静，即固定镜头和运动镜头的组接

（1）运动镜头与固定镜头相连，前后镜头的主体具有呼应关系时，应视情况决定镜头相接处起落幅的取舍。

比如：

跟镜头：运动员带球前进、射门。

固定镜头：观众欢呼。

这两个镜头相接时，跟镜头不需要保留落幅，而直接切入观众席欢呼的固定镜头，一气呵成，表现进球瞬间的精彩。

再如：

固定镜头：一个人坐在行进的车窗边远眺。

移镜头：田野美好风光。

这两个镜头衔接时，也不需要保留移镜头的起幅。因为这两个镜头的拍摄对象是直

接呼应的，是具有视觉顺畅感的。假设后一个运动镜头拍摄的是一间会议室或一条胡同里的场景，则不能与远眺的固定镜头相接，因为显然会产生视觉跳跃，令人感到奇怪。

（2）固定镜头与运动镜头相连，前后镜头不具备呼应关系时，镜头相接处的起幅和落幅要保持短暂的停留。

比如：

固定镜头：人物在画面内从右侧跑动到左侧。

摇镜头：另一处空间中的一栋建筑。

如果要将这两个镜头接在一起，应在固定镜头中保留 1～2 秒的落幅，待人物完全出画之后，再接后面的运动镜头。因为这两个镜头分属于两个空间，建筑物的运动镜头更多地起到过渡作用，二者之间没有必然的呼应关系，所以如果不留出一定的落幅，会使画面显得仓促和关系不明。

再如：

固定镜头：采访对象讲话的近景画面。

摇镜头：另一处空间中自上而下展现建筑的摇镜头。

在这两个镜头的组接关系中，前一个镜头拍摄对象在画内无运动，讲话完毕即可切到后一个镜头。而后一个镜头属于其他空间，起到过渡作用，所以应在后一镜头的起幅处留出 1～2 秒的时长，给两个画面留出一定的衔接空间。

（3）运动镜头与固定镜头相连，如果运动镜头尾声出现的主体与固定镜头的主体相同，则要适当保留运动镜头的落幅，待视觉稳定后再接固定镜头。要使用不同景别处理主体：主体在运动镜头中景别小，在固定镜头中景别大。

案例 11－2：动静相接时，处理同一主体示例

以表 11－4 中的画面为例，画面 1 是社区街道的一个摇镜头。因为这是一期以老年人买保健品为题材的节目，所以将这个摇镜头的落脚放到坐着休息的几位老年人身上是十分恰当的，要远远好于落脚在花草树木上。这个镜头体现出摄像师很好的新闻镜头意识。

画面 2 是三位老年人的固定画面，时长约 3 秒。

将这一动一静两组镜头连在一起时，要适当保留摇镜头的落幅（1 秒左右），再接固定镜头。如果完全不保留落幅，画面则太过跳跃，观众会感到十分突兀：三位老人的镜头怎么突然变大了？

而且，因为摇镜头在此处是为了展示社区环境，所以三位老人仅是环境中的一小部分，所占景别一定是小的。固定镜头则意在交代环境中的细节，老年人的景别宜大不宜小。

表 11-4　动静相接时处理同一主体实例

序号	1	2
画面		
说明	摇镜头尾声出现三位老年人，小景别，落幅1秒。	三位老年人的固定镜头，大景别，时长约3秒。

四　恰当保留镜头长度

一条电视新闻需要用若干个镜头来构成完整的报道，而新闻报道又受到时长的限制，因此必须要考虑到每个镜头的时间长短。拍摄素材中的镜头并不总是完全符合要求的，在后期剪辑时常常需要根据实际情况做镜头长短的选择。那么，如何判断一个镜头需要的长短呢？一方面要保证有足够的时长让观众看清楚画面中的信息，如果还没有看明白画面中的内容就切到下个画面，观众会在视觉上感到不适，在心理上有受挫感，进而可能放弃观看。另一方面，镜头也不是时间越长越好，一个长时间没有明显变化的镜头会使观众失去兴趣和耐心。决定镜头长度应综合考虑内容长度和情绪长度两方面的因素。

（一）内容长度

它指把画面主体内容展示清楚的镜头时间长度，受画面主体位置、运动状态、景别、明暗等因素的影响。

其一，由主体位置来判断时间长度。根据人类的视觉特征，人们看清楚近处的（或前面的）景物要比远处的（或后面的）景物用的时间更短，因此，如果主体位于画面前部，镜头可短一些；如果主体位于画面后部，镜头则应该长一些。

其二，由主体运动状态来判断时间长度。同样根据人类的视觉习惯，画面中运动的主体能更快地吸引人的注意力，因此镜头可以短一些；而对于静止不动的主体，其传达的是舒缓的情绪，人的视觉反应会迟钝一些，因此，镜头给的时间要相对长一些，使观众有足够的时间把注意力转移过来，领会其中含义。此外，如果同样是运动的主体，动作幅度大的、动作速度快的要比动作幅度小的、动作速度慢的更容易吸引观众的视线，因此镜头要相应短一些。

其三，因景别的不同而时间长度不同。远景、全景画面所包含的内容多，信息量大，观众要看清楚画面的内容，所费的时间长；近景、特写镜头包含的内容少，画面相对单一且醒目、突出，观众观看时所花费的时间较少。景别不同的画面的时间长度参考值是：全景 8 秒，中景 4～6 秒，近景 3 秒，特写 1～2 秒。当然，也要看需要给观众传达什么样的信息或情感。例如一个人物特写的脸，如果是 1 秒，那只是为了让观众看清楚性别；如果是 3 秒，是为了让观众分辨出这个人物的特征，如美或丑；如果是 5 秒或是更长，那可能是为了让群众看到这个人脸上的表情甚至心理状态。

其四，根据画面亮度不同而决定时间长度。亮度饱满的画面，明快醒目，一目了然，时间长度可以短些；灰暗的画面，视觉反应相对迟钝，观众观看花费时间较长，给画面的时间相对应该长一些。如车祸现场的剪辑，如果发生在白天，镜头相对可以短些；如果发生在晚上，则要放长一些，让观众有充足的时间了解事件发生的情况。

（二）情绪长度

通过渲染气氛、营造氛围、抒发情感，让观众进一步感受并体会到镜头所传达的信息，并产生情绪上的共鸣。在选择情绪长度时应考虑镜头所表现的主体的情感和气氛发展所需要的时间长度。内容长度主要由人们的视觉习惯来决定，而情绪长度则主要依据人们的心理特点决定。

第三节 转场

在介绍转场的概念之前，我们不妨先回顾几个相关概念。

帧：影像中的单幅影像画面，一帧就是一幅静止的画面。帧是构成一个镜头的最小单位。

镜头：静止帧快速连续地显示便形成了运动的假象，进而形成了动态画面，一组连续的动态画面即一个镜头。镜头是构成电视片的最小单位。

电视段落：若干个镜头连接在一起形成的镜头序列。电视段落近似于戏剧中的幕、小说中的章，一个个段落连接在一起，就形成完整的电视叙事。

一个完整的电视作品在内容上的结构层次是通过段落表现出来的。而段落与段落、场景与场景之间的过渡或转换，就叫作转场。

我们一般按照是否使用了后期处理技术，将电视转场分为技巧转场和无技巧转场。技巧转场指的是利用视频处理软件在两个电视段落之间加入转场特效，达到硬转场的目的。比如 Premiere 软件的“视频切换”功能设置了伸展、卷页、叠化、擦除等十余种转场特效，后期制作中可将其插在两段视频之间，实现技巧转场。

本节要讲述的重点是无技巧转场。无技巧转场是一种软转场，指的是通过前期拍摄中有意识的脚本规划，或在后期剪辑时利用既有的画面素材，实现镜头的自然过渡，进而衔接起两个电视段落或两个场景。电视新闻要求在较高时效和有限时长内对主要新闻事实进行报道，更多的是讲求声画结合和视听统一，因此通常不会在后期制作或直播画面中过多考虑转场的问题。然而纪录片、电视剧、电影作品除了画面本身的精当和声画配合之外，还强调视觉上的连续性和艺术美感，因此会广泛使用无技巧转场。以下，我们介绍几种常用的无技巧转场方法。

一 两极镜头转场

此处所谓的“两极”指的是景别上的两极，即最大景别特写和最小景别远景。两极镜头转场，指的是前一个场景最后一个镜头的景别与后一个场景第一个镜头的景别恰恰是两个极端。比如前一个场景落脚在特写上，后一个场景以大远景开头；或前一个场景落脚在全景、远景上，后一个场景以特写开头（见表 11-5）。利用两极镜头的相接，实现前后场景的转换。

表 11-5　两极镜头转场实例

序号	1	2
画面		
说明	前一个场景的最后一个镜头：大远景。	后一个场景的第一个镜头：特写。

二 同景别转场

同景别转场指的是前一个场景结尾的镜头与后一个场景开头的镜头景别相同。这种转场方式带来的效果是观众注意力集中，无须注意景别转换，场面过渡衔接紧凑。

表 11-6 所示的前后相接的两组镜头中，前一组拍摄场景是医院，后一组场景是拍摄对象的办公室。这两组镜头都是固定镜头，且前一组镜头中人物是相对固定的，使用同样的景别完成转场，观众在视觉上得以顺畅过渡。如果前一组镜头是中景或小全景，转场后变成中近景，这也不是完全不可以，但从效果上看，没有同景别转场周正、紧凑，总感觉镜头应该再往前推一点。

表 11-6　　同景别转场实例（一）

序号	1	2
画面		
说明	前一个场景的最后一个镜头：中近景。	后一个场景的第一个镜头：中近景。

同景别转场也适用于非同一主体的前后场景转换，比如表 11-7 所示的电视剧《猎毒人》中这两组镜头。前一个场景的最后一个镜头是楚家父女二人坐立状态的小全景，紧接着的后一个场景的第一个镜头是缉毒女警江伊楠坐立位置的小全景。将这两个镜头相接，十分顺畅地完成了场景和视觉的过渡。

表 11-7　　同景别转场实例（二）

序号	1	2
画面		
说明	前一个场景的最后一个镜头：坐立小全景。	后一个场景的第一个镜头：坐立小全景。

三 特写转场

特写转场指的是无论前一个场景的最后一个镜头是什么景别，后一个场景都可以从特写开始。因为特写景别大，观众的视觉重心明确且突出，所以不管前一个场景落脚在什么景别，特写都是一个明确的视觉起点，用来承接下一个场景。如表 11-8 所示，画面 1 是前一组场景的最后一个镜头，用一个远山的大远景结束这一段叙事。画面 2 是千里之外的另一处场景，用特写镜头开始，观众的视线有凝聚感，以此为开端进行这一段场景的叙事。因为特写镜头具有很好的视觉起始或落笔的作用，所以它在转场处理中又被称为“万能镜头”或“视觉的重音”。

表 11 - 8　　特写镜头转场实例

序号	1	2
画面		
说明	前一个场景的最后一个镜头：云南腾冲一带群山大远景。	后一个场景的第一个镜头：南海之滨汕头渔船船尾特写。

四 声音转场

声音转场指的是利用画外音、音乐与音效、解说词等声音语言与画面的配合，实现电视段落或场景之间的转换。在后期制作中，用作转场的声音语言要铺设在两个段落之间，让观众跟随声音内容去理解画面内容，并顺畅地实现视觉过渡。比如电影《依然爱丽丝》(2014) 中有一个片段，前一个场景是女教授走在长廊上的背影，此时一段画外音响起，是演讲厅里主持人介绍女教授上场演讲的声音。后一个场景的开头是女教授站在讲台上开启演讲。这段画外音串起了走廊和演讲厅两个空间，有效压缩视觉时长，实现了合理转场。

五 封挡镜头转场

封挡是指画面上的运动主体在运动过程中挡死了镜头，或画面中某处客观事物挡住镜头，使得观众无法从镜头中辨别出拍摄物体的性质、形状和质地等物理特征。封挡镜头可以连接上一个场景的结束和下一个场景的开始，实现场景和情境的转换。在实际拍摄中，封挡镜头转场常用来表现地点、季节、时间的快速变换。比如上一个场景中拍摄对象在餐厅推着餐车行走，移动镜头经过一堵白墙，移到白墙尽头，拍摄对象换了一个形象出现在公园散步。显然，这堵墙是实现两个场景转换的封挡体，表现了拍摄对象所处地点的变化。

六 相似体转场

相似体转场就是连接两个场景的首末镜头中具有相似的主体形象，这种相似性可能表现在主体形状的相似、主体运动形式的相似、主体大小位置的重合以及概念上的同一属性等上，利用两个物体在某一点上的相似因素贯通上下段落。

(一) 非同一个但同一类

即出现在上一个场景结束处的物体与出现在下一个场景开头处的物体不是同一个，但是同一类，具有形状、外观、属性等方面的相似性。比如上一个场景中，拍摄对象跳入水中，画面落脚到水面；下一个场景开始，拍摄对象从另一个水池探身而出。先后出现的水池不是同一个，但有高度的相似性，可以用来承接前后两个电视段落。在电影《阿德尔曼夫妇》(2017) 中有一段交叉蒙太奇：男主人公的母亲绝望之下欲从楼顶跳下，他的父亲和哥哥则在树林里狩猎，父亲举起猎枪，枪声响起，母亲从楼顶坠下，即将落地的瞬间，被击中的绿头鸭坠落地面。绿头鸭和电影人物是完全不同的主体类型，但他们从高处坠落的动作和结果具有高度的属性相似性，母亲的下坠与绿头鸭落地的特写镜头组接在一起，既完成了这段交叉剪辑的叙事，又利用坠地而亡这层意义和属性上的相似性完成了转场（见表 11－9）。

表 11－9　　相似体（非同一个但同一类）转场实例

序号	1	2
画面		
说明	电影中人物从楼顶坠下。	树林中绿头鸭被击落坠地。

(二) 非同一类但有造型上的相似性

即用来转场的两个相似体不属于同一类，没有直接关系，但在造型上相似，可以使观众的视线顺畅地过渡到下一处场景。比如电影《超时空同居》(2018) 中多次使用了相似体转场技巧：上一个镜头是天上飞的方形风筝，下一个镜头是 Windows98 系统的开机 logo，二者显然不是同一类物体，但在造型上十分相似，两个镜头接在一起，合理地实现了场景转换；上一个镜头是女孩手里拿着一个苹果并咬了一口，下一个镜头是美国苹果公司（Apple Inc.）的 logo，前者是可以吃的苹果，后者是苹果图案，造型上的相似性承接了一前一后的场景（见表 11－10）。

表 11 - 10　　相似体（非同一类但造型相似）转场实例

序号	1	2
画面		
序号	3	4
画面		

七 同一主体转场

即用同一人物或物体来衔接前后两个场景，前后场景或段落之间存在明显的承接关系。同一主体转场与相似体转场的区别是，用来转场的人物或物体不是相似体，而是同一个。相似体转场并不强调前后段落在叙事上的关联性，而同一主体转场的前后段落在叙事内容上是有承接关系的。

八 空镜头转场

空镜头即只有景物没有人物的镜头。用空镜头衔接上下两个场景和段落，不仅具有一种明显的间隔效果，还能起到调整节奏、渲染气氛、刻画心理等画面效果。比如前文提到的表 11－8 中群山大远景这组空镜头就有明确的转场效果。此外，空镜头一般要配合声音内容一起实现转场，比如在空镜头中铺上一段渲染情绪的音乐音效、加入旁白或解说词、使用空镜头中的同期声等等。

延伸阅读

镜头成组，以完整叙述新闻片段

一条画面完整和齐全的电视新闻片，往往是由几个成组的镜头联结起来的。与照片不同的是，电视新闻片中的每个画面都不是独立和意义完整的，每一个镜头都依赖于其他镜头；每一个被摄对象都包含着大量的信息，而一个镜头往往不能够将这些信息完整地报道出来，这时就需要镜头成组。只有镜头成组，才能完整地叙述新闻片段。

要使电视新闻片中的镜头成组，摄像记者在拍摄时还必须具有强烈的编辑意识。这主要体现在两个方面：一是镜头表现的连续性，使运动镜头形成组合和单元；二是拍摄事件和人物的固有形态，即原生态，让其本质特征得以充分展示。

有的电视新闻片，文稿太长、画面过短，或者有时编辑在修改补充解说词后会发现画面不够。这时，后期合成人员往往会用上一些重复镜头来进行“填空”，结果导致电视新闻片最后部分的画面显得支离破碎。这种情况应该尽量避免。

在电视新闻片中，各种景别和形态的画面在组合时都要考虑镜头衔接、场景转换、段落构成等因素，即故事情节进展、人物事件关系和时间、空间转换的逻辑性。这三方面既要符合生活习惯，又要符合人们的思维逻辑。摄像记者在拍摄电视新闻片时，头脑中要有强烈的镜头感和画面的编辑意识，按照镜头组接的要求进行拍摄，强化镜头之间的内在联系。

镜头成组还要强调视觉的连续性，看上去自然流畅。在电视新闻片拍摄过程中，摄像记者要根据新闻事件或新闻人物的不同内容去拍摄有联系的成组画面，并在剪辑时将其合乎逻辑地、富于节奏地重新组合，使之通过形象间相辅相成、相反相成的关系，相互作用，产生连贯、对比、响应、联想等效果，构成一个连绵不断的有机整体。

合理剪辑，以理顺画面逻辑关系

电视新闻片中画面组接的逻辑性是镜头组接的最基本原则，它对于新闻内容的报道起着决定性影响。“组合的动作，则是把那些单独、零散的分解动作的画面，重新组合为连续的活动整体。”这种被称为“蒙太奇”的表现手法，在电视新闻片中往往根据新闻事件发生的时间顺序、逻辑顺序、因果关系等来分切、重组，实现对新闻事件发展过程的完整呈现。在电视新闻片中，合理剪辑不但可以理顺画面的逻辑关系，还可以通过蒙太奇效应增强新闻报道的故事性。

蒙太奇产生于镜头组接，完成于剪辑台上，贯穿于剪辑工作的全过程。它主要体现在对影视片的结构手段、叙述方式、节奏韵律等方面，不但包括对镜头的运用和处理，镜头的剪切和组接，场面、段落的布局和转换，而且还包括对时空结构、声音及画面关系的安排和处置。如在剪辑反映洪灾的电视新闻片时，可以将洪水冲毁堤坝、树木折断、房屋倒塌、人员避险这样的画面组合在一起，以保持画面之间的有机联系，力求使镜头语言更为顺畅合理。

景别变化、镜头运动、元素匹配等，从形式上加强了人们感受镜头运动和意义表述的效果，也为剪辑者选择恰当的剪接点提供了判断依据。当然，在实际剪辑过程中，摄像记者在选择和组合电视新闻片的镜头时，首先要考虑的并不是形式因素，而是镜头的内容意义，即后续镜头与前一镜头之间的关系，只有存在着能够让观众明白的逻辑关联，镜头之间的分解组合才可能有意义，镜头组接才会呈现出有目的的连贯性。电视新闻片因为受到篇幅的限制，往往只能选择典型的、有代表性的画面，但它并不是镜头间积木式地堆砌，而是剪辑师在充分考虑稿件内容、图像资料、镜头之间逻辑后进行的合理选择及连接，它是对新闻事件最有力、最直接的表现。

资料来源：吴国英．电视新闻应镜头成组并重视画面间的逻辑关系［J］．采写编，2014（2）.

【推荐阅读书目】

1．李晋林，袁立本，羊青，等．视听语言拉片实训教材［M］．北京：中国广播影视出版社，2011.

2．张香玉，李晓龙，马红波．视听语言［M］．广州：华南理工大学出版社，2017.

【思考题】

1．平行蒙太奇与交叉蒙太奇的区别是什么？

2．运动镜头与固定镜头的组接有哪些注意事项？

【练习题】

1．任意选择一部你感兴趣的电视专题片、电影或纪录片，对其镜头组接和转场细节进行分析，并列举其中五处进行详细解析。

2．请结合具体案例，列举说明电视新闻中常见的转场形式。

第十二章 电视新闻的报道类型

【本章学习要点】

1. 电视消息的基本概念和写作要求。
2. 电视系列报道与连续报道的区别。
3. 电视专题写作的注意事项。

前面几章内容涉及声画关系、轴线问题、镜头组接、转场方式等，归根到底都是从微观层面去讲述和解析如何让电视画面看起来更为周正、合理、顺畅。在掌握了这些具体环节之后，你能科学合理地拍出新闻画面，还能严谨有序地将新闻画面剪辑组合起来，但与此同时，你还需要用一篇报道来结构你所拍摄的声画内容，使之为新闻报道和新闻叙事服务。本章将重点介绍电视新闻中常用的报道类型及其写作方法或操作技巧。

第一节 电视消息

本节着重介绍电视新闻中最具短、平、快特点的报道类型——电视消息的基本特点和写作要求。

一 概念

在一档电视新闻节目中，电视消息是节目的主体。它旨在利用声画语言，以真实、客观为基点，迅速、广泛、简短地报道国内外新近或正在发生、发现的事实。按照报道时长的长短，可以将电视消息分为短消息和长消息。

（一）短消息

短消息时间长度一般在1分半钟之内。它以“一个事件、一个现场和一个主题”为特点，要求视角新颖、主题鲜明、视觉冲击力强。

快讯和简讯是电视短消息的具体形式，二者都强调篇幅短小，通常只报道事情的结果，而不交代其过程和背景。相较而言，快讯更强调报道的时效性，需要在事件发生的第一时间进行报道。

（二）长消息

长消息时间长度一般在4分钟以内。它的特点是以非事件性报道为主，要求在短消息基础上在时空上有一定拓展和延伸，要有一定的立意和深度，同时运用多种电视表现元素。

二 写作要求

（一）挖掘新闻核心，避免过多叙述过程

电视消息的写作要避免过多叙述过程，而要选择事件过程中的关键环节，言简意赅地把新闻的核心事实交代出来。

（二）用典型细节反映事物内在本质

典型细节可以帮助观众理解新闻事实，增强收视兴趣，并为新闻报道增辉。新闻细节可以直观地反映事件或事物的本质，在有限的时长内比大量概括性材料更具有报道说服力和吸引力。

（三）从宏观入手，提炼具有更普遍意义的事实

在报道实践中，记者经常需要对工作、活动、会议等程序性很强的事件进行报道。如果仅就会议报道会议，就活动报道活动，则会被程序牵着鼻子走，报道的新闻价值有限。记者在采写中需要主动挖掘具有更普遍、更深刻意义的事实，甚至需要以会议、活动等为由头，进一步展开线索，去进行补充采访和拍摄。如此而来的报道新闻价值更高。

案例 12－1：《“FAST 之父”南仁东：22 年坚持铸就大国重器》

刊播单位：贵州广播电视台

首发日期：2016 年 12 月 19 日

时长：2 分 59 秒

主创人员：郭裕娇、曾明、黎露佳、时小千

扫码收看

采编背景：

南仁东是中国科学院国家天文台 FAST 工程的总工程师兼首席科学家，可以说，没有他就没有世界最大的射电望远镜。从 1993 年开始，他就四处寻找适合建造“大射电望远镜”的区域。在历经十多年对上百个山洼、天坑的实地勘测后，2007 年，FAST 项目终于获得国家批准。2011 年，当地村民搬迁完毕，FAST 项目正式启动建设。2016 年，世界最大的球面射电望远镜在贵州省平塘县建成投入使用。前后 22 年，南仁东把半生的心血和精力都放在了这件“大国重器”上。

但在项目建成之际，南仁东却因为身体原因已经无法接受采访，因此记者从过去采访 FAST 项目的素材和节目中选取了南仁东各个时期具有代表性的同期声，用以展现这位科学家对我国科学事业的忠诚与情怀。同时，记者采访了多位与南仁东有较多接触的工作人员，勾勒出南仁东执着、严谨的品格和作风，用较短的篇幅展现了“FAST 之父”的形象。

这篇报道在主流媒体中第一次大胆使用了“FAST 之父”这个称谓并将其作为标题。为此，编辑也斟酌再三，并最终从国家天文台的官方刊物获得求证后才确定使用。这个词恰当、独到，体现了作者的高新闻敏感度和对新闻价值的精准大胆判断。

以下是 2017 年中国新闻奖电视消息二等奖作品《“FAST 之父”南仁东：22 年坚持铸就大国重器》报道全文。

【主播导语】今天的“2016·感动中国贵州故事”，我们来认识 FAST 总工程师兼首席科学家南仁东。是他用 22 年的坚持，让中国有了这件可以深探苍穹的大国重器。

【解说词】9 月 25 号，世界最大单口径球面射电望远镜 FAST 在平塘县大窝凼正式投入使用。为了这一天的到来，南仁东整整用了 22 年。

1993 年，在一次国际性无线电科学联盟大会上，科学家们提出，希望在全球电波环境恶化到不可收拾之前，建造新一代射电“大望远镜”。南仁东提出“咱们建一个”，之后，他就带着人在全中国的大山里寻找适合建造望远镜的洼地，最终敲定贵州平塘县这个叫大窝凼的漏斗天坑。

出字幕：2000 年南仁东接受本台记者采访。

【同期声】中科院国家天文台 FAST 总工程师、首席科学家南仁东：

建造这个望远镜，它涉及的高科技是多方面的，它给我们很多机会来接触前沿的高科技产业。我觉得可以带动我们国家整体高科技产业的发展，带动一方繁荣。

【解说词】初期勘探结束后，南仁东又申请为 FAST 工程立项。2007 年，FAST 项目终于获得国家批准。2011 年，当地村民搬迁完毕，FAST 正式动工建设。开工当天，南仁东看着工人们砍树平地，对身旁工作人员说："造不好，怎么对得起这些为了 FAST 搬出去的人家？"

【同期声】FAST 工程工作人员黄琳：

FAST 工程对他来说就像个孩子一样，见证他孩子的成长过程。

【解说词】项目启动后，南仁东开始参与到 FAST 设计建造的每一个环节：支撑框架建设、反射面面板拼装、综合布线工程……每一次，他都要仔细检查施工细节。

【现场声】FAST 总工程师、首席科学家南仁东：

几层保险？（工作人员：现在是两层比较可靠的保险，牵引一套保险，绞磨机再做一次二次保险。）

【同期声】FAST 工程工作人员袁维胜：

第一个（支撑塔）塔基（吊装）上去的时候，南老师是和那些工人一块扶着那个塔基定位的。亲自看这个塔基螺栓有没有按照坐标稳定下来，标准是不是都符合了各项的要求。

【解说词】今年 9 月 25 号 FAST 工程竣工，尽管因为身体原因，南仁东已经不适合舟车劳顿，但他依然从北京飞赴贵州，一定要亲眼见证这个自己耗费了 22 年心血的工程。

【同期声】中科院国家天文台 FAST 总工程师、首席科学家南仁东：

这是一个美丽的风景，科学的风景。

【解说词】如今，南仁东和他的同事们又开启了新征程：继续坚守，管理和运行好 FAST，静待某一天或许外星文明发出的第一声啼鸣。

这条电视消息在报道结构上是正金字塔结构，第一句解说词是新闻的由头，由此引出要报道的人物南仁东。接下来的三段解说词介绍了 FAST 工程立项、启动、实施、竣工的四个阶段及南仁东在其中的核心作用。南仁东本人的两段历史同期声及黄琳、袁维胜的两段同期声与解说词相互穿插，对报道内容形成支撑，增强了效果和感染力。

报道充分恰当地运用采访获得的资料素材，在新闻当事人无法接受采访的情况下，仍然很好地展现了人物形象和精神境界，弥补了我国的大射电望远镜项目建成使用之后，主要新闻人物无法"出场"的遗憾，是重大题材另辟蹊径的报道。

第二节 电视系列报道

本节着重结合案例介绍电视系列报道的概念及其在报道主题、内容构成和传播效果上的基本特征。

一 概念

电视系列报道是围绕同一主题从不同角度、不同侧面、不同地域等进行的多次报道。各条报道之间没有外在的时态连续性，却有内在的性质关联性。多个独立报道集合在同一主题下，以求对新闻事实做出比较系统、全面、有一定深度的报道。

二 特点与要求

（一）主题设置：紧扣时代且鲜明集中

一般说来，电视系列报道多围绕党和国家的重要决策部署与中心工作，以主流价值倡导和社会发展成就为导向来选择主题；或者选择一定时期内具有代表性的人物或集体进行报道，来反映时代主旋律。比如江西广播电视台 2015 年推出的系列报道《关注南昌西汉海昏侯墓考古》以我国考古史的重大考古发现为主题，2015 年浙江卫视推出的系列报道《新丝路上浙江人》紧扣了浙江“一带一路”建设的主题。

同时，电视系列报道需要围绕同一主题展开，不能分散，不能跑题。比如《焦点访谈》2016 年制作播出的系列报道《乡土中国农村系列调查》《治国理政新征程》《治国理政新实践》《感恩的礼物》《问计两会》等，每个系列都具体聚焦到我国科技创新、经济发展、城乡建设、环境保护、社会法治、医疗等主题上，从若干侧面和角度进行舆论监督，形成了持续影响力。

（二）报道内容：视听结合且言之有物

好的电视作品需要声音和画面的有效结合。电视系列报道对时效要求相对较低，有相对充分的采拍和制作时间，因此需要报道人员更考究地处理声画语言，从而让观众既获取新闻事实，又得到声画语言的美感体验。

1. 注意拍摄和选取细节镜头

系列报道反映的主题一般比较宏大，报道处理应做到点面结合。面，指的是通过解说词与画面的配合对全局性情况、背景和意义等进行报道。这些画面在景别上以全景、中景、中近景等为主。点，指的是深描具体细节，用来点睛和深化主题。画面在景别上多使用大景别，并配合同期声和现场声使用。《大国工匠》的报道中不乏工匠们专注的眼神、额头的汗珠、手上磨平的指纹等细节特写，比如摄像师把微距镜头伸到钢管里拍摄，捕捉到了生活中难得一见的膛线旋转起来的画面。精妙细微的画面不仅衬托出朴实的劳动与创造之美，也让观众准确感知顶级技师工作的高难度，引发心理共鸣。

2. 恰当采制同期声，为画面细节增色

除了采访对象讲话的同期声，系列报道在采拍期间还要注意收录其他具有细节表现力的同期声或现场声。这些声音细节可以有效配合画面提供细节信息，也可以调节报道的节奏，增加报道的情绪色彩。比如《大国工匠》在拍摄匠人工作时，保留了机器切割金属的声音、车间里大型机械运作的声音、手握錾子在金银件上雕刻的声音等；在拍摄工匠的生活时，有他们在厨房炒菜的声音，有孩子们天真的笑声，有家人述说时的哽咽声。这些同期声的收录以及其与画面的配合使用，使得报道的情境还原和情感表达都更加到位。

（三）传播效果：具有舆论引导的作用

电视系列报道从多侧面、多角度围绕同一主题反映各方面情况，通过在一段时间内持续关注同一话题，进而引发受众对该话题的兴趣和注意力。即，电视系列报道擅长通过议题设置在一段时间内持续引发舆论关注。比如中央电视台在2015年推出系列专题性报道《大国工匠》，报道将镜头对准不同领域的匠人，用平实的视角向观众讲述普通人的故事，着重展示他们的职业技能，弘扬“尊重劳动，尊重创造”的社会风尚。节目一经播出就引起了各方热议，成为社会关注的舆论焦点。

案例12-2：《大江奔流——来自长江经济带的报道》

2018年7月20日起，中央电视台《新闻联播》节目播出《大江奔流——来自长江经济带的报道》。在首期报道的结尾处，有一段话介绍了此次活动的背景：

此次主题采访活动以深入宣传贯彻习近平总书记关于推动长江经济带发展的重要战略思想为主线，活动覆盖长江经济带沿线的11个省市。丽江作为采访活动的首站，记者们将走访“长江第一湾”江边柳林、鲁甸乡等地，了解长江上游金沙江畔的生态安全屏障建设成效，随后的20多天里，记者们还将沿江乘船而下、水陆结合、边采边发，全景展现长江经济带各领域的发展变化，深入挖掘生态长江、经济长江、文化长江、民生长江的生动故事。

扫码收看

笔者根据实际播出情况，制作了简明表，如表 12-1 所示。

表 12-1 《大江奔流——来自长江经济带的报道》系列报道整体脉络

播出时间	标题	时长
7 月 20 日	主题采访活动在云南丽江启动	2 分 25 秒
7 月 21 日	云南：守住生态屏障建设美丽家园	2 分 55 秒
7 月 24 日	云南：以花之名谱写发展新篇章	2 分 29 秒
7 月 25 日	贵州：强产业立制度方得一江清水	2 分 18 秒
7 月 26 日	贵州红渡：科学规划生态扶贫	1 分 45 秒
7 月 28 日	四川：严守生态红线腾笼换鸟高质量发展	1 分 59 秒
7 月 30 日	重庆：通江达海腹地变高地	2 分 35 秒
8 月 1 日	重庆：为有源头活水来	2 分 39 秒
8 月 2 日	湖南：守护一江碧水实现高质量发展	2 分 34 秒
8 月 3 日	湖北：舍得眼前利换得一江绿	2 分 35 秒
8 月 4 日	武汉光谷：以创新创造发展新机遇	2 分 51 秒
8 月 5 日	采访团举行“夜话长江”主题访谈活动	2 分 40 秒
……	……	……

这一系列报道在一段时间内集中播出，围绕长江经济带的发展这一主题，从生态、经济、文化、民生等不同角度，触及长江经济带沿线的不同地域，进行多次报道。每条报道都有各自的细化主题，并且故事的讲述十分完整，并不设置悬念。单条报道之间没有时间上的衔接关系，但具有主旨和主题上的统一性。随着报道的持续和累积，观众对长江经济带的了解越来越立体和深入。总之，系列报道侧重于横向展开，通过不同角度、侧面或区域的全方位报道来深化主题，而不强调纵向切入某一个角度、侧面或区域进行刨根问底的追踪和调查。

第三节 电视连续报道

本节重在介绍电视连续报道的概念，并结合具体案例分析连续报道的内容框架和整体特点。请注意理解连续报道与系列报道的区别。

一 概念

电视连续报道是对正在发生、发展中的新闻事件及所追踪的事态进行及时、持续的报道。连续报道是以时间顺序为线索的多次新闻集合，每条报道既具有一定的独立性又互相补充、互相联系，分段分次将事件的发生、发展过程及结果展现给观众，使得新闻事实被阐述得更为清楚深入。

二 特点与要求

（一）具有较强的时效性

连续报道是所有新闻深度报道中最具时效性的类型。它是在事态进展过程中的报道，要求时间跨度小，它不需要等待新闻事件完成发展过程即可报道某一断面、某一层面，揭示出最重要最确定的事实，然后再通过后续报道，全面充分地展示事件的进展和全貌。在时效特点上，连续报道要力争做到时间上的最新报道。要满足连续报道的要求，媒体必须倾注全力，用不断发生的新的事实作为根据，不断传递最新鲜的信息。在电视报道史上，凤凰卫视对2001年“9•11”事件的报道是十分成功且有代表性的。事件发生后，凤凰卫视不仅第一时间播报了这一消息，而且暂停了其他所有节目，大量运用连续报道，展开35小时不间断的全方位直播，追踪事态的进展，全面展示事件始末。正因为在此事件上运用了迅捷及时的连续报道，凤凰卫视成功塑造了其专业新闻资讯台的形象，地位及影响力都大为提升。

（二）具有连续性和时间线性

连续性是电视连续报道的根本属性，也是它区别于其他报道类型的最显著的特点之一。连续性是指电视连续报道各期之间内在的有机联系以及承上启下的衔接性。没有连续性就不成为连续报道。

如果说系列报道之间的联系是横向的，那么，连续报道之间的联系大多数是动态的、纵向的，即按照时间线性对正在发生、发展的事件进行追踪报道。对于系列报道和组合报道，平面媒体版面的空间整合显然更利于展现它们各部分之间的横向关系，而连续报道在内容上的同一性和由此产生的时间上的连续性则更适宜用电视媒体进行表现。

2008年汶川地震发生后，央视《焦点访谈》在事件发生当天立刻开展报道。5月12日，《焦点访谈》播出《四川汶川发生地震》，采访了地震局的新闻发言人和值班室工作人员，报道地震发生的事实和有震感地区的反应。5月13日，焦点访谈以《救灾，十万火急》为题，报道各部门奔赴灾区展开救援的情况。此后，连续播出《生命大营救》（5月14日）、《汶川三日》（5月15日）、《白衣天使在前线》（5月16日）、《救助点一夜》（5月17日）、《为了生命，绝不放弃》（5月20日）、《压不垮的基石》（5月21日）、《心连心，同呼吸，共命运》（5月22日），报道救灾最新情况，并依照事态发展的情势，在5月19日播出《举国志哀》，报道各地的哀悼日场景。可见，连续报道是围绕同一新闻事件展开的，总的结构按照事态发展流程的次序排列，每条新闻之间存在着事态发展的前后连续，甚至是因果关系，报道对象的前后自然顺序不能颠倒互换。

（三）题材以重大新闻事件为主

连续报道的题材或对象必须是新闻事件，而非一般的社会现象和社会问题。而且，作为深度报道的一种形式，连续报道不同于一般消息，其选择的题材大多具有重要意义，对此类新闻事件做多次和长期的报道，能在某一时期造就一定声势，引起受众的共同关注，产生广泛的社会影响，促进公众舆论的形成。同时，由于连续报道在事件结束前进行，其造成的公众舆论及由此产生的一些社会行为会对事件的发展方向及结局产生影响。

（四）报道层次体现悬念感和递进感

连续报道以“实”见长，其报道内容跟随新闻事件的发展，有着具体的人和事，有着浓郁的故事性。而且，新闻事件的进展具有不可预知性，这给每个单篇报道都留下了悬念，吸引着受众持续关注。

此外，连续报道以新闻事件发生、发展、高潮、尾声等几个阶段为依据，展开事实，逐层推进，让观众跟随线性报道而掌握新闻事件的来龙去脉和发展全貌。因此，连续报道还呈现出明显的递进色彩。

（五）总体结构具有完整性

电视连续报道的完整性是通过对新闻事件发展进程的多次、及时的传播而最终完成的。因而它的完整性是渐显的，不是一下子展现出来的。另外，连续报道持续的时间长短和时间跨度大小对其完整性有较大的影响。一般而言，持续的时间短比时间长更容易显现出完整性；时间跨度越小，完整性就越强，时间跨度越大，完整性就越弱。因此，要恰当掌握连续报道的时间跨度，在新闻事件发展的尾声，适时选择完结。如果连续报道时间跨度过大，就容易给观众造成疲沓、厌烦的感觉。

案例 12－3：第二十七届中国新闻奖获奖作品《“悬崖村”扶贫纪事》

刊播单位：中央电视台

首发日期：2016 年 5 月 25 日—2016 年 5 月 27 日

刊播版面：新闻频道《朝闻天下》

主创人员：朱兴建、白璐、张力、范建峰、殷瑞柯、张宇山、汪洁

扫码收看

采编背景：

2015 年年底，中央扶贫开发工作会议在北京召开，习近平总书记向全党、全国发出了“我们要立下愚公移山志，咬定目标、苦干实干，坚决打赢脱贫攻坚战，确保到 2020 年所有贫困地区和贫困人口一道迈入全面小康社会”的号召。四川大凉山是全国 14 个集中连片贫困地区之一，也是全国最大的彝族聚居区。这里山高路远、土地贫瘠，自然条件极度恶劣，是脱贫攻坚最难啃的硬骨头。在这样的大背景下，2015 年 12 月，央视记者来到凉山州的阿土列尔村，记录下发生在那里的扶贫故事。

阿土列尔村是一个位于悬崖上的村子，要进村就只有攀爬 800 米高的悬崖，普通人来回一趟要走 10 个小时。这里人均土地有 1 亩多，有精准贫困户 37 户，占全村人口的三分之一。为了脱贫，四川省专门选派了“第一书记”开展驻村帮扶。为了真实记录下这里的变化，央视记者和驻村“第一书记”一起克服恐高症，排除万难，系着安全绳，冒着生命危险在悬崖上跟踪拍摄，完整记录了“第一书记”从第一次爬悬崖进村，到在村里住下，从一开始面对语言和习俗的隔阂，到打破民族隔阂，一点点走进彝族群众心里，一点点讨论、研究扶贫之路，并最终带领彝族老乡们走上脱贫之路的故事。

在央视记者来到这里之前，别说是媒体，就连本县都很少有人来过。而为了真实全面展现这里的扶贫工作，央视记者五次往返“悬崖村”，山上一间老百姓废弃的土坯房就成了记者“走基层”的住所。他们先是在村里与村民同吃同住近一个月，而后又在昭觉县采访近 50 天，其间还走访了国务院扶贫办、四川省扶贫和移民工作局、四川省发改委、凉山州政府等多个政府机关、部门，采访了大量的官员、专家、学者，深入调研了解贫困的原因、暴露出的问题、解决的办法和未来的规划。他们没有简单地揭示“悬崖村”触目惊心的贫苦，而是老老实实地扎下去，用笨办法，下苦功夫，从前期调研、拍摄，到节目最后播出，前后花了近六个月的时间。“悬崖村”的行路难只是新闻的表象，扶贫攻坚才是新闻应该关注的本质和内涵。央视记者通过客观报道，访真贫、问真苦，为的是努力探讨一种可操作的扶贫办法，记录扶贫攻坚这项伟大工程中基层党员干部与群众的艰辛和不易，为国家的扶贫攻坚提出建设性意见。

笔者根据实际播出内容，制作简表，如表 12 - 2 所示。

表 12 - 2　《“悬崖村”扶贫纪事》连续报道内容框架

序号	单篇作品标题	时长	刊播日期	内容
1	明知山无路 偏向山上行	7 分 27 秒	2016 年 5 月 25 日	上山难：当地人翻越悬崖行走，出行环境艰苦又危险；记者被这样的环境吓哭的镜头；扶贫干部回忆惊险的上山经历。 修路不现实：地理环境决定了投资过大，资金严重短缺。

续前表

<table>
<tr><th>序号</th><th>单篇作品标题</th><th>时长</th><th>刊播日期</th><th>内容</th></tr>
<tr><td></td><td></td><td></td><td></td><td>搬迁排不上：有比这个村更困难、更急需搬迁的村子。
扶贫干部上：县里选派扶贫干部驻村，要求他们用好扶贫资金，实现精准脱贫，考验他们的智慧和决心。</td></tr>
<tr><td colspan="5">结束语：搬迁排不上，修路又不现实，阿土列尔村距离县里搬迁的规划还有3～5年，这几年该怎么办？如何想办法让阿土列尔村脱贫呢？明天请您继续收看《“悬崖村”扶贫纪事》。</td></tr>
<tr><td>2</td><td>精不精准不看形式看成效</td><td>5分57秒</td><td>2016年5月26日</td><td>开始语：我们要来继续关注“悬崖村”的扶贫纪事。
总结上一篇报道的内容。
扶贫款到位：这笔钱该如何用才能达到精准扶贫的效果呢？
生活情况：以种地和养羊为生。
悬崖救羊的细节：羊在这个村是重大财产，不得不救。
建养羊合作社举步维艰：村民不理解建立合作社的必要性，装进口袋的扶贫款不愿意拿出来。
干部做工作：再次开大会，村民投票同意了养羊合作社的方案。</td></tr>
<tr><td colspan="5">结束语：把扶贫款按国家政策发放给精准贫困户，这并没有问题，也的确称得上精准。然而“悬崖村”的扶贫干部却把村民的扶贫款集中到一起办养羊合作社，相当于是自找麻烦，需要更多的担当。因为对于连路都没有的“悬崖村”来说，仅仅是发钱而不去教会村民怎样钱生钱，扶贫就成了一锤子买卖，短期精准、长期失准。因此，在扶贫攻坚路上，精不精准，关键不看形式，而看成效。</td></tr>
<tr><td>3</td><td>精准要在每个环节</td><td>5分51秒</td><td>2016年5月27日</td><td>开始语：这两天我们连续关注了“悬崖村”的扶贫纪事，村民们世代居住在悬崖绝壁上，进出没有一条像样的路。今年年初，这个村迎来了扶贫驻村干部，他们给村里带来了一系列新的尝试，发展产业、搞合作社、入股分红，这些尝试会给小村带来什么样的变化？
选羊配种：为了将来在市场上获得更好的竞争力。
赶羊上山：4个小时跋涉。
贫困户优先做养羊户：收益大，扶贫效果好。
进一步开展花椒种植：手把手教村民，组织年轻人学技术。
扶贫干部：扶贫要想得长远。
四川省扶贫干部：省里将继续加大投入，改变贫困群众的“要我脱贫”的理念。</td></tr>
</table>

连续报道《“悬崖村”扶贫纪事》由 3 篇单篇作品共同完成，在连续 3 天内播出。我们以此为例来分析一下连续报道的基本特点和要求。

其一，有一定的时效性。2015 年年底，习近平总书记提出“确保到 2020 年所有贫困地区和贫困人口一道迈入全面小康社会”的号召。在此背景下，2015 年 12 月，央视记者来到凉山州的阿土列尔村进行扶贫采访报道。可见，报道是富有时代性、背景性和时效性的，正所谓打铁要趁热，才能让报道在全国全社会形成舆论影响力并提高关注度。

其二，纵向切入新闻对象进行深度挖掘。连续报道不像系列报道那样强调横向展开，而强调纵向切入，在一个具体的报道对象身上深挖，刨根问底地发现问题，解释原因，提出方向，深度发掘新闻主题。试想，如果要做关于精准扶贫的系列报道，显然你的报道对象不会只是“悬崖村”一个地方，而是从全国各地找一系列扶贫村，逐个报道它们的扶贫现状。强调纵向深追，是连续报道区别于系列报道的重要特征。

其三，单期节目之间互有衔接。电视连续报道的单期节目之间存在有机联系，以及承上启下的衔接性。“悬崖村”扶贫第 2、3 期节目的开头都要概括介绍一下之前已经报道过什么、说到了哪里，接下来再开始本期的内容。第 1 期节目的结束语显然也给后续的报道留下了看点，做好了下次节目的铺垫。单期节目之间互为衔接，整个报道才能凸显连续性，才能让观众在一次次的“且听下回分解”中了解故事和事件的全貌。

其四，节目有层层剥笋一般的递进感。“悬崖村”扶贫的连续报道采取了“是什么-为什么-怎么样”的报道框架。第 1 期节目先讲述上山之难，再分别回答为什么不能修路、不能搬迁的问题，设置驻村干部如何干这一悬念。第 2 期节目围绕建立养羊合作社这个大难题，解释扶贫难点及原因，报道扶贫干部如何说服群众改变观念。第 3 期节目介绍养羊合作社如何开展工作，切实用精准扶贫的办法帮助贫困户，除了养羊，应该如何开拓其他产业，如何调动年轻人，如何更长远地帮助群众走出贫困。三期节目看下来，观众不仅看到了“悬崖村”扶贫的难点和迫切，也看到了扶贫的进展和未来脱贫的可能性。正如中国新闻奖给《“悬崖村”扶贫纪事》写下的评语所言：“如果镜头里只有苦与难，就如同只看见目前尚未脱贫的 7 000 多万农村贫困人口，却看不见改革开放三十多年来这个国家已经让 7 亿多农村贫困人口成功脱贫所付出的艰苦努力与事实一样，是不公平的。央视长达半年的持续关注，是真正在脱贫道路上的艰难探索，研究问题、给人以希望，不是三五天的走马观花，也不是今天爬山明天爬山后天还是爬山的重复传播，而是真正持之以恒用之以心，肩负媒体责任和家国情怀的报道。”

其五，报道具有相对的完整性。报道在层层递进的过程中，先铺设悬念，再后续解答，直到把矛盾解释清楚，把办法摆列清楚，让观众由浅入深、由现象到本质地去看新闻故事。而且，故事有头有尾，虽然不一定是最终的绝对结果，不一定能预测未来，但观众对于“悬崖村”精准扶贫的方向是信服的。

一线者说

仅报道简单化的“真相”并不够

从一个记者特别是电视记者的角度讲，“悬崖村”具备了一切的新闻要素：它高踞悬崖峭壁之上，脚下万丈深渊，进村之路步步惊心。甚至在 2017 年的全国“两会”上，习近平总书记参加四川代表团审议时，都说到在电视上看到有关凉山州“悬崖村”的报道，感到很揪心。

“悬崖村”从那条上山路开始，每一个镜头都能触及人心里最敏感的神经。那里没有路，失足坠崖的人不止一个。我们报道团队第一次去的时候，老乡们组了个队，要一对一保护。就在从我们拍摄到反复修改再到播出的五个月之中，一位当初保护记者队伍的老乡坠崖身亡。那里的孩子下山去上学，家长就像放羊一样用绳子或布带拴在孩子腰间，牵着往山下去。甚至有老人感觉自己时日不多，担心过世之后亲朋好友不能上山来送终，就请人把自己背到山下，找间房子住着等死……

我们究竟是选择将这些内容简单处理然后大肆传播出去，以增加微博的粉丝数量和点击率，去博眼球，去消费贫穷与困苦，还是克制住这种冲动，想想我们到底为什么而做？

如果选择前者，只要爬一次山，记录一些惊险的镜头，拍个三五天就足够了。而且我们刚去的时候正是过年，有刚才说的这些艰辛，再加一些让人心酸的情感故事，打动人肯定没有问题。

但是，如果观众看到这些局部表象却又不了解整体情况，势必会在网络上引发一轮批评质疑甚至谩骂，简单地发出疑问“为什么不搬迁?”。而喧嚣之后不会带来任何解决问题、改善现状的办法。

而事实上仅仅这些简单化的事实，并不是真正的真相。

全面地了解当地的情况，才能知道真正的真相。彝族同胞世世代代居住在“悬崖村”，有历史的原因也有现实的原因。从凉山州的整体情况来看，“悬崖村”不是海拔最高的，也不是土地最贫瘠的，农作物产量甚至远高于凉山州平均水平，凉山州还有很多比“悬崖村”更困难的地方。有的地方更加贫困，有的地方地质灾害严重，有的地方由于地方病需要优先搬迁。

一句简单的“搬迁”不是给“悬崖村”解决问题的办法。我们要通过报道，为扶贫攻坚展现出建设性的样本。中国的改革已经进入深水区，时时处处都要啃硬骨头，扶贫攻坚亦是如此。我们认为，一定不能让“悬崖村”的报道走向猎奇和刺激，“悬崖村”不能通过我们的报道被“炒作”一番成了“扶贫盆景”，我们要为普遍意义的扶贫攻坚提供有益的启迪，这就是央视的方法论。

用最笨的办法去攻最难的关

有的时候，可能只能用最笨的办法，才能做成最难的事。扶贫工作要啃最硬的骨头是这样，我们的报道也是一样。

不少人关心“悬崖村”的报道是怎么拍的，实际上，我们的技术人员会提前画好分镜头草图，大景怎么拍，特写怎么拍，需要画很多很多草图。

从2015年12月前期踩点、调研到2016年5月节目播出，前后经历了近半年时间，前方拍摄团队五上五下“悬崖村”。央视新闻中心领导数次提出修改完善意见。我们还走访了国务院扶贫办、四川省扶贫和移民工作局、四川省发改委、凉山州政府等多个政府机关、部门，采访了大量的官员、专家、学者，深入调研了解贫困的原因、暴露的问题、解决的办法和未来的规划。

我们关注行路难，但不局限于行路难，路通的地方未必没有贫困，路不通的地方贫困也未必是宿命。我们要反映扶贫攻坚的具体办法，就要把镜头更多地对准基层干部和村民，而不是让记者或者媒体成为被关注的主角。

长江韬奋奖获得者、央视新闻中心副主任杨华曾对央视驻地方记者说过一段话：网民可以肆意表达，但你不能，你要紧扣事实、有一说一；网民可以宣泄情绪，你不能，你要给自己的情绪加上一把锁，避免以此刻网上最大的声音简单作为自己的立场；网民可以骂得痛快，你不能，你有向社会提供理性和建设性的职责；网民可以站上道德制高点，你不能，你要凭着对事物的系统认知说话。

人人都是记者的时代，其实对职业记者的要求不是降低了，而是更高了。我们常说要用均衡的眼光来报道不均衡的中国，其实这都在考验我们驾驭复杂题材的能力，也在考验我们面对复杂舆情的定力。

资料来源：朱兴建，白璐，汪洁．“悬崖村”扶贫纪事：明知山无路　偏向山上行［EB/OL］．(2018-01-23)［2018-12-21］．http：//www.xinhuanet.com/zgjx/2018-01/23/c_136916782.htm.

第四节 电视专题

本节着重介绍电视专题报道的几种类型。请结合案例揣摩和理解专题报道在框架结构、解说词写作、同期声使用等方面的特点和要求。

一 概念

电视专题是综合运用各种电视表现手段与播出方式，深入报道某一重大新闻事件或某些具有新闻价值又为广大观众所关心的典型人物和典型经验，或新出现的社会现象，以及表现某一行业、地区新面貌新气象等内容的新闻报道形式。电视专题的报道时长较长，短则是10～15分钟的专题报道，长则为30～60分钟的专题节目。

二 电视专题的类型

（一）纪实性专题

以社会生活中的真人真事为表现对象，从现实生活中选取典型，提炼主题，直接反映生活、事迹和经验等的电视新闻专题。具有较明显的纪实风格特征。比如获得2017年中国新闻奖电视专题一等奖的作品《永远在路上》，采制了8集专题片，每集50分钟。摄制组先后赴22个省（自治区、直辖市），拍摄40多个典型案例，采访70余位国内外专家学者、纪检干部，采访了10余位因严重违纪违法而落马的省部级以上官员，对多个典型案例进行剖析和反思，具有很强的警示和教育意义。获得2017年中国新闻奖电视专题二等奖的《船长》也是一部纪实性专题作品。2016年10月25日，中国职业航海家郭川在挑战跨太平洋航行的过程中失联，引起社会广泛关注。作者以此为切入点，选取了郭川航海之路上的节点性事件，结合郭川航海的原始视频和多年来的跟踪采访素材，真实生动地再现了郭川的成长经历，立体诠释了一个富有航海精神、钟爱事业和家庭、充满责任感和使命感的职业航海人的形象。

（二）评论性专题

评论性专题是对人们普遍关心的新闻事件、社会热点问题或重要社会现象进行解剖、分析和评论，从中引出规律性认识，用以引导社会舆论的专题类型。中央电视台《新闻1+1》是一档较典型的评论性电视专题节目，每期节目25分钟，选取当天最新、最热的新闻话题，还原新闻原貌、解读事件原委。2018年1月23日，一度甚嚣尘上的“电梯劝烟猝死案”二审宣判。次日，《新闻1+1》节目以案件为主题进行了分析评论。节目的采访切入点包括二审审判长、主审法官、当事人、原告律师等，从多个角度阐述了该新闻事件的基本事实和各方观点。同时，在关键问题上连线中国人民大学法学院教授，对案件判决的情、理、法进行分析和评论。此外，节目主持人在演播室连线采访和报道收尾时也对新闻事实做出了恰当的评论，亮出观点，引导视听。

可见，评论性专题以报道新闻事实为基础，在平衡报道、分析评论的过程中逐步展现言论立场，从而有效地引导社会公众对热点新闻事件的判断和思考。

（三）调查性专题

调查性专题即我们通常所说的调查性报道，指的是对当前的新闻热点和广大观众所关注的重大事件、社会现象等进行全面深入的调查分析，为观众提供更为客观、系统和权威的信息。中央电视台的《新闻调查》节目就是一档典型的调查性专题节目。

调查性专题与评论性专题的区别主要体现为以下两点：

其一，评论性专题的选题大多是已有定论或事实相对清晰的新闻事件或现象。调查性专题的选题或报道对象则通常具有不明朗性，需要通过记者的采访去开掘新闻真相。

其二，评论性专题强调通过分析和评论新闻内容，提供权威观点和深刻意见，进而引导舆论走向。调查性专题则强调展示真相和事实，较少发表见解。即，调查性专题侧重新闻的知晓，评论性专题侧重新闻的态度。

（四）访谈性专题

访谈性专题是以访谈为主要表现手段的报道形式，一般由电视记者或节目主持人就某一重要新闻事件或热点问题，对新闻人物或有关人士进行访问，深入讲述新闻原委、人物内心想法、实际情况等。我们熟悉的人物专访节目《面对面》《鲁豫有约》《看见》等都属于访谈性专题。

访谈性专题通常有比较明确的新闻由头，邀请新闻当事人、知情人、参与者等讲述新闻事件的来龙去脉和背后的故事等。比如 2018 年 1 月 28 日央视《面对面》播出《杨帆：劝烟后的官司》。这期节目在“电梯劝烟猝死案”二审宣判后，专访了案件的被告，即在电梯里劝阻吸烟的医生杨帆。杨帆在访谈中讲述了劝阻吸烟的经过、他目睹死者病发、他与死者家属的接触等经历。访谈性专题的访谈对象与新闻事件要有紧密的相关性，才能谈他人所未知和欲知的内容。

案例 12－4：调查性专题《食品工厂的“黑洞”》

刊播单位：上海广播电视台

刊播日期：2014 年 7 月 20 日

播出时长：26 分钟

主创人员：集体

采编背景：

2014 年 4 月，记者接到爆料，反映上海福喜公司长期使用过期原料制作食品。由于该选题涉及公众利益，在其他途径无法获得一手证据的情况下，记者深入工厂进行隐蔽式采访。在历时 3 个多月的调查过程中，记者严格遵守隐蔽式采访规范，不做钓鱼式、诱导式的采访，不主动推进事情的进程，以严谨客观的态度，忠实记录下观察到的事物。调查报道证据确凿、逻辑严谨。节目通过层层推进的情节，多角度、多机位的镜头呈现，充分发挥了电视新闻的特长，画面生动，细节抓人。同时，节目还对大型食品生产企业的食品安全监管提出了思考和建议，有力体现了主流电视媒体的公信力和影响力。

以下是 2015 年中国新闻奖电视专题一等奖作品《食品工厂的“黑洞”》的全文。

【主持人导语】 欢迎收看《七分之一》。有的时候我们会选择吃洋快餐，因为它快捷方便，更因为它的提供者都是一些大的企业，大家就会认为它是高标准。我们很少去关心，或者我们也无从知道，这一个汉堡、一个鸡块，它的原料是什么，它是如何生产出来的。 我们不知道并不代表着我们不想知道。我们深度调查组的记者就化身成流水线上的一名普通的工人，深入到快餐提供者的生产企业工作了几个月，发现其真相和事实可谓触目惊心。请看报道。 【解说词】 这组镜头并非来自小型的食品作坊，而是美国欧喜集团在上海的分公司——上海福喜食品有限公司。欧喜集团成立于 1909 年，在全球有五十多家食品工厂，是麦当劳、肯德基、必胜客、全家超市等连锁品牌的全球指定供应商。 GMP 认证，中文名为良好操作规范。在福喜公司的 GMP 培训中，明确指出，“掉落地上的产品应投入不可食盒”。	主持人导语的写作很吸引人，抛出来一个所有人都关心但没有媒体深入去做的话题：我们吃的汉堡或鸡块到底是怎么做出来的？此外，主持人介绍了采访方式——记者化身工人去进行隐蔽式采访，这也是吸引观众的一个趣味点。

在生产线上，记者看到，工人从地面拾捡落地的肉后，并不擦拭和清洗，而是熟练地把肉直接扔回生产线上。流水线上的班长有时一只手握对讲机，另一只手不戴手套，直接挑拣流水线上的食品。 福喜工厂里主要有两条生产线。一条为禽肉线，主要生产麦当劳的鸡肉产品。另一条是偶蹄线，主要生产麦当劳、肯德基汉堡当中的肉饼。 麦乐鸡是麦当劳儿童套餐的主要组成部分，香脆、嫩滑，配上特制蘸酱，无比美味。但无论使用怎样的原料，食品的安全应该是底线。让记者感到吃惊的是，很多过期原料竟然也被用于生产国内销售的麦乐鸡。 2014年6月18日，根据生产计划，当天要使用18吨麦乐鸡原料，这其中含有过期的鸡皮和鸡胸肉。这批麦乐鸡的生产订单号为26677，货架上的鸡皮原料生产日期为2014年5月28日和5月30日，产品包装袋上标注的保质期限是6天。也就是说，原料已经过期了将近半个月。 【同期声】 记者：它这个生产日期是5月30号的，保质期6天，我们今天可以用吗？ 工人：没关系的，搬上去。 【解说词】 过期原料被工人送至绞肉区，经过大型绞肉机粉碎乳化，过期的鸡皮和鸡胸肉被裹上了三层浆粉，经过200度高温油炸，一块块麦乐鸡被源源不断地生产出来，形状整齐，金色诱人，再也看不出本来的面目。 【同期声】 王欣（上海理工大学食品质量与安全研究	解说词、画面、同期声有效配合，向观众展示了生产环境恶劣、工人无良、使用过期原料等触目惊心的食品安全问题。也恰恰反馈出隐蔽式采访手段在这一具体报道中的有效性和突出价值。

所副教授）：它应该是按照标识的信息来进行储存加工使用的，如果脱离这个条件，任意加工的话，那我们的食品安全就没有办法保障了。 【资料】 福喜公司宣传视频：福喜食品公司，始终坚持五大食品健康标准，安全、绿色、卫生、新鲜、美味，缺一不可。 【解说词】 严格的食品安全把控体系是福喜公司最核心的竞争力。那么，这些过期原料是怎么绕过层层关口，被送上生产线的呢？在这批过期原料生产的当天，记者发现了一份仓库领料单，共享备注信息里标有“冰鲜转冻品”的字样。	调查性专题的解说词写作中常常使用设问法，提出问题调动观众的收视兴趣，并引导报道走向深入。
【同期声】 福喜食品质量管理人员：那个是因为 6 天（内）没有用掉，然后生产部全部把它上货架，然后进速冻库速冻。 记者：哦…… 福喜食品质量管理人员：然后变成冻品了。 【解说词】 原来，冰鲜鸡肉的保鲜期较短，只有 6 天，而冷冻鸡肉的保质期往往能够达到几个月。所以，公司将临近保质期的冰鲜鸡肉转化成冻品处理。这样看似可以较为安全地延长保质期，但是事实真的是这样吗？ 时隔半个月，在福喜车间另一条生产线，记者又看到了同一批过期的冰鲜鸡肉作为原料使用。这一次，是肯德基的烟熏风味肉饼。	
【同期声】 记者：袋子上写的保质期是 6 天啊，是冰鲜啊？ 班长：它是那个麦乐鸡转过来的。	此处同期声实际上是对解说词中设问的回答。

记者：那不是过期了吗？ 班长：过期又吃不死人。 记者：是冰鲜的过期了然后就放到冰冻了？ 班长：哦，是的，冰鲜的（保质期）只有6天。 【同期声】 记者：现在是2014年7月1日凌晨的一点半，我所在的位置是福喜上海车间的1号解冻间。偶蹄线的工人从昨天下午3点半就生产KFC的烟熏肉饼，使用的主要原料是这样的猪肉，以及这样的鸡胸肉。鸡胸肉和我们上次（用的）麦乐鸡遇到的情况是一样的，我们可以看一下它的内袋，上面写着冰鲜的胸肉，生产日期是这行小字，2014年的5月31日，保质期是0到6天。如果按照质量管理人员的解释转化成冻品的话，在解冻间内的时间我们也可以从这个货架牌上看到，解冻日期是6月25日，那么距离现在7月1日来讲，也已经过了保质期的6天。 【同期声】 王欣（上海理工大学食品质量与安全研究所副教授）：比如说像你说的临近保质期了，这时候可能肉的品质，就是说我们吃起来的口感已经降到很低了，甚至可能已经接近腐败变质的边缘了，这时候再拿去做冻品，那么这个冻品的品质也好不到哪里去。所以一般从我们规范的操作上面，是不会这样操作的。 厉曙光（复旦大学公共卫生学院教授）：冷鲜肉的定义跟冷冻肉的定义是完全不一样的，你不能把两者混为一谈，对不对？电车就是电车，汽车就是汽车，你说它又是电车又是汽车，不能这么说。	“冰鲜转冻品”是福喜公司为了处理没有用掉的鲜肉而惯用且公然使用的保存措施。记者的调查揭露了这个事实，尤其是凌晨一点半在解冻间的调查更令人震惊：即便按照解冻日期算，消费者食用的鸡胸肉也早已过期！接下来，王欣和厉曙光两位专家的介绍更印证了“冰鲜转冻品”并不能绝对保证食品的安全性。生产线的画面和对话-记者在解冻间的调查-专家的分析评论，三个层次的报道进一步从食品原料的角度交代了福喜公司的违法操作。

【主持人】 我们很关注产品保质期，因为产品保质期就是指一个产品在正常条件下，它质量保证的期限，也可以看作是生产厂家对于这个产品的一个承诺。当一个冰鲜的食品过期之后，无论采取怎样的储存方式，它都已经不再是一个正常的原料。可是我们记者发现，该企业不仅在使用这些过期的产品，而且还将一些次品甚至已经包装好的成品再次地混入生产线，这就使得原本清清白白的食品变得可疑起来。 【旁白】 次品是食品生产中伴随的产物。在上海福喜工厂的食品生产线上有一个重要的工序，就是要由专人把次品挑拣出来。 上海福喜公司是 HACCP 认证企业。HACCP，中文名为危害分析和关键控制点，次品挑拣是这个认证体系当中重要的措施之一。为了对次品进行分类管理，福喜要求所有挑拣出来的次品要摆放在标有次品字样的金属盒子里，那么，这些次品最终流向哪里了呢？ 【同期声】 禽肉线班长：没有利用价值了，所以它叫次品。二级品也是次品。 记者：次品发给谁？ 禽肉线班长：你管他呢，你就不要去管。 【解说词】 按照管理人员的说法，次品就是不合格产品。那么，次品真的像这位管理人员说的那样，是没有利用价值的吗？ 2014 年 5 月 16 日，记者在麦乐鸡生产线看到，一个小时内，次品挑拣员挑拣出的次品就能装满三个这样的盒子，而这些次品竟然被工人直接推到了原料绞肉区。经过 200 摄氏度	“冰鲜转冻品”的违法操作说完了，主持人这段话起到承上启下的过渡作用——除了保质期的问题之外，记者还调查出了“以次充好”的问题。

高温油炸后，这些次品将和0度左右的鸡肉原料混在一起重新利用。 【同期声】 记者：这（是）啥呢？ 工人：鸡皮嘛。 记者：鸡皮啊？混一起啊？ 工人：对。 记者：混一起好吃啊？ 工人：鸡皮肯定香啊。 【解说词】 这台大型设备叫乳化机，其作用是把所有原料乳化成肉浆。经过一系列成形、裹粉、油炸工艺后，混合大量次品的麦乐鸡诞生了。而第二批麦乐鸡产品中的次品，又将被挑拣出来，再次混入原料，每一批次品都被周而复始反复添加，实现了生产原料最大化利用。 【同期声】 工人：添加进去你也看不出来。 记者：对啊。一般我们加多少呢？ 工人：一般5%吧。 【解说词】 在这份上海福喜公司内部文件中，记者发现，添加的产品和比例，是以文件形式保存下来的。麦乐鸡的添加比例为5%，验证了工人的说法。 【同期声】 工人：不会报废的，你放心。 记者：不会报废啊？ 【解说词】 记者注意到，一旦因为设备故障或者操作不当产生次品时，这些次品会被及时封存，重新标注为麦乐鸡二级品，推入冷库，在之后的生产当中慢慢消耗。这样的做法，不仅在国产	同期声在此处的使用很恰当，视听上都带给观众一种真实感和触目惊心的效果。 记者的隐蔽观察很严谨，并且能透过文字联系实际、看清本质。

麦乐鸡中存在，流水线上几乎所有产品中都有添加二级品的行为。 【同期声】 工人：二级品也是次品。 记者：它可以用的吗？ 工人：是可以用的。 【解说词】 在工人的口中，次品就是二级品。那么，为什么同样的产品，在生产线和冷库里要贴上两种不同的标签？把次品标注为二级品有何奥妙呢？生产线班长告诉记者，重新标注是制度化的要求。 【同期声】 记者：我看有的时候不是还（有）加那个成品的次品吗？ 生产线班长：那个属于待用肉，次品，那是次品。 记者：次品不用写吗？ 生产线班长：要写，有单子的。 【解说词】 除了添加次品之外，一些来路不明的成品也成为福喜公司的原料。2014年7月4日，在原料解冻间，记者看见了75箱包装完好（的）麦当劳10∶1牛肉饼，这些牛肉饼外箱上印有产品名称、QS标志等关键信息，生产日期为2014年6月18日，保质期60天，可以判断这些都是最终产品。这些牛肉饼究竟是麦当劳退回来的，还是因故未能销售的，记者不得而知。但是在7月4日，这批产品却被重新回收生产，这也意味着产品保质期被重新归零。 晚上9点25分，记者在偶蹄线的绞肉区看到了这些成品。绞肉区的班长正在拆解这些产品的外箱。	记者在采访时观察细致并且有冷静思考和提出问题的能力。

【同期声】 记者：这不是原来生产的吗？ 工人：对，次品。 【解说词】 记者看到，班长亲自将这些牛肉饼添加到绞肉机的传送带上。这些成品分批混合在牛肉原料中间，一起经过传送带被倒入搅拌机内。	记者在现场所见真实至极，这段解说词配合画面，极大地还原了现场。
【同期声】 记者：牛肉饼那个就是拆开箱子加进去，对吧？ 工人：对。它的保质期快到了。以前我们没在食品厂待过我们不知道。然后就是说食品厂做出来的东西，卖到超市里面，我们吃得很好吃。现在你假如到麦当劳、肯德基，再吃那个东西，你肯定吃得没有你以前吃得香了。这就叫作眼不见心不烦。 【解说词】 我国《食品安全法》28条规定，食品生产企业禁止生产用回收食品作为原料生产的食品。记者看到，添加回料的现场，有工厂的质量把控人员，难道他们对此是不知情的吗？	工人的这段“心得”很有讽刺意味，也揭露出无良商家拿消费者健康当儿戏的罪恶心态。
【同期声】 记者：这个返工应该是不允许的吧？ 质量管理人员：返工的你每绞（每吨）少加一点。允许，可以少加一点，不能过量。 记者：按道理来说？ 质量管理人员：不允许加。 【解说词】 牛肉饼和牛肉充分混合，被打成颗粒后，再经过大型绞肉机的充分搅拌，再也看不出原来的样子。工人将这些肉桶送到牛肉饼的成形区域，一块块的牛肉饼被敲打出来，经过速	调查进一步深入添加次品的种种环节。如果说脏乱差的环境或者原料过期等问题是在观众的想象范围内的，那么，调查中讲到的将鸡皮加入鸡肉原料、将快过期的牛肉饼加入牛肉原料的做法，则是无良商家做出的超乎人们想象的、严重损害消费者健康和权益的违法行为。因此，记者的调查是步步深入的，它引导观众去了解实际情况。记者在调查中重视细节

冻，经过工人包装，装箱，打上了7月4日的生产日期。事实上，这里面含有部分6月18号就已经生产出来的成品。这些牛肉饼被送到国内的麦当劳门店，成了消费者“畅快淋漓的味觉挑战”。 【同期声】 厉曙光（复旦大学公共卫生学院教授）：这个食品应该属于回收食品，然后跟初级原料再重新混合使用，这种东西本身国家就不允许的，你没办法定义它，算什么？算混合肉？算什么再利用？这个根本就没办法来形容，或者来给它定性，没办法知道它的属性，所以国家本身是不允许的。	的处理，同期声简洁有效，并体现出强烈的真实性和现场感。
【主持人】 我们总会在食品安全当中学会一些新的概念，原料分为了四个概念：原料肉，待用肉还有二级品和次品。原料肉和待用肉是指那些生的原料，二级品和次品是指成品或者是半成品，每一种原料都会有一些专门的监控体系。但是记者却发现，在这些企业当中，那些次品却可能升级成二级品，然后跟原来的那些原料混合在一起进入堂堂正正的生产线当中。 【解说词】 为了加强对供应商的管理，每隔一段时间麦当劳等客户都会对上海福喜食品有限公司进行参观检查。 【同期声】 记者：你们是哪儿的？ 客户：麦当劳。 记者：麦当劳的啊。 【解说词】 记者发现，每次检查前一天，公司质量把控部门都会通过邮件通知生产单位，检查当天	主持人的串词进一步将调查导向深层次，带领观众去看福喜公司更荒唐的违法行为。

各生产线“绞肉现场不能有次品”。福喜工厂的次品都被规定装在蓝色的塑料袋中，而事实上，每当有检查，生产线车间的蓝色塑料袋全都消失了。 【同期声】 工人：来检查的时候就不好添加。麦当劳要来、YUM（百胜）要来。 记者：那万一给他们知道了，我们这里添加（次品）他们会怎么弄？ 工人：知道了肯定不允许添加啊，你再添加，我跟你的订单要取消。现在做生意都是讲诚信的，你出尔反尔谁跟你做生意。 【解说词】 检查一过，“蓝袋子”被重新由冷库推回生产线，由于冷库温度低至零下18度，这些被冻得硬邦邦的次品，连同蓝色的塑料外包装一起被放置在200度的油炸槽上解冻，随后（被）添加到原料中，让次品重生。 【同期声】 工人：他们知道了本事大了，不要让（我们做了），你（领导）来好了。还要下面那么多人来干吗？所以说制度是死的人是活的，就这么简单。 【解说词】 记者注意到，在福喜工厂内部的SOP即标准操作程序是这样规定的，“收集好的次品，在每绞停机间隙，放在网带上，摊平，不要重叠，过oven（烤箱）、蒸煮机、速冻机后包装”。显然在实际生产当中，（福喜工厂）并没有严格按照这份标准进行操作。 【同期声】 工人：我早就跟你说过，不要说SOP了，没用的，不要干活啦？	“蓝袋子”是福喜公司应付客户检查所制造的第一重猫腻。 规定了标准操作程序又不执行，这是福喜公司掩人耳目的第二重猫腻。

【解说词】 在记者卧底采访的时间里，次品添加的产品最终将被用于制作麦当劳的汉堡、必胜客的比萨。消费者看到的是被精心包装的快餐，消费者看不到的是生产线上的种种添加。高度工业化的集中生产是为了保证食品安全、提高效率、降低成本，如果一味地降低成本，那么效率和安全的平衡就会被打破。 记者注意到，福喜工厂解冻区域内堆放着上百箱冷冻小牛排，工人们正在利用机器对这些冷冻小牛排进行解冻。奇怪的是这批小牛排的外包装和其他原料都不一样，箱子上只是手写了产品名称、生产日期、重量，而没有保质期、生产企业、批号等关键性信息。 【同期声】 工人：没有包装，你咋知道它多长时间？觉得味道好就买着吃，觉得味道不好你就不买，厂家就是在忽悠。 记者：这批货还挺多的，怎么会攒这么长时间呢？早点生产掉不就完了吗？ 工人：没人要，这都是垃圾。 记者：都是什么？ 工人：都是垃圾食品。 【解说词】 这批缺失关键信息的冷冻小牛排究竟能不能使用呢？事实上就在生产的前一天，2014 年 6 月 10 号，福喜生产部、质量部、仓库等部门的主管同一时间收到了这样一封邮件，“以下物料请帮忙延长保质期至本周末，明天安排生产”，迷你小牛排的生产将分为两天，每天用量为 5 吨。 【同期声】 工人：这个不是正常的产品。	外包装上故意不写质保信息，以备废物再利用，这是第三重猫腻。

记者：这肉都发青了。 工人：臭肉。 记者：嗯? 工人：臭肉！ 【解说词】 记者注意到，在同一封邮件中，还附有一张表格，冷冻小牛排生产日期为2013年5月8号至12号，对应的过期时间为2013年11月3号至8号，保质期180天。如果按照邮件要求延长保质期至2014年6月15号，意味着这批产品已经超过保质期7个多月。	记者在采访中不放过重要细节，从而写出这一段富有可信度的解说词。
【同期声】 质量管理人员：领导这样说就这样做了，应该说是时间蛮长了。 【解说词】 更让记者感到吃惊的是，这批过期冷冻小牛排进入生产后，只是简单地切割成小片，再重新包装后，内袋上打印的保质期就又延长了一年。过期食品被“洗白”了。 经查，这批原料的物料代码为3010045，物料名称为冷冻腌制小牛排，备注原因为“YUM事件”，负责人“HJ”，处理建议“做成成品销售”。然而，YUM事件是何事件，负责人HJ是谁，成品究竟流向何方，语焉不详。	此处体现了记者对细节的关注以及具备良好的问题意识。
【同期声】 张先生（上海福喜食品有限公司前质量管理人员）：它（福喜）管理其实还是很严格的，但是大门一关，外面的人想知道就没那么容易了。如果反映出来的话，这个厂里面会遭受很多利益的损失。 【解说词】 张先生，福喜公司前质量管理人员，在上海福喜公司工作了十年。他向记者提供了两本	张先生作为一个曾经在福喜公司工作了十年的内部人士，他在本篇报

质量控制记录本，这个本子记录的是近两年生产线上发生的一些质量问题。翻开这本记录本，使用过期原料、延长保质期、修改生产日期等情况被一一记录下来，每次记录都有相关人员的签名。 不过张先生坦言，即使执法检查，这两本本子记录的质量问题，也很难暴露。 【同期声】 张先生（上海福喜食品有限公司前质量管理人员）：他做的有两套报表数据，一套就是现场当场做的，还有一套专门有人改的报表。这些报表是给他们审核的人看的。 记者：这两套报表是不一样的？ 张先生（上海福喜食品有限公司前质量管理人员）：不一样的。 【解说词】 作为一个现代化的食品生产企业，福喜公司内部实行严格量化的管理体系，每天的生产计划由公司高层统一布置，不同层级的员工接触到的生产情况是不同的。而流水线一旦开动，各个区域工人只对该区域的任务负责，各个岗位的工人被严格限定指定工作区域，不能随意走动。以配料的使用为例，配料间的工人只能严格按照领料单的要求去仓库领料，无论过期与否，都必须按照单据上的指示配料。 【同期声】 记者：配料也有过期的？ 工人：配料肯定有过期的，哪有没过期的？哪样都是有过期的。我们这个是属于上层，咱们是不管这个的。领导说用，咱们就干，仓库把料备好，我们就干。 【旁白】 在生产中，各区域班长负责记录全天真实	道中的言语和表态十分关键：一方面，他能够提供记者在隐性采访时无法取得的信息，比如篡改报表的事实；另一方面，他可以作为知情人去发表观点和看法，这些看法和评论是记者所不能直接表达的。

生产数据，每一个批次，每一种产品的温度、重量，使用的是哪些原料等都会被认真填写在各类报表上。生产部和质量部的工作人员对报表统一汇总，由专人负责查验真实数据是否符合正规生产的各类标准，不符合标准的，重新修改。 【同期声】	
记者：重新抄（一）遍不累吗？ 工人：累啊，累也没办法。 记者：那你有（数据），你干吗再抄一遍？ 工人：温度不够。 记者：哦，你给它写成到了是吧？ 工人：嗯。 【解说词】 数据审核人员将数据重新填写后，原始数据就被装入纸箱密封。次品添加等真实的生产记录数据，被这样封存了起来。 【同期声】 记者：你向领导反映过这个事情吗？ 张先生（上海福喜食品有限公司前质量管理人员）：反映过。	篡改报表数据是第四重猫腻。 记者在现场发现的猫腻一个比一个严重且隐蔽。记者在调查时抽丝剥茧，从生产线上发现的问题到物料包装上的猫腻，再到报表数据中的造假，尽可能地曝光违法行为。记者在稿件的逻辑架构中也体现出步步深入的意识。
记者：他怎么说呢？ 张先生（上海福喜食品有限公司前质量管理人员）：他就是说这个是上面领导决定的，你不要管，你只要做好自己的活就行了。 记者：您当时是什么样的感受？ 张先生（上海福喜食品有限公司前质量管理人员）：怎么说呢？反正很沮丧吧。这么好的一家厂，现在怎么会弄一些把生产日期都篡改的事情。 【解说词】 数据被随意更改，也就意味着，外界很难知道如此大型的食品公司内部的真实情况。但	当记者把福喜公司的各种违法行为曝光之后，观众会心生疑问：没有人监督和管理吗？所以，记者也在调查中追问了这个问题。可以看到，福喜公司为了应对肯德基等需求方以及有关政府部门的检查，提前准备了几种手段的“猫腻”，在应付检查上大做文章、大动脑筋。记者在调查和采访上非常谨慎，多方求证和相互印证，有理有据地进行事实报道。

是，福喜内部的公开邮件却对违规进行了非常细致的记录。例如这封在 2014 年 3 月 7 日 10：31发送的邮件，内容是要把 BK 猪肉饼产品（的）保质期延长至6 月 18 日，而原本的过期日期是 2014 年 4 月 18 日，被延长了 2 个月。根据邮件发送日期，这批产品已经过期了。 【同期声】 工人：只有被审查的那一天才是真正的正规生产。就像皇帝下去微服私访，先打好招呼，下面的人接应，老百姓排队，欢迎欢迎。他要直接偷着去呢？他就可以看到真实的情况。 【资料】 福喜公司宣传片：未来，福喜还将与合作伙伴一起，提供高品质的安全食品，为中国的食品安全创下新的纪录，让每个人与健康之间的距离，始终为零。 【主持人】 我们吃一个汉堡，希望它能够填饱我们的肚子，同时也希望它能够带给我们营养，可是我们从来不知道，一个汉堡从工业化集中生产的路程中走过来，带有多少的背景，又带有多少的情节和故事，而这一切，又被食品生产的厂家深深地掩埋，充满了神秘感。我们不能够确定，像麦当劳、百胜这样的企业，它们是否知道这些食品公司存在着这样的一些行为，但是我们可以确定的是，这些行为，绕开了食品监管的体系，在制度上存在着空白，而这受害者也不仅仅是消费者。	中国新闻奖评语： 食品安全是百姓关心的热点话题，食品安全监管是中国政府近几年着力推进改革的领域。2013 年，国家食品药品监督管理总局成立，工商、质检、卫生监督三个部门的监管力量被重新整合。2015 年，新《食品安全法》修订后实施，对违法行为施以重拳。如何在改革的关键时刻，充分发挥主流媒体舆论监督的作用，推动改革的进程？《食品工厂的“黑洞”》进行了一次有益的尝试。 这篇调查性专题的特点是，调查缜密、叙述客观、表现生动。(1) 在调查过程中，记者严格遵守了隐蔽式采访的规范，以严谨客观的态度，忠实记录下观察到的事物，没有进行诱导式采访。(2) 报道叙述语言平实，客观公正。所列举的新闻事实都有相关证据进行交叉验证，用事实说话，没有刻意渲染。(3) 在艰难的拍摄条件下，记者依然做到了多角度、多机位的镜头呈现，充分发挥了电视新闻的特长。 节目播出后，引发了巨大的社会反响，“福喜事件”成为全球媒体普遍关注的新闻事件，福喜事件的报道为新《食品安全法》的修订提供了生动的样本，推动了这部法律的修订。

第五节 电视评论

本节就电视评论的基本特点做一简要介绍。

一 概念

电视评论指的是新闻评论员、评论集体或电视机构对当前具有较高新闻价值的事件、问题或社会现象表达意见和态度，进行解释分析的节目形式。

二 特点与要求

（一）选择恰当的评论契机

电视评论的评论契机需要满足两方面的条件。一是具有一定时效的新闻由头。电视评论对新闻事件的时效性要求相对较低，但必须有时效的体现，否则观众的收视兴趣会极大降低，电视评论的评论价值也会匮乏。新闻由头是说理和评论的抓手。一条电视评论的由头并非独一无二的，而是可以从多个角度、侧面或事件选择由头，但由头必须具有足够的吸引力、悬念感或冲突性，以帮助评论角度的展开。二是新闻事件发展成熟，新闻事实已经明确。电视媒体不能为了抢时效而在事件发展尚未明朗时开展评论，这样既不利于评论的深入，也容易在事件发生变化时陷入被动。电视评论在很大程度上代表着一档节目、一个编辑部、一家电视媒体的言论观点和立场倾向，因此评论必须在充分占有新闻事实的基础上选择恰当的评论时机，阐明观点与立场，体现稳重与深度。

（二）依托新闻事件的声画形象

与报纸和广播的评论相比，在提供论据、展示论据并使之为说理服务的环节上，电视具有明显的优势。电视能够声画并茂地提供真实可信的新闻形象，使报道更具吸引力。这也决定了记者在前期采访时必须大量获取声画素材，评论的写作和制作也必须做到有声画依据，不能自说自话。

（三）评述结合，步步深入

在动态中开展采访和评论，边展示、调查、讲述事件的经过，边进行分析与评论。新闻评论的采写强调记者的主动参与，对新闻事件或现象进行深入开掘，从中发现问题，抓住症结，推导结论。一方面，新闻评论要向观众直观展示新闻事实，让观众从中看到情节、问题和冲突；另一方面，又要进行入情入理的分析和拆解，令报道走向深入并得出观点和结论。

（四）论点应融合各方观点

电视新闻评论的论证过程是依托新闻事实（论据）进行归纳、推理从而形成论点的过程。只不过这个过程的进行，不是由传播主体单独完成的，而是由传播者组织有代表性的各阶层人员共同参与完成的。在就某一新闻事件进行报道评论的过程中，记者会接触、采访到与新闻事件相关的大量人员，比如新闻事件的当事人、目击者、知情人、相关政府官员、专家学者以及热心观众等。这些人在采访交谈中或提供事实依据、证实事实，或发表见解、评论或观点，从不同角度、层面和各自视点参与新闻评论。

电视评论的记者、编辑要做的工作是在这些前期采访素材中梳理各方观点，并厘清其言论价值和代表性，进而结合本台编辑方针和评论立场，在充分且平衡报道的基础上提出论点。论点应做到：符合价值导向，落地中肯明确，融合多方观点。

第六节 电视特别报道

特别报道是一家电视媒体综合报道实力和能力的集中显现。本节将重点介绍电视特别报道在节目框架、报道内容和题材类型等方面的特点和要求。

一 概念

电视特别报道，是指电视媒体综合运用各种电视体裁和表现手法，对已经或正在发生的具有深远和持续影响力的事件进行细致、全面、深入报道的方式。特别报道具有报道持续时间长、制作难度大、资源投入多等特点，但同时具有社会效益突出、影响力巨大等播出效果。所以，各大电视媒体每逢重大事件仍不惜全台之力投入报道。

二 类型

若以事件的性质为标准，重大事件特别报道还可以被划分为程序性事件特别报道和突发事件特别报道。

（一）程序性事件特别报道

它针对的是事先经过精心策划和安排的、有大致轮廓的甚至有比较明确的时间表的事件。比如每年的全国“两会”、2015年的“纪念中国人民抗日战争暨世界反法西斯战争胜利70周年阅兵式”（简称9・3阅兵）、2017年庆祝香港回归祖国20周年大会等事件，一是具有极强的重大性和丰富的新闻价值，二是具有很强的可预知性，电视媒体可提前进行报道策划和安排，在事件发生当天则会开通直播进行特别报道。

（二）突发事件特别报道

突发性重大事件往往是不可预知的，尤其是地震、雪灾等自然灾害事件的发生时间、地点、过程以及可能引发的后果等都是事先难以预料的。但是，突发性重大事件又具有波及范围广、影响力大、人员及财产损失大等特点，所以，电视观众十分渴望通过媒体第一时间获取现场资讯。电视媒体须在第一时间赶赴现场，通过现场连线或影像报道将事件的最新进展呈现给观众。由于缺乏事先准备，突发事件特别报道在开始时难免粗糙和凌乱，但这种原生态的记录方式和事件本身的不可预知性，恰恰是最吸引受众的要素。2008年汶川地震、2011年日本大地震、2013年芦山地震等，央视都在一段时间内开辟了特别报道，及时传回灾区信息，引导了社会舆论。

三 特点与要求

（一）以直播节目为框架

特别报道的新闻对象一般具有重大性和强烈的新闻价值，为了增强报道的现场感和影响力，特别报道通常采取电视直播的形式给观众带来同步报道。进行特别报道电视直播前，编辑部一般会预判新闻事件的持续时间或预估备播内容的时长需求，从而合理规划直播的开始时间和持续时长。比如2017年7月30日上午9时，庆祝中国人民解放军建军90周年阅兵活动在朱日和训练基地举行。中央电视台当天上午7点推出特别节目，直播报道阅兵相关内容，并持续到阅兵结束之后。这类直播的开始时间是既定的、预先规划的，结束时间则视事件本身的完结时间而定，具有一定的不确定性。还有一些报道在直播时长上更有可计划性。比如2016年12月28日，武汉轨道交通机场线和6号线开通试运营、东湖绿道建成开放，几项市政工程同期完成，为此，武汉广播电视台新闻综合频道推出了一小时特别直播节目《12・28见证武汉每天不一样》。因为采访内容具有相对的确定性，节目报道流程也经过了提前设计，所以此次特别报道的直播时长更明确、更可控。

（二）报道内容全面，采访注入点丰富

特别报道的新闻题材比较重大，单一视角、单一层面的报道显然无法对新闻事件进行全局性报道，不能让观众全面地了解新闻内容。因此，特别报道一般会通过不同采访注入点的设置，在多个视角下采集新闻信息，使新闻事件得到立体和全面的呈现。

2015 年 11 月 14 日，南昌西汉海昏侯墓主椁室考古发掘工作正式启动。当天，江西广播电视台对此进行了特别直播报道，时长约 80 分钟。在现场，两路记者分别采访了来自国家文物局、海昏侯墓发掘项目团队、国家博物馆的四位专家，随着马蹄金、青铜器和漆器的先后出土，报道介绍了他们对文物的基本判断、对墓主人身份的分析定位，分析了出土文物所折射出的西汉历史，等等。在演播室中，主持人对江西省文物考古研究所专家的访谈同步进行，进一步对文物的出土价值、历史人物的故事等进行分析判断。此次特别报道在文物出土的关键环节注入现场采访，记者事先做了充分的准备和知识积累，在现场的描述和提问能够引发观众的收视兴趣，采访对象从不同角度和各自的理解对文物价值进行分析，丰富了观众的收视信息。

（三）实时报道与资料内容互相配合

特别报道以直播节目为框架，但并不意味着节目中所有内容都是实时采集和放送的。直播中会大量采用现场连线的方式，由记者现场采访或出镜为观众送上实时报道。除此之外，直播中还会切入先前记者发回的报道或事先做好的资料短片等进行内容补充，配合并丰富记者的实时报道。比如在《12·28 见证武汉每天不一样》的特别报道中，4 个直播团队分赴中山大道、东湖绿道、轨道交通 6 号线和机场线现场，启用现场连线、无人机直播等直播手段，以记者体验为主，从多视角发回实时报道。此外，节目中也穿插了历史资料、航拍、延时摄影等备播性资料内容，强化了电视表现力。

一线者说

2008 年 3 月 24 日开播的《新闻 1+1》，是中央电视台新闻频道唯一一档时事新闻评论直播节目，每期节目从国内的时事政策、公共话题、突发事件等大型选题中选取当天最新、最热、最快的新闻话题展开评论分析。在邹煜对白岩松的访谈录中，谈到《新闻 1+1》创办之初的想法，主持人兼评论员白岩松说，在选题上有两个要求：一是要记录变动中国的所有特性，记录这个变革的时代和人心，这样的选题要优先选择。二是要嵌入中国民主的进程中去，这样的选题也要优先选择。对电视新闻评论的特质和属性，白岩松提出了自己的看法：

评论不是观点满天飞

这几年打造《新闻 1+1》，我不断跟节目组的人磨合的是，不要认为这仅仅就是评论。《央视论坛》为什么死？在众多原因中，其中有一个原因就是：专注于作评论，忘了这是电视评论。你的电视元素是什么？电视评论的特点是什么？

电视跟报纸最大的区别是什么？报纸评论如果我看着比较晦涩，我可以拿着看一个小时，我可以重复阅读；电视是一条单行线，只要几句话没听明白，观众就可能跟不上了，就换台了。

电视评论的语言不能是晦涩的和过于刻板的，而是要鲜活的，让人印象深刻的。同时，电视评论语言还要借助大量的电视语言、电视元素和画面，要有节奏。电视评论不能简单地套用报纸评论。“电视”这两个字会给人很多约束，当然也会给人丰富的创作空间。

“观点已经成为新闻了”

我当然认为，电视的主体功能不是评论，电视的主体功能还是要提供娱乐和新闻资讯。但是，在新闻传播的过程中，评论已经必不可少地要成为传播的重要内容。我甚至说过这样一句话：“观点已经成为新闻了。”

过去的评论是纯粹的依附，要依附于新闻的后面。现在你会发现，有的评论甚至能独立生长。有的时候，这个新闻本身没那么大影响力，但是，对这个新闻的评论却成为第二天的头条。

《新闻 1+1》的节奏

《新闻 1+1》在直播过程中最关键的是什么？我觉得就是一个节奏的掌握，把你最想表达的东西比较充分地表达出去。

我干了这么多年，我时常提醒自己，作为一个新闻评论节目，最怕的是，你最核心的事实和观点，等你想表达时，没时间了。而那些价值不那么大的次观点，被你占去了太多时间。也就是说，你的节目呈现出一种不平衡，布局的不平衡。所以，直播中最重要的是，我前方必须要有块表，任何人挡着我的表，我都会跟他急。

资料来源：邹煜．一个人与这个时代：白岩松二十年央视成长记录［M］．上海：上海交通大学出版社，2013.

【推荐阅读书目】

1. 孟建，祁林．广播电视新闻写作［M］. 2 版. 北京：中国广播电视出版社，2007.

2. 巨浪．电视（新闻）采访与写作［M］. 杭州：浙江大学出版社，2009.

3. 周小普．广播电视概论［M］. 2 版. 北京：中国人民大学出版社，2023.

【思考题】

1. 电视系列报道与连续报道的区别是什么？
2. 电视专题具体有哪些类型？电视专题与我们平时说的电视深度报道是什么关系？

【练习题】

请在网络上自行搜索、观看电视消息《寒酸的县委办 不寒酸的民生》，写一篇 600 字左右的报道分析。

第十三章

电视新闻采访与记者出镜

【本章学习要点】

1. 电视新闻采访的特殊性。
2. 电视新闻采访的主要类型，现场采访的基本技巧。
3. 电话连线采访的优势、不足与技巧。
4. 现场报道的构成要素和采制特点。
5. 出镜记者的出镜准备、提问技巧和注意事项。

采访是贯穿于各种类型电视新闻报道的关键要素，是电视记者获取新闻事实的基本手段和途径。电视新闻采访一方面具有普遍意义上的新闻采访的共性特点，另一方面又基于电视媒体声画双通道的特质而在新闻采访上提出特殊要求。本章将重点介绍电视新闻采访的特性及具体类型和要求。此外，作为电视新闻采访的实践者，电视记者的角色和功能至关重要，尤其是在电视新闻现场报道中，记者的业务能力对报道的成败具有决定意义。因此，本章还将重点围绕电视新闻现场报道及其中的记者出镜环节展开叙述。

第一节 电视新闻采访的特性

电视新闻采访的特性即其区别于一般采访的特殊性。这种特殊性在根本上源于电视声画双通道的媒介特点，它决定了电视记者在从事新闻采访时要充分考虑客观采访环境和主观采访需要，从而为后续的写作和报道提供具有电视表现力的素材。

一 电视新闻采访属于带机采访

带机采访，指的是电子媒介记录与新闻采访共生的采访形式。即电视记者的采访活动需要伴有摄像机、录音机等电子媒介的开机工作。这是广播电视采访区别于平面媒体采访的核心特征。

在电视采访中，脱机采访更多地承担外围信息的收集任务，而关键性信息的采访则由带机采访来完成。带机采访的特殊性在于，它不仅要考虑新闻信息的采集，而且要考虑新闻信息的传达；不仅要考虑所采集新闻信息的重要性，也要考虑所采集新闻信息形式的表现性。

带机采访的特殊性也使得电视新闻采访对设备具有较强的依赖性。新闻采访及传播效果，不仅取决于记者的观察、询问、分析、报道，以及被采访者的现场表现，还取决于摄录器材的记录效果。因此，熟练地操作摄录器材是对电视记者的基本技能要求。电视记者不仅要能熟练使用现代采录设备，还要不断学习新的技术手段带来的新功能，更要熟悉录、采、编、拍、摄各项业务，向全能型记者发展，同时使采录设备的功能与优势得到充分发挥。

二 采访活动与新闻报道的同步性

采访活动与新闻报道的同步性指的是二者在发生时间上的同步程度。在这一点上，报纸媒体的同步性是最弱的，因为受印刷和发行流程的限制，报社记者的采访无法与写就报道、出版发行同步进行。广播记者在进行现场连线或需要在重大活动中发快讯时，采访与报道的同步性会有一定的显现。

对于电视新闻采访而言，随着新闻直播形态的普及应用，采访与报道的同步性体现得更明显。在参与直播时，新闻报道的时间定位前移，要求记者的现场采访与部分（或全部）报道同步进行，进而产生了“现在进行时”的报道形态。电视新闻采访的素材可以原生态形式直接进入新闻报道，新闻事件过程及其细节可以通过声音和画面素材直接展示到直播画面中。此时，由带机采访完成的新闻素材搜集工作已经同步成为新闻报道成品的组成部分，带机采访的成败对整个报道具有决定性影响。这改变了以往回溯式、结论式的报道方式，使报道内容在时间过程上前移。采访过程已经由单一的采集手段拓展为一种表现手法、一种结构方式、一种节目形态。

电视采访与报道的同步性对电视记者提出更高的要求。在现场，记者要及时地、随机应变地对环境做出从宏观到微观的整体把握，既要对新闻事件的发展做出预测，又要对受众的接受心理与需求做出判断和把握。记者本身也成为电视传播中的一个符号，他的言行举止乃至服饰都会对传播产生影响，他在新闻现场信息传播过程中的表现及其对现场的驾驭能力，在一定程度上决定着报道的成败。

三 采访人员的团队化

在报纸和广播语境下，记者采访被看作独立性较强的工作，因而特别强调记者要具有独立采访的能力。但对于电视采访来说，电视声画语言兼备的特点决定了单人很难独立且高质量地完成采访、拍摄、报道的多重任务。除特殊情况外，电视采访一般由两个以上记者协作，而不是单兵作战。一些重要新闻现场的采访报道甚至还需要一个完整的团队，包括编导、主持人、记者、摄像、编辑，乃至灯光、录音师等技术人员。

作为一项集体工作，电视采访需要所有参与人员的协同合作。因此，信息的有效沟通就显得格外重要。如果采访记者与摄像记者不能够很好地沟通，摄像记者不了解采访记者的意图，或二者在新闻事件现场的配合不够默契，都会给采访工作带来困难，进而影响到采访和报道的效果。

第二节 电视新闻采访的类型与技巧

一 现场采访

现场采访，就是电视记者在新闻事件发生后第一时间赶往现场进行采访，并对新闻现场的情况进行了解，以备做出进一步的新闻报道。这样的信息搜集方式和新闻报道方式可以让观众切实感受到新闻的真实性和现场感，记者可以在现场采访中实际地感受和观察新闻现场、新闻细节，并通过与新闻当事人的交谈和问询，充分了解新闻信息以及当事人的反应和情绪等。

（一）调动新闻敏感度，捕捉细节，问之有物

如果记者在现场采访中一味询问你怎么评价、你怎么看、你的态度是什么、能不能介绍一下等等，那么采访对象的表述方向是很多的，容易把话题说散说跑，记者就会陷入被动。如果记者从现场细节出发，找到可以发力的问题，则会掌握交流的主动权，让采访对象更具体更有针对性地予以回答。

（二）做好采访准备，预先设计提问

现场采访带有很大的机动性，比如在突发事件中，你的采访对象可能是随机的；

在赛后的混合采访区，你不知道哪位运动员会走过来接受你的采访；等等。但是这不代表你无法进行采访准备。一种准备是广义上的，也就是你作为记者要对同一类新闻现场有经验上的积累和信息的储备。在突发事件现场，你的脑海中至少准备了很多通识性的问题，比如伤亡情况有没有统计、救援力量的到位情况、现场交通和疏散条件、事件的基本起因等等，这些问题都属于广义的采访准备，是拿来就用的。另一种准备是狭义上的采访准备，即事发后或事发过程中有明确针对性的准备。比如在体育新闻采访中，很多记者的采访准备就是随着比赛的进行而开展的，记者需要跟随比赛的节奏在脑海中不断地调整问题，甚至准备不同的采访方案去面对不同的运动员。

（三）问题简短明确，把话语空间留给采访对象

现场采访要求记者在第一时间把现场信息传递给观众，因此时效性很强，报道在节奏上具有短、平、快的特点。因此，现场采访的提问一定要简洁有力，不要拖沓啰嗦。观众更想听采访对象讲他的经历和想法，而不是看记者展示他的语言才华。在CCTV感动中国2013年度人物颁奖盛典上，白岩松对胡佩兰①女士的现场采访中最长的一个问题有19个字，最短的问题只有4个字，就是这样一些问题，却得到胡佩兰极为幽默、真挚的回答，引得现场观众的阵阵掌声和笑声。现场采访如下。

白岩松：奶奶，你这么长寿还能工作，秘密是啥啊，奶奶？

胡佩兰：情感投入。

白岩松：你最怕啥？

胡佩兰：躺在床上不能动。

白岩松：你最高兴的是什么？

胡佩兰：我最高兴的是看着病人痛痛苦苦而来，高高兴兴地走，我最高兴。

白岩松：你最不喜欢什么事？

胡佩兰：躺在床上不能动，光睁着双眼给人家要钱。（那样）心情不好，啥也不好。

白岩松：你有时候不仅不收钱还给人家钱？

胡佩兰：那不要紧，那没几个钱。我有那个本钱，我家没有啥负担。

白岩松：你准备一直为别人看病，还打算看多少年的病？

胡佩兰：我打算活一天看一天。多活一天，多看一天，多给国家一些报效。

白岩松：你觉得医生是个什么样的职业啊？

胡佩兰：医生是一个有博爱精神的职业，应该感情投入的职业，应该是有医德的

---

① 胡佩兰（1916—2014），女，医生。1986年，70岁的胡佩兰从郑州铁路中心医院的妇产科主任位上退休，此后在社区坐诊20年，每天都坚持看完所有病人才下班，开药很少超过100元。2014年1月22日，在感动中国颁奖盛典录制4天后，98岁的胡佩兰在睡梦中安然辞世。

职业。不应该光看着钱。

白岩松：这一辈子开心吗？

胡佩兰：开心啊！大家都对我非常认可，我非常开心。我最开心的就是我能长寿。

白岩松：我们都祝您长寿，谢谢您。

胡佩兰：我也谢谢您，我能给你对上话不容易。

实际上，我们通过观察电视镜头的使用，也可以理解在现场采访中采和被采之间的主次关系。我们曾讲到，内反拍机位可以给拍摄对象更大的景别，凸显他在人物对话中的重要性，比如《新闻调查》在拍摄时通常给记者过肩镜头，而给采访对象单人镜头，把更多的话语空间交给被访者。对于现场采访来说，留给记者的采访时间通常十分有限，所以务必利用有限的时间让采访对象多说多表达，摄像师也要遵循这个逻辑，把镜头更多地对准被访者。

2016年6月12日，美国奥兰多枪击事件发生后，CNN记者在现场采访时使用了双机位进行拍摄。如表13－1所示，记者提问时画面给出的是总角镜头（画面1），采访对象说话时导播将画面切到单人镜头，只在画面边缘留给记者极小的镜头空间（画面2），当记者提问时，画面再切回总角镜头。

表13－1所示央视体育频道记者王楠对中国足球队门将王大雷的采访则是由单机位完成的。当王楠提问时，摄像师给出的是一个中近景的总角镜头（画面3），王大雷说话时，镜头推上去给出王大雷的近景画面（画面4）。王楠再次提问，镜头则适当拉出，给她足够的画面。

表13－1　　记者现场采访时的镜头安排

<table>
<tr><td>序号</td><td>1</td><td>2</td></tr>
<tr><td>画面</td><td>
</td><td>
</td></tr>
<tr><td>序号</td><td>3</td><td>4</td></tr>
<tr><td>画面</td><td>
</td><td>
</td></tr>
</table>

案例 13－1：央视体育频道记者王涛现场采访中国足球队队长郑智

2015 年 1 月 18 日的亚洲杯小组赛，中国队 2∶1 战胜朝鲜队，取得开赛之后的三连胜。赛后，央视体育频道记者王涛现场采访了中国队队长郑智。在这段 4 分 20 秒的现场采访中，王涛共问了 5 个问题，较好地展示了现场采访三个层面的基本要求：捕捉细节、采访准备和话语空间。

问题 1：祝贺咱们球队取得了三连胜，这在很多大赛当中应该是第一次吧！ 问题 2：你是这支国家队当中最年长的一位球员了，这次参加亚洲杯赛你感觉跟以往有什么不一样的？ 问题 3：总结一下这三场比赛，你觉得球队收获最大的是什么？ 问题 4：接下来我们将对阵东道主澳大利亚，这场比赛大家有的很担心，因为他们是东道主；有的又很庆幸，因为我们从来没有输给过他们，你们是怎么准备、怎么看？ 问题 5：最后一个问题，今天，你带着自己的儿子踏进了赛场，我看你一直表情带着微笑，这对你来说意味着什么？	**【问题 1 点评】** 这个问题基于记者多年从事足球专项报道的观察和知识积累。三连胜的战绩的确是带有开创性的，是值得记录一笔的。记者希望得到郑智对此的态度和观点。 **【问题 2 点评】** 记者找到采访对象身上的一个显著特点，即郑智的年龄。年长意味着大赛经历多，他对重大赛事的感受一定不同于初出茅庐的队友。 **【问题 4 点评】** 从眼前刚刚获胜的比赛，展望下一场危机与希望并存的比赛，这个逻辑顺序是恰当的。 **【问题 5 点评】** 该问题体现了记者对细节的关注，而且这个问题估计是记者在看到郑智儿子的同时就设计好的。如果说前面的几个问题都是很理性地在谈比赛，那么这个问题则有望得到郑智更感性的回答，给观众带来多一点的期待和看点。

二 演播室采访

演播室采访也称演播室访谈，指的是将采访对象请到电视台的演播室或在具有拍摄条件的室内空间进行采访，常用于对社会名人、知名专家等对象的人物专访。与现场采访相比，演播室采访的特点是时效较弱，但采访时间更充裕，更容易挖掘到细节和故事。如果说现场采访发掘的是新闻的“第一落点”，即5W的具体信息，那么，演播室采访则侧重于新闻的“第二落点”，即请采访嘉宾讲述新闻背后的新闻，对新闻事实进行更有深度、更富细节、更多启示的表达或分析等。

案例13-2：央视体育频道张斌对刘翔做专访

2015年4月7日，“飞人”刘翔通过新浪微博正式宣布退役。在他发布消息之前，央视体育频道对他进行了专访（见图13-1、图13-2）。4月8日，体育频道《风云会》节目播出张斌对刘翔的专访，回顾了刘翔的职业生涯，畅谈了他的心路历程。我们把节目中张斌的采访问题罗列出来，分析一下他的采访特点和技巧。

图13-1　4月7日采访在一个室内训练场中进行，图为主持人张斌

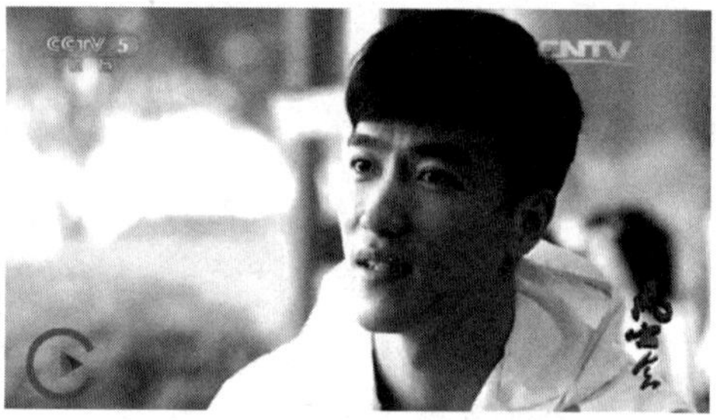

图13-2　刘翔接受采访

1. 今天是4月7号，可能有很多人都知道今天是刘翔退役的日子。真的一切都决定好了吗？	开门见山，明确基本事实，这是接下来一切谈话的前提。
2. 有多久没穿钉鞋了？ 3. 每一次试钉鞋，是不是都在试未来的希望？	穿钉鞋等于有训练，不穿钉鞋意味着刘翔离赛场的确越来越远了，2、3这两个问题再次明确刘翔的现状。
4. 虽然你刚刚说退役的念头是在今年年初，但是这个念头的出现应该不是第一次，如果我没有猜错的话。最早一次是什么时候？ 5. 2008年上场之前，当时你踢垫子的那个过程无意中被拍到了，本不是电视转播的一部分。那时候疼吗？疼到什么程度？	问题5将谈话从现在拉回过去，让刘翔去述说他职业生涯中的转折点——2008年北京奥运会上的伤退。而且，张斌对自己的提问很有信心，这基于他对采访对象充分的了解。对于刘翔给出的答案，张斌甚至能猜得一二。

6. 但是所有人都知道那个疼痛不是那一天的，而是积累的过程，最后爆发了。这个过程从什么时候开始的？ 7. 是哪一次伤到的，具体的日子还记得吗？ 8.（有脚伤）这个焦虑是比不好的焦虑，还是比不比的焦虑？ 9. 在本土奥运会最难的是比赛前的那个晚上，当天晚上是什么心态？ 10.（当天早上准备活动）那时候感觉到跟腱的真实存在了吗？疼吗？ 11.（检录之前）你踢了两下垫子，包括尝试跨了两个栏，当时所有人都不知道将发生什么，你那会儿知道将会发生什么吗？ 12.（停下比赛）以前设想过吗，设想过这样的过程吗？ 13. 想没想过不能跑的后果是什么？ 14. 有人说那一瞬间你从鸟巢逃走了。 15. 能不能说那一刻你对比赛放弃了？ 16. 在那个场地，我们摄像机是有边界的，你离开那块区域我们就拍不到了，帮我们回忆回忆离开赛道去休息区（的场景），那个过程迎面而来的会有很多人。 17. 挺难的。什么时候看到了孙海平教练，看到了领队？ 18. 我相信大家对你说话都是小心翼翼的，那些难听的话一定不是他们转给你的，你是怎么知道有些难听的话的？ 19. 你会很在意，会专门找来看吗？ 20. 听到这些看到这些，对刘翔来说其实有多种选择，有一种是彻底把自己封闭起来，更害怕别人。 （画面回顾刘翔的成绩史、比赛成长史，	刘翔退出赛场，走回运动员通道，踢了两脚垫子……这些镜头每位观众当时都看到了，但每个人都不知道刘翔当时在想什么、伤脚是如何不给力。这些问题很好地利用细节去引导刘翔讲出更多的细节，把历史瞬间、故事和心情讲述出来，这即所谓的新闻的“第二落点”：不是当时的情况，而是一段时间之后做出一种更冷静、更深入的审视和思考。 刘翔在 2004 年雅典奥运会上夺金之后赢得了无与伦比的掌声和名气，但是他后来受到严重脚伤的困扰。北京奥运会开战在即，荣誉加身的他会以什么样的心态去面对？比不比？比的话不一定能赢，要接受上届冠军在家门口失败的可能；不比的话心有不甘。张斌抓住刘翔说出的“焦虑”二字，问题 8 追问刘翔当时产生焦虑的心理本质，问到了点子上，而且其实是有一定的尖锐性的。 北京奥运会男子 110 米栏预赛中发生了令人意外的一幕：被视为国人骄傲的中国选手刘翔因伤退出比赛。这是刘翔职业生涯中的重大转折之一，甚至催生了他退役的念头。因此，在总结职业生涯的一次采访中，这段经历不得不提。问题 9 至问题 17，张斌的这段采访细致周密、环环相扣，比赛前夜-早上准备活动-检录之前-退赛过程-离开赛道-见到教练。每问一个问题，就好像当时的现场画面暂停一下，刘翔答完，画面继续。

尤其是雅典奥运会夺冠的辉煌。） 21. 2004 年的刘翔，雅典奥运会的刘翔，是最好的刘翔吗？ 22. 现在回想起 2004 年的那一瞬间，还有什么停留在你脑海里？ 23. 两年后又破了世界纪录，跟世界纪录比起来，这两个比赛哪个更完美？ （2006 年破世界纪录的画面回顾、2007 年世锦赛冠军画面。） （2011 年世锦赛画面回顾，刘翔被古巴选手罗伯斯干扰，憾失金牌。） 24. 2011 年比赛之后你的表态还是很有大将风度的。 25. 2012 年的体坛风云人物当时把评委会大奖颁给你，我当时在主持，看到你是唯一一个几乎是（用）奔跑的速度上台的。那年虽然发生了很多事，但你很需要心理上的支撑，那个奖对你有支撑吗？ 26. 2012 年，12 秒 87，那个信心是很足的，但这几年当中，跟腱的那个事一定还是在脑海中漂移的，它一直没有离开。 27. 那个周期中，我相信医疗监护和医疗保障应该比以前好很多。不断地会有评估，刘翔的脚好多了，刘翔的脚非常好…… （刘翔在伦敦奥运会上摔倒的画面。） 28. 其实当时我们在各种场合听到的表达都预报了你的伤势。对你来讲，这些预报有一点缓解压力的作用吗？ 29. 包括我，包括观众对你的要求都特别高，但对你来讲就一个要求：我是不是竭尽所能了，是不是问心无愧了。当离开伦敦的那一刻，这些你内心笃定吗？ （画面：队友和朋友的评价以及祝福。）	每一个暂停都让观众更加了解刘翔当时的所思所想。一问一答完全再现并丰富了 2008 年那个中午刘翔身上发生的一切。这种深入介绍背景、细节、故事、思考的采访效果是演播室采访的特长所在。 在家门口的赛场上退赛使刘翔饱受非议。多数记者能够想到问问刘翔他是如何看待这些非议和不公的、会不会觉得心里有苦说不出、是否影响了他后来的训练状态和职业选择等等。问题 18 至问题 20，张斌的这几个问题更加体察到刘翔的心理，有一种换位思考的做法在里面：难听的话是怎么传到刘翔耳朵里的？刘翔会不会去网上搜索关于自己的新闻？受到言论攻击之后，很多人会选择封闭自己，依刘翔的性格，会不会也这样？所以，这几个问题更像是朋友之间的聊天或来自朋友的关心，会给采访对象带来心理关怀感。 时间从最跌宕的 2008 年继续前推到 2004 年，问题 21 至问题 23 三个问题带领刘翔回忆他职业生涯中最辉煌的几个重要时刻。这些辉煌时刻在当年已经被媒体报道过无数次，刘翔流下热泪、跳上颁奖台的画面历历在目。相较于那些失败的经历，成就时刻的心情并不复杂。所以，这一段落的问题不多，重在精巧，让刘翔回答在他心目中何时的自己是最完美的。 作为一次总结回顾性的采访，刘

30. 你以前曾经活在自己的梦想里，活在别人的期待里，现在期待为自己为家人而活，这三句话准确吗？ 31. 我相信你内心当中还有一个很本能的愿望是为自己辩解两句，对你的误解是很多的，在我看来。今天是个挺好的机会，哪怕一句话，为自己辩解辩解。 32. 作为退役（运动员），大家很关心你未来人生道路的抉择，你可能继续（留在）上海体育局，还是当刘老板，还是去读书？跟我们讲一讲。 33. 我们现在采访距离你正式发布可能有几个小时，等你正式发布，可能会有一种前所未有的解脱感。 34.（刘翔：对啊，觉得一个大包袱没有了。）这个包袱是什么？对你来讲真实的那个包袱是什么？ 35. 对周边的信任感和安全感会增加吗？ 36. 最后替代 CCTV 发一个邀请，在北京世锦赛的时候做我们的解说嘉宾吧！	翔职业生涯中重大的经历一个都没有落下，这些重要时刻都是媒体反复报道过的，也是形成观众印象中刘翔这个人物形象的关键笔触。问题 24 至问题 28，这一段落中，张斌依然采用时间推移接续的逻辑，重在让刘翔说细节、谈感受，挖掘心路历程。因为刘翔即将退役，这些故事再不深挖就会失去光泽和价值，所以选择这个时刻去设置“第二落点”是恰当的。对于关心刘翔的人来说，这些故事和细节极为珍贵。 问题 29 之后的几个提问不谈比赛而谈人生，代表观众关心刘翔退役后要走的道路。在采访中留出机会和时间，让刘翔为自己辩解几句，这体现出记者极高的采访情商以及对采访对象的尊重和关怀。提问并不停留在回忆和展望上，而是用更软、更感性、更具同理心的交流方式去让观众对刘翔多一些理解，少一些误解，让刘翔作为运动员的形象更美好一些，这是记者内心善意的一种流露。

三 体验式采访

体验式采访，指的是记者深入新闻现场，通过亲身体验的方式参与到新闻事件或被访者的工作、生活当中，进而完成采访的一种采访方式。记者通过体验式采访可以与被采访者深入探讨报道所涉及的问题，全方位多角度地观察、倾听、体会事件本身的真实情况。记者不再是采访的旁观者，而是采访的参与者。

记者在体验式采访过程中，如果用心地记录好采访中的重点和细节，仔细揣摩新闻事实背后的故事，会发掘出更多吸引人的新闻内容。很多时候，新闻记者对于报道主题的把握是有难度的，体验式采访可以较好地化解这一问题，辅助记者在体验中自然而然地思考出主题或报道角度。记者运用体验式采访方法，可以减少写稿件时无话可说的情况。体验式采访为写作提供了更丰富、更具体、更形象的报道素材。

（一）贴合时事，关注热点，做好选题策划

与突发事件、常规报道不同的是，体验式采访是融采访、体验、创作为一体的采访活动，特别是对于电视记者来说，其还要确保通过声音和画面对新闻现场进行真实记录、还原，所要付出的时间成本、人力成本较大。因此，体验式采访的运用范围、适用题材和人员调度都应当提前进行策划安排。

体验式采访的选题应该涉及社会关注的热点、政府工作的难点、群众心中的疑点等，并在舆论上产生一定突破。此外，在选题时要做到大主题与小选题相结合。在处理国家政策、行业风貌等较宏大的主题时，记者容易犯大而空的错误。要打破这一局面，就需要记者在大主题下找小选题、小切口、小角度，以小见大，才能使报道深入人心。

（二）画面真实，客观反映，做好现场拍摄

体验式采访的特点是客观、真实，因此，在一些实际体验中，真实的镜头远比规范美观的画面更为重要。比如 CNN 的记者在一次群众抗议活动中进行采访，警方突然向人群投放烟幕弹，出镜记者和摄影记者都被迫随着人群向外扩散。此时，两位记者都被烟雾呛得咳嗽，但他们并未停机，而是边走边拍，把奔走的人群、咳嗽的声音、现场的凌乱都记录下来。尽管镜头十分不稳，甚至上下摇晃，但正是这份真实让电视观众感受到现场的紧张。体验式采访的魅力也因此得到呈现。

（三）把握角色，准确定位，做好角色转换

记者提问、采访对象回答，这是一般采访常见的人际关系模式和思维模式。但在体验式采访中，记者需要亲身体验需采访的事件、职业或环境，记者既充当提问的角色，又体验受访者的角色，需要站在两个角色路径上看待和思考问题。体验式采访中的角色转换，指的就是记者要设身处地地站在受访者的角度考虑问题，顾及他们的利益和情境。这样采访的内容才会贴近实际，更接地气。

但是，体验式采访的最终目的仍然是对新闻做出客观平衡的报道，这就要求记者既能在体验中“钻进去”，又能在采访和写作时“跳出来”；既能够融合自己的亲身感受，又能进行理性报道，而不能一味抒写感性体验。

四 隐性采访

隐性采访也称暗访，指的是记者不暴露自己的身份或以其他身份，采用各种能够

获得信息的方式（包括偷拍偷录）从事的采访活动。隐性采访的成立需要三个条件：记者有意不公开身份而接近新闻源，采访是在被采访者未知的情况下进行的，采访未事先征得被采访对象的同意。

在实际新闻工作中，尤其是在常规采访难以突破的舆论监督类报道中，隐性采访可以较快速地获取新闻事实、完成报道任务、引发社会反馈等。因此，新闻界赞成隐性采访的根据主要有：新闻真实性的需要，新闻自由的需要，满足公众知情权的需要，舆论监督的需要，社会公共利益的需要。但与此同时，隐性采访没有合法地位，不受法律保护，甚至会构成法律与道德的悖论。因此，反对隐性采访的理由有：隐性采访损害记者的职业形象，削弱媒体的亲和力，降低媒体公信力，侵犯个人的人格权（隐私权、肖像权）、企业的商业秘密、国家机密。

我们一般认为，各种媒介对隐性采访的使用应十分谨慎，隐性采访不宜被普遍倡导。记者可以在特殊情况下尝试使用隐性采访，比如涉及重大公共利益且公开采访无法进行的新闻报道。并且，隐性采访不应只是出于记者的个人决定，而应经过严格的审批程序。此外，隐性采访必须尊重被采访者的基本自由和人权。

五 电话连线采访

电话连线采访是指电视台后方人员通过电话，对异地的前方当事人、见证人或现场记者进行声音访谈式的信息收集方式。应该说，电话连线既是一种采访方式，也是一种报道方式。电话连线采访即记者或新闻主播通过电话采访新闻当事人；电话连线报道即前方记者通过电话与新闻主播对话，报道来自新闻现场或前方的消息。

在电话连线采访中，记者在电话前的访谈构成采访现场，它弥补了摄像机不能到达现场的缺憾，满足了观众对现场了解的欲望。虽然我们看不到现场的动态画面，但是电话采访的同期声也承载了现场的部分信息，新闻的现场感和真实性相较口播新闻、字幕新闻明显增强。

（一）电话连线的适用范围

电话连线采访只能作为常规新闻采访的有效补充，不能用它来代替深入新闻现场的观察和面对面的采访。它有一定的适用范围：

突发事件发生后，记者和设备无法第一时间到达现场。

对新闻事实进行核实、求证。通过电话连线相关专家、学者、新闻当事人、目击者。

现场记者拍摄的影像传送不方便，为了保证新闻时效，电视媒体往往选择采用电话连线进行初步报道。

受人力、物力、财力所限，为节省投入，对远距离发生的新闻事件采用远程电话访问。

条件不允许，记者不能进入事件发生现场直接获得素材或进行面对面的采访时，电话采访就成了了解新闻事实的主要手段。

作为隐性采访的一种，记者隐瞒身份进行电话采访，可以获取真实情况。

（二）电话连线采访的优势

传播的时效性大大加强。在对一些突发事件进行报道时，考虑到新闻的时效性，记者来不及亲临现场，电话采访就发挥了重大的作用。不管采访对象在何处，只需几秒或几十秒的时间，只要拨通电话就可以进行采访。

降低了节目制作的开支和费用，提高了投入产出比。在保证节目质量的前提下，报道一些国际性题材或画面难以拍到的事件等，采用电话采访不失为一种有效的手段。

（三）电话连线采访的不足

我们既要看到电话连线采访给新闻采访带来的好处——方便、高效、节约，同时也要看到它的局限性，并不是任何新闻事件、新闻人物都适合电话采访，而要根据被采访者的具体情况，去制订采访计划和确定采访方式，这样才能取得采访的成功。其局限性表现如下：

传播效果不理想。电话采访的音响效果会受到传播工具和现场环境的影响，声音效果受到一定的影响，清晰度不是特别理想，影响受众的收看效果。

缺乏面对面的感情交流。所以电话采访宜少不宜多，宜短不宜长。

新闻来源真实性难以保证。这是电话采访面临的主要问题。记者在运用电话采访时，是运用语音讯号与被采访对象进行沟通的，与面对面的采访相比，缺少了对被采访对象形象的了解和所处环境的把握，因而也就难以判断被采访对象所提供新闻信息的真实性，或其接受采访的真实意图。

难以进行深层采访。电话连线采访的内容一般只是基础性信息，浮于新闻表面。因此我们把它当作常规采访的辅助手段来加以使用。

（四）电话连线采访的技巧

在获得新闻素材的过程中，记者在使用电话采访这一手段时必须慎重。当在某些特殊情况下要将电话采访作为主要采访方式时，要注意以下几点：

1. 精心准备，巧妙发问

电话采访前的准备是记者采访能否成功的关键，提问得当会使采访活动事半功倍，还可以创造一种良好的采访气氛。要确保电话采访的成功，记者要自始至终围绕采访主题进行发问，不要游离于主题之外。

2. 提问形式要随机应变

电话采访虽然不能像面对面采访那样随时察言观色、灵活应对，但是记者在电话采访时要从对方的语气、表达中揣摩对方的情绪、顾虑、爱好，以灵活多变的形式发问。不要盲目发问让对方为难甚至反感。表述要简洁明了。

3. 验证求实

这是电话采访成功的保证。特别是在抢时效的时候，对电话采访内容的真实性的核实是最重要的环节。在对一些事实产生疑义时要反复发问，直到得到真切的回答。当记者得到电话提供的线索时，一定要通过对线索牵涉的事和人的反复核实来对新闻来源的真实性做出判断，以确定线索提供者所表述的事情的真伪。记者要尽可能多地采访目击者或当事人，并根据常识和自己的经验对事实的真实程度做出判断。

4. 采访态度要真诚、平和

记者与受访者之间是平等的互动关系，记者应本着真诚、平等、平和的态度进行采访问询。尤其是在电话采访中，记者的真诚和专业会尽快让受访者产生信任。只有这种真诚的态度，才能营造采访的良好氛围，使采访对象乐意接受访问。

5. 精心选择采访对象

记者对采访对象的工作、专业、研究方向、所取得的成果要非常了解，包括对采访对象的表述能力、语速快慢都要有所了解。这是做好电话采访要考虑的一个重要方面。

6. 要以了解现场为核心

在一些事件性新闻的采访中，观众最想了解的是事件的现场，因此，如果要针对这类题材进行电话采访，记者务必聚焦现场情况或事件进展进行提问，挖掘到最关键的信息提供给观众。

第三节 现场报道

现场报道和出镜记者是互相关联的两个概念。现场报道是一种为了突出时空因素（时效性与现场感）而被广泛采用的报道形态；出镜记者则是现场报道中的一个重要元素，强调记者在报道中的主体作用。第三节、第四节将重点从业务操作的层面，对电视新闻现场报道及其中的出镜环节进行介绍。

一 现场报道的构成要素

不少研究者给出过现场报道的定义，但比较有代表性的有以下几种：

“现场报道是指电视记者在新闻事件现场，面对摄像机（观众），手持话筒对新闻当事人、有关人士进行采访，在现场就新闻事件的发生、发展进行及时报道，向观众做口头叙述，同时通过镜头展示现场动态和环境。”（宁奎军）

“电视现场报道是指电视记者在新闻事件发生的现场，以目击者或参与者身份面向电视观众所做的图像（含现场音响）报道。”（梁洁）

“首先，新闻事件要刚发生或正在进行之中；其次，记者要进入新闻事件现场，目击采访，现场口述报道；最后，报道应真实而完整地再现新闻人物的采访讲话和新闻现场的音响。”（谷中君）

综合看来，构成电视现场报道必须具备以下几方面要素：

（1）记者要素：记者必须既出现在新闻事件的现场，又出现在镜头中，即所谓记者现场出镜。而且，记者在现场要以目击者或参与者的身份对新闻事件进行报道、采访或评论。

（2）现场要素：必须是刚刚发生或正在发生的新闻事件的现场，如此才能确保现场报道的时效性和现场感，记者才能有机会第一时间采访到新闻当事人或进行直观体验。

（3）声画要素：既有现场画面，又有同期声和现场音响。

二 现场报道的前期准备

（一）业务准备

现场报道的业务准备主要体现为以下几个层面：

尽可能占有相关资料。

尽可能明确主题并围绕主题提前设计报道角度、采访人选、采访问题等。

尽可能了解现场、占有现场。记者快速到达现场后，充分调动报道经验和新闻敏感度去观察和了解现场情况。在一些突发事件现场，出镜记者可与摄像记者沟通，在条件允许的情况下提前拍摄现场资料画面和获取同期声，并回传演播室备用。在正式做出镜报道时，将记者的口播与备播资料配合起来，二者可以互为衬托和印证，这将有助于丰富播出画面、优化播出效果。

尽可能提前掌握新闻事件的时间表、日程表等。这对于可预知的现场如大型活动、大型表演、体育赛事等的报道尤为重要。因为这类报道的竞争是异常激烈的，只有充分做好前期准备和采访计划，才能保证记者在现场报道中的有的放矢、稳扎稳打。

（二）技术准备

现场报道的技术准备主要是指设备器材，包括摄像机、话筒、磁带、电池等的检查准备。技术设备是现场报道采制最重要的硬件支持条件，因此应精心准备好。磁带、电池等尤其应注意携带足够的备用品。

三 现场报道的采制特点

（一）以记者在现场的全方位采访为基础

全方位采访即记者在到达新闻现场后要尽可能地利用自己所有的感官，包括视觉、听觉、触觉、嗅觉等接触新闻事实，感知新闻现场，并在此基础上把握新闻事实，进一步展开深入采访。在对现场获得基本判断、形成疑问后，记者要采取多种手段积极采访到新闻当事人、目击者等现场信息源，以尽多尽广地获取关于新闻事件的事实性信息。记者现场报道的深度、力度和价值在很大程度上取决于现场采访是否到位和充分。

（二）采拍过程具有不可逆性

采拍过程的不可逆性根源于时间的不可逆性，新闻现场随着时间的流动而在分秒间发生着变化，错过采录瞬间的事实不可能重演。因此，不可逆现象的存在对于电视现场报道具有两个重要意义：

一是时间就是现场。新闻现场的构成会随着时间的变动而调整、改变乃至消失，所以记者在获知新闻线索后，应尽可能地抢在第一时间进入第一新闻现场，以增加新闻现场的完整性。

二是现场画面和同期声就是事实。记者到达现场后要立刻展开拍摄，特别注意对核心现场及核心事实画面的拍摄，以及对现场同期声和其他音响的获取。这是现场报道能够立足且言之有物的关键所在，丧失现场画面和同期声的现场报道是死板的、不富有吸引力的。

四 现场报道的优势

（一）现场感强

一般电视新闻报道多采用画面加解说的构成形式，虽然画面展示具有现场性，但是解说却是后期配上的，是一种复述式的报道，观众的现场感不强。而在现场报道中，记者以目击者身份进行采访并口述报道，把感官体验和在现场获取的一手信息分享出来，带领观众目睹整个新闻事态的发展与变化，使其产生身临其境的现场感。

（二）可信度高

在画面加解说的新闻报道中，信息的传输需要经过后期制作、文字解说、播音三个转述环节才能完成。而现场报道则是记者在现场进行口头报道、现场评论等，缩短了新闻现场与观众之间的距离，少了中间的转述环节，传递给受众的信息真实性、可信性大为增强。

（三）参与感强

尤其是在直播报道中，记者的采访和报道呈现高度同步性，观众在收看的过程中从被动的旁观者转化为主动的参与者。记者对新闻当事人或目击者的询问，与观众的欲知和未知是有重叠的，记者代观众进行发问。在同一个新闻现场，观众的视角和记者的视角合二为一，产生思想和情绪的共鸣。这种“我在现场”的报道方式可以充分调动观众的参与意识，有利于新闻报道效果的提高。

一线者说

电视现场报道的作用和优势

一、现场报道的积极作用

1. 能够展现强烈的现场感和气氛

现场报道能够通过现场环境的烘托，给受众以视觉的冲击，通过记者的视角对信息进行呈现，记者的动作和表情也会给受众传递一定的信息，记者身处的环境和周围的一切因素，都可以作为报道材料向观众呈现。现场记者以目击者的身份为观众报道，能够使观众感受到现场气氛，以及事件具体的发展状况，能够满足受众对于新闻信息的要求。通过记者声情并茂的阐述，观众能感受事件发生的具体状况和现场浓重的气氛。

2. 强烈的真实感，让观众感到真实可信

现场报道中记者针对现场状况向观众进行如实的讲述，电视机前或互联网上的观众能够通过记者的语言及时了解现场的状况，这使人产生身临其境之感，增加新闻的真实性和可感性。这种报道类似于现场直播，观众能够对现场的信息进行认知和讨论，不仅能够提高新闻消息的真实性，还能够扩大受众群体，提高收视率。例如，一些地区发生爆炸时，记者深入现场，对现场的营救状况和事故状况进行深入的报道。在电视上我们也经常看到，在地震过程当中，一些记者深入地震现场进行一线报道，摄像机拍摄随着余震而不断中断，远在千里之外的人，能够看到现场的真实情况，地震、颤抖的摄像机、现场大量的灾民以及救援人员。这种报道方式使观众看到地震所带来的破坏，增强现场直播的影响力。观众看到了现场的情况，会认为报道内容更加真实可信。

3. 不可预见性和吸引性

由于电视新闻报道属于一种实时报道，对一些重大事件不能在短期内进行持续报道，往往要经历几天甚至更长的时间。所以，新闻重大事件会产生什么样的结果，现场记者会进行一系列的专题报道，我们经常听到：更进一步跟进报道，请广大观众关注。这一悬念的设计，使很多人感到意犹未尽。所以，在一些重大事件产生结果之前，观众会对其特别关注。党的十九大召开时，新闻媒体对其进行了全方面的跟踪和报道，每天都会进行跟踪直播，满足受众对于会议信息的需求。

二、如何更好地发挥现场报道的优势

首先，记者在现场进行新闻报道时，需要自始至终地跟踪事件的发生和发展状况。记者在现场对事件的发生过程进行观察，并进行采访报道和记录，对所有事件的内容都要清楚地掌握。

其次，记者要拥有敏锐的洞察力，能够及时准确判断现场的状况，对突发事件具有一定的应变能力。记者应当客观地记录事件发生的起因、经过和结果，将事件真实自然地展现在观众面前，使观众直接看到事件发生的场面和场景，产生身临其境之感。由于现场报道是电视记者自己在现场，一边采访解说一边进行报道，记者需要对采访的画面和报道内容进行有机的联系，这为编辑的合成提供很大的便利，也能保证新闻传播的时效性。

最后，记者要有意识地从观众的兴趣出发，向当事人和目击者提出与实践内容相关的问题，使其回答观众迫切想了解的各种问题，这样会增强观众的参与感，实现虚拟的面对面交流。在现场报道过程当中，记者的口头播报、与被采访者的交流和现场场景，这些镜头的不断切换，都可以刺激受众，引导观众自由地对画面内容进行分析和评价，在一定程度上提高了收视效果。

资料来源：孙明，强晓军．电视新闻现场报道的优势和发展趋势［J］．西部广播电视，2018（2）．

第四节 出镜记者

出镜记者是电视现场报道的核心要素之一。上一节相对宏观地介绍了现场报道的基本构成要素、报道特性和前期准备，也即回答了现场报道“是什么”以及“为什么做”的问题。本节我们将围绕“谁去做”以及“如何做”两个问题展开对出镜记者的介绍。

一 出镜记者的定义和特性

（一）定义

按照记者在报道中的功能和作用不同，我们将电视新闻整体上分为两类。一是记者隐在幕后的电视新闻，即记者只负责稿件文字、画面后期编辑等，解说工作一般由专门的主持人或播音员承担。二是记者出镜的电视新闻，即参与报道的记者出现在镜头前，向观众交代现场，对事件进行解说、评论等。后者即我们所称的出镜报道。

出镜记者（on-camera correspondent and reporter），指的是出现在新闻现场和电视镜头中，从事新闻报道、人物采访、事件评论的电视记者。出镜记者是电视记者的一个类型，但是我国电视媒体一般不会将出镜记者从电视记者中单列出来，而更多地要求电视记者能够训练自己的出镜素质，在需要的时候可以承担出镜任务。所以，“记者出镜”是电视记者的一项业务素质和职业功能，而“出镜记者”则是承担此项功能的业务工种，这是电视记者出镜工作的一体两面。

（二）特性

从本质上说，出镜记者是电视现场报道的重要组成元素和基本符号，其需要代表所在媒体立场，在镜头前用口语传递重要信息和提供观点评论。一名优秀的出镜记者应当是复述者、观察者、分析者三位一体的复合体，体现综合性的新闻素养，这是电视出镜记者的核心品性。

1. 复述者

出镜记者要能将从采访对象那里获取的信息较准确地复述出来，这是一项基本素质。这需要记者有针对性地训练和提高自己的复述能力：第一步，出镜记者在现场可能会采访许多人，那么，哪些人的信息是重要的、是值得你在镜头前复述出来的，这需要你快速做出反应；第二步，出镜时间有限，你不可能原原本本地将采访对象的话1∶1地呈现出来，那么，选择他们的哪些话去进一步复述，需要记者快速进行筛选；第三步，采访对象的逻辑和表达可能并不优秀，存在逻辑混乱或重复表达，那么，你需要快速理解消化他的核心意思，并用如实且平顺的语言复述出来。出镜记者需要在工作乃至日常生活中勤于张嘴练习，培养自己良好的复述能力。

2. 观察者

记者调动感官进行现场观察，得到体验性信息，这些信息也是出镜报道的重要内容。很多时候，这些观察和体验所得是更具有现场阐释力和感性吸引力的。需要注意的是，记者需要判断所见、所闻、所感与新闻主题的呼应性，在出镜报道时将观察所得与采访内容有机结合起来，而不能脱离新闻事实只谈感受。

3. 分析者

出镜记者需要根据自己的观察、采访、体验和知识积累，对新闻事件做出言之有据、有分寸的分析评论。但是，出镜记者不是新闻评论员，所以他的出镜内容还应以现场事实为前提和重点，可以此为据逐渐深入相关问题的分析上。

二 出镜记者的发展历史

（一）国外

电视新闻中的记者出镜现象并不是随着电视新闻的产生而突然出现的，而是与广播的现场报道一脉相承的。广播的现场报道指的是记者在新闻现场用口播的方式直接进行的录音报道。这种广播形式最早出现在西方。第二次世界大战中，美国哥伦比亚广播公司（CBS）首创了现场报道这种形式，代表作是记者爱德华·莫罗的现场报道《这里是伦敦》。随着广播技术和电话通信技术的进步，广播直播得到普及，出现了更有时效性和现场同步性的电话连线报道。广播记者的这些现场报道形式为电视记者的现场出镜报道打下了基础。

随后出现的电视记者出镜报道，就是在声音传播的基础上增加了图像信息的传输。广播现场报道使得记者的声音出现在听众的耳畔，电视现场报道则使记者的声音、形象和行为举止都呈现在观众眼前。

电视新闻现场报道发轫于 20 世纪 60 年代。1963 年 11 月 22 日，美国第 35 任总统肯尼迪遇刺，CBS 通过卫星对整个事件做了实况转播，其间，31 岁的记者丹·拉瑟做了一次大约 17 分钟的现场报道。这被认为是电视现场报道以及记者出镜的开端性实践。

20 世纪 70 年代，美国的电视媒体开始用电子新闻采集（Electronic News Gathering，ENG）方式拍摄新闻，这种摄录同步技术利用电缆通信和卫星通信，把现场影像直接回传给后方编辑或演播室，省却了胶片拍摄、导入导出、格式转换等环节，大大提高了新闻的传播效率。利用 ENG 技术，出镜记者的现场报道可以及时与观众见面。

1986 年 1 月 28 日，当地时间 11 时 38 分，美国“挑战者号”航天飞机发射升空后不久突然在空中爆炸，CNN 实况转播了这一过程，并通过记者的出镜报道串联了新闻现场和电视机前的观众。这一标志性的新闻事件，使出镜记者现场报道引起全球电视媒体的重视，使其成为此后西方重大新闻事件直播中常态化的节目样式。

（二）国内

1958 年 5 月 1 日，中央电视台的前身——北京电视台开始试验播出，这被视为我国电视新闻事业兴起的标志。

20 世纪 90 年代初期，现场报道这种形式开始在我国兴起。1992 年 10 月 1 日，中央电视台《中国新闻》节目开播，记者高丽萍在天安门广场向观众做了 3 分钟的现场报道，这是中央电视台第一次在日常新闻报道中引入记者出镜的形式。而出镜记者真正在中国电视新闻报道中引发大众关注，则开始于 1996 年《新闻调查》节目的开播。

作为调查活动的主体，出镜记者成为《新闻调查》基本的结构元素，亦是节目一以贯之的鲜明特色。该节目也培养和推出了王利芬、柴静、杨春等中国第一批出镜记者。

20世纪90年代后期，中国电视媒体开始对一些重大新闻事件进行现场直播。1997年，中央电视台对香港回归进行了72小时直播，史无前例，标志着中国电视新闻全面走向现代化。当年，央视还对海尔-波普彗星奇观、黄河小浪底工程截流、长江三峡截流等重大新闻进行了现场直播。1997年堪称是中国的电视直播年。这一系列直播活动进一步推进出镜记者队伍的壮大与发展。

2003年7月1日，中央电视台新闻频道正式开播，这一平台造就着越来越多的能够在新闻现场观察、思考、表达的出镜记者，他们成了新闻节目中重要的组成部分。此后，不论是重大节日、突发事件还是重要会议等新闻现场，都可以看到出镜记者的身影。

可以说，在当今电视新闻发展的成熟期，出镜记者如同解说词、字幕一样，是电视新闻内容的构成要素之一，记者出镜也已经成为电视新闻报道中一种常见而重要的业务形态。

三 出镜记者的出镜准备

（一）背景知识和信息

出镜记者拿到选题后，可以通过翻阅书籍资料和现有报道，了解新闻事件的前情信息和报道空白。这能帮助记者做到心中有底、肚里有货。当你站到镜头前时，你要有信心自己掌握的资料和信息量是十分充足的，这是出镜记者成功出镜的一项重要前提。另外，充分的背景知识和信息还可以帮助记者理清出镜采访的新鲜兴趣点和报道重点，进而在采访中挖掘到新内容、新看点，出镜报道和评论才会有新意、有亮点。

（二）切身体验新闻现场

在出镜之前，记者要保证有充足的时间进行现场走访和体验。新闻现场的直观感受是无法靠资料获取的，而必须调动感官进行体验式观察。在出镜叙述时，这些体验式信息往往可以成为吸引注意力、切入主题的由头或细节。比如某一化工车间发生火灾后，记者应调动感官去闻一闻现场有没有刺鼻的气味，观察一下现场的浓烟主要来自什么位置，听一听车间周围有无发生燃爆，等等。这些细节一方面可以体现“我在现场”的出镜价值，另一方面会引发记者进一步发问和深入采访，即为什么火灾现场有刺鼻气味、有无环境风险、浓烟处是否得到控制、燃爆有无造成重大伤亡以及进一步危害等等。出镜记者抵达现场后，应快速调动新闻敏感度，在切身感受的基础上一步步将现场情况摸查清楚，搜集到足够的出镜素材。

（三）准备一个故事或细节

故事或细节比泛泛介绍更富有吸引力，更具有以小见大的价值，准备故事或细节在其他类型的新闻报道中也是一个通行的做法。在出镜报道中，有时后方导播给出的报道时间较长，希望前方记者多做介绍。这就要求记者在准备时做到“软硬兼备”：“硬”指的是通过现场采访获知的新闻梗概、背景、数据、现状等直接体现新闻价值的内容，“软”则指从采访中听取的故事性讲述或在现场体验中发现的细节。只有做到“软硬兼备”才能撑起足够的时长，传达充足的现场信息，也才能增强出镜报道与观众之间的黏性，不令人感到乏味。

（四）与采访对象做好沟通

出镜记者到达新闻现场之后，要尽快投入采访，发现并联系现场最有发言权的当事人、知情人、专家等，并邀请他接受你的采访。现场采访是出镜报道的核心信息来源。如果采访过程需要上镜，即记者在镜头前进行现场采访，那么记者最好提前与采访对象稍做沟通，将你希望知晓的大致问题或方面告诉对方，给对方一定的考虑时间。当然，在一些突发事件或采访对象可遇不可求的情况下，记者应当抓住机会直接提问。比如在全国“两会”期间，记者在人民大会堂偶遇平日难得一见的某位部长，此时，出镜记者与摄像记者应抓住时机上前采访，完成现场感十足的一次报道。

（五）手中有稿，心里有数

在出镜之前，记者不妨把要说的重点列举一下，这既能帮助理清报道思路和语言逻辑，还能在必要的时候起到提醒的作用。此外，如果报道中涉及一些关键性的数据，记者最好也将它整理下来，以备报道时的提示和准确无误。提示性的文字可以让记者更从容踏实地进行镜头前的报道，也会给观众留下严谨专业的镜头印象。

在十九届中共中央政治局常委与中外记者见面的特别报道上，演播室主持人连线央视亚太中心站驻站记者王梦（见图 13－3）。王梦提前将她收集到的亚太地区各大媒体对十九大的关注点记录到一张纸上，作为提示，同时防止出现错误。

图 13－3　央视记者王梦在演播室内做连线

（六）长期的自我训练和心理准备

还有一个方面的出镜准备需要更长时间的积累，它是一种长期性的、职业训练性的准备，即心理准备。

为什么需要进行心理准备？因为面对镜头时的紧张和压力。你需要面对镜头一口气把要说的内容讲出来，还要透过镜头与主持人进行交流，你会担心自己的语言组织是否顺畅、逻辑是否合理、现场情况有没有交代清楚、主持人的问话是否会打断你的思路等等。对于出镜经验不多的新手来说，这些潜在担忧一定会形成心理负担，从而造成自己的精神压力和紧张情绪。而这些压力和情绪则直接关系到出镜的那几分钟里你的表现和状态。

那么，如何进行心理准备？

其一，训练自己的镜头感。在出镜现场，记者最直接的交流对象不是主持人，不是观众，也不是摄影记者，而是镜头。所以，出镜记者应适应与镜头对话的状态，即面对镜头能够做到精力集中和眼神固定。你在平时练习时不妨把摄像机或者手机架起来，长期训练，反复适应，让自己的身体和眼神在镜头前做到放松、自如。

其二，训练自己在人群中说话的定力。在自己家里、在同学面前的出镜训练与在大街上、陌生人群中的训练会有完全不同的心理感受。在公共空间或人群中出镜，很多新手会感到害羞尴尬或紧张不适，总怕自己表现不好或者说错话，会让周围人看笑话。一旦有这些心理顾虑，你的出镜或连线一定不会太好。所以，平时你要多在人群中、步行街闹市、地铁出入口、过街天桥等地方做出镜练习，练习自己的“厚脸皮”和排除周围干扰的能力。不要因为别人看你一眼或者因为好奇而举起手机拍你，你就被打断了思路或者脸红害羞。比如白岩松在G20杭州峰会的媒体中心做直播连线时，吸引了现场志愿者和工作人员蜂拥围观（见图13－4）；在十九大新一届政治局常委同中外记者见面会上，白岩松的周围坐满了中外媒体同行（见图13－5）。在这种众人瞩目的现场环境中，白岩松能够镇定自若地把现场情况娓娓道来，这根源于他在长期的出镜、采访、评论等新闻业务中训练出来的现场适应力、内在定力和镜头前的自信心。

图13－4　在众人围观的环境中，白岩松旁若无人地做直播连线

图13－5　在人民大会堂记者会现场，白岩松在中外媒体记者的注视下镇定地连线

其三，训练自己临场的职业兴奋感。兴奋感包括两个方面，一是进入现场之后就要兴奋起来，调动感官去搜集现场信息和细节；二是站在镜头前开始报道时，不能说话松松垮垮，要在语音、语调、语速上展示出“我在现场”的兴奋感和表达欲望。虽然并不是所有的新闻采访活动或新闻现场都适合做出镜，或有机会做出镜，但你不妨利用每次外出采访的机会给自己安排一些训练，按照出镜的要求和标准，站在镜头前调动兴奋情绪，将见闻和感受报道一下。当这种兴奋感成为一种条件反射般的职业本能时，你在实际的出镜过程中会更快兴奋起来，进入状态。

一线者说

白岩松认为，记者或主持人在直播出镜时最大的难题是心理压力，这种压力处理不好，会直接导致直播的失败。而压力的解除不是没有方法的。

直播，什么是最重要的？其实我觉得排在第一位的不是业务，排在第一位的是心理能力。

直播不过心理关，根本做不了直播。

直播要让我去划分因素的话，我觉得没多大的技术含量，或者说专业含量。如果不是直播，是录播的话，跟平常做主持没有太多的区别，你不会觉得很难。但是一说直播，好像无形的压力一下就增大了，这种增大的无形压力，就是因为在直播当中，我觉得心理压力占据了起码半壁江山。如果这半壁江山解决不了，另外的半壁，什么业务能力很强、语言很通顺、有思想等都无法表达。

我曾经见过本台一次最糟糕的直播，是定向爆破。那时中央电视台拥有最佳报道的位置，过街天桥背后正好是爆破现场，结果记者报道直播一开始的时候，刚说了两三句话，就从兜里掏出了稿子直接念。结果摄像也黑，导播也黑，关键是导播没切走（画面），都是数据性的和这种面上的事。当时我看得难过，我说我要是她，我会在定向爆破直播两小时前，去大楼，让人领着我，这块都是什么状况、玻璃得到什么处理、人是怎么撤离的，做报道的时候，马上这些东西全有，而且你还不怕忘词，因为是你亲身体验的。

直播永远是一个心理挑战大于业务挑战的过程，但是怎么解决？

首先要面对的是直播的心理能力的锤炼。心理方面分成很多因素，比如说大家会去想象直播所具有的风险和恐惧，因为这种想象便具有了无形的压力。

我也一样，谁都会经历这样的过程。（直播）香港回归的时候我也有压力，天天睡不着觉，天天晚上喝酒，最后做直播的那两天，一分钟没睡着。

但是那一次一释放完了，我后来做直播就再也没紧张过。会有压力，但是再也没紧张过。不怕出错，出任何错我知道我都能面对它，你就不担心。

资料来源：邹煜．一个人与这个时代：白岩松二十年央视成长记录［M］．上海：上海交通大学出版社，2013.

四 出镜记者现场采访注意事项

（一）现场采访力争快速突破，问答力求简短

现场采访基于新闻现场的空间环境和时间限制，强烈的现场感和一问一答的节奏感是现场采访的突出特点，也是其与演播室采访的重要区别。

对职业记者来说，即使你的现场采访是录播，你也要尽量在规定时间内一次完成，而不能拉着采访对象一遍遍重来。尤其是在重大新闻、突发事件的现场，你接触采访对象的机会可能只有一次，或者只有两分钟、几十秒。即使是录播，你也必须精力高度集中，一次完成。只有在“一次成形”的情况下，你的现场兴奋感和采访对象的表达直觉才是最好的。

同时，对于采访对象来说，现场采访需要在简短的时间内让采访对象把最关键、最有价值的信息说出来，而不需要他在现场长篇大论、泛泛而谈。一般而言，现场采访的每个回合，即一问一答的采访内容尽量不要超过 45 秒。记者可以将问题拆解开，在多个回合中提问，让采访对象更容易“接招”，也更有助于增强现场采访的节奏感。

一线者说

20 世纪 90 年代中期，电视直播刚露端倪的 1996 年，白岩松开始在录播节目中训练自己掌控时间节奏的能力，以备在未来的直播中做到更高效的采访，充分体现新闻之“真”。

《东方之子》的摄像全知道，我在 1996 年，从“奥运人物”开始，我已经开始在摄像机前面挂表了。要求自己原来一个小时完成的采访，现在必须在 25 分钟之内完成。当时他们都不理解，为什么？我说我要为直播做准备。因为在录播时代，大家都是一个十分钟的节目，采访一两个小时，回去再剪。那我就觉得这不行，如果直播时代到来，直播给你 5 分钟就 5 分钟，请问你能不能在这 5 分钟，把最精彩的东西给挖掘出来？

资料来源：邹煜．一个人与这个时代：白岩松二十年央视成长记录［M］．上海：上海交通大学出版社，2013.

（二）出镜记者要准确定位自己在采访中的角色

像其他类型的采访一样，出镜记者要清楚自己在采访中的角色定位，不需要过多铺陈，更不需要为采访对象代言，而应当将话语权充分交由新闻当事人。我们曾经看到出镜记者在采访中大做铺垫、亮出观点，并问采访对象“您认为是这样吗”“您怎么理解这种看法”，镜头中的采访对象面露尴尬和为难。这种做法是需要避免的。

（三）充分利用现场环境和细节与采访对象互动

其一，选择一处有现场贴近性的环境开展采访。现场贴近性的意思是，画面要与新闻事件直接相关，而且能体现背景声、同期声或其他声源的存在。这样的声画要素能唤起观众的临场感和现场感。比如在足球赛事的采访中，刚刚结束比赛的球员大汗淋漓地站在球场混合采访区接受访问，这个现场环境就比球员休息室、球员通道等更有现场感，现场球迷的呐喊声和欢呼声、锣鼓声等通过现场画面反馈出来，让观众充分浸入其中，记者与球员的对话也会因此倍加鲜活。

其二，注意观察环境或采访对象周围的细节，以此形成话题点。比如采访对象的衣着打扮、精神面貌、言谈举止，采访现场的陈设布置、书籍文字等都可以成为展开或深入对话的切入点。比如甘肃卫视新闻评论栏目《今日聚焦》曾做过一次调查黑心棉加工厂的报道。记者赶到现场时发现几近人去楼空，所以赶紧抓住一个走过厂房的人开始采访。该人拒不承认自己是工人并且表示工厂早已停产。眼尖的记者突然看到其头顶和衣服上都粘有棉絮，于是抓住这一线索，穷追不舍，被访人言辞前后矛盾，无言以对，直接暴露了加工厂违法生产的事实。

五 出镜报道重点说什么

出镜记者需要在一定的时空范围内，利用自身的语言表达和现场条件，把现场最有价值、最值得关注的内容交代出来。这是出镜报道的核心价值所在。因此，记者的语言表达及其对现场条件的利用就变得尤为重要。那么，出镜记者在现场应当说什么？又应当怎样说呢？

（一）说细节和现场感受

细节指的是出镜记者在现场采访、观察、感受到的具体内容，细节的讲述能起到深化报道的作用。现场感受则是记者在现场看到、听到、闻到、摸到的感性体验，记者把现场感触说出来，会有效增强报道的现场代入感。以下案例是央视记者蒋林在对“8・12 天津滨海新区爆炸事故”进行出镜报道时的两段话。可以看到，记者从体感、嗅觉、视觉、心情等角度全方面介绍了自己身在爆炸现场的身心体验。同时，这些体验又是极富细节感的，如果没有高新闻敏感度和对新闻现场细微变化的捕捉，记者是无法做出这些描述的。

蒋林：“我今天离爆炸现场最近的时候，直线距离不超过1公里。透过天津海关的大楼，我在爬到这个楼上15层的时候，可以非常清晰地看到现场的画面，就像今天下午通过无人机看到的。其实站在这个窗口有一度我也会觉得很刺痛，而且蒸腾起来的这种浓烟，我们在15层的大楼上也可以闻到。”

“在到达核心现场的时候，也就是距离爆炸点1公里的位置时，浓烟是从我身旁大概50米的地方过去，当时，现场是闻不到有任何爆炸或者燃烧之后的味道的。但是当我爬到海关大楼上的时候，风向发生了变化，非常清晰地能够闻到，而且，直到现在，我会觉得自己的鼻腔和嗓子有一点小小的刺激性，因为这毕竟是一个堆放化学品的仓库。”

（二）说采访内容和最新事实

除了现场体验，现场采访也是记者获取出镜报道内容的关键手段和途径。这需要记者在现场“打包”所有的采访后，快速进行消化吸收和逻辑处理，将采集来的信息内化为自己的认识和判断，进而在出镜过程中将现场情况和基本分析娓娓道来。此外，出镜记者在选择出镜素材时尤其应当重视最新事实。因为在重大新闻发生时，后方连线前方记者做出镜报道通常不止一次，一般需要多次连线以获知现场进展。因此，记者要在连线时把有价值的最新消息先抛出来，这样会有效提升出镜的价值和报道的必要性。

以下案例是央视记者蒋林在对“东方之星”客船在长江翻沉事故进行报道时的一段出镜内容。三峡公司决定放缓水库的下泄流量是一个最新消息，而且这个变化直接关系到沉船救援的效率和难度。因此，记者在出镜报道时首先传达了这个新鲜的利好消息，让观众对救援现场的整体水文环境有了清晰的认识。

蒋林：“我现在在长江的北岸。在我们这段直播的最开始，先跟大家说一个我们最新了解到的信息。从昨天，长江三峡总公司开始调整三峡水库的下泄流量，用这样的方式让三峡工程下游江段的水位呈现缓慢下降的趋势。这给现在沉船的打捞，包括未来的扶正以及水下探摸工作提供了水情放缓的保证。虽然现在整个湖北省境内在持续降雨，但是三峡工程下泄流量的调试，使得江面水位不但没有上涨，反而有小幅的下降。”

（三）说精确的数据和准确的描述

在自然灾害、公共安全、突发事故等重大事件的出镜报道中，重要的数据一定要说，而且要精确。如果直播中需要交代的数据比较多且缺乏形象，记者要设法改进自己的语言表述，争取让数据更直观地得到理解。出镜记者的口头描述要做到形象，也要尽量做到准确，将你在现场了解到的人物的身份、性别、肤色、年龄等信息交代出来，这些准确的描述能够让观众产生更多画面感。

以下案例中央视《中国新闻》节目连线记者陈轩石，请他介绍台湾花莲地震的救援进展。连线时间是午间 12：15。可以看到，记者完全不重复后方已经知晓的信息，而是沿着主播的问题往下讲，把他在现场采访、获悉的最新消息报道出来，及时更新了失联游客的搜救情况。这条出镜报道交代了三个最新且准确的信息：一是就在直播之前刚刚抬出第一具遗体；二是这具遗体属于成年男性，其旁边发现另一具遗体；三是遇难人数已从 12 人升至 14 人。可以说，这是富含报道价值和现场感的一次出镜，也看得出当天节目连线记者出镜的时机是恰到好处的。

主播："我们关注台湾花莲地震的消息。目前地震已造成 12 人罹难，还有剩下云翠大楼内大陆游客一家三代五口人没有被救出。虽然已经过了黄金 72 小时的救援了，但是救援人员并没有放弃。我们马上来连线正在现场的本台记者陈轩石。轩石你好，为我们介绍一下你了解到的最新消息。"

陈轩石："好的。所谓黄金 72 小时救援时间已经过去，但是有关的搜救还是彻夜持续在进行。我们看看稍早前的画面，已经有最新重大的进展。就在 12 点之前，已经抬出了第一具遗体，也就是从失联的五名大陆游客所居住的 201 房间，找到了第一具成年男性的遗体……现在最新传出，在这名男性遗体旁边也发现了第二具遗体，（搜救人员）正在全力搜挖当中。初步证实，也完全没有生命迹象。所以现在地震死难者已经上升为 14 人。"

（四）善用道具使报道生动化

如果出镜记者能够恰当使用道具，使之与报道内容形成配合，则会给出镜报道增色。道具可能是记者根据现场情况事先准备的，比如在报道极寒天气情况时，记者端着一盆热水向空中泼洒，热水瞬间化为小冰晶。这一幕让观众身临其境地感受着天气的寒冷。在地理环境复杂的情况下出镜时，记者可以借助简洁的地形图陈述他所观察到的情况。在报道涉及较多数据或抽象内容时，记者可以根据自己的理解手绘趋势图、时间表、示意图等，将报道内容处理得更为简洁、清晰。

以下案例是央视记者王卉在报道北美严寒天气时的一段出镜内容。记者除了介绍自己的身体感受外，还使用了锤子、香蕉、木板、钉子、T 恤等日常生活中最普通的物品作为道具，策划了一系列直观呈现严寒天气的小实验。假设没有这些道具，单靠记者用语言去描述，恐怕很难让观众产生切身之感。

王卉："我这里有一个小锤子，这里的雪有 15～20 厘米厚，我们把雪拨开，用锤子敲一敲。(咚咚咚的响声) 我不知道大家能不能听到这个声音，非常坚实的声音。然后，这底下是什么？实际上是冰啊。雪下面是冰。我现在穿着羽绒服，大概是100多斤，我跳一跳。你看，不管我怎么跳怎么使劲踩，都是安然无恙。所以，这就是我现在能够感受到的零下五十度的感觉。”

“我想通过一个小实验告诉大家今年到底有多冷。我这里有三根香蕉，其中这两根是我在一个小时之前把它放在户外冻起来的，大家来听听这个声音。能不能听到？是像两根木棒一样的声音。这里还有一块木板，上面有一根钉子。我用手上另一根新鲜的香蕉敲钉子看看是什么状况呢？你看，马上就被戳了一个洞。再看看这个冰冻的香蕉敲钉子是什么状况呢？你看，香蕉马上就敲碎了，裂开了。另外，我还冻了一件T恤，这是不到一个小时之前冻起来的，你听听这个声音，像一块纸板一样，也可以随便折起来，还是很坚硬不变形。”

六 记者出镜报道的注意事项

这里所说的出镜报道单指记者个人出镜做口头报道的情况。也就是，记者通过镜头和耳机与主播进行交流，回应大众关心的问题，把现场信息按照一定的报道逻辑陈述出来，加以分析和评论。在具体操作时，出镜记者应注意以下事项：

（一）不要做没必要的出镜

记者出镜需要满足两方面的客观条件：

一是新闻时效性较强、新闻价值较大。新闻编辑部在进行报道策划和安排时，如果选题中涉及以下内容，通常会在报道流程中安排记者做出镜报道，以显现新闻的重要性：重大时政新闻（领导人出访、外宾访华、“两会”开幕等）、突发事件（地震、雪灾等）、公共影响事件（春运、节假日出行等）、重要信息发布（外交部、国台办记者会）、重点赛事（有中国运动员参加的知名赛事）等。

二是新闻事件的现场感、气氛感强烈。如果记者所在的报道位置已不是第一现场，不具有明显的现场特征，那么，做出镜报道的必要性就会减弱。比如，国内中东部地区遭遇极寒天气，降雪明显，道路结冰，工人连夜进行融雪作业。针对这一新闻，如果记者要做出镜报道，就需要在工人和作业车繁忙工作的现场去做，而不能等作业车都撤走了，道路已经融雪完工的时候去做。因此，记者和编辑部应该在对新闻价值和新闻现场做评估的基础上，决定是否需要安排出镜。

此外，“没必要的出镜”还表现为出镜记者的口头内容价值不高，或与解说词重复。比如，画面解说词：“今天，第七届××博览会在农展馆举行，来自全国175家单位的厂商前来参展。”在随后的出镜报道中，记者在镜头前说：“今天，第七届××博览会在农展馆正式开幕，主办方介绍说，这次展会吸引了来自全国的170多家单位……”这一段口头内容就是出镜记者的非必要报道。记者出镜时要多说解说词中没有提及的现场内容，在有限的时间内丰富和拓展观众的收视信息。

（二）出镜位置应靠近核心现场

所谓核心现场就是承载着最多新闻要素、具有典型的现场特征的事发现场。比如火灾中的起火点，地震中的受损建筑物、塌方处、堰塞湖，重要会议的主会场，大雾天气中的主要交通道口等，都是具有标志性的核心现场。需要说明一点，核心现场只是一个相对的概念，没有人明确划定多少米之内是核心，之外就是非核心。所以，出镜记者到达现场之后需要快速做出判断，准确地选择典型的、特定的环境、气氛作为现场报道的背景。

在具体选择出镜位置时，记者要尽可能接近核心现场。这样，镜头中传出的现场画面和各类音响会共同塑造出现场感，让观众不自觉地代入观感和情绪。但是，选择出镜站位时还应注意以下三点：其一，要充分考虑自身安全，不要冒险逞强；其二，现场环境不能过于嘈杂，否则会影响收声效果，给观众造成听觉负担；其三，如果不得已离开核心现场，要简要地在介绍所处位置时予以说明。

（三）可以准备精彩的开场白，但不要死记硬背

为了吸引观众的收视兴趣，有经验的出镜记者会在讲关键内容之前找一个有趣的开头来打开话题。现场的布置、当地的天气、记者的切身感受等都是常用的开场借力点。三五句话之后，观众的注意力集中了，记者紧张的心情也放松下来了，接下来的报道会更自然地进行下去。

案例13-3：金砖国家领导人第九次会晤，白岩松做出镜报道

2017年9月，金砖国家领导人第九次会晤，白岩松在会议媒体中心做出镜报道。

演播室主播：“岩松距离会场那么近，距离各国媒体也非常近，跟我们说说你在现场的观察。”

白岩松：“首先说一下，就在我们刚刚直播会议的过程当中，厦门的天气已经完全发生了变化。因为昨天一直到今天早晨，受台风的影响，一直在下雨，一直是乌云密布，但是现在已经变得是阳光灿烂。我们当然也希望金砖国家领导人会晤带来的统一声音和统一的行动，能让世界经济的乌云慢慢散去……”

白岩松用厦门的天气由雨转晴这个事实做了一个类比开头，希望峰会给世界经济带来由阴转晴的变化。这是一段巧借现实，同时又极为软化、富有人情味的出镜开场白。

需要提醒的是，出镜记者可以准备精巧的开头，但不要准备整段的词，这会给自己套上一个枷锁。记者可以准备大致内容和关键词，可以准备话语逻辑，但不要把整个报道写下来照着背，这在出镜时尤其是直播过程中是非常危险的。一旦忘词，会令自己陷入窘境。

（四）拆解问题，与主持人进行互动

记者的现场出镜需要后方导播的信号接入，以及演播室主播的过程导入。尤其是在直播节目中，出镜记者会事先与后方进行沟通，例如主播问什么问题、现场有什么出镜条件等。有的记者为了完整地把自己准备的内容讲出来，他会要求主播只问一个问题，然后从头说到尾。我们认为，这种做法是不可取的，原因有三点：一是从头说到尾会导致报道层面过多，给观众带来东拉西扯的听觉负担，使观众一时间不能全部消化记者所言内容；二是记者与主播的互动关系会大为降低，出镜环节无法很好地融入整体报道，主播的存在感减弱；三是缺少了互动问答的出镜会给记者造成心理压力。新闻现场需要介绍的信息很多，如果从头说到尾，记者需要记忆和理顺逻辑的事情太多，一旦忘记一个环节，就会出现紧张情绪，甚至导致言辞混乱、卡壳停顿等问题。

为了避免上述问题，出镜记者应当事先将自己要说的内容拆分成几个小问题，主播问起哪部分，记者有针对性地介绍哪部分。这样会有效解决因从头到尾出镜而带来的听觉负担、缺少互动、心理压力等三个层面的问题。

（五）出镜记者不可“霸占”镜头，要让现场说话

这里所说的“霸占”指的是记者出镜报道时高密度、长时间占有声音和画面的情形。在声音层面，尽量不要出现记者在镜头前侃侃而谈的现象，要在合适的时机让现场本身说话。比如某个段落，记者从一处走到另一处，移动时的几秒钟可以不说话，因为有镜头跟随和讲述，观众不会有中断感，反而更有兴趣去体味和观看。如果现场有需要观众注意的同期声，那么，记者也要停下讲述，留出时间请观众仔细听一听。

在画面层面，记者出镜并不意味着镜头中只有记者的形象，或者仅仅是单边镜头的推拉摇移。因为运动镜头容易减弱画面的叙事节奏，且直播过程中临时推拉摇移可能出现失焦、配合错误等问题。所以，如果直播时采用单边摄像，那么，出镜记者和摄像记者一定要提前就位，多角度拍摄画面，及时将画面传回演播室，在直播中由导播配合插入画面，弥补单边镜头的拍摄不足。

白岩松在谈到主持人镜头与电视画面的关系时，有这样一段叙述。虽然他强调的是评论节目中画面的重要性，但道理是一样的，同样适用于我们理解现场报道中出镜记者画面与现场画面的关系。

在《新闻1＋1》中我硬性规定，电视画面不得少于十分钟。因为，从电视制作者的角度来说，你知道他们有时候怎么偷懒吗？反正白岩松在那，让他说吧，这时候就有可能把电视短片、相关画面元素做到三分钟。我是能说，可是时间长了观众会看吗？这就是为什么我要硬性规定电视的画面和片子要保证到这个比例，必须到这个比例，想偷懒都不成。①

白岩松这段话的意思是电视评论节目中不能只把评论员的镜头丢给观众，让他对着观众说个不停，必须有介绍性短片和画面元素的配合，以丰富观众的视听。出镜记者在进行现场报道时，同样不能把时间和镜头都留给自己，而是想办法展示更多更有价值的现场画面，既能增强现场感和真实性，也能丰富观众的视觉，帮助观众理解报道内容。

（六）适当采用行走出镜的形式

出镜记者大多选择站在一个固定位置，执起话筒面对镜头向观众进行报道。这种固定站位的出镜方式在各类选题和题材中都是适用的。不过，现在也有越来越多的记者“择机而动”，在合适的报道环境中选择行走中出镜的形式，让画框中的内容动起来，观众的视野随之打开，避免了固定画面带来的枯燥感。

一般而言，行走出镜更适用于对新闻进行述评时的出镜，以及软性新闻题材的出镜报道。出镜记者要提前规划自己的行走路线，脚步不宜过快，且应随着话音结束而停下脚步，在固定镜头中停留1～2秒。此外，记者应当在相对静止的背景环境中行走出镜，而不能随同动的背景一起动。

在《鲁豫和她的朋友们》的一期节目中，鲁豫和摄像师设计了一段1分12秒的长镜头作为开篇，用行走出镜的形式介绍和引出访问嘉宾。行走路线是，咖啡馆窗外-进门-吧台-长廊-书架-楼梯。鲁豫边走边说，介绍嘉宾，这种出镜方式显然会比坐在某处要生动得多。这次行走出镜在题材选择、环境展示、线路设计、出镜仪态上都是用心之作，值得借鉴学习。

（七）注意肢体语言、仪容仪表和着装的得当

1. 肢体语言

出镜记者可以使用恰当的肢体语言来辅助自己的口头表达，比如开合或抬放双手、低头、抬头、弯腰、起身等，都可以在必要的时候随着出镜语言和画面内容呈现在镜头前。肢体语言的使用可以让记者以一种更放松的身体状态进行出镜，但是切不可将肢体语言等同于不必要的“小动作”。如表13-2的画面1、画面2所示，这位记者在

① 邹煜．一个人与这个时代：白岩松二十年央视成长记录［M］．上海：上海交通大学出版社，2013．

介绍“泰国少年足球队被困溶洞”一事的最新情况时，他的右手拿了几张纸，且右手随着他的陈述一直在上下抬放，似乎是下意识地在给自己的语言表达打节奏，也可能是他平时说话时就有这个抬手动作的习惯。但是，这个“小动作”在画面当中却被放大了，因为画面中记者的景别比较大，他的一举一动都会成为观众视线范围内的关注点，而不停抬放右手这个举动此时却成了干扰视线和画面的不必要的肢体动作。况且，观众此时并不知道这张纸其实是记者在连线之前准备的一张泰国溶洞的地形简图。直到记者后面开始介绍溶洞内的情况时，他才拿起地形简图，观众才知道原来这张纸是有用的。

不管是出于紧张，还是平时的习惯或“小动作”，我们常常看到一些出镜记者的手在镜头前动来动去的画面，如果过于频繁，观众会受其干扰。那么手应该放在哪儿呢？插进口袋显然是不合适的，显得过于随意和不尊重。更好的做法可以是将手自然垂下来或者微微弯曲放在腰前，必要时做一个动作（见表13－2画面3），还可以选择像白岩松一样把手背在身后（见表13－2画面4），这样会在一定程度上约束自己不随意给出不必要的动作。

表13－2　出镜报道中肢体语言的使用

<table>
<tr><td>序号</td><td>1</td><td>2</td></tr>
<tr><td>画面</td><td>
</td><td>
</td></tr>
<tr><td>说明</td><td>记者持续性抬放手的动作不必要。</td><td>记者拿起地形简图辅助报道。</td></tr>
<tr><td>序号</td><td>3</td><td>4</td></tr>
<tr><td>画面</td><td>
</td><td>
</td></tr>
<tr><td>说明</td><td>央视记者劳春燕做连线报道。</td><td>央视记者白岩松做连线报道。</td></tr>
</table>

2. 仪容仪表

对于男记者来说，过于个性的发型、蓄起来的胡须、墨镜等是需要排除在出镜画面之外的。对于女记者来说，在一般题材的报道中，淡妆出镜、大方得体即可，人看起来也比较精神。但是项链、耳环、墨镜、发饰、美甲、颜色过浅的染发等则是不可取的，应该尽量把这些装饰性、美化性的元素从画面中剔除。毕竟，出镜的目的不是向观众展示你的美，而是通过你来展示现场。在灾难性事件的报道中，女记者素颜出镜为宜，以示对现场尤其是伤亡者的尊重。在风大的环境中进行出镜报道时，留长发的女记者最好将头发扎起来，避免头发在出镜时被风吹乱、影响形象，甚至打乱连线节奏，破坏整体状态。

3. 着装

出镜记者的着装要视场合和采访需要而定。比如在重要会议的出镜报道中，记者着装应当相对正式；在喜庆节日的场合，着装应当相对色彩明亮；在沉重肃穆的场合，着装应当以暗色调为主且庄重得体。在一些更具日常色彩的采访活动中，比如在高速路出入口进行节假日交通连线、在学校门口进行中高考连线、在乡里村间采访农业发展等，以及在地震、爆炸、泥石流等突发事件的采访报道中，记者的着装应当以舒适得体为主。因为在这些采访中，记者的活动范围和运动量通常比较大，冲锋衣、休闲外套等衣着更方便记者的现场活动，且更容易拉近与采访对象的距离。

例如，以下三位央视记者出镜时的着装都是比较得体的：何润锋身着黑色正装出镜，对李光耀病逝进行报道（见图 13－6）；柴璐穿米白色休闲外套采访命案受害者的家人（见图 13－7）；蒋林穿黑色冲锋衣、灰色裤子站在江边对“东方之星”沉船事件进行报道（见图 13－8）。

图 13－6　央视记者何润锋

图 13－7　央视记者柴璐

图 13－8　央视记者蒋林

（八）不要随意破坏与导播的时间约定

在直播开始前，导播通常会告诉前方记者，这一段出镜直播需要控制在几分钟之内。作为前方记者，一定要遵守约定。如果记者在直播中出现超时，导播不能生硬地打断记者，但双方的信任关系会因此被打破。在一个直播系统中，互相信任和尊重是关键，千万不要因为想出风头或自作主张而打破它。

（九）出镜报道结束后应稍做停留

出镜记者在现场报道结束后，要示意演播室，比如说一句“我这里的观察就是这样”“信号交还给主播”等，明确你的报道已完成。而且，话音落下后，不要马上撤离镜头，要手持话筒、直视镜头至少 1 分钟，手按耳麦倾听演播室信号，不时点头，直至导播告知可以撤离。

（十）出镜记者要与摄像记者密切配合

一是出镜记者要在拍摄之前把自己的采访思路和行进路线告诉摄像记者，使摄像记者心中有数，拍之有物。

二是摄像记者也要培养自己的新闻敏感度，捕捉现场的关键镜头和新闻素材。在出镜记者进行现场采访时，摄像记者要紧跟节奏，注意全面收集信息，根据出镜记者的推进随时捕捉画面。很多时候，尽管摄像记者与出镜记者提前进行了相关准备，但现场环境的多变性仍然可能造成意想不到的情况，很多宝贵的新闻素材也由此产生。所以，新闻工作者必须具备敏锐的反应能力以及团队意识，善于在各种纷繁的环境中把握摄像与采访的关键。

（十一）恰当应对直播时可能出现的技术问题

出镜直播时最容易遇到的技术问题是，记者的耳机里突然听不到导播或主播的声音，与后方导播系统失去联系。此时无法判断自己是否还在电视画面内，或观众是否能听到自己的声音。在这种情况下，出镜记者不能就此停下或者从镜头前撤离，而应该面对镜头说一句：“非常抱歉，我没有听到你提的问题，我只能先把我看到的情况与观众朋友沟通一下。”记者陈述的过程给了后方解除技术障碍的时间。也就是说，出现技术问题时，不停止说话是最安全的应对方式，可以帮助直播画面的平稳过渡。

一线者说

2015年8月12日22点52分左右，位于天津滨海新区塘沽开发区的天津东疆保税港区瑞海国际物流有限公司所属危险品仓库发生爆炸，造成了极其严重的人员伤亡。央视记者蒋林在现场做出的一系列报道代表着我国电视记者出镜报道的高水平。有研究者从镜头感、语言、技巧、心态等角度深入分析了蒋林出镜报道的特点。现将该文节选如下，我们不妨从中感受一下成功的出镜需要记者具备哪些素质。

一、镜头感强

一个优秀的现场报道记者，必须有良好的镜头感，不仅仅是站在适当的出镜位置上那么简单。当然，选取适当的出镜位置，使得摄像机能有优美的构图和背景，拍出高质量的画面，确实是必要的。摄像机相当于观众的眼睛，他们想看到清晰优美的画面，从镜头中看到更多他们想看到的东西。因此，一个优秀的现场报道记者要善于引导摄像师。

在天津港爆炸事故现场的一次连线报道中，蒋林用手指向远处的烟雾和火光，用他的肢体语言引导摄像师的镜头转向他所指的方向。事实证明，蒋林的这一举动是行之有效的，摄像师立刻跟随他的指引摇动镜头，将镜头对准了最有视觉冲击力的场景。而在描述爆炸现场的烟时，蒋林对着镜头说"烟的方向与我身体的方向是平行的"，看似轻描淡写的一句话，让观众一下子就明白了起火点的位置以及风向。如果没有良好的镜头感，是很难将现场描述清楚的。

二、条理清晰

现场报道最忌讳的是想到哪儿说到哪儿，如果思维混乱、语无伦次，既使记者自己紧张，也让观众不知所云。一个好的现场出镜记者，必然是一个讲话有条理的人，观众听过他的描述之后，很快就能明白他说了几点，每一点主要内容是什么，而不会产生思维混乱。蒋林在现场报道过程中条理非常清晰，有明确的时间顺序。"今天上午我刚到达现场的时候，看到了什么情况""今天下午我去了哪些地方，获得了哪些消息""今晚我在什么地方看到了什么"。说到具体某个时间节点的时候，他的声音不是平淡的，而是会有一个明显的提高，这个明显的声音提高起到了强调作用，能够引起观众的注意。

三、全感采访

所谓"全感采访"，就是记者深入现场，用眼、耳、鼻、舌、身的全部感官，通过视觉、听觉、嗅觉、味觉、触觉对新闻事件、场景、人物进行全面的了解。一个好的出镜记者，必然会充分利用各种感官，把现场的情况更完整、更立体地呈献给电视机前的观众。蒋林在天津港爆炸事故现场报道中，经常会用"我看到""我闻到""我听到"这样的词语。传播学者麦克卢汉曾说"媒介是人的延伸"，而现场报道的记者就相当于观众各种感官的延伸。随着蒋林的描述，观众仿佛置身现场，亲眼见到现场的一片狼藉，亲耳听到现场爆炸声，亲自闻到现场烧焦的气味。

四、连续报道

连续报道，是对正在发生并持续发展的某一重要的、受众关注的新闻事件，在一段时间内进行连续及时的报道，完整反映新闻事实的发生、发展、结局及其影响。一般来说，突发性新闻事件最适合进行连续报道，每隔一段时间把事件最新的情况报道出来，满足观众的信息需求。现场出镜记者的报道不是一蹴而就的，不可能一次就把整个事件全都讲清楚，况且事件也是在不断变化的。当现场出现新情况的时候，就要及时通过再次连线，将情况传回演播室，展现在观众面前。在 2015 年 8 月 13 日晚上的《新闻 1+1》节目中，蒋林先后三次与直播间连线：第一次连线是主持人白岩松要求蒋林介绍现场情况，蒋林将当天得到的重要信息完整复述了一遍；第二次连线是蒋林自己主动和直播间联系，介绍了现场新出现的火光，第一次连线与第二次连线相隔不过三分钟，可见蒋林很注重信息的时效性；第三次连线是蒋林在距离爆炸中心更近的地方得到更全面的信息后，连线直播室，具体描述了新得到的信息。

五、镇定自若

有一部分记者容易陷入以下两种错误当中。一是在与演播室连线的时候，如果主播是很有资历的著名主持人，记者会非常客气地称呼主持人为某某老师。例如白岩松在与一些记者连线时，记者们会称他为“白老师”或“岩松老师”，尤其以年轻记者居多。二是在一些灾难报道中，有些记者容易控制不住自己的情绪，说大量煽情的话，甚至在直播过程中流下泪水。在汶川大地震、舟曲泥石流灾害的现场报道中，我们经常可以看到这样的情况出现。适当表达自己悲痛的感情于情于理都是必要的，也能起到良好的出镜效果，但是如果让这种感情泛滥而无法收拾，反倒会削弱记者现场报道的效果，过犹不及。

而蒋林在现场报道中显得镇定自若。他与白岩松连线时不卑不亢，既不会张口闭口称呼“白老师”，也不会显得很傲慢，而是以平等的姿态平静地说出“岩松您好”。另外，不管是在雅安地震现场，还是在天津港爆炸事故现场，蒋林都做到了“哀而不伤”，他不刻意去煽情，而是用略显沉重的语气将现场情况讲给观众听。与其他记者一到灾害或事故现场就控制不住情绪相比，蒋林无疑更加沉稳老练。这样，他既达到了描述现场情况的目的，也表达出了自己沉痛的心情，而且不显得矫揉造作，出镜时感情的控制可谓恰到好处。

资料来源：段盛杰．记者现场报道的成功之道：以蒋林“天津港爆炸事故”现场报道为例[J]．青年记者，2016（8）．

【推荐阅读书目】

1．雷蔚真，朱羽君．电视采访学［M］．3版．北京：中国人民大学出版社，2018．
2．张超．出镜记者［M］．2版．北京：中国人民大学出版社，2020．

【思考题】

1．现场报道的构成要素是什么？现场报道与出镜记者的关系是什么？
2．与现场采访相比，演播室采访的特点是什么？
3．出镜记者进行直播连线时应当注意哪些问题？应当重点说些什么？

【练习题】

以小组为单位（2～3 人）进行出镜报道练习，出镜题材任选。1～2 人负责摄像和提问，1 人负责出镜和现场采访，小组内进行角色交换和交叉练习。

第十四章

电视新闻节目的编排

【本章学习要点】

1. 电视新闻节目的编排思想。
2. 电视新闻节目的编排技巧。

当记者把一条条报道完成并提交到编辑部之后，编辑人员应当如何把多来源、多内容、多形式的若干条新闻组织成一个有机整体呢？观众从电视新闻节目中看到的新闻报道是如何按顺序播出的呢？这就需要专门人员对节目进行有序化编排。

第一节 电视新闻节目编排思想和技巧

电视新闻节目的编排工作往往严格受制于电视节目线性播出的时间要求，属于“时间紧任务重”的一项工作。所以，总结一些相对明确的新闻节目编排思想、依据、原则和技巧是很有必要的。

一 电视新闻节目的编排思想

（一）树立全局观念

全局观念指编辑在编排节目时要把握时代的特征和社会发展的基本规律，要能够站在时代的高度和人民大众的立场给具体新闻以准确的社会传播价值。一般情况下，新闻编排应首先遵循政治性新闻优先原则，如国家领导人的国事活动，地方领导人的政务活动，中央和地方的重要决策、部署和方针、政策的出台，等等，通常这类新闻应置于显著的地位，然后在这个基础上安排其他领域的新闻。

（二）坚持贴近性原则

贴近性原则是指从电台、电视台所处的地位出发，由近而远地安排新闻。如中央人民广播电台和中央电视台，通常按照先国内后国际、先中央后地方、先全国性新闻后地区性新闻或部门性新闻的次序编排新闻；而地方台除对重要全国性新闻做出安排以外，一般按照当地新闻、邻近地区新闻、其他国内新闻、国际新闻的顺序安排播出内容。

（三）遵循节目的特点

新闻节目的编排不可能是固定不变的，不同节目因节目的定位、风格、受众、播出时段等不同，其编排的次序和传播风格也各具特色。因此，节目编辑在编排新闻时应根据节目的定位和宗旨，研究节目的内容规律、基本特征、表现风格等，并确立其编排方式。编排一次性新闻节目要有重点、有目的性，要研究新闻的配置和优化组合，要注意新闻之间的内在联系，充分挖掘其中的新闻价值，并达到最佳的传播效果。以中央电视台《新闻联播》和《新闻 30 分》做比较，《新闻联播》的政治性较强，整体风格较为严肃，因而在编排时，政治新闻往往是第一位的；而《新闻 30 分》作为《新闻联播》的补充和平衡，其风格相对轻松，中间不乏能引起观众兴趣的社会新闻，因而在编排时，更多地考虑新闻价值的大小或收视特征。

（四）特别策划编排

在碰到某些重大主题时，可以不拘泥于固有的编排形式，而为这些主题进行特别的编排策划。表 14－1 梳理的是 2015 年 9 月 3 日的《黑龙江新闻联播》节目，这期节目曾获得 2016 年中国新闻奖电视节目编排一等奖。

表 14－1　《黑龙江新闻联播》节目串联单（2015 年 9 月 3 日）

时间	新闻标题	体裁	作品来源	播出方式
板块名称：本地新闻				
18 时 34 分	胜利阅兵　我在这里	消息	本台自采	图像＋解说
18 时 36 分	龙江军工　亮相阅兵	消息	本台自采	图像＋解说
18 时 39 分	为阅兵喝彩　为祖国点赞	消息	本台自采	图像＋解说
18 时 41 分	王九三的“九·三”梦	消息	本台自采	图像＋解说
18 时 44 分	东北抗联，敬礼！	消息	本台自采	图像＋解说
18 时 44 分	白山黑水出英雄	评论	本台自采	口播
18 时 46 分	密苏里号：为胜利作证	消息	本台自采	图像＋解说

续前表

时间	新闻标题	体裁	作品来源	播出方式
18时48分	中俄友谊　战火升华	消息	本台自采	图像＋解说
18时51分	胜利·我想说	消息	本台自采	图像＋解说
18时51分	《胜利》今晚开始播出	消息	本台自采	图像＋解说

节目播出当天，中国人民抗日战争暨世界反法西斯战争胜利70周年大会在北京举行。节目聚焦“牢记历史，珍爱和平”的主题，打破一般新闻编排的常规做法，做到了内容充实，形式新颖。在内容选材上，从首都到边疆，从全景到细节，从生动的现场到深邃的历史背景，从战功卓著的部队到普通百姓，从抗联战士的子弟到苏联红军将领的后人……节目用充沛的信息和多维度的视角展示了既定主题。在编排形式上，这期节目采取“只列板块，不排条目”的方式呈现，即只列出板块名称，而不具体陈列报道标题。节目采用“树结构”编排手段，以大阅兵活动为主干，其他人物采访、现场报道、新闻背景等为枝叶。其中包括了30多个不同现场，40多条人物同期声，做到了主干清晰，枝繁叶茂。

（五）重视受众接受

受众是电视新闻节目的传播对象，若想让受众对节目内容产生兴趣，节目编排起着重要作用。要调动观众的收视兴趣，提高收视率，在编排的顺序上就要综合考虑新闻价值的大小和对观众吸引力的大小。新闻节目编排应从受众的角度出发，贴近实际，贴近群众，贴近生活，不断研究受众的收视兴趣、收视习惯，满足受众的收视需求。

二　电视新闻节目的编排技巧

（一）选准头条

选准头条就是要符合电视新闻编排的重要性原则，根据新闻题材的重要性程度，或它提供的信息本身的价值，安排每一则新闻在节目中的播出次序。头条新闻不仅要有思想性、指导性，还需要考虑是否能引起观众的兴趣。

2016年1月23日，上海电视台《新闻坊》节目以上海2016年的第一场雪为头条内容，用丰富的视听手段展现出寒潮飘雪中申城市民的生活百态。选择这条新闻做头条，主要是基于节目的民生新闻定位，将下雪这个自然事件引入社会视角，反映百姓在雪天的生活、工作和需要，突出了节目本身兼具新闻性、贴近性和服务性的气质。

（二）注重结构

一档新闻节目是否能做到内容丰富、题材广泛，结构安排非常重要。最常用的是板块式结构，即以“国内新闻”“国际新闻”“地方新闻”等子栏目为框架，将相关报道分类编排。子栏目的名称不一而足，一般由新闻编辑部根据报道内容、受众偏好、节目定位等自主设置，具有一定的稳定性，不会频繁更换。

有时新闻节目会从不同角度长时段报道一条重大新闻，此时，节目编排就会涉及新闻组配的问题。即，将几条不同侧面、不同角度，但有一定内在联系的新闻集中编排，或组合、或对比、或关联，互作补充，使一档新闻节目更有深度和力度。以获得2017年中国新闻奖电视节目编排二等奖的中央电视台《国际时讯》（2016年7月15日）节目为例：节目头条关注了导致80多人丧生的“法国尼斯恐袭事件”，从北京时间清晨事件发生到晚间时段节目播出，在有限的时间内，节目制作了9条报道，用14分钟的时长从多个视角对事件进行了系统梳理，全方位解读此次袭击带来的“欧洲伤痛”（见表14-2）。

表14-2　央视《国际时讯》节目串联单（2016年7月15日）

序号	新闻标题	体裁
1	国庆日发生恐袭　血染蔚蓝海岸	消息
2	嫌疑人身份确认　曾留有案底	消息
3	应对恐袭法动用预备役	消息
4	法国民众：我们感到不安全	消息
5	法总统抵达尼斯紧急指挥中心	消息
6	尼斯机场发现无主行李实施疏散	消息
7	时讯点评：尼斯恐袭折射“欧洲之伤”	评论
8	外交部：强烈谴责法国尼斯恐袭事件	消息
9	法国尼斯发生恐怖袭击　法恐袭频发背后有何原因	述评

这些新闻条目显然都围绕同一事件展开，所以编辑在进行节目编排时需要充分考虑新闻组配的问题，必须通过有效组配实现报道的层层递进、逻辑清晰：

现场。用目击者视频还原事发过程，带观众最大限度接近现场。

悬念。梳理重重疑点和线索，一步步剖析备受关注的嫌疑人身份。

深度。解读法国甚至欧洲为何袭击频发，指出“欧洲伤痛”的深层次原因。

立场。我国外交部发言人表态，重申中国对于恐袭的立场。

时效。报道段落内，不断插入最新动态。

（三）峰谷技巧

电视新闻节目编排要遵循三个重要概念：峰谷、节奏和分段。在一档新闻节目中，不可能每一条新闻都能引起观众的兴趣，所以，交错式的编排可以把节目设计成一系列波峰、波谷的起伏结构，这样的编排可以使节目播出时呈现韵律感和节奏感，使节目整体上张弛有度，从而增强报道效果。

电视新闻节目编排中的节奏可以通过以下方式来实现：一是利用报道形态的转换，比如带同期声的报道与纯叙述语言的报道交替进行；二是采用长短新闻、软硬新闻的穿插结合，使节奏呈现起伏、流畅；三是利用主播串词或小栏目制造收视小高峰。

第二节 案例分析：电视新闻节目的合理编排

一 案例一

作品名称：广东新闻联播

播出单位：广东广播电视台

节目时长：22分25秒（见表14-3）

播出时间：2015年10月5日

表14-3　《广东新闻联播》节目串联单

时间	新闻标题	体裁	作品来源	播出方式
板块名称：第一时间，传递抗灾最强音				
18时30分	《广东各界抗击“彩虹”强台风》	片花	本台自采	视频
18时30分	胡春华赴广佛检查指导抗灾救灾工作，确保人员安全，严防次生灾害	消息	本台自采	口播+视频
18时34分	朱小丹赴抗击台风第一线指导防风救灾工作，强调切实做好当前救援	消息	本台自采	口播+视频
18时37分	朱小丹检查宝钢湛江钢铁基地抢险复产工作，强调尽最大努力用最短时间恢复安全供电	消息	本台自采	口播+视频
板块名称：一线直击，台风登陆最前线				
18时36分	广东各界抗击“彩虹”强台风	片花	本台自采	视频
18时40分	湛江：停水停电，干部群众积极应对	特写	合作采写	连线报道
18时43分	“彩虹”引发龙卷风，广东多地遭袭严重	消息	合作采写	口播+视频
板块名称：众志成城，抗灾复产进行时				
18时47分	广州：狂风吹倒大树，超40万户家庭停电	消息	本台自采	口播+视频
18时49分	“彩虹”来袭，海事全力搜救遇险船只	消息	本台自采	口播+视频

作品分析：

2015年10月4日下午，强台风“彩虹”登陆广东湛江。这次强台风历史罕见，最大风力高达15级，整个粤西地区大面积陷入瘫痪，直接经济损失230亿元，并造成19人死亡。《广东新闻联播》10月5日以专版的形式主打“广东各界抗击‘彩虹’强台风”主题，节目编排上强调新闻价值，着眼社会和民生视角，体现出较深刻的大局意识、社会关怀和公共责任。

第一，在编排理念上，栏目组向省委省政府及时请示和沟通，将当天省委领导的非抗灾新闻调整到次日播出，当日新闻主打“抗击台风”主题。这一编排思想具有创新性和突破性。

第二，在整体思路上，按照专题化的思路进行主题提炼和节目编排，时政新闻让位台风专题报道，与各地市县电视台积极合作，积极整合资源，实现协同作战。

第三，在策划方法上，立足广东实际受灾状况，获取公众关注热点，进一步提炼报道内容和板块构成。

第四，在内容构成上，一是全景呈现社会各界的一线抗灾行动；二是以正面宣传为主，消除社会恐慌；三是介绍专业救援和防御知识，体现灾难报道的专业性。

第五，在编排风格上，栏目组整合包装团队，制作演播室背景、专题片花和板块提要，实现整个专题相对统一的叙事风格和形象识别。

二 案例二

作品名称：国际时讯

播出单位：中央电视台

节目时长：30 分（见表 14－4）

播出时间：2015 年 11 月 27 日

表 14－4　　央视《国际时讯》节目串联单

时间	新闻标题	体裁	作品来源	播出方式
板块名称：俄战机被土军击落				
22 时 03 分	【时讯揭秘】谁射杀了跳伞的俄罗斯飞行员	消息	本台编译	单条播出
22 时 05 分	俄土总统唇枪舌战，三大争议引关注	消息	本台编译	单条播出
22 时 08 分	【最新消息】普京指责美国提前报信给土耳其	消息	本台编译	口播插画面
22 时 08 分	【最新消息】俄方：土总统要求在巴黎与普京会面	消息	本台编译	口播插画面
22 时 09 分	俄巡洋舰和 S-400 部署完毕	消息	本台编译	单条播出
22 时 11 分	【时讯点评】俄土战机事件难撼俄战略目标	评论	本台评论	口播
板块名称：“黑五”来了				
22 时 12 分	纽约感恩节游行，警方严格布控	消息	本台编译	口播插画面
22 时 13 分	美国“黑五”拉开帷幕，上亿民众忙采购	消息	本台自采	单条播出
22 时 15 分	【时讯链接】为什么是“黑色”星期五？	消息	本台编辑	口播插画面
22 时 16 分	【记者观察】实体店与网购销售额同步增长	消息	本台自采	单条播出
22 时 17 分	哪些商品不该在“黑五”买	消息	本台编辑	口播插画面

续前表

时间	新闻标题	体裁	作品来源	播出方式
板块名称：社会热点趣闻				
22时18分	韩国教授长期虐待学生被判12年	消息	本台编译	单条播出
22时20分	【时讯现场】公牛发怒冲入海撞倒女子；烟囱倒塌工人侥幸逃生	消息	本台编译	单条播出
22时21分	韩国18岁女生模仿阿黛一炮而红	消息	本台编译	单条播出
板块名称：最新消息				
22时23分	【国际时讯】法国举国悼念恐怖袭击遇难者	消息	本台编译	口播插画面
22时23分	【国际时讯】德国高度警戒，德国警方逮捕嫌疑人	消息	本台编译	单条播出

作品分析：

《国际时讯》是中央电视台新闻频道唯一一档日播国际新闻栏目，在晚间22点时段播出。栏目注重梳理热点、放大细节、引领观众看懂新闻背后的国际格局；注重展示新闻现场、追踪社会问题、内容丰富、生动有趣。

第一，板块的设置体现软硬结合。这期节目的首个板块聚焦“俄战机被土军击落”这一国际热点事件（见表14-4），是典型的硬话题。板块设置了6条内容，既有射杀俄飞行员的凶手内幕揭秘，也有俄土总统的“唇枪舌战”展示；既有言语交锋，也有军事对峙。从事实分析到最新报道再到点评，从多个角度分析报道该事件。而且，报道并没有停留在新闻表面，而是从中国视角犀利地点出了西方国家行动背后的意图：攻击俄罗斯战机，激怒俄罗斯，干扰其中东战略。报道通过分析俄罗斯克制的举动得出结论：俄罗斯并没有陷入圈套。

节目当天是周五，因此“‘黑五’来了”的板块设置显然是经过预先策划的，保证了板块内容的丰富性。相较而言，“‘黑五’来了”是一个偏软的话题，但是因为有越来越多的中国民众了解甚至参与到“黑五”的“买买买”当中，所以这个板块的设置既带有趣味性，也具有一定的接近性和服务性。

第二，编排节奏感强。“俄战机被土军击落”作为当天的国际头条，放在第一个板块是最合适的，也是最容易想到的，因为这组报道会直接将节目的时效和节奏调整到高位，吸引观众的收视注意。在这个板块中，节目选择了“谁射杀了跳伞的俄罗斯飞行员”作为头条，可谓用心之举。因为在日间相关报道中，观众已经了解到俄罗斯飞行员在跳伞逃生的情况下被射杀了。这个举动令观众感到疑惑不解，所以，《国际时讯》用这条揭秘报道开头，一上来就给观众解渴。这种做法要比选择其他新闻做头条的效果好得多。

“‘黑五’来了”的板块因其话题较软，所以适当放慢了视听节奏。“社会热点趣闻”板块用简短但有效的内容再次抓住观众的视觉注意。最后用“最新消息”这个板块把重量级的法国恐袭事件进展进行了介绍，增强了栏目的时效性和递进感，节目收尾于此，仍让观众感觉意犹未尽。

延伸阅读

在数字媒体应用广泛的背景下，电视栏目编排工作迎来了改革浪潮。现阶段，电视栏目编排与信息技术之间的有效融合已经成为不可逆转的发展趋势，电视栏目的编排融合以及创新工作势在必行。有学者针对这一问题进行了探讨，现将该文节选如下：

在电视栏目编排工作中合理融合新型技术手段

在融媒体的大环境下，多种多样的媒体技术以及手段逐渐涌现并获得了良好的发展，电视栏目编排人员应当具备良好的创新思想，用开放、包容的想法与工作态度将新型技术以及手段融入自身的工作过程中，从而有效促进电视栏目的发展与进步。具体可以从以下几方面着手：

1. 将电视栏目的手机App进行有效的融合应用

电视台以及一些电视频道可以想办法设计并制作栏目专属的App，在其中规划具有专业特点的服务内容，其中不仅可以含有电视栏目本身具有的主要业务功能、热点资讯以及信息资料、各种前卫的信息资源，还可以涉及人们生活当中的各个方面，为电视栏目观众带来具有智能化、生活化特点的电视栏目终端软件。电视栏目受众可以利用手机App，迅速准确地获取与电视栏目相关的各种资料以及信息资源。

2. 将电视栏目的H5移动微刊进行有效的融合应用

自初期的单屏滚动发展到当前的立体交互，在科学技术逐步发展的推动下，H5时代悄然到来。合理利用H5，可以有效表现多种多样的元素创意，开发多种互动模式，还可以为电视栏目受众带来具有场景化特点的节目体验，增强其对电视栏目的好奇心以及热爱程度。

3. 将大数据技术进行有效的融合应用

大数据是以信息技术作为基础的，可以迅速、精准地从大量的数据当中获取具备应用价值的数据资料内容，并对其进行有效的分析与研究，找出其中具有实用特点的信息内容。电视栏目工作人员将大数据技术进行合理应用，可以对受众的行为进行准确的分析，从而有效把控受众的具体需求，制作出具有针对性的电视栏目。此外，利用大数据，能够将新闻数据通过表格、图片等形式呈现在电视栏目的目标受众面前，深化受众对电视栏目的理解与感受。

4. 将VR全景场景技术进行有效的融合应用

利用VR技术，能够营造出具有三维空间特点的虚拟化场景，是使用电脑、智能化设备等进行模拟的，可以为VR用户带来真实的感受。将电视栏目编排工作与VR技术进行有效融合，可以为电视栏目的创新化发展与进步带来良好的机遇，促使电视栏目受众能够如同置身节目现场，获得良好的观看体验。除此以外，电视栏目可以利用VR技术规划与推出云直播平台，对电视栏目当中的各项内容在网络上进行全景化直播，电视栏目受众可以作为节目导播，任意切换画面线路，做到跨屏互动，使得电视栏目能够更具魅力。

资料来源：唐建平．电视栏目在融媒体环境下的编排及创新分析［J］．传媒论坛，2021（16）.

【推荐阅读书目】

佩雷诺索夫，格罗斯B，格罗斯L．电视、广播和网络的节目编排：第二版［M］．王强，译．北京：人民邮电出版社，2009.

【思考题】

1. 电视新闻节目编排应当遵循哪些原则？
2. 电视新闻节目编排有什么基本技巧？

【练习题】

从各地早间或晚间新闻节目中任意选择一期进行观看，并如表14-4一样梳理播出内容，分析该期节目在内容编排上的特点或优缺点。

第十五章

互联网环境下的视频传播

【本章学习要点】

1. 网络短视频与传统视频的关系。
2. 虚拟现实、数据可视化、无人机等新兴技术对电视报道的影响和表现。

自媒体形态随传播技术的演进而不断带给人们崭新的感受。从 21 世纪初开始，网络视频成为互联网主流的内容形式之一，不再是文本之外的补充。进入移动智能传播时代后，短视频则进一步成为网络视频中重要的传播门类和内容构成。本章拟以网络视频为切入视角，介绍互联网传播环境下电视视频信息传播的新变化和新特点。

第一节 网络视频的发展概况

研究互联网环境下视频传播的特点，有必要简要回顾国内外视频网站的发展概况，勾勒其基本面貌，进而概括出一般特点。

一 国外视频网站的三足鼎立

早在 20 世纪 90 年代中期，美国已经开始开发和应用各种在线视频播放技术，但受限于技术环境因素，主要是互联网接入带宽和终端运行速度的限制，商业发展缓慢。直到 2005 年，随着技术环境因素的逐渐改善，视频网站开始迅速成长。

（一）YouTube

YouTube是美国出现较早且有影响力的视频网站。查德·赫利和史蒂夫·陈两个年轻人想跟外地的几个朋友分享一次晚餐聚会的录像。他们首先尝试了发送电子邮件，但由于附件过大而被退回。后尝试在线传递视频但同样遭遇困难。这次经历让二人决心设计出更简单的解决方案。YouTube网站就这样在2005年2月应运而生，并被《时代》杂志评为“年度发明”。直至今天，YouTube仍坚持着“用户个人分享”这一简单的初衷，凭借其简洁的界面，YouTube可以让任何上传至网络的视频在几分钟内被全世界的观众看到，每个普通网民都可借此成立自己的私人影院、影片发布站、新闻站，看到比传统电视媒体丰富得多的节目，并在互动参与中找到新的乐趣。注册成为YouTube的用户，就可以通过关键词搜索视频，找到与自己志趣相投的浏览者，还可以对每段视频评论、打分，将它转引到博客里，等等。一个以视频分享为纽带的自媒体社区就这样形成了。

（二）Hulu

美国的传统广电媒体也敏锐地嗅到了网络所带来的危机感。在2007年3月，传统媒体发起了一场有力的反击战：美国三大广播公司——NBC环球（NBC Universal）、福克斯公司（FOX）、美国广播公司（ABC）共同投资，创建了名为Hulu的视频网站。Hulu的定位是提供一站式服务的视频商店：提供三大投资方自身拥有的视频节目，包括新闻、访谈、连续剧、音乐、演唱会、电影等视频节目；与索尼、米高梅、华纳兄弟、狮门影业及NBA等在内的传统媒体内容制作商合作；与包括美国喜剧中心频道（Comedy Central）、圣丹斯频道以及美国公共电视台（PBS）等小众频道进行内容合作；等等。因此，Hulu视频网站最大的特点和优势就是其强大的内容资源。当其他视频网站为购买高价节目版权而犯难时，Hulu却能够以较低的价格拥有全美三分之二的优质影视资源。

（三）Netflix

与YouTube、Hulu一道形成三足鼎立的是被中国网民称为“网飞”的Netflix。Netflix从众多竞争者中脱颖而出，令全世界网民对其刮目相看的契机是2013年其自制美剧《纸牌屋》的播出和风靡。经过此后几年的发展，Netflix已成为全球最大的在线影视服务商。

实际上，Netflix在1997年成立之初只是一家在线DVD租赁网站，用户通过网站注册信用卡之后就可从海量DVD库存中挑选想要租的影碟。用户下单后，Netflix通过和联邦速递合作，保证在一天内将大部分DVD送达用户家中。2005年YouTube问世并大获成功之后，Netflix看到在线流媒体视频的巨大市场，于是它们在做DVD租赁传统业务的同时，加入视频点播的流媒体业务，会员每月花费7.99美元就能观看网站上的所有资源，此举获得令人瞩目的成果。但是，Netflix 并没有止步于此，而是非常敏锐地看到了自己处在视频产业“下游”的劣势：作为视频内容的渠道商，并不掌握内容资源的 Netflix 在购买影视剧集时只能花高价，并缺乏与大型传媒巨头议价的能力，比如 HBO 等内容提供商选择终止与 Netflix 的合作或者提高要价。为了从“下游”的渠道商转为“上游”的内容制造商，2012 年，Netflix 推出了首部自制剧《莉莉海默》。2013 年，Netflix 继续投资并独播《纸牌屋》，一举成功。正是以优质的原创内容和无广告付费制为基石，Netflix 的订户与日俱增。这种对用户消费观念的引导，目前国内视频网站也纷纷效仿。

二 国内视频网站的发展脉络

（一）视频网站初现端倪

2004 年之前，虽然互联网上已出现视频类服务，但未出现专业的视频网站。直到 2004 年 11 月，乐视网的成立打破了这种局面，拉开中国视频网站成长的序幕。2005 年上半年，土豆网、56 网、激动网、PPTV、PPS 等相继上线，它们是我国视频网站群体发展初期的主要成员。

这几大视频网站成立之初便确立了各自不同的发展侧重。乐视网定位为以影视剧发行为主的长视频网站。土豆网、56 网和激动网均定位为以用户上传内容为主的视频分享网站。PPS、PPTV 则是运用点对点播放（P2P）技术的网络电视客户端。这种不同的发展定位为各自未来不同的发展模式奠定了基础。

（二）视频网站快速发展

进入 2006 年，国内视频网站进一步涌现和激增，优酷、酷 6、六间房、爆米花、暴风影音等颇具影响力的视频网站就是在这段时间成立并逐步脱颖而出的。此外，包括搜狐、新浪、网易在内的一些门户网站也开始涉足视频领域，提供视频服务。为了使视频网站有序、规范地发展，我国在 2008 年出台《互联网视听节目服务管理规定》，确立了视频网站经营的牌照制度，关停处罚了一批视频网站。

（三）视频网站格局初现

2009 年年底，在原央视网的基础上，中国网络电视台（CNTV）上线，随后，各传媒集团纷纷成立网络电视台，视频网站群体中的国家队力量不断夯实。发展至 2010 年，我国的网络视频行业已基本形成国有媒体网络电视台、门户网站及商业视频网站三股力量分据市场的竞争版图。

作为后来的一支新力量，国有媒体网络电视台拥有天然的政策优势、内容资源优势和广告资源优势，但其生存压力小、用户意识淡薄、创新动力不足，因此并未能快速地成长起来。相比其他两个阵营，国有媒体网络电视台在流量、用户黏性等方面均处于劣势，很难与主流商业视频网站进行竞争。

门户网站则依托其平台资源和用户优势，发力网络视频领域。搜狐、新浪、网易、凤凰网等均推出或强化视频频道，而以“新门户”著称的搜索网站也开始涉足视频业务。

商业视频网站无疑是最具活力、占据市场份额最高、发展模式各异、生存压力最大的一个阵营。这两年间，网络视频领域的诸多竞争率先爆发自这一阵营。

（四）视频网站成熟发展

2011年之后，国内视频网站发展模式日益多元，行业格局愈发成熟，行业内的一波上市潮与并购潮，更加速了行业内的深度整合，促进了行业的整体良性发展。此外，视频网站行业在“内容自制”“多屏战略”“业务跨界”等方面也取得了不错的成绩。比如，优酷网率先与电影集团合作推出新媒体短片和微电影作品，并逐渐跨界到影视创作和投资领域。爱奇艺2011年率先打造了网络情感节目《爱够了没》，用娱乐的态度讨论年轻人的情感话题。2014年推出自制节目《奇葩说》（第一季），创下总点击量破亿的纪录。此后，爱奇艺进一步抓住年青一代受众群体的收视喜好，自制推出《偶滴歌神啊》《中国有嘻哈》《热血街舞团》《偶像练习生》等网络节目，在网络综艺领域进行议程设置，引导综艺话题。

通过梳理国内外视频网站的基本面貌，可以看到视频网站的传播有三大特点。其一，用户可以任意点播视频网站的新闻、电影、电视剧、原创内容等，不受播出时间等限制；可以连续观看节目内容，不受播出时长制约。其二，用户可上传或下载视频内容，这解构了电视传播的权威，以去中心的方式实现视频互动分享。其三，越来越多的视频网站开始拥有电影、电视剧的播放版权，并与电视台同步播出，影响其收视率，推出的自制节目或剧集能够吸引并稳定受众群。可见，视频网站提供的多元化、互动性服务具有极强的用户吸附能力，在潜移默化中改变着观众的收视习惯，对传统电视媒体提出了强有力的挑战。

第二节 网络短视频

短视频是相较传统意义上具有较长时间篇幅的视频而言的，目前行业内对短视频的指涉和含义缺少明确的界定，尤其对“短”的时长界定不一而足。梳理看来，短视频的指涉至少应包括如下几项要素。首先，短视频即网络短视频，依托互联网传播和智能终端拍摄技术。早期视频（video）技术是为电视系统而发展的，在复合了当今网络流媒体技术和移动通信技术后，网络视频成为互联网信息传播的一种基本业态。其次，视频时长以秒或分钟计数，少则 5～10 秒，多则几分钟，以满足用户快速发布、上传和小流量观看等需求。最后，与去中心、碎片化、社交共享等自媒体传播特征相适应，内容来源多、体量大、范围广，是线上及线下媒介传播内容的重要策源地。

一　网络短视频与传统视频的关系

（一）从电视艺术到网络碎片

当电信号将一系列静态影像以每秒超过 24 帧的连续效果呈现在电视介质上时，即赋予了视频最初的视觉样态。在电视媒体 80 多年的发展历程中，人们一直将其视为弥补广播单一听觉符号、实现视听结合的媒介凭借。视频在此过程中不仅是承载视听语言的基础手段，也是表达电视艺术的基本依靠。不仅电视纪录片、电视剧如此，即便视真实性为生命的电视新闻节目也遵循着这层逻辑，比如摄像师要尽可能按照摄影理论和播出要求拍出精确的新闻镜头，新闻镜头的叙事要逻辑严谨并遵守新闻报道原则，新闻画面的选择要受“把关人”的影响，等等。在电视传播情境下，视频是被作为电视艺术驾驭和应用的。

随着 Web3.0 时代的到来，宽频、移动传播与流媒体技术和智能终端相复合，促使视频成为图文之外网际信息的重要来源。根据中国互联网络信息中心 2018 年 3 月发布的数据，截至 2017 年 12 月，我国手机网民规模为 7.53 亿，占网民总规模的 97.5%。当手机成为人人手中的易得媒体时，视频的价值含义便逐渐从影像艺术嬗变为即时信息载体，如同 2G 时代的文字短信、彩信图片一般平常。不论是网民随手拍下一段纽约地铁里精彩的说唱，还是上传一条自拍的生活小妙招，抑或分享一段家中宠物的呆萌视频……这些时长十几秒到几分钟不等的短视频，共同特点就是将视觉影像的艺术美感放在次要位置，而重在短时间内让外界从中直接提取有效信息。

（二）从专业化传播到草根式传播

21 世纪初进入 Web2.0 时代后，传统电视视频与网络载体融合缔造出网络视频这一传播产物。经过十几年的业态发展和市场整合，目前国内网络视频领域呈现出以爱奇艺、优酷、搜狐、腾讯等多足鼎立又相对稳固的行业格局。几家网络视频龙头虽在内容上各有竞争优势，但统而言之，电视节目、电视剧、自制剧、自创综艺节目是传统网络视频平台的内容核心。无疑，这些内容具有专业化、精致化、完整化等特点。但在微传播的语境下，短视频突破了传统视频专业化传播的特征，而呈现出草根传播的整体风貌。

1. 丰富了传统网络视频的内容来源和观察视角

用户自行拍摄并在各个平台上传的短视频打破了视频产制专业化的约束，用户将日常生活的视觉碎片记录下来即可发布共享，而这些视频碎片的价值标准也从专业视角转化为草根视角，转发率和评论量等成为决定短视频传播质量的关键标准。比如一位网友在高速公路上随手拍下数十辆车连环追尾的重大事故现场，这段几十秒的短视频在网络平台会引发大量转发和讨论，还可能登上微博热搜。即使这位网友从未接受过任何新闻传播的专业教育，也不妨碍他发布的这条信息在新闻价值上超越许多专业媒体。

2. 打破了传统视频的完整叙事结构

短视频的核心意图是提取更能体现冲突、矛盾、刺激等含义的视频片段，引导形成话题热点和新的语义环境。具有这一特点的短视频初始于大量专业内容在网络空间的再处理。比如把一些电视剧、自制剧、综艺节目、新闻节目中可供话题包装的片段剪辑出来作为一种花絮、提要或新闻点供受众观看。有些播出机构甚至以此为营销手段，对剧集或节目进行市场推广。比如湖南卫视《快乐大本营》某期节目有一段杜海涛和迪丽热巴的拉丁舞秀，传统视频的呈现方式是将节目整期推给受众，在近90分钟的时间流中，这段富有娱乐效果的视频的特别价值难以凸显。“秒拍”的做法是将这段不到3分钟的表演秀剪出来推给受众，二人热舞的短视频经由网民转发迅速成为娱乐头条和流量热点。

3. 短视频是草根“网红”的重要集散地

基于草根创作的网络短视频，尤其是以生产者自我曝光为特点的短视频给了创作者成为显性符号的种种可能：制作表演浮夸的恶搞视频，以娱乐大众为导向，借助自拍技术将传播者和视频形象合二为一。当这些草根被簇拥为“网红”时，资本、资源和平台都席卷而来，他们在微博上成为“签约自媒体”，在粉丝心目中成为偶像或窥视对象。尤其是当这些“网红”开始拥有团队的包装和营销之后，他们的视频则成为一种商业化内容，即所谓“大IP”。

二 网络短视频的两大特征

（一）资源聚合

近年来，“平台”这一概念被引入传播学界和传媒行业。黄升民教授认为：平台是一种实现双方或多方主体互通互融的通用介质（标准、技术、载体、空间等），它能够实现需求规模经济和供给力规模经济的对接。谭天教授从传媒经济学角度给出了“媒介平台”的定义：指通过某一空间或场所的资源聚合和关系转换为传媒经济提供服务，从而实现传媒产业价值的媒介组织形态。

以上对媒介平台的权威定义都指涉两个关键因素，一是媒介融合、资源聚合对媒介平台具有催生作用，二是媒介平台为扩大相关产业规模提供条件和集约化手段。2017年1月，短视频应用秒拍的母公司一下科技发布《2016短视频内容生态白皮书》。

数据显示，秒拍视频日均播放量由年初的 3.4 亿次增长至 20.4 亿次，涨幅为 6 倍以上。秒拍上入驻超过 3 000 位明星，超过 1 万名“网红”、媒体、大 V 等，日覆盖用户超过 7 000 万。从上述数据中可见，以秒拍、快手、抖音、梨视频等为代表的短视频平台为用户提供了拍摄、制作、发布、分享的公共空间，随着用户和碎片视频的积累，新兴平台的资源聚合能力得以显现，进而形成规模经济。良好的平台维护、产业运营和资本运作则进一步帮助平台在用户规模、忠诚度和流量等短视频供给侧要素上形成正相关。

（二）平台依赖

从以下三个视角可以发现网络短视频是在多重媒介平台之间流动的，具有较明显的平台依赖特征。

其一，秒拍、美拍等短视频客户端本身集合了大量用户和视频资源，但是打开这些客户端就会发现，用户在其上的活跃程度并不高，尤其是一些草根上传的社会、新知、生活等方面视频的点赞和评论都是个位数甚至为零。

其二，作为短视频品牌，秒拍、美拍、梨视频等在微博上是企业用户，工作人员每天从客户端平台上筛选 10 条左右短视频发布在微博上，平均一条视频微博的评论、转发量有数百条，点赞量数千条。可见，当短视频从客户端流向微博平台之后，便实现了传播力和影响力的扩大。短视频的流动也丰富了其他社交平台的内容资源，比如秒拍的微博认证是“新浪微博官方短视频应用”，这意味着秒拍需要微博的推广能力，微博需要秒拍的资源优势。除了微博，微信朋友圈、QQ 空间也是短视频社交化流动的去向平台。

其三，每个网络 ID 都具备构成传播介质的条件，都可视作一个传播平台。网络 ID 包括大 V、媒体账号、明星、意见领袖，也包括亿万普通网民。短视频从客户端流向社交媒体后，终须落脚于这些具体的传播平台。网民以短视频为内容生发出观点、意见、反馈，并在社交平台上发酵、形成长尾效应或被湮没，体现出不同的价值影响力。

传统电视节目是电视信号经由电视机传播到千家万户的。发展到传统视频网站时代，受众可以点播传统电视节目，也可以收看视频网站自制的内容。但不论是传统电视还是视频网站，电视机或网站本身制约着观众的收视渠道，也是视频内容传播的核心渠道。但是在移动互联网时代，网络短视频的传播则体现出强烈的平台流动性，短视频客户端-微博、微信、QQ 空间-网民，这些要素共同凝结成一个复合型的传播平台，共同满足着短视频在网络间的流动。

第三节 新技术条件下电视报道新趋势

在广播篇中我们讲到，互联网环境下的广播采编播业务正在发生六个方面的变化：

新闻线索的来源更加丰富多元、在虚拟空间里准确定位并找到采访对象、借助即时通信工具实现远程采访录音、互联网延展了广播新闻的传播渠道、广播采编与新媒体业务深度复合、网络手段增强了广播新闻的互动能力。实际上，这些变化在电视媒体上也同样发生着，大家可以结合电视新闻的具体案例进一步对上述几点进行理解，我们不在本节重复讲述。

电视是声画双通道的传播媒体，将新媒体、新技术应用于电视媒体的目的是让观众得到更丰富的视听体验。比如，硬件生产商借助3D、4K、曲面屏等新技术，让一代代电视机、电脑等收视终端的声音和画面效果越来越好。而对于电视新闻传播来说，新媒体、新技术介入新闻的采制与传播，有益于为不同的新闻题材找到更贴切的传播手段，放大新闻的传播效果，帮助观众消化吸收新闻内容。因此，本节将重点对电视新闻中出现的新兴传播手段做一介绍。

一 虚拟现实创新新闻内容的制作

虚拟现实（virtual reality，VR）又可称作灵境技术或人工环境，是利用电脑模拟产生一个三维空间的虚拟世界，为使用者在视觉、听觉、触觉等感官上提供一种模拟环境，该模拟环境让使用者如同现实般身历其境，可以及时、没有限制地观察三维空间内的事物。从20世纪80年代杰伦·拉尼尔（Jaron Lanier）提出“虚拟现实技术”的概念，到2015年美国广播公司推出“ABCNews VR”的新闻报道项目，虚拟现实技术在新闻生产和新闻叙事中的应用日益广泛。

从2016年开始，VR越来越多地被应用于电视新闻的内容制作、社交互动等环节。2016年，VR技术在我国新闻报道中的首次大范围应用是多家互联网媒体和传统媒体的新媒体平台对全国“两会”的视频报道。在2016年4月举办的“寻找诗画浙江魅力小镇暨自驾游嘉年华”启动仪式中，浙江经视在省内首次尝试使用VR全景技术对活动开幕式进行了完整展示①；在2016年欧洲杯的电视直播上，央视体育频道采用了VR摄像技术；在里约奥运会期间，央视体育频道微信公众号推出了“全景夺金”专栏，将VR场景植入手机，为用户带去360°全景奥运交互场景体验；2018年世界杯期间，央视体育频道再次使用VR技术，在每晚的《豪门盛宴》节目中让超级球星活灵活现地出现在观众眼前。此外，作为2018年世界杯央视新媒体及电信传输渠道指定官方合作伙伴，中国移动咪咕视频设计搭建了一个虚拟AR演播室，通过AR植入等新兴技

① 熊伟林，陈欣．VR＋电视新闻，到底可以走多远？[J]．传媒评论，2016（4）．

术，带给网络观众以更生动炫酷的世界杯视觉体验（见图 15－1）。①

图 15－1　基于 AR 植入的世界杯球员球队数据呈现

VR 技术为人类带来了一种全新的沉浸式的观感体验，也催生了“浸入式新闻”（immersive journalism）的全新传媒理念。它“以第一人称的视角进行新闻报道或是播放纪录片，使用了 3D 游戏和虚拟现实技术给使用者创造了一种‘存在感’，能够使其亲身经历事件发生的过程”②。此外，致力于将 VR 技术所创造的虚拟场景进行还原的增强现实（augmented reality，AR）技术也正在走向应用。在 2016 年 G20 杭州峰会现场新闻播报中，央视就将 AR 技术应用其中，利用计算机生成逼真的视觉虚拟环境，实现视觉上的人机交互，这是 AR 首次在国内应用于新闻报道。在 2016 年 10 月的“筑梦天宫”特别报道中，央视又在主播台上启用了 AR 技术，主播可以通过触摸主播台下方的触控面板“指挥”天宫二号的行进方向和控制转速。此外，为了逐一介绍组合体内部生活设施和必要的设备，节目利用 VR 技术让主播“走进”天宫二号实验室内（见图 15－2）进行实景介绍；利用虚拟追踪技术，让天宫二号从屏幕中“钻”出来，观众可跟随机位变化直观地看到数据和细节（见图 15－3）。③

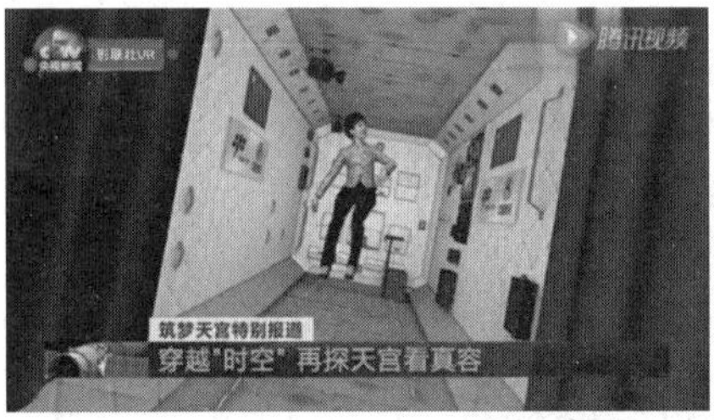

图 15－2　VR 全息技术在电视报道中的应用　图 15－3　虚拟追踪技术在电视报道中的应用

① 俄罗斯世界杯直播中的黑科技［EB/OL］.（2018－07－06）［2018－12－11］. http：//www. sohu. com/a/239705884_482792.

② 史安斌，张耀钟. 虚拟/增强现实技术的兴起与传统新闻业的转向［J］. 新闻记者，2016（1）.

③ 央视“筑梦天宫”特别报道 AR、VR、虚拟追踪齐上阵［EB/OL］. 微信公众号“传媒大观察”，2016－10－20.

二 可视化元素推动表达创新

首先，动态图形、Flash动画、漫画等动画符号的应用日益普遍。长期以来，电视新闻尤其是时政类新闻一直以严肃的面目示人，然而近年来，受众主体地位的提高及其不断细化的个性化观看需求，都使得电视新闻与受众之间的距离不断拉近。在视觉呈现技术进步的推动下，Flash动画、漫画等可视化符号成为电视新闻贴近观众的手段之一。2016年2月9日《新闻联播》特别栏目“新春走基层，孝顺怎么做”中，就以Flash动画的形式抛出了记者提出的问题——“你觉得怎么做是孝顺”“你对父母不耐烦过吗”。2016年4月28日《新闻1+1》“山寨社团”这期节目中，则以漫画的形式讽刺了山寨社团大张旗鼓的宣传。

除此之外，电视台的新媒体产品则更加游刃有余地使用可视化手段，在题材得当的情况下，将文字内容压缩、精炼，换之以更富形象性的漫画、图表、地图等进行内容呈现。并且，其摒弃传统新闻报道严谨的倒金字塔结构，而是本着用户为王的理念对议题和切入点进行策划。这样一来，报道既能符合受众碎片化阅读的大趋势，又做到了议题和内容上的贴近性，传播效果得以有效增强。

案例 15-1：微信公众号推文《走，去看花!》

2023年初春时节，“央视新闻”微信公众号策划了一期软性报道《走，去看花!》，将中国传统色与春日之花两个概念结合起来，观众点击不同色彩的花朵图片可以链接到新的页面，从中了解传统色的代表性花朵及其地域分布，集知识、美感、互动于一体（见图15-1）。无须提供太多文字，手机用户可以在快速浏览中毫不费力地获取有效有趣的信息。

图15-4 “央视新闻”微信公众号采用可视化手段报道软性题材并突出互动效果

其次，数据可视化的应用更加成熟。数据可视化即将数据信息或内容以可视化手段进行呈现，以达到梳理事实、便于分析、辅助认知等作用。更早将数据可视化技术与新闻报道结合起来的是财新网、新华网、网易等网络媒体，它们利用可视化和大数据进行的数据新闻报道，创新了新闻的传播方式和话语形态。近几年的电视新闻报道中，越来越多地出现基于数据可视化的报道内容和形态。新闻编辑利用新的信息处理技术如数据挖掘技术、动态图技术、空间定位技术、互动技术等，将枯燥的数据进行图表化、图形化、交互化等可视化处理，使报道内容更具直观性，使之成为有吸引力的新闻报道。

仍以央视为例，从 2012 年的《数字十年》系列报道到 2014 年的《“据”说春运》《“据”说春节》《“据”说两会》《“据”说清明》等数据新闻作品，再到 2015 年的《两会大数据》《数说命运共同体》，等等，电视新闻中数据可视化的运用已经相对成熟。比如，在 2014 年的《“据”说春运》报道中，编辑利用百度提供的数据，对关注春运的网络用户进行了大数据分析，并制作了可视化图表，观众可以很快速地从图表上看到哪个年龄段的人是最关注春运动态的（见图 15-5）。报道随后跟进了“80 后”过年回家怕“被逼婚”的采访视频。随着可视化呈现方式和形态的日渐丰富，词云图、热力图、散点图、气泡图等被应用到新闻报道中。例如 2022 年全国“两会”期间，为了解读“全过程人民民主”这一网络热词，央视新闻用气泡图将人们最关心的民生话题呈现出来，既能反映大数据的整体面貌，又生动形象、一目了然（见图 15-6）。

图 15-5 春运报道中的数据可视化

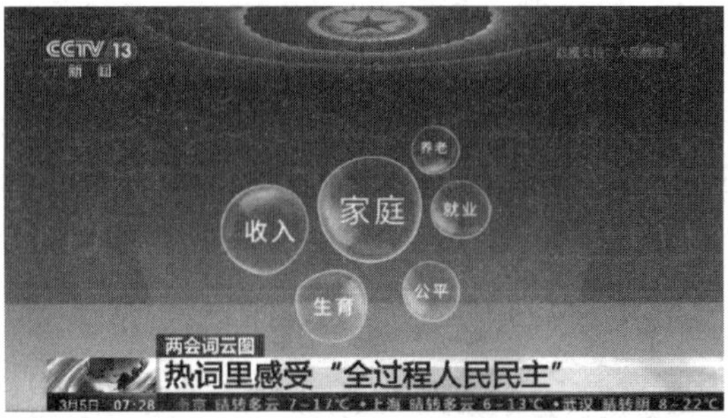

图 15-6 大数据挖掘网络热词并用气泡图呈现

此外，在 VR 技术的支持下，虚拟场景开始越来越多地与可视化数据相结合，用于电视新闻的可视化表达之中。它“运用软件生成背景和道具，使编导在很大程度上摆脱了时间、空间和道具制作方面的限制，获得了更大的创作想象空间，能够以低廉的成本产生新奇的视觉效果，且能够方便进行修改”①。

① 吴东，黄鑫，辛悦，等. 2016 年世界电视发展十大趋势 [J]. 收视中国，2016 (1).

三 无人机航拍在电视报道中的常态化应用

（一）航拍的历史与发展

航拍，即飞机师驾驶直升机，载着摄影师或摄像师在直升机上使用摄影器材或摄像器材拍照或者录像。1858年，摄影师纳达尔搭乘热气球在法国巴黎上空用摄影机拍摄照片，他是第一个实现航拍的摄影师，并开创了航拍的历史。此后，航拍逐渐转向商业电影领域，继而又在宣传片、纪录片以及电视新闻、大型直播活动中得到应用。在直升机航拍的镜头下，观众可以在更广阔的视野下一览全貌，报道的可看性也得到增强。但问题是如果记者需要在飞机上进行连线报道，那么巨大的飞行轰鸣声对人声的干扰效果太大，不利于观众的视听。机上人员也承担着一定的安全风险。从成本角度看，直升机航拍一天下来的费用（包括租飞机、请飞机师等）就超过十万元，所以，电视台很少在一般的新闻报道中大费周章地使用直升机航拍。

近几年，随着无人机航拍器软硬件的快速发展，无人机航拍在电视报道领域的应用已进入普遍化和常态化，在新闻报道、大型直播活动、综艺节目、纪录片等领域中被广泛应用，为观众提供了新的视点和观察角度。无人机全称“无人驾驶飞机”（unmanned aerial vehicle，UAV），是使用无线遥控器材以及程序控制系统进行操控的无人飞行器。虽然说是飞机，但大多数用于航空拍摄的无人机在体型、体积、重量、造价上与一般意义上的航空飞机差异巨大。以大疆公司在2017年年底推出的“Phantom 4 Pro V2.0”这代飞行器为例（见图15-7至图15-9），它的重量不到1.4kg，有效像素2 000万，最大飞行时间30分钟，官网售价9 999元，操作人员只需要借助一部智能手机并安装相关软件，就可以操控它的飞行和拍摄。由于无人飞行器的操作难度和成本都远低于传统航拍，并且无人机在画质上也逐代超越，完全达到电视画面的播放要求，因此，越来越多的电视媒体将无人机纳入基本摄像器材，在必要时起到补充画面、辅助报道的作用。

图15-7 Phantom 4 Pro V2.0飞行器

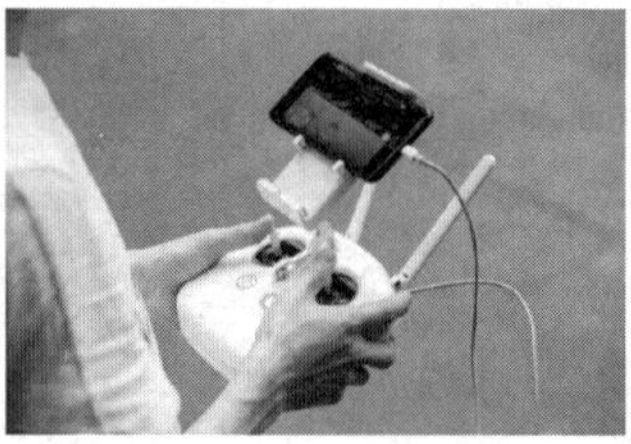

图15-8 无人机遥控平台

图15-9 飞行中的无人机

（二）无人机航拍在电视报道中的作用及案例

1. 俯拍视角给电视画面带来巡视感、场面感

传统肩扛摄像多用平角度拍摄，所以观众看到的画面大都在水平视角下呈现平面状态。无人机在飞行中对地表情况的拍摄则属于俯拍，而俯拍的作用之一是可以从高

处俯瞰全貌、展现场面、营造气势。当俯拍画面连贯起来时，观众就仿佛置身空中巡视视线以下的情况。这种俯拍视角下的巡视感、场面感不论在新闻现场航拍还是大型直播活动的航拍画面中都有体现。

央视对 2015 年天津港爆炸事故的报道充分调动无人机进行现场拍摄，辅助配合记者的报道，向观众展示爆炸现场的情况。俯拍画面要远比站在地面上的拍摄更有冲击力（见表 15-1 之画面 1、2）。

在 2018 年《大江奔流——来自长江经济带的报道》中，拍摄内容大量涉及长江经济带各地区生态发展和城市建设的画面，而且每到一个地区都要拍摄长江穿流而过的场面（见表 15-1 之画面 3）。所以这组系列报道中几乎每一期都用到了无人机航拍。记者在连线中介绍到三江口时，观众可以通过无人机俯拍的镜头看到三江交汇的场面（见表 15-1 之画面 4）。假设没有无人机高空航拍的辅助，那么恐怕摄像记者需要想方设法登高才能俯瞰全貌。

2020 年 10 月 29 日，党的十九届五中全会通过《中共中央关于制定国民经济和社会发展第十四个五年规划和二〇三五年远景目标的建议》。次日《新闻联播》播发消息《凝心聚力"十四五" 开启发展新征程》，其中大量使用了航拍资料镜头，与采访内容形成配合，反映国家在各方面取得的发展成就（见表 15-1 之画面 5、6）。如果采用传统拍摄手段，是很难拍出强烈的视觉巡航感的。因此，也可以说，航拍在很大程度上突破了摄像机的功能局限，丰富了画面的拍摄角度，开阔了画面的视觉空间，给电视传播带来了极大的便利，也为电视新闻在传播内容和形式上的创新提供了有利条件。

表 15-1　　无人机俯拍视角下电视画面实例

<table>
<tr><td>序号</td><td>1</td><td>2</td></tr>
<tr><td>画面</td><td>
</td><td>
</td></tr>
<tr><td>说明</td><td>无人机航拍下的事故现场（一）。</td><td>无人机航拍下的事故现场（二）。</td></tr>
<tr><td>序号</td><td>3</td><td>4</td></tr>
<tr><td>画面</td><td>
</td><td>
</td></tr>
<tr><td>说明</td><td>长江穿流而过宜宾城的航拍画面。</td><td>无人机航拍下的三江口。</td></tr>
</table>

续前表

序号	5	6
画面		
说明	航拍镜头下的青山绿水。	航拍镜头下的农田。

2. 突破时空局限，辅助记者的现场报道

在单纯依靠肩扛摄像的时代，记者在做现场报道时会遇到一个难题：如何在直播中把他看到的新闻现场更全面、更广阔地呈现给电视机前的观众？为了解决这个问题，记者和摄像师需要提前许久到达现场进行画面拍摄，以备连线报道时插入现场画面。当然，这需要记者和摄像师有充足的时间条件，如果时间受限制，则只能依靠摄像师在直播过程中通过镜头运动来尽可能地提供画面。有了无人机的加入，记者的这个难题就迎刃而解了。因为无人机可以不受空间限制，在坦荡无垠的空中，甚至是穿梭于建筑物和障碍物之间进行取景拍摄，并实时传到终端设备上。这样一来，不论是拍摄范围还是拍摄速率都远优于传统拍摄。记者和摄像师抵达现场后，在同样的时间内能拍摄到更多、更开阔的画面，以满足直播过程中切换画面信号的需要，直播画面也会因此变得丰富且有助于记者的连线报道。

同样是在《大江奔流——来自长江经济带的报道》中，航拍镜头与地面机位形成配合，从平角度的局部场面到低空俯拍的大场面，再到出镜记者的镜头（见表15－2），导播可以根据需要在多路镜头间进行信号切换，这极大地丰富了观众的视野，使观众对记者所说的内容、所介绍的城市多了一些视觉感受力。

表15－2　　无人机航拍辅助记者报道实例

序号	1	2	3
画面			
说明	地面机位提前拍摄的画面。	无人机低空拍摄记者连线的画面。	地面机位拍摄的记者画面。

3. 航拍镜头之美可用于烘托报道气氛

在传统拍摄环境中，摄像师如果想拍出气势壮阔的美感，一般需要辅以镜头运动和摇臂器材等，但镜头运动有运动极限，摇臂器材也受空间环境限制，二者都难以大范围地进行调度拍摄。与此相比，无人机航拍则具有天然的优势。无人机可以在二三十分钟内在空中自由运动，它所能触及的空间范围和拍摄的连续画面是传统电视摄像难以企及的。航拍在更开阔的视野范围下，将人们平时所熟知的城市景观展现出来，给人一种有别于前的陌生感和新鲜感，形成特别的视觉美感，而这种美感在一些新闻报道或直播节目中可以起到烘托气氛的作用，有时还能达到扩充报道内容、展示报道多样性的作用。

2017 年 5 月 14 日，“一带一路”国际合作高峰论坛在北京召开。论坛开幕前夕，央视航拍团队聚焦北京长安街沿线的各个地标性建筑物进行拍摄，并配合记者解说和短时出镜，制作了报道《行走长安街：“一带一路”进行时》。整个报道时长 3 分 29 秒，几乎所有的画面都是由无人机拍摄的，而且做到了多角度、多景别拍摄（见表 15－3）。比如航拍到中国国家博物馆时，既有博物馆的侧全景，又有低空拍摄的中景和正面近景，让观众在更多元的视角下去巡看这座建筑。建筑与建筑之间的转场通过后期软件中的叠化效果来过渡。记者赵晶进行画外解说，对出现在观众眼前的建筑一一做了介绍，而且语速与航拍的运动速度相适应，做到了声画节奏的吻合。这条航拍报道不仅给观众带去了新鲜的视觉体验，也对次日即将开幕的论坛起到了造势和营造氛围的作用。

表 15－3　　航拍镜头烘托报道气氛实例

序号	1	2	3
画面	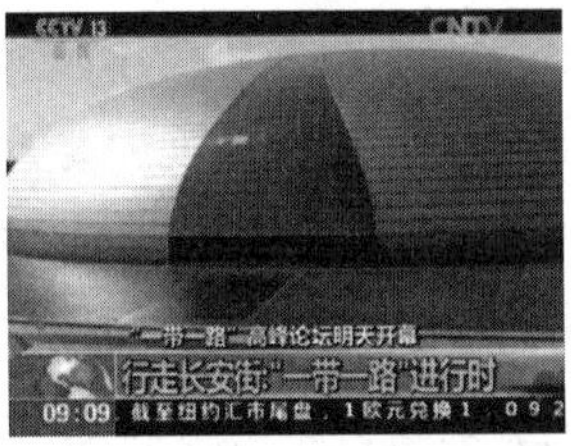		
说明	国家大剧院的航拍画面。	中国国家博物馆的航拍画面。	中国海关大楼的航拍画面。

一线者说

一、无人机航拍运用于新闻采访中的优势

无人机不受环境、地理的限制，让电视新闻拍摄进入了一个新阶段。它创新了传

统媒体的新闻采集方式，同时也减少了记者的安全风险。一般来说，新闻记者需要深入事件发生地，才能勉强获得一些关于事件的资讯。但是有了无人机的帮助，就能突破空间限制，尤其是处于复杂地形和艰险的环境下，例如发生火灾、爆炸等突发新闻事件时，使用无人机进行采访既能快速地获取素材，又能保证记者的生命安全。

电视新闻不同于其他新闻就是因为有图有真相，无人机为我们展现了一个更加广阔的天地，它提供的画面给观众耳目一新的感觉。无人机独特的拍摄视角，能够展现整体环境，为观众带来更加直观立体的感受。与传统的新闻摄像机相比，使用无人机进行采访时，更多的优势会体现在其较高的拍摄点所带来的不同视觉效果上。使用无人机拍摄时，常常会距离地面一定的高度，形成俯拍的效果。与之相比，使用摄像机拍摄时，在缺少大型摇臂等设备的支持下，是无法获得较高角度的俯拍效果的。而这种俯拍效果，会带来一些画面上的优势，能够拍摄到更广更大的范围，并且能够拥有一个较为宽广的视野范围。例如2018年1月8日张掖市甘州广播电视台航拍制作的《张掖市首发中新南向通道农产品国际专列》，其中航拍画面被当晚《新闻联播》使用，整个画面用全景交代了张掖市首发中新南向通道农产品国际专列在张掖火车站的大背景，航拍的整体画面和摄像机局部画面相互结合，为这条新闻增加了较强的可视性。

无人机有利于提高记者的工作效率。记者和新闻机构普遍使用机型较小巧的无人机。与传统直升机航拍相比，无人机航拍首先成本低廉，其次操作简便、携带方便、操作门槛低，这些优点大大提高了新闻从业人员的机动性，也为电视记者更直观地表现新闻主题开辟了一条新途径。

无人机航拍增加了摄像机机位的选择。机位的选择在新闻采访活动过程中，常常会受到现场实际情况的影响，所以现场的拍摄条件会极大地约束新闻摄像师对于拍摄机位的选择，也就直接导致新闻画面的统一化、标准化和固定化，这也一定程度上影响了新闻采访本身的质量，使新闻节目的创新变得困难，观众也难以从新闻节目中发现新的视觉元素。航拍无人机的优势在于它能够给新闻摄像师更多的机位选择，尤其是在一些传统摄像机无法架设的特殊位置。航拍无人机能够实现拍摄，同时其拍摄的画面会更具吸引力和冲击力。

无人机航拍具有稳定而又全方位的镜头运动。无人机航拍能够运用平拍、扣拍、对冲等拍摄手法，给我们呈现出极具视觉冲击力的画面。例如在拍摄高速行驶的汽车、滑雪、冲浪等镜头时，传统的摄像机无法为观众呈现出画面的速度感，运用无人机航拍能够全方位地为观众提供画面的层次感和冲击力。例如由张掖市甘州电视台拍摄制作的《张掖九曲黄河灯阵》，2018年2月28日在中央电视台财经频道《第一时间》栏目播放，这条新闻中的航拍画面全方位地展现了张掖九曲黄河灯阵的壮观与华丽，同时一些快速扣拍和俯拍的画面极具冲击力，让观众从不同的角度欣赏了张掖九曲黄河灯阵的美丽。

无人机能够实现高空拍摄。在一些大场面的新闻活动中，传统的新闻拍摄是利用周边楼宇、高架升降平台、消防平台车等方式架设高架机位取得全景画面的。这么做一是高度有限，二是对场地要求高，三是一旦固定，升降移动都很困难。而无人机航拍却可以按要求在 0～500 米的高度范围内任意升降，方便快捷，既节约时间，又减少了新闻采访的成本。

二、无人机航拍运用于新闻采访中的问题

环境对于无人机飞行有限制。环境会给无人机的飞行带来诸多不确定因素，尤其是环境的突然改变会直接影响到无人机的飞行稳定性，甚至出现偏离航线、无法悬停等问题。

首先是拍摄环境的影响，因为无人机航拍是通过旋翼产生向下的大气压强来完成飞行和稳定动作的，在室外正常天气条件下，大气压强和气流是基本稳定的，不会对无人机的飞行带来不良影响，但是在室内飞行时，由于室内的大气压强和空气流动并不稳定，这就需要飞控手考虑大气压强的变化，对无人机的飞行姿态进行实时调整。它增加了无人机的飞行难度，提高了对飞控手的技术要求，也导致飞行风险的上升。

其次，即使在户外，天气因素同样会严重影响飞行过程。通常情况下，在下雨天是无法使用大部分无人机进行航拍的，因为大部分无人机不具备防水功能，无人机上大量的电子元件会在潮湿的环境中发生故障，导致飞行事故。雨水给拍摄设备带来的影响同样是致命的，大部分数码拍摄设备没有防水功能，会在潮湿或者雨水的环境中发生故障甚至损坏。即使使用带有防水功能的无人机和拍摄设备，其飞行稳定性也不可避免地会受到雨水的影响，但加装防水设备势必进一步增加重量，降低拍摄性能。

最后，无人机自身硬件问题同样会给新闻采访拍摄工作带来一些麻烦。比如，使用旋翼无人机进行拍摄时，由旋翼桨旋转所产生的巨大声响会影响整个采访过程，尤其是需要在相对安静的条件下进行采访的工作。再比如，无人机电池受到其最大载重的限制，无法搭载较大容量的电池，导致其续航能力较差，普通无人机的续航时间基本小于 30 分钟。有限的续航飞行能力，也限制了无人机在需要长时间拍摄的新闻采访中的使用。面对这种情况，电视记者就要通盘考虑新闻事件的发展趋势，及早做出正确判断，确定飞行时间和路径，在有限的时间内完成有效的飞行，在最短的时间内拍好需要的画面，切实发挥好无人机的作用。

资料来源：门晓峰，石光华，郑旺．浅谈无人机在电视新闻中的有效应用［J］．中国有线电视，2018（6）．

【推荐阅读书目】

1. 李良荣．网络与新媒体概论［M］. 北京：高等教育出版社，2014.

2. 许向东．数据新闻：新闻报道新模式［M］. 北京：中国人民大学出版社，2017.

3. 许志强，邱学军．数字媒体技术导论［M］. 北京：中国铁道出版社，2015.

4. 何智文．VR技术在新闻报道中的应用价值和适用范围探究［J］. 新闻爱好者，2017（6）.

【思考题】

1. 无人机航拍技术在电视新闻报道中有什么作用？

2. 你认为VR技术适用于电视报道中的哪些题材？

第十六章 网络视频新闻采编

【本章学习要点】

1. 网络视频新闻的主要类型与特征。
2. 网络视频新闻的选题原则及选题策划要点。
3. 网络视频新闻多维度采集素材以及编辑要点。

上一章重点分析了网络视频的发展脉络，以及网络短视频的传播特征。本章则重在从新闻业务的角度介绍网络视频新闻的主要类型和表现特点，进而具体到网络视频新闻选题、策划、采集、编辑等层面，结合相关案例，讲明这些业务环节的基本原则、实操要点或注意事项。

第一节 网络视频新闻类型

本节着重结合“中国新闻奖”对网络视频节目的分类，以及业界实践中视频作品的属性分类，介绍以下三种有代表性的视频新闻类型，分别是视频现场报道、视频专题报道和网络视频直播报道。

一 视频现场报道

视频现场报道指的是报道者在新闻现场进行观察、感受和影像记录，经过适当编辑后发出的视频新闻。视频现场报道基于其播出时长、载体形态、报道者等特点，呈现出不同于电视现场报道的几个新特点。

（一）强调在最短时间内暴露核心新闻现场

尽管学界和业界都没有明确从时长角度给短视频做出定义，但在碎片化信息消费时代，越来越多的从业者将“越短越好”视为短视频传播效果制胜的法宝。鉴于此，视频现场报道不需要背景信息的铺垫、节奏的逐渐过渡、出镜记者的层层引入等，而需要用更加“直白”的方式，在短短数秒内将高度凝练的现场信息呈现出来，瞬间抓住手机用户滑屏浏览时的兴趣。

（二）强调音乐音效的新闻叙事作用

在传统电视时代，音乐音效与同期声、解说词、旁白独白等都是重要的电视听觉语言。就电视新闻而言，在软性题材或趣味新闻的报道中，音乐音效的合理运用会令报道增色，但在严肃题材或硬新闻报道中，为避免客观性受到影响，音乐音效的使用应保持克制。在求短求快的短视频时代，解说词的叙事功能被弱化，音乐音效成为平衡画面语言的重要听觉元素，音乐音效的情绪色彩甚至成为新闻叙事的一部分。

（三）强调用户在内容生产中的参与

与专业记者从事的电视现场报道不同，我们今天在各个平台上看到的视频现场报道未必是由专业记者采制完成的，反而是由散落在不同新闻现场的普通用户“随手拍”得来的。这些 UGC（user generated content，用户生成内容）的创作者或许是具有一定经验的“拍客”，或许是恰好身处新闻现场的普通网民。他在事件发生时具有接近现场并完成视频录制的条件，他的这条短视频就可以在网络平台的传播发酵中凸显新闻价值。在当前蔚为壮观的视频新闻作品中，UGC 的能量不容小觑，其也在一定程度上给专业机构和人员提供了更及时、更丰富、更多元的新闻线索。

二 视频专题报道

视频专题报道与电视专题报道的内涵是接近的，旨在围绕某个主题、某个人物、某种现象等展开专题性报道，让用户对新闻背后的故事有更深入的了解。只不过视频专题报道在篇幅上比电视专题报道要小得多，报道时长短得多。

（一）视频专题报道一般应具有清晰的报道主题

比如获得第三十一届中国新闻奖短视频专题报道二等奖的作品《武汉志工：年三十瞒着家人出门　服务首日腿抖一天》，通过讲述武汉小伙汪勇敢于奉献的暖心故事，向外界展示了志愿者群体在武汉疫情期间发挥的重要作用，也给所有身处疫情困境的人们带来精神力量和抗疫勇气。

（二）视频专题报道需要占有充分的前期素材

与电视专题报道一样，视频专题报道也讲求叙事的顺畅、镜头语言的逻辑、声画关系的合理等，因此也需要创作者在构思的基础上通过各种途径大量占有素材，在对素材消化吸收的基础上完善报道脚本，并进行剪辑制作。获得第三十一届中国新闻奖短视频专题报道一等奖的作品《无胆英雄张伯礼》采访了 10 位张伯礼院士的“身边人”，从各自不同的角度讲述这位年过古稀的老人在抗疫期间的拳拳赤子心。由于采访条件受限，很多采访是通过远程视频完成的，分别使用录屏软件和录音笔进行画面与声音的采集。所有采访生成了 20 多万字的音频内容，创作者将其全部整理成文字，在此基础上精写脚本并做后期剪辑。这个视频专题报道的播出时长不到 8 分钟，是对前期素材高度浓缩的呈现。

（三）系列报道、连续报道是视频专题报道的常见体裁

系列报道和连续报道是电视专题报道的具体报道方式，这两种体裁在视频专题报道中也能起到深化主题、扩大报道效果的作用。比如获得第三十一届中国新闻奖短视频专题报道三等奖的作品《夜宿农家话脱贫》，是记者在农村地区蹲点式记录脱贫攻坚故事的过程中完成的视频系列报道。同期获奖的作品“韩寒井柏然都为她加油！一个武汉 90 后女孩的‘方舱日记’”系列短视频则采用连续报道的方式，在近一个月的时间里跟进记录了武汉女孩阿念（吴尚哲）照顾重症外婆的感人故事，展现了普通人面对逆境时，不言放弃、努力坚强的样子。

三　网络视频直播报道

网络视频直播报道指的是以专业新闻机构为主的报道力量利用移动直播技术和手段，在“两微一端”或“抖音”“快手”等视频平台上开展的新闻直播报道。如今，网络视频直播已经越来越多地成为主流媒体提高采编资源利用率、彰显报道融合力、扩大传播影响力的重要手段。

（一）可实现多平台同步复合直播

在传统电视时代，观众只能通过具备直播能力的新闻频道对重大新闻事件进行实时关注。而在多屏互动的富媒体时代，网络视频直播能够极大减少受众对电视频道和电视设备的依赖。以央视的直播为例，用户既可以通过“央视频”App 观看直播，可以订阅“央视新闻”微博或微信公众号点击“到达”正在直播的新闻现场，还可以关注“央视新闻”在“抖音”平台的账号获取直播报道。多平台同步的网络直播为广大用户提供了更便捷高效的新闻服务。

（二）不受播出时长限制

传统广播电视的内容播出是线性的，直播活动往往受到前后播出安排的影响，因此需要新闻编辑部很好地进行内容编排。网络传播活动则是非线性的，比如在“央视新闻”微信公众号，视频号直播、公众号报道、服务信息等内容是平行设置的，用户可以同步浏览，而没有时间先后的区别。因此，一期网络直播的时长可以无限拉长，一档节目的时间容量可以无限扩大。近些年出现的网络“慢直播”正是基于这种网络技术环境而实现的。2020年武汉疫情期间，“央视频”24小时不间断“慢直播”了火神山医院和雷神山医院的建设工地，数千万网友透过一个固定机位当起了“云监工”，这种直播体验恰恰得益于网络直播无限的时间容量。

此外，网络视频直播报道还给新闻编辑部提供了进一步创作短视频现场报道的素材。编辑可以将直播活动中的亮点、吸睛点精剪成短视频作品。在二次传播的过程中，帮受众把关、筛选重点信息，这既是编辑部策划能力的体现，往往还会由此收获更大的传播热度。

案例16－1：采编团队内部结构与网络视频新闻类型的呼应关系

以下通过对《新京报》的“我们视频”编辑部结构图（见图16－1）的分析，进一步理解采编团队内部结构与网络视频新闻类型的呼应关系。

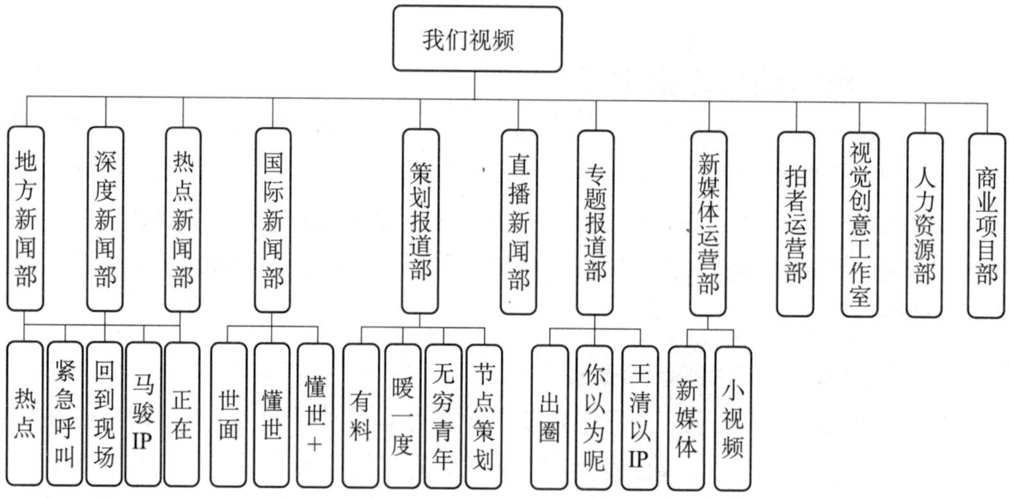

图16－1 “我们视频”编辑部结构图

“我们视频”大编辑部中，除商业项目部、人力资源部、视觉创意工作室三个分别负责商业合作、行政、内容研发的部门外，其他九个细分部门的工作职能总体上分为三个方向：

视频快讯：由地方新闻部、深度新闻部、热点新闻部、国际新闻部主要负责，对口出品的代表性栏目包括覆盖新闻热点和重要现场的《紧急呼叫》、国际视频新闻栏目《世面》等。这些视频栏目侧重发布短视频现场报道，及时跟进国内外有报道价值的新闻现场。此外，新媒体运营部的部分职能是将 UGC 或其他素材进行“短化”处理，剪辑成 15 秒小视频，满足内容在短视频平台的传播需要。

视频专题：由策划报道部、专题报道部主要负责，对口出品的栏目包括正能量新闻栏目《暖一度》（我们视频暖心闻）、以新闻人物视频专访为主的《出圈》、以知识普及或解疑释惑为内容导向的资讯栏目《你以为呢》等。《出圈》和《你以为呢》两档栏目打造出了视频出镜记者许研敏、王清以两位 IP，以他们出色的采访、调查能力吸引用户流量，养成“我们视频”的品牌栏目。此外，这些部门还负责衔接重要时间节点或重大主题的策划报道。

视频直播：由直播新闻部、拍客运营部主要负责。有网络视频直播需求时，直播新闻部与拍客运营部密切合作，第一时间达到现场展开直播活动。

第二节 网络视频新闻选题策划

网络视频新闻需要经由编辑部的选题把关和策划，有计划、有目的、有章法地开展具体报道。本节重点围绕网络视频新闻选题原则及选题策划的要点问题展开分析。

一 网络视频新闻选题原则

（一）符合媒体工作方针

每一家新闻媒体都有自己的办报（台、网）方针和编辑方针，这些工作方针根据的是媒体定位与发展战略，它规定了媒体的受众对象、传播内容、传播水准和风格特色，是新闻采编工作必须遵循的准则。媒体的工作方针为媒体新闻产品设计指明了方向，确定了目标。网络视频新闻编辑部在对选题进行讨论与遴选时，首先就要考虑该选题是否符合本媒体机构的工作方针，是否是工作方针指导下所关切的话题对象。

（二）具有新闻价值

网络视频新闻选题同样遵循时效性、重要性、显著性、接近性、趣味性等新闻价值原则，这是一条网络视频新闻能够对用户形成吸引力的重要前提。当地时间 2022 年 11 月 17 日，旅居中东地区的大熊猫四海在卡塔尔豪尔熊猫馆正式与公众见面，并在随后开幕的卡塔尔世界杯期间吸引了世界各地的游客。12 月初，“红星新闻”App 推送了一条 15 秒的短视频新闻《旅居卡塔尔大熊猫被四川老乡成功召唤》，记录了四海听懂四川游客的呼喊后扔下竹子走向“老乡”的瞬间。“红星新闻”是从川蜀地区走向全国的热门新闻应用，自然拥有大量四川用户，这条短视频的接近性和趣味性是显而易见的。同时，四海作为中卡友谊的使者和卡塔尔世界杯的中国符号之一，与它相关的短视频也具有鲜明的时效性，也即所谓网络“热度”。

新闻价值的总体标准是具有延续性的，但在去中心的自媒体时代，人们习惯了用手机进行随时随地的碎片化信息浏览，新闻价值各项标准的指涉在此情境下也会发生悄然变化。这需要传播者结合自身媒体平台的属性、对象用户的特征等对网络视频新闻，尤其是短视频新闻的价值要点进行细化考量。

（三）引导公共舆论

在“无视频不传播”的今天，网络视频已成为现代人获取信息、认知外界的重要内容来源，对网络用户在媒介使用中构建起各自的“拟态环境”具有很大影响，也关系着重要新闻发生后，社会公众对此所持有的舆论态度。因此，网络视频新闻在选题之初，应本着正确的价值观和舆论观进行议程设置，力求通过报道做好热点引导和舆论监督，进而提升媒体的价值影响力和公信力。

2022 年 12 月，我国对新冠疫情防疫政策做出了进一步优化，我们逐步迈向了结束疫情生活的道路。防疫政策的放松和可能到来的疫情高峰此时引发了民众的关注和热议，“早阳早好”的说法甚嚣尘上。对此，“澎湃新闻”“京视频”“封面新闻”等媒体都采用短视频形式做出了回应，尽管视频制作形式各有不同，但都用专家意见传递出明确信息：尽量不感染、晚感染。这些视频广泛传播后，很好地纠正了社会上“早阳早好”的错误观点。这个案例说明，守望社会、关切舆论是新闻媒体不变的职责。网络视频新闻开掘选题时需要对社会热点、痛点、难点有敏感意识，积极通过短平快的视频传播予以关注。

（四）传播正向能量

正面宣传为主，是中国共产党新闻舆论工作长期遵循的基本方针。巩固壮大主流思想舆论，弘扬主旋律，传播正能量，是新时期新闻媒体肩负的重要职责使命。网络视频新闻也应当多选择那些向善至美的选题，挖掘其中的积极价值，以富有人情味的报道传递正向能量。

案例 16-2：第四届“好记者讲好故事”之“何婷：一张小饼 满城大爱”

2016 年 12 月，《楚天都市报》新媒体部的记者挖掘到“煎饼姐”汪天姣的新闻线索，随后用视频直播的方式进行了跟踪报道，向广大网民讲述了这位普通妇女为苦难家庭撑起一片天的感人故事。视频直播让汪天姣收到了来自无数陌生人的善意捐款，帮助她集齐了丈夫的化疗费，一个家庭的生活重新燃起希望。不过，这场视频直播连续报道的影响不止于此，更体现为用媒体的力量调动起武汉全城的善良和温情的一面，和谐社会的正能量被强烈激发出来。

扫码收看《何婷：一张小饼 满城大爱》

直播报道从选题到策划再到实施，无不体现出媒体融合时代，负责任的媒体机构和采编人员不变的价值选择，即深入基层、践行“四力”、善用媒体工具，采写出有思想、有温度、有品质的好作品。

二 网络视频新闻策划要点

（一）延伸新闻线索，拓展视频来源

在编辑部形成选题之后，开始进入策划和实施阶段。首先就要明确的问题是：我们如何把这个选题线索落实成视频报道？现有的稿源有哪些？在此基础上如何进一步报道？一般来说，这个阶段又分为两种情况：一是部分投稿或 UGC 作品可以直接采用。对此，编辑部经过核实、把关和适当加工后予以发布即可。二是有些值得深挖和延伸的线索。编辑部需要在此基础上有意识地进行选题设计，丰富报道视角，放大报道效果。比如“韩寒井柏然都为她加油！一个武汉 90 后女孩的‘方舱日记’”系列短视频正是《经济日报》新媒体平台发现了阿念照顾重症外婆这条线索后，重视其中的报道价值，并与阿念取得联系，由她本人视频记录在方舱医院的日常生活，将素材交给《经济日报》编辑部进行视频加工，由此发布出一条条富有现场感和人性温度的视频报道。经过网络传播，“武汉女孩的火神山日记”登上了微博热搜，阿念的故事被越来越多的媒体关注。

人人都是麦克风的媒介环境极大拓展了媒体的消息来源和报道参与力量，网络视频选题策划应有意识地向编辑部外做延伸，有效利用网络“拍客”或普通网民的 UGC 内容，将视频素材整合到策划全局中，进而将有价值的信息更专业、更全面、更深入地报道出去。

（二）丰富报道样式，做好团队分工

网络视频新闻编辑部与传统媒体新闻编辑部一样，其策划对象大致可分为专题策划和日常策划两大类。前者指的是围绕一些重要时间节点或大型主题进行选题策划，选题执行周期一般较长；后者则是跟随日常发生的新闻事件做出策划响应，执行周期较短。为了增强时效性，日常新闻多采用短视频报道形态，在专题报道中则视情况而定。

案例 16－3：网络视频专题“身后是我的国”

以获得第三十一届中国新闻奖一等奖的系列视频报道“身后是我的国”为例（见图 16－2），其选题由头是 2021 年 2 月发生的“中印加勒万河谷边境冲突”事件，为了更好反映戍边部队一线的风貌，展示我军坚强意志和爱国精神，《新京报》的“我们视频”发起此次专题策划报道。经过近两个月的采访和后期工作，该项目团队共产出 26 条视频报道，其中既有记者 Vlog 这种体验性、现场感强的短视频，也有精于镜头语言、观赏性强的小型纪录片，长短结合、形态多样，全方位多角度展示了边防官兵卫国戍边的爱国情怀。

图 16－2　网络视频专题“身后是我的国”海报　　扫码观看

此外，专题报道在选题策划过程中还应做好人员分工，包括制片人、编导、前方记者、摄像记者、后方编辑等在内的各个关键岗位如何协调、派出人数，确定各自承担的工作和预期任务等都应在策划时予以重点部署。前后方之间还应及时地开展互动，根据采访过程中的实际情况进行动态策划。

（三）预判潜在热点，策划二次精编

在视频新闻“尚短”“尚精”的即食性消费时代，新闻用户更希望视频媒体机构能够在尽可能短的时间内把一个新闻事件中最关键的信息讲出来。基于这种需求心理，视频新闻编辑部需要对深度报道、专题报道、人物专访等长时段的既有作品进行二次策划，发掘其中的亮点、吸睛点和潜在热点，交由编辑人员进行提炼、精编，用短视频的语态去打造全新的作品。

案例 16－4：《病死猪田间乱丢知道吗……〈问政山东〉现场局长被 8 连问后语无伦次》

2019 年 4 月 4 日，山东广播电视台《问政山东》节目问政山东省临沂市农业农村局主要负责人。面对病死猪乱丢弃的问题，主持人李莎用 8 次连环提问，层层递进追问当地负责人，使这期电视节目走向节奏高点。山东广播电视台融媒体平台“闪电新闻”对这个现场片段的热点效果做出预判，策划制作了一条短视频现场新闻《病死猪田间乱丢知道吗……〈问政山东〉现场局长被 8 连问后语无伦次》，把整期节目中最经典的“李莎八问”精编出来，和盘托出问政现场真实、紧张、尴尬的氛围，一经推出，迅速成为网络热点话题。

扫码收看
“李莎八问”

视频新闻的选题策划同样需要高新闻敏感度，以及对网络用户新闻需求的洞察和预判。在敏锐的策划之下，不仅二次精编的作品本身可以引发热点、爆点，还能引起受众对原始长视频、长栏目的关注和兴趣，从而更深入、更有效地实现编辑部的报道立意。

第三节　网络视频新闻采集编辑

一　多维度采集视频素材

自媒体传播的一个重要特征，是需要所有人“众包”式地加入海量信息的生产和流通中，并通过转发行为刺激海量信息在网络平台间的流动。在此之下，媒体机构也需要充分利用多元力量去完成庞大的网络视频体量，这是网络视频新闻采制过程中的重要着力点。

（一）自采团队是重点新闻的核心力量

自有采编力量是一家媒体最核心的报道资源，他们能够一以贯之地执行报道方针，能够充分地参与新闻策划，深入开展调查采访，本着职业精神和专业能力完成报道任务。专业采编人员往往能够以更强的新闻敏感度和职业主动性开创性地开展新闻实践。

案例16－5：《起底：打脸BBC新疆报道，够了！假新闻》

2020年12月，英国广播公司（BBC）播发题为《被污染的中国新疆棉花》的视频报道，指责新疆警方阻止采访，并诬称当地工人“被强制在厂里工作”。《中国日报》记者反复观看BBC视频，发现多处疑点，于是他们第一时间奔赴新疆，深入采访核查，发现BBC的视频存在“移花接木”、营造假象、捏造事实等严重违背真实性的做法。

扫码收看

记者团队根据此次采访所得，制作了视频报道《起底：打脸BBC新疆报道，够了！假新闻》（BBC in Xinjiang：Facts Don't Matter | China Daily Visual Investigation），用事实说话，尽可能使用同期声，还原了BBC报道中涉及的警方、工厂保安、服装厂工人的真实态度，说服力极强，该视频以铁的事实揭穿了BBC的虚假报道，在海内外引发巨大反响。这条视频报道从发现新闻线索、形成新闻策划到深入调查采访、反驳错误立场，无不体现出记者团队正确的价值判断和专业的国际新闻报道能力。

（二）以UGC内容丰富短视频视野

媒体自有采编力量是有限的，很难全时空地覆盖层出不穷的新闻事件，而用户参与下的UGC内容可以有效弥补这一不足，丰富媒体守望社会的视角。2021年，《新京报》的“我们视频”紧扣庆祝建党100周年的主线，策划了“点赞逆行者”短视频征集活动，面向全社会征集见义勇为、救死扶伤、“逆行”助人等弘扬正能量，展现凡人不凡事的短视频内容。运营团队借助新媒体渠道和合作媒体广泛征稿，获取了海量、简单、真实、原生态的UGC视频，让全民都有机会参与话题，让“逆行者”们的力量鼓舞和激励更多人。

（三）与成熟拍客合作延伸新闻触角

一些活跃在各个网络平台上的拍客也是网络视频新闻编辑部的合作伙伴。尤其是在突发新闻发生后，媒体人员无法第一时间抵达现场采访时，如果能在当地找到拍客协助工作，将极大提高工作效率和报道时效。因此，越来越多的网络视频媒体都积极从事着拍客团队的“网格化”布局工作，建立从省到市到区县的拍客联络点，以此延伸视频媒体自身的信息采集触角，也加快介入新闻现场的速度。

（四）有效利用政务部门内容资源

在一些专题策划、大型报道、直播活动中，往往需要借助当地政务部门的支持。这一方面能够丰富采拍资源、扩充报道内容，又能在很大程度上确保视频内容的可靠性、公信力。仍以“我们视频”开展的“点赞逆行者”大型报道为例，媒体团队在策划和执行过程中，积极取得了公安部新闻宣传局、应急管理部新闻宣传司、国家卫生健康委员会、北京市网信办等多方面政务资源的支持，再经由这些政务部门号召分支机构提供了大量公安、消防、抗疫等领域“逆行者”的视频素材。因此，与政务部门的合作是持续性素材供给的重要路径，能够对大型报道、专题策划的发稿量形成保障，从而以视频发布的高密度来提升传播的到达率和网络热度。

二 网络视频新闻编辑要点

（一）树立精品编辑意识

树立精品意识，是提高新闻报道质量的具体体现。优秀的网络视频作品无不需要工作人员在整个编辑流程中把握时代脉搏、聚焦重大主题、回应受众关切、创新表现形式等，以精品编辑意识统辖内容创作，打造出有传播影响力的视频精品。

案例 16－6：《放大音量！听百年最硬核声音》

扫码收看

2021 年 7 月 1 日 00：00：01 中国科技网准时上线一条 2 分 40 秒的视频《放大音量！听百年最硬核声音》，在中国共产党建党百年之际送上第一份生日祝福。这条视频筛选了神舟十二号载人飞船、天和核心舱、天问一号等火箭发射穿云破日声，山东舰航母下海声、奋斗者号深潜声、三峡工程开闸放水声，原子弹、氢弹爆炸声，天眼之父南仁东、天问一号总设计师张荣桥、袁隆平院士、屠呦呦采访原声等十余个中国科技创新最硬核的声音，以视频快剪形式，呈现了在党的领导下将困难当阶梯勇于攀登的中国科技奋斗史。

这条报道体现的正是编辑团队的精品创作意识，围绕重大主题提前创意谋划，以声音为线索串联画面、形成节奏、突出效果，体现出策划过程中的巧思与深思。同时，视频编辑很好地调用百年科技史上珍贵的音视频资料，将零散的素材用统一的主题统领起来，说服力强、激荡人心。

（二）严格信源线索把关

新闻机构往往会通过各自的媒体矩阵向公众征集新闻线索，工作人员会根据自身的编辑方针、发稿需求等对线索进行甄别判断，做出选择性采用。网络视频新闻的采编也十分倚重这些外部线索，很多时候受众的新闻“爆料”可以成为重要的初始素材，帮助编辑部进入更深入细致的事实挖掘中。

在收到拍客或普通用户发来的线索性内容后，视频编辑要联系拍摄者提供当事人姓名、联系方式等，进而通过询问拍摄时间、地点、过程等详细信息做初步核实。如果核实不到准确信息，该条线索不予采用。如有必要，视频编辑还应尽可能循着线索，联系相关官方机构进行线索回应，以保证后续报道的客观、准确、全面。

（三）指导拍客记录现场

需要做视频直播时，如果媒体记者不能第一时间到场，可以利用现有的拍客资源就近进入新闻现场。不过，拍客不一定具备专业摄像技术和口头解说能力，此时就需要后方的记者编辑与之打好配合，指导拍客进行场景选择、画面构图、镜头运动等，并由后方专业人员进行解说，双方共同完成声画直播报道。

（四）慎重选择和使用音乐

从视听符号的角度来看，网络视频的视觉符号主要是视频画面和花式字幕，听觉符号主要有同期声、解说词、音乐。其中，音乐的使用，尤其是在短视频中的使用是目前业界、研究者以及用户都关注的焦点问题。一般来说，音乐的使用可以在短视频中起到引导情绪、带动节奏、营造气氛、表明立场等积极作用，但是如果使用不当，又会引发新闻传播的负面效果。比如给一条普通的社会新闻配上节奏紧张、情绪高涨的背景音乐，受众会被这种主观渲染的气氛影响，对新闻事件产生过度解读，甚至造成恐慌心理。再比如过分强调娱乐性、趣味化，在严肃新闻视频中加入“魔性”音乐，便容易导致脱离事实，错误引导视听。此外，还有同质化、缺少人情味、忽略文化背景等都是网络视频音乐使用的常见问题。

尽管关于网络视频中音乐的选择和使用尚未形成明确规范，但有些原则在行业内是具有共识的，也符合新闻传播的一般规律：一是如有合格的同期声，则尽量不使用背景音乐，强调通过同期声提升视频报道的现场感、真实性、感染力。二是如果素材视频中有音乐但并不必需，则尝试通过字幕、解说、同期声等进行重新编辑处理。三是注意新闻内容与音乐信息之间的联系。如若确实需要，则在硬新闻中加入情绪色彩弱的音乐或旋律，不影响受众对新闻内容的主观理解；在软新闻推送的视频中，侧重选择与新闻内容的情绪意义或情感价值相吻合的音乐。四是不可造成音乐版权侵权。一些新闻机构多选择与音乐平台签订版权合同，建立曲库，以满足视频发稿的多样化需求。没有版权资源的自媒体则需更谨慎选择无侵权风险的音乐。

一线者说

问：网络上，关于新闻短视频的配乐存在一些争议，一是同质化，二是乱配乐。您觉得这些现象持续存在的原因是什么？有什么可解决的办法吗？

王爱军：这一乱象确实存在且很普遍，主要有以下几个原因：

首先是不重视。新闻短视频的生产是一个综合门类，如何选择背景音乐是整个流程的重要组成部分。但短视频这种媒介形态，目前来看还只能算是技术时代的新生事物，过去由文字和图片主导表达方式。而在这一时代所成长起来的部分内容生产者，并未对配乐问题引起重视，于是就会产生一些问题。

其次是不懂。对于有些新闻短视频生产者来说，或许他们重视，但不理解新闻类型与背景音乐的适配性，往往胡乱选一个，因此就很容易减弱甚至误导新闻的表达与传播效果。音乐和新闻是讲究完美结合的，这对于大多数人来说，其实并没有掌握清楚。

再次是没有音乐版权。为什么很多新闻短视频的背景音乐同质性很高，一个最重要的原因就是他们可选择的音乐很少。像“我们视频”就和优质的音乐库和音乐平台签订了版权使用合同，这样就可以选择最合适的音乐来搭配新闻。而很多自媒体，包括一些公共媒体或机构媒体，它们并没有建立音乐库，结果就是只能去网上找一些免费的、质感粗糙的音乐来使用。

最后是不规范。新闻短视频一直面临着基本操作规范的缺失问题。部分媒体机构，包括审核把关人员并没有形成一套完整的使用规范，不仅仅体现在配乐方面，还有字幕与画面的乱用等。

资料来源：对话“我们视频”总经理：关于新闻短视频热点话题的十问十答［EB/OL］. 微信公众号“全媒派”，2022－12－09.

【推荐阅读书目】

1. 王冠，王翎子，罗蓓蓓. 网络视频拍摄与制作：短视频　商品视频　直播视频

[M]. 北京：人民邮电出版社，2020.

2. 孙东山. 你好，短视频！从零开始做 Vlog [M]. 北京：人民邮电出版社，2022.

3. 丁邦杰 . 新闻短视频采编传教程 [M]. 南京：江苏人民出版社，2022.

【思考题】

1. UGC 在网络视频新闻报道中可以发挥哪些作用？

2. 关于网络视频新闻中背景音乐的使用，你认为应当如何处理？

参考文献

一、著作部分

蔡雯，许向东，方洁．新闻编辑学［M］. 4版. 北京：中国人民大学出版社，2019.

曹璐，罗哲宇．广播新闻业务［M］. 2版. 北京：中国传媒大学出版社，2010.

曹璐，吴缦．新闻专稿教程：修订二版［M］. 北京：中国广播电视出版社，2008.

崔文华．电视解说词写作［M］. 北京：中国传媒大学出版社，2017.

邓建国．媒体融合：基础理论与前沿实践［M］. 上海：复旦大学出版社，2017.

葛德彪，魏兵．电磁波理论［M］. 北京：科学出版社，2011.

吉摩尔．草根媒体［M］. 陈建勋，译．南京：南京大学出版社，2010.

巨浪．电视（新闻）采访与写作［M］. 杭州：浙江大学出版社，2009.

雷蔚真，朱羽君．电视采访学［M］. 3版. 北京：中国人民大学出版社，2018.

李晋林，袁立本，羊青，等．视听语言拉片实训教材［M］. 北京：中国广播影视出版社，2011.

李良荣．网络与新媒体概论［M］. 北京：高等教育出版社，2014.

刘大宇．分镜头画面原理与分析［M］. 北京：中国传媒大学出版社，2016.

陆锡初．广播新闻编辑教程：修订本［M］. 2版. 北京：中国广播电视出版社，2008.

孟建，祁林．广播电视新闻写作［M］. 2版. 北京：中国广播电视出版社，2007.

佩雷诺索夫，格罗斯B，格罗斯L. 电视、广播和网络的节目编排：第二版［M］. 王强，译. 北京：人民邮电出版社，2009.

任金州，高波，主娜．电视摄像［M］. 3版．北京：中国传媒大学出版社，2012.

任金州，高晓虹．电视摄影与编辑［M］. 北京：中国传媒大学出版社，1997.

王晓红．电视画面编辑［M］. 北京：中国传媒大学出版社，2002.

谢红焰．电视画面编辑［M］. 2版. 北京：中国传媒大学出版社，2019.

许向东．数据新闻：新闻报道新模式［M］. 北京：中国人民大学出版社，2017.

许志强，邱学军．数字媒体技术导论［M］. 北京：中国铁道出版社，2015.

姚喜双．新媒体时代广播电视语言研究［M］. 北京：语文出版社，2013.

叶子，李艳．电视新闻［M］．2版．北京：中国广播影视出版社，2002.

岳淼，叶铁桥．转合：移动互联网时代媒体访谈录［M］．北京：人民邮电出版社，2017.

张彩．世界广播发展研究［M］．北京：中国传媒大学出版社，2007.

张超．出镜报道［M］．2版．北京：中国人民大学出版社，2020.

张香玉，李晓龙，马红波．视听语言［M］．广州：华南理工大学出版社，2017.

张征．新闻采访教程［M］．北京：中国人民大学出版社，2008.

赵多佳，许秀玲．广播专业化概论［M］．北京：中国国际广播出版社，2008.

赵玉明．中国广播电视通史［M］．2版．北京：中国传媒大学出版社，2006.

仲富兰．广播电视评论教程［M］．上海：复旦大学出版社，2007.

周小普．广播电视概论［M］．2版．北京：中国人民大学出版社，2023.

周小普．广播新闻与音响报道［M］．北京：中国人民大学出版社，2001.

邹煜．一个人与这个时代：白岩松二十年央视成长记录［M］．上海：上海交通大学出版社，2013.

二、论文部分

段盛杰．记者现场报道的成功之道：以蒋林“天津港爆炸事故”现场报道为例［J］．青年记者，2016（8）.

冯琪，于陆．移动互联时代，一个开放的BBC：英国广播公司（BBC）媒体融合成果初探［J］．新闻战线，2017（11）.

何智文．VR技术在新闻报道中的应用价值和适用范围探究［J］．新闻爱好者，2017（6）.

林良琼．谈早高峰广播新闻节目编排［J］．新闻研究导刊，2016（2）.

吕晓虹．重识广播与重塑广播：专访中国传媒大学博士生导师曹璐教授［J］．中国广播，2013（4）.

马烨．广播媒体与新媒体融合的路径与方式：以央广中国之声媒体融合实践为例［J］．中国广播，2018（7）.

门晓峰，石光华，郑旺．浅谈无人机在电视新闻中的有效应用［J］．中国有线电视，2018（6）.

史安斌，张耀钟．虚拟/增强现实技术的兴起与传统新闻业的转向［J］．新闻记者，2016（1）.

隋艳霞．连线报道的运用及其特点［G］//陈敏毅．国际广播论文集：第十一辑．北京：中国国际广播出版社，2010.

孙明，强晓军．电视新闻现场报道的优势和发展趋势［J］．西部广播电视，2018（2）．

孙伟，陈卓，王光磊，等．电波传播理论在短波广播中的应用［J］．广播电视信息，2009（6）．

王艺．全媒体时代国家电台两会报道如何创新：以央广中国之声 2018 年两会报道为例［J］．传媒，2018（4）．

吴丹．浅析微信采访的“得”与“失”［J］．新闻研究导刊，2016（9）．

熊伟林，陈欣．VR＋电视新闻，到底可以走多远？［J］．传媒评论，2016（4）．

张国亮．试论互联网通信工具对广播采访流程的革新［J］．中国广播，2017（3）．

张瑞娟．广播记者如何在新媒体环境下做好突发公共事件报道［G］//席伟航．北京广播发展研究文集（2009—2012）．北京：中国广播电视出版社，2013．

张延江．现场连线报道“快、稳、准”视域下广播记者的素质培养［J］．西部广播电视，2017（21）．

三、网文部分

俄罗斯世界杯直播中的黑科技［EB/OL］．(2018－07－06)［2018－12－11］．http://www.sohu.com/a/239705884_482792.

朱兴建，白璐，汪洁．“悬崖村”扶贫纪事：明知山无路　偏向山上行［EB/OL］．(2018－01－23)［2018－12－21］．http://www.xinhuanet.com/zgjx/2018－01/23/c_136916782.htm.

图书在版编目（CIP）数据

广播电视新闻业务／常昕，袁雪著．--2 版．--北京：中国人民大学出版社，2023.9
普通高等学校应用型教材．新闻传播学
ISBN 978-7-300-32053-3

Ⅰ.①广… Ⅱ.①常…②袁… Ⅲ.①广播新闻-新闻工作-高等学校-教材 ②电视新闻-新闻工作-高等学校-教材 Ⅳ.①G222

中国国家版本馆 CIP 数据核字（2023）第 148107 号

普通高等学校应用型教材·新闻传播学
广播电视新闻业务（第 2 版）
常 昕　袁 雪　著
Guangbo Dianshi Xinwen Yewu

出版发行	中国人民大学出版社		
社　　址	北京中关村大街 31 号	**邮政编码**	100080
电　　话	010－62511242（总编室）		010－62511770（质管部）
	010－82501766（邮购部）		010－62514148（门市部）
	010－62515195（发行公司）		010－62515275（盗版举报）
网　　址	http://www.crup.com.cn		
经　　销	新华书店		
印　　刷	北京七色印务有限公司	**版　　次**	2019 年 5 月第 1 版
开　　本	787 mm×1092 mm　1/16		2023 年 9 月第 2 版
印　　张	22 插页 1	**印　　次**	2025 年 1 月第 2 次印刷
字　　数	429 000	**定　　价**	59.80 元

关联课程教材推荐

书号	书名	作者	定价	出版时间
978-7-300-19014-3	广播电视概论（第2版）	周小普	69.80	2023-07
978-7-300-17836-3	广播新闻	成文胜	42.00	2013-08
978-7-300-18903-1	电视新闻	于忠广　张　丽	29.80	2015-01
978-7-300-31973-5	出镜报道（第3版）	张　超	59.80	2023-08
978-7-300-33168-3	出镜报道与新闻主持（第2版）	刘　培	49.80	2024-08
978-7-300-25925-3	电视采访学（第三版）	雷蔚真 朱羽君	39.80	2018-07
978-7-300-24387-0	电视摄像教程	杨晓宏　马建军　马文娟	35.00	2017-07
978-7-300-15648-4	电视现场制作与报道（第五版）	［美］弗雷德·舒克 约翰·拉森	49.80	2013-01
978-7-300-15021-5	视频基础（第六版）	［美］赫伯特·泽特尔	49.80	2013-01
978-7-300-15292-9	美国电视史	［美］加里·R·埃杰顿	48.00	2012-06

配套教学资源支持

尊敬的老师：

衷心感谢您选择使用人大版教材！

相关的配套教学资源，请到人大出版社网站（www.crup.com.cn）下载，或是随时与我们联系，我们将向您免费提供。

欢迎您随时反馈教材使用过程中的疑问、修订建议并提供您个人制作的课件。您的课件一经采用，我们将署名并付费。让我们与教材共成长！

联系人信息：

地址：北京海淀区中关村大街31号206室　龚洪训 收　　邮编：100080

电子邮件：gonghx@crup.com.cn　　电话：010－62515637　QQ：6130616

如有相关教材的选题计划，也欢迎您与我们联系，我们将竭诚为您服务！

选题联系人：周莹　　电子邮件：383902102@qq.com.cn　　电话：010－62511612

俯仰天地　心系人文

人大社网站　www.crup.com.cn

专业教师QQ群：723715191（全国新闻教师2群）

欢迎您登录人大社网站浏览，了解图书信息，共享教学资源

期待您加入专业教师QQ群，开展学术讨论，交流教学心得